A DELICIOSA HISTÓRIA DA FRANÇA

Stéphane Hénaut
Jeni Mitchell

A DELICIOSA HISTÓRIA DA FRANÇA

As Origens, Fatos e Lendas por trás das Receitas, Vinhos e Pratos Franceses mais Populares de Todos os Tempos

Tradução
Drago

Título do original: A Bite-Sized History of France.

Copyright © 2018 Stéphane Hénaut e Jeni Mitchell.

Copyright da edição brasileira © 2020 Editora Pensamento-Cultrix Ltda.

1ª edição 2020.

4ª reimpressão 2024.

Todos os direitos reservados. Nenhuma parte desta obra pode ser reproduzida ou usada de qualquer forma ou por qualquer meio, eletrônico ou mecânico, inclusive fotocópias, gravações ou sistema de armazenamento em banco de dados, sem permissão por escrito, exceto nos casos de trechos curtos citados em resenhas críticas ou artigos de revistas.

A Editora Seoman não se responsabiliza por eventuais mudanças ocorridas nos endereços convencionais ou eletrônicos citados neste livro.

Editor: Adilson Silva Ramachandra
Gerente editorial: Roseli de S. Ferraz
Gerente de produção editorial: Indiara Faria Kayo
Preparação de originais: Karina Gercke
Editoração Eletrônica: Join Bureau
Revisão: Luciana Soares da Silva

Dados Internacionais de Catalogação na Publicação (CIP)
(Câmara Brasileira do Livro, SP, Brasil)

Hénaut, Stéphane
    A deliciosa história da França: as origens, fatos e lendas por trás das receitas, vinhos e pratos franceses mais populares de todos os tempos / Stéphane Hénaut, Jeni Mitchell; tradução Drago. – São Paulo: Seoman, 2020.

    Título original: A bite-sized history of France
    Bibliografia e índice
    ISBN 978-85-5503-115-1

    1. Banquetes – História – França 2. Gastronomia 3. Gastronomia – França – História 4. Hábitos alimentares – França – História 5. Jantares e refeições – Aspectos políticos – França – História I. Mitchell, Jeni. II. Título.

20-33268   CDD-394.120944

Índices para catálogo sistemático:
1. Hábitos alimentares: França: História   394.120944
Maria Alice Ferreira – Bibliotecária – CRB-8/7964

Seoman é um selo editorial da Pensamento-Cultrix.

Direitos de tradução para o Brasil adquiridos com exclusividade pela EDITORA PENSAMENTO-CULTRIX LTDA., que se reserva a propriedade literária desta tradução.
Rua Dr. Mário Vicente, 368 – 04270-000 – São Paulo, SP
Fone: (11) 2066-9000
http://www.editoraseoman.com.br
E-mail: atendimento@editoraseoman.com.br
Foi feito o depósito legal.

Para Jules

Sumário

Introdução	10
1. Nossos Ancestrais, os Gauleses	15
2. A Virgem do Rim	21
3. Bárbaros à Mesa	26
4. Ode à Glutonaria	32
5. Deixadas para Trás: as Cabras de Poitou	37
6. O Rei Mais Doce	42
7. Eles Vieram do Mar	48
8. Taxação Feudal	55
9. De Monges e Homens	63
10. Guerreando por Ameixas	71
11. O Vinho que se Foi	79
12. A Heresia Vegetariana	87
13. Um Tinto Papal	95
14. O Ouro Branco de Guérande	102
15. O Legado do Príncipe Negro	109
16. O Vinagre dos Quatro Ladrões	116

17. O Queijo dos Imperadores e dos Reis Loucos 124
18. *La Dame de Beauté* (ou a Dama de Beleza) e o Mistério do Cogumelo 129
19. Frutos da Renascença 135
20. Os Molhos-Mãe 143
21. Conquista e Chocolate 149
22. As Contribuições Culinárias de Madame Serpente 156
23. Um Frango em Cada Panela 165
24. A Insurgência das Castanhas 172
25. As Amargas Raízes do Açúcar 180
26. O Licor dos Deuses 187
27. A Controvérsia do *Croissant* 194
28. Guerra e Ervilhas 199
29. O Vinho do Diabo 205
30. Uma Abordagem Iluminista da Alimentação 213
31. Revolução nos *Cafés* 218
32. *Pain d'Égalité* ("O Pão da Igualdade") 226
33. O Propagandista da Batata 232
34. A Provocação da Pirâmide 240
35. O Homem que Aboliu as Estações do Ano 248
36. O Quinto *Crêpe* 253
37. O Rei dos Queijos 258
38. Um Banquete Revolucionário 263
39. O Fim do Comboio das Ostras 271
40. Revelação em Uma Garrafa 280
41. A Maldição da Fada Verde 287
42. Gastronomia em Tempos de Guerra 295
43. O Patrimônio do Amendoim 304

44. "Gastronômades" na Estrada do Sol	310
45. Um Amigo nos Momentos Difíceis	317
46. Um Motim e uma Vaca Sorridente	325
47. "Pão, Paz e Liberdade": a Baguete Socialista	331
48. Cuscuz: a Assimilação (ou Não) do Império	338
49. Os Vegetais Esquecidos	348
50. Canon Kir Junta-se à Resistência	355
51. França e Estados Unidos: da Libertação à Exasperação	362
52. Conclusão	373
Agradecimentos	378
Bibliografia	381
Notas	383
Índice remissivo	405

Introdução

> *Le beau est toujours bizarre.*
> (*O belo é sempre bizarro.*)
> – Charles Baudelaire

Se há um aspecto que se destaca ao longo da infinda História da França é a coexistência pacífica do sublime com o absurdo. Pela maior parte de sua História, a França tem gozado da reputação de ser um dos países mais fascinantes e culturalmente elevados do mundo – ao mesmo tempo que também tem deixado os visitantes perplexos com seus costumes, sua política e seus hábitos gastronômicos, por vezes bizarros. Esperamos que, quando chegar ao fim deste livro, você venha a concordar que essa combinação do majestoso com o inconstante, do glorioso com o bárbaro, é precisamente o que confere à França sua personalidade tão cativante e irresistível (ainda que, por vezes, confusa).

Contudo, as raízes mais profundas deste livro não estão na França, mas sim em sua eterna *bête noire*,* a Inglaterra. Foi na zona sul de Londres que eu, Stéphane, um queijeiro francês amador, conheci Jen, uma recém-chegada estudante norte-americana que acabara de concluir o ensino médio. Esse

---

* Literalmente traduzida como "besta negra" ou "desafeto", essa expressão francesa designa qualquer motivo de tormento ou preocupação desagradável e persistente. (N.T.)

encontro nos levou a uma história de amor, a um casamento – durante o qual foi servida uma impressionante tábua de queijos – e ao nosso filho, Jules; e, depois, quando nos mudamos para a França, à criação deste livro.

Quando instalados confortavelmente em Nantes – uma cidade "artística" situada a oeste do Vale do Loire –, eu costumava trazer para casa queijos sobre os quais minha esposa jamais ouvira falar. Ocasionalmente, alguns deles eram... bem, basta dizer que às vezes seus aromas eram extremamente pungentes para uma norte-americana desavisada. Para tentar suavizar o impacto olfativo, eu contava à minha esposa as histórias desses queijos. Explicava a ela de onde vinham, com leite de qual animal eram feitos, de qual produtor e de que região. Eu falava sobre essas regiões, obviamente encantadoras, e que os queijos não eram fedorentos, mas, sim, exuberantes em aromas e sabores de sua terra natal – coisas intimamente ligadas. Também contava a ela lendas e pequenas narrativas que cercavam os queijos, evocando, por acaso, as ricas histórias de várias localidades da França. Cada um desses "saraus" terminava sempre com a minha inevitável súplica: "Por favor, querida... Honestamente, você não pode rejeitar um queijo tão bom como este!".

Logo, Jen passou a pensar que eu fosse um especialista em culinária francesa e sua história, quando tudo o que eu pretendia era convencê-la quanto à excelência dos queijos, de modo a poder trazê-los para casa sem temer uma rejeição. Ela começou a me fazer perguntas – não apenas sobre queijos, mas também sobre diferentes vinhos e pratos franceses. Bem, quando se é considerado um especialista pela pessoa amada, a última coisa que você quer é desapontá-la. Assim, tratei de aprender o que ainda não sabia. Li livros, consultei colegas e amigos, passei a colecionar pequenas histórias e, por fim, aprendi um bocado sobre a história de alguns dos mais conhecidos pratos e vinhos da França.

Jen, então, começou a alimentar a ideia de que se pudéssemos reunir todas essas histórias, segundo seus contextos históricos e sociais, possivelmente viríamos a obter não apenas uma interessante coletânea de narrativas sobre comida, mas, também, faríamos um passeio agradável pelo panorama histórico da própria França. E, talvez assim, as pessoas pudessem vir a compreender melhor por que os franceses dedicam um enorme tempo de suas vidas e boa parte de seus recursos financeiros à comida. Também compreenderiam por que na França nós não apenas comemos a comida: nós a saboreamos; nós falamos e cantamos sobre ela; e nós filosofamos sobre o significado dela em nossas vidas. Quando queremos dizer que uma situação é triste, por exemplo, nós dizemos que é triste *"comme un jour sans pain"* – como um dia sem pão. Quando Charles de Gaulle pretendeu referir-se aos imensos desafios da reconstrução da França no pós-guerra, ele escolheu uma metáfora que todo mundo certamente poderia compreender: "Como alguém pode governar uma nação que conta com 246 variedades de queijo?".

Nossos pratos e vinhos – e, de modo mais abrangente, todos os nossos costumes quanto a comer, beber, criar animais e cultivar vinhas – são um dos pilares da sociedade francesa. Eles evoluíram, no decorrer das eras, tal como a própria nação francesa o fez: por meio de guerras e revoluções, de pragas e invasões, de inventos e aculturação. Ao longo do processo, para melhor ou para pior, eles contribuíram para definir o que significa *ser francês*.

O papel central da comida na identidade francesa – e o papel político desempenhado pela comida na sociedade francesa – é, hoje em dia, mais evidente do que nunca. Se você já leu as manchetes de algum jornal francês referindo-se a *"escargot"*, é pouco provável que fizessem qualquer referência ao delicioso prato de moluscos banhados em manteiga temperada com alho; mas, em vez disso, se referissem a um estilo de protesto muitas vezes empregado pelos agropecuaristas da França: "Ir a passo de caracol". Entre as causas principais do descontentamento está a imposição de padrões da comunidade europeia à agricultura francesa – o que veem como uma forma de extinção de seu modo de vida tradicional. Tal como demonstraremos, em muitas partes da França rural, a produção de alimentos e de vinho permanece fiel a métodos idealizados séculos atrás.

Também é provável que você saiba sobre os protestos franceses contra o McDonald's. Contudo, apesar do desdém pela monstruosa corporação norte-americana, tão frequentemente expresso em meio à elite cultural francesa, é o segundo maior mercado consumidor de seus produtos do *"McDo"*, tal como ele é carinhosamente chamada por aqui, fora dos Estados Unidos. Como veremos, o abismo existente entre as elites e a população comum não é nada novo na França.

Infelizmente, a utilização da comida para definir a identidade francesa tornou-se uma das táticas favoritas da extrema-direita na França desde a década de 1990, e tem-se infiltrado cada vez mais na política convencional desde a última década. Durante a campanha para a eleição presidencial em 2012, por exemplo, tanto Marine Le Pen quanto Nicolas Sarkozy apontaram a carne *halal* – ou seja, carne preparada do modo prescrito pelas leis muçulmanas – como uma ameaça aos valores culturais franceses e à tradição agropecuária do país. Um grande número de cidades governadas por conselhos direitistas retirou dos cardápios das escolas as opções de merendas que não incluíssem carne suína. Comícios nacionalistas oferecem aos seus frequentadores mesas fartamente abastecidas de produtos derivados de carne suína e muito vinho. Esses produtos tornaram-se icônicos nos discursos direitistas, nos quais a França é representada como se estivesse sob uma ameaça por suas comunidades muçulmanas e de outros imigrantes. Há pouca sutileza nas entrelinhas: para ser francês é preciso que se coma e beba do mesmo modo que o povo francês sempre fez. Ironicamente, uma das mensagens mais claras que emergem da História francesa é que a gastronomia francesa é um amálgama de sabores e costumes provenientes do mundo inteiro: seus vinhedos foram herdados dos antigos romanos; sua famosa confeitaria é um presente da Áustria; e o nascimento dos *cafés* franceses seria impensável sem o próprio café, um fabuloso produto importado da Turquia. O chocolate? Veio do México. A cozinha provençal? Imagine-a sem tomates – outro produto importado das Américas. Em resumo, nossa narrativa tratará de mostrar quão ridículo é, na verdade, clamar por uma culinária francesa "pura" e imutável.

A comida, a sociedade e a política estão interligadas aqui na França de maneiras que evoluem constantemente – ainda que, de modo surpreendente, se mantenham coerentes às suas dinâmicas básicas. Os modos pelos quais a política, a economia e a cultura se entrecruzam com a comida tornaram-se conhecidos como os "caminhos da comida" e podem revelar muita coisa sobre um país e seu povo. Ao explorarmos os "caminhos da comida" da França, desde seus primórdios, esperamos poder revelar algo sobre os padrões duradouros que explicam tanto sua ascensão aos papéis principais no palco mundial quanto as profundezas de seus sofrimentos, seus conflitos terríveis e suas inovações maravilhosas.

A História da França está intimamente entrelaçada com suas investidas gastronômicas, quer sejam considerados os períodos de escassez alimentar que engendraram revoluções, as guerras e conquistas que introduziram novos elementos culinários ou as mudanças radicais no pensamento religioso e filosófico que reformularam as dietas de milhões. Algumas das inovações mais transformadoras na História da humanidade têm suas raízes na culinária francesa, tal como veremos ao tratarmos de gigantes como Pasteur e Appert; e algumas das mais inspiradoras filosofias políticas da era moderna foram alimentadas nos *cafés* franceses. O imperialismo europeu transformou a ordem global e causou imenso sofrimento pelo mundo inteiro: uma história trágica, cuja profundidade pode ser sondada se considerarmos os padrões de exploração que emergiriam na alimentação e na agricultura. Do legado gastronômico dos gauleses ao esquecimento a que foram relegados as verduras e os legumes durante a Segunda Guerra Mundial, poderemos partilhar de uma arrebatadora e, não rara, surpreendente História da França, desde a era romana até os tempos modernos.

A comida também é um ingrediente essencial da evolução dos povos da França e da transição das identidades, tal como se revela em tudo, desde os interrogatórios da Inquisição até a "cruzada" movida contra a Coca-Cola, durante a Guerra Fria. A comida já foi estabelecida, com sucesso, como um marcador do *status* social e da riqueza através dos séculos, e o persistente abismo existente entre os hábitos alimentares dos ricos e dos pobres revela muito sobre a sociedade na qual coexistem. No final, veremos que, por mais distinta que seja a culinária francesa, ela também revela a existência de algumas semelhanças fundamentais entre norte-americanos e franceses que desmentem o antagonismo que às vezes irrompe entre os dois países.

Cada capítulo é composto por um texto curto: uma série de narrativas que abrangem "bocados" da História, que podem ser mais bem apreciados quando contados durante uma refeição agradável. Nossa esperança é a de que você já tenha começado a se sentir um tantinho faminto e um pouco curioso quanto aos pratos e vinhos franceses com os quais possa não estar familiarizado. Ficaremos muito felizes se este livro fizer com que você sinta vontade de viajar para a França e perambular por seus mercados, cidades e áreas rurais. Mas se, ao terminar este livro, você se limitar a sair e comprar uma garrafa de vinho francês, pão fresco e algum queijo francês de sua preferência e degustar tudo isso com um novo olhar, percebendo que não estará apenas consumindo alimentos, mas apreciando, também, uma parte da rica História da França, nós consideraremos a nossa missão cumprida.

1

Nossos Ancestrais, os Gauleses

A maioria dos franceses, sem dúvida, concordaria com François Rabelais, o grande humanista da Renascença, que declarou que "com o vinho, [alguém, qualquer um] torna-se divino".[1] Ele pode ter sido acusado de obscenidade e heresia em seu tempo repetidas vezes, mas não devido a essa afirmação irrefutável.

Contudo, na verdade, houve um tempo em que o vinho foi quase completamente desconhecido no território que, hoje em dia, conhecemos como a França. Dois mil e quinhentos anos atrás, antes da chegada dos romanos, o vinho era considerado uma bebida "estrangeira": a maioria dos habitantes da França pré-romana preferia beber *cervoise*, uma beberagem feita de cevada fermentada. Somente as classes mais abastadas bebiam vinho, chocando aos romanos e gregos ao bebê-lo puro, não diluído com água, e em excesso – além de permitirem às mulheres os mesmos direitos de consumo de que gozavam os homens.[2] Quase todo o vinho consumido era importado da Itália, aparentemente em grandes quantidades.[3] Uvas viníferas eram cultivadas apenas em pequena escala nos arredores de Marselha, a mais antiga cidade e o mais antigo porto da França, fundada por navegadores gregos da Foceia por volta de 600 a.C.

Essa vastidão territorial compreendida entre os Pireneus e o Reno, entre o Mediterrâneo e o Atlântico, veio a ser conhecida como Gália e se constitui, atualmente, de um ponto de partida natural para as lições de História nas

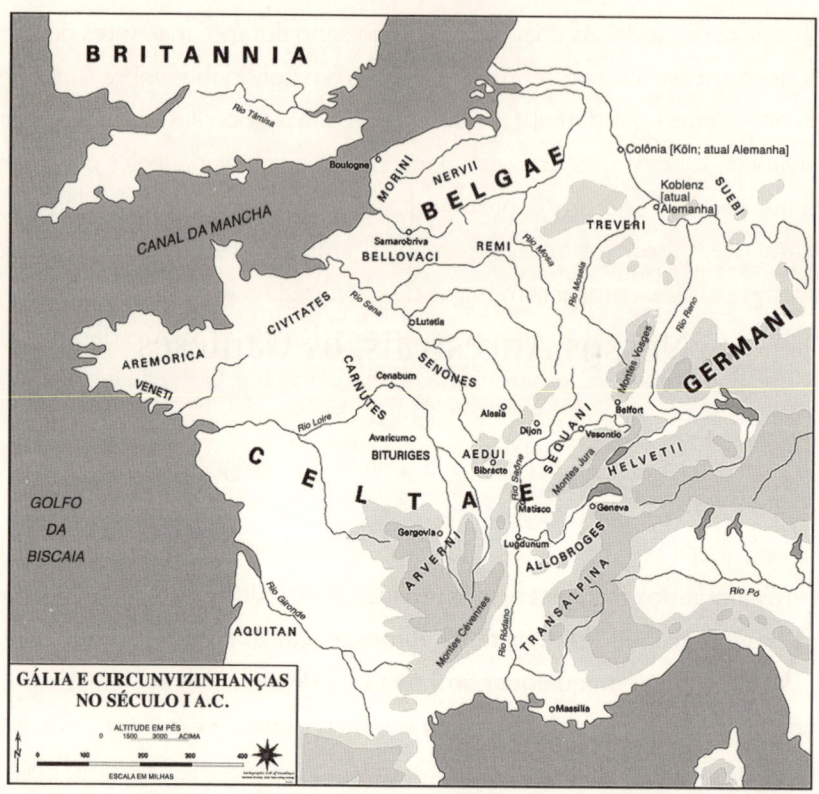

A Gália no primeiro século a.C., às vésperas da conquista romana. Departamento de História da Academia Militar dos Estados Unidos.

escolas francesas. Quase todas as pessoas que sobreviveram ao sistema educacional francês saberão ao menos duas coisas a respeito dos gauleses.

A primeira é que eles são "os nossos ancestrais". Por muitos anos, "nossos ancestrais, os gauleses" foi um refrão comum nos livros didáticos de História na França, desafiando de maneira voluntariosa as genealogias consideravelmente mais complexas dos modernos estudantes franceses. (Talvez esse tipo de abordagem seja inevitável, quando o senso comum leva a pensar em *fondue* diante da expressão "caldeirão de raças".)

A segunda coisa que a maioria dos estudantes franceses aprendem sobre os gauleses é que eles tinham uma poção mágica, feita por druidas, que, quando ingerida, os tornava extraordinariamente fortes. Isso porque as crianças francesas, como todas as crianças, caem no sono durante maçantes descrições sobre seus ancestrais e preferem ler histórias em quadrinhos sobre super-heróis – tal como Asterix, o diminuto, mas espertíssimo, guerreiro da Gália. Asterix e seu amigo, Obelix, graças a uma poção mágica fornecida a eles por seu conterrâneo druida Panoramix, protagonizam várias aventuras, que envolvem, basicamente, surrar legionários romanos, empanturrarem-se com carne de javali em festins e entornarem barris de *cervoise*. As histórias em quadrinhos de Asterix têm sido muito populares desde a década de 1960 e deram origem a uma série de filmes cinematográficos, estrelada por Gérard Depardieu – no que, talvez, tenha sido o mais perfeito caso de caracterização e permanência de um ator no mesmo papel em toda a História –, representando o beberrão e bazófio Obelix.

Mas, quem teriam sido os gauleses, na realidade? Segundo os romanos, eles eram muito parecidos com Asterix e Obelix: eram os vizinhos do norte barulhentos, beberrões, incultos, briguentos, festeiros e adoradores de banquetes. Uma vez que os gauleses não nos tenham legado muito de sua própria História por escrito, a maior parte do que sabemos provém dos romanos; por isso, as definições deles descritas acima podem não ser inteiramente corretas. Até mesmo a noção de uma nação gaulesa ou de sua identidade política não é precisa: na verdade, eles eram celtas, indivíduos pertencentes a um povo que viveu espalhado pela maior parte da Europa, àquela época, e eram liderados por muitos chefes tribais diferentes. É provável que os próprios gauleses não soubessem que eram gauleses; mas os romanos decidiram chamá-los gauleses e assim vieram a ser conhecidos por nós.

O cidadão romano comum só passou a dedicar alguma atenção aos gauleses por volta de 390 a.C., quando eles saquearam Roma. Em sua *História de Roma*, Lívio sugere que os gauleses tenham invadido a Itália em busca "dos deliciosos frutos e especialmente do vinho"; mas, ao final, foi ouro que eles exigiram em troca da paz – mil libras (453,6 kg) de ouro, para sermos exatos.[4] Os romanos aquiesceram, mas, no momento da pesagem do precioso metal, queixaram-se de que os gauleses estariam tentando ludibriá-los com contrapesos inexatos. O líder dos gauleses, então, valeu-se de uma técnica simples, porém muito efetiva, para fazer com que os romanos se calassem: ele atirou sua espada sobre os pratos da balança e declarou: *"Vae victis!"* [Problema dos vencidos!] Os romanos captaram a mensagem – tão bem que passaram os 350 anos seguintes conquistando todas as costas do Mediterrâneo, até chegarem a conquistar a própria Gália. *"Gallia est pacata"*, escreveu Júlio César em 52 a.C., depois de obter sua vitória sobre o líder tribal Vercingetorix. "A Gália está subjugada." Pelos cinco séculos seguintes, a Gália seria uma das mais importantes e prósperas províncias do Império Romano, e seus habitantes gradualmente evoluiriam para o que chamamos de "galo-romanos". Quase todos os aspectos de sua cultura original, da religião à língua e os hábitos alimentares, mesclaram-se com elementos puramente romanos. O belo idioma francês que apreciamos hoje em dia, por exemplo, tem suas raízes nesse "casamento" galo-romano.

À medida que os gauleses se tornavam mais e mais romanizados, eles passavam a adotar os hábitos romanos de beber vinho e cultivar uvas para produzi-lo. Novos vinhedos surgiram por toda a Gália, produzindo intrigantes variedades de vinhos, que eram apreciadas até mesmo em Roma. No primeiro século da Era Cristã, Plínio, o Velho, notou que os gauleses que viviam nas cercanias de Vienne, no Vale do Ródano, estavam produzindo um excelente vinho tinto. Pelos escritos de Ausônio, um poeta e vinicultor galo-romano, sabemos que o vinho já era produzido na região de Bordeaux no século IV d.C. (Atualmente, uma das propriedades viníferas mais famosas de Saint-Émilion, o *Château Ausone*, deve seu nome a ele.) Nascentes culturas viníferas surgiram nas hoje famosas regiões da Borgonha, Alsácia e Savoia – e, possivelmente, até mesmo na região, mais setentrional, da atual Normandia.

Esses vinhos provavelmente não agradariam ao nosso paladar moderno. Para começar, eles eram muito mais inebriantes, e, por isso, os bebedores mais "civilizados" tendiam a consumi-lo diluído com água. Eles eram armazenados e envelhecidos em recipientes porosos e, consequentemente, azedavam com facilidade, fazendo-se necessário que seu sabor fosse suavizado com mel ou ervas. Noções de "safra" e *"terroir"* (cf. nota 1 do Capítulo 6, página 385) ainda teriam de ser inventadas. O vinho era apreciado não tanto por seu sabor, mas por suas qualidades desinibidoras, muito desejadas e úteis para ocasiões sociais e rituais religiosos, e porque era um reconhecido purificador de águas de procedências suspeitas. Como veremos nos próximos capítulos, os celebrados vinhos franceses de hoje em dia surgiram somente depois de séculos de experimentações com incontáveis variedades de uvas e técnicas vinícolas. Assim, a tendência dos vinicultores franceses para enfatizar as raízes ancestrais de seus produtos não deve ser considerada como um indicativo de qualidade ao longo dos séculos. Essa abordagem de *marketing* surgiria apenas no século XIX, quando toda e qualquer espécie de tradições gastronômicas foram exageradas, ou mesmo inventadas, para contrabalançar os desorientadores efeitos da industrialização e da urbanização.[5]

Os gauleses podem não ter sido grandes produtores de vinho antes da chegada dos romanos, mas foram responsáveis pela invenção de algo sem o qual nós simplesmente não poderíamos apreciar vinho e outras bebidas alcoólicas do modo como fazemos hoje: o barril de madeira. É difícil precisar quando eles o inventaram, mas é certo que quando Júlio César conquistou os gauleses, no século I a.C., eles já utilizavam barris – principalmente para sua *cervoise*, mas também para transportar gêneros alimentícios, tais como carne suína e peixes, salgados ou defumados. Isso os colocava um passo adiante dos civilizados romanos, que ainda empregavam ânforas para transportar suas mercadorias. Agora, cá entre nós: parece mais fácil utilizar um objeto feito de madeira, que pode ser rolado pelo chão, do que carregar grandes vasilhames de cerâmica com duas alças. No entanto, naqueles tempos os romanos dispunham de muitos escravos para executar o trabalho pesado.

Uma vez que, hoje em dia, muitas das nossas bebidas favoritas são envelhecidas em tonéis e barris de madeira – o que confere vários e deliciosos sabores ao álcool –, devemos realmente agradecer aos nossos ancestrais, os gauleses, por fazerem de uma dose de conhaque, um copo de uísque ou uma taça de vinho algo tão mais agradável. Mesmo os romanos – ou os italianos, como nos referimos a eles hoje em dia – devem agradecer aos gauleses, pois um dos elementos mais importantes da culinária italiana, o vinagre balsâmico, não poderia existir da forma que hoje o conhecemos se não fosse envelhecido em barris de madeira, por meses ou mesmo anos, antes de estar pronto para o consumo.

Não é difícil apreciar a França da era galo-romana hoje em dia, uma vez que muitas cidades e muitos vilarejos – sobretudo nas regiões mais meridionais do país – ainda são adornados por construções, aquedutos e pontes construídos cerca de dois milênios atrás. A antiga cidade de Arles, por exemplo, conta com uma notável coleção de sítios bem preservados ao redor de sua imponente arena romana. Suas estreitas ruelas sinuosas evocam tanto uma antiguidade longínqua quanto os ensolarados aromas da moderna Provença, estimulando a percepção de que a passagem do tempo nem sempre se dá de maneira linear na França. É uma terra na qual o antigo e o moderno acalentam-se mutuamente, criando uma história que é única e inefavelmente *francesa*.

A Arena Romana em Arles, erigida por volta do ano 90 d.C., abrigou corridas de bigas e duelos entre gladiadores diante de plateias de até 20 mil espectadores. Hoje em dia, é um notavelmente bem preservado item do Patrimônio Cultural da Humanidade, segundo a UNESCO. Concertos musicais e touradas ainda ocorrem em suas dependências. © Gilles Lagnel (Pixabay Photos).

2

A Virgem do Rim

Muitas dentre as mais belas cidades francesas foram fundadas na era galo-romana – inclusive Limoges, a histórica capital da região de Limousin, no sudoeste da França, que, talvez, tenha sido fundada pelo imperador romano Augusto em pessoa. Muito antes de vir a ser famosa por suas porcelanas, a partir do século XVIII, Limoges era um próspero centro religioso e cultural (sempre que não estava sendo assolada por guerras, déspotas e pestilências, é claro). Hoje em dia, as sinuosas ruelas do encantador distrito medieval ocultam uma importante pista para a História de Limoges e da própria França: *La Vierge au Rognon* [A Virgem do Rim]. Escondida na pequenina capela conhecida como *Notre-Dame-des-Petits-Ventres*, essa estátua de Maria com o Menino Jesus em seu braço, enquanto esse, solenemente, devora um rim, suscita uma série de inquietantes questões. Por que um rim? Esse bebê já poderia consumir alimentos sólidos? Isso é algum tipo de piada sacrílega? Para responder a essas perguntas... bem, exceto à segunda, para a qual a resposta é, sem dúvida, *não*, retornemos à nossa jornada pela era galo-romana.

Uma religiosidade celta politeísta era comum entre as tribos gaulesas; mas, depois da conquista pelos romanos, muitas divindades celtas foram mescladas às divindades romanas, dando origem a uma nova religião galo-romana. Por exemplo, a divindade celta Grano e o deus romano Apolo foram associados com a cura e com o sol, e, assim, os galo-romanos terminaram por cultuar a uma divindade híbrida chamada Apolo Grano. Divindades romanizadas eram, muitas vezes, equiparadas a divindades celtas, em uma simbólica manifestação da abrangente fusão cultural que estava em curso. A natureza não dogmática do politeísmo assinalava que o panteão poderia ser fluido e adaptável.

Porém, tudo tem seus limites, e essa bonomia galo-romana encontrou seu fim com a cristandade. Os cristãos, afinal, acreditavam na existência de um único deus, não restando, portanto, qualquer esperança de mistura da divindade cristã na corte politeísta. Quando os primeiros missionários cristãos surgiram, condenando os falsos ídolos locais, não foram muito amistosamente bem recebidos pelos galo-romanos. Entre os séculos I e IV d.C., eles foram, de modo geral, ignorados ou perseguidos – e, às vezes, até martirizados.

Talvez a mais famosa mártir gaulesa tenha sido Santa Blandina, que morreu no ano 177. Ela e alguns de seus companheiros cristãos foram dados como alimento a leões na cidade de Lyon (então chamada Lugdunum), a capital da Gália. Blandina, porém, foi rejeitada pelos leões – talvez porque fosse tão esquálida que não parecesse com uma refeição decente ou porque Deus a protegeu (escolha sua opção de acordo com o que você acredita). Então, ela foi torturada para que abjurasse suas crenças, mas ela jamais fez isso, e, assim, terminou por ser executada. Hoje em dia, ela é a santa padroeira de Lyon (mas não dos leões da cidade).

O martírio sempre foi algo repulsivo, mas também foi um meio muito eficaz para que alguém se tornasse um santo padroeiro. São Lourenço, por exemplo, foi um diácono na Roma do século III da era cristã, conhecido por distribuir dinheiro e alimentos para os pobres. Isso atraiu a atenção de Valeriano, o imperador romano, que intimou Lourenço para que lhe trouxesse as riquezas de sua igreja. Lourenço levou até a presença dele mendigos, aleijados e órfãos, dizendo-lhe: "Estes são os maiores tesouros da igreja". O imperador não achou nenhuma graça no comentário e ordenou que Lourenço fosse queimado lentamente, até a morte, sobre carvões em brasa. Depois de ter sido suspenso sobre o carvão ardente por algum tempo, Lourenço assinalou aos seus torturadores: "Este lado já está bem passado; vocês podem me virar, agora". Graças a esse comentário espirituoso, hoje ele é considerado o santo padroeiro dos cozinheiros e churrasqueiros.

De fato, a maioria das atividades relacionadas à alimentação na França conta com santos padroeiros – ainda que nem todos esses tenham tido fins tão macabros. São Martinho de Tours, um dos mais conhecidos santos dos primórdios do cristianismo, morreu de causas naturais no século IV. Ele é o padroeiro dos viticultores (e, talvez mais apropriadamente, dos alcoólatras), e dizem ter sido ele o responsável pela introdução do costume de podar as vinhas na região de Touraine. Segundo a lenda, seu burro mastigou algumas vinhas e, no ano seguinte, os camponeses notaram que as plantas produziam menos uvas, mas estas eram maiores e mais saborosas. Assim, graças a São Martinho, os vinhos de Touraine gozam da reputação de estarem entre os melhores da França. Outra lenda diz que após sua morte os viticultores verteram tantas lágrimas que, ao encharcarem o solo, estas fizeram mudar o sabor de seus vinhos, e foi assim que Touraine perdeu seu lugar como a melhor região produtora de vinhos da França para Borgonha e Bordeaux.

Agora, voltemos a Limoges e à Virgem do Rim. Com o passar do tempo, a maioria das atividades relacionadas à alimentação na França formou suas próprias guildas, uma forma de associação cooperativa que estabelecia parâmetros rígidos para a participação em um ramo de negócios e promovia os interesses mútuos de seus membros. As guildas tornaram-se importantes grupos políticos e sociais durante a Idade Média; e, na França, a maior parte delas adotou santos padroeiros para que as protegessem. Em Limoges, a poderosa guilda dos açougueiros elegeu Santo Aureliano como seu padroeiro. Aureliano fora um pregador pagão do século III, enviado a Limoges para assassinar o bispo da cidade, Marcial, que tivera sucesso ao converter muitos habitantes locais ao cristianismo. Marcial rogou a Deus para que o protegesse, e a divindade muito obsequiosa fulminou Aureliano com um raio. Marcial, então, sentiu-se um tanto constrangido com a situação e rogou a Deus para que restituísse a vida a Aureliano. Deus, demonstrando ter bastante paciência com seu bispo, assim o fez. Aureliano, então convencido de que deveria, afinal, haver algum fundamento em toda essa ideia de cristianismo, converteu-se e tornou-se bispo de Limoges, depois da morte de Marcial. O próprio Marcial, mais tarde, viria a tornar-se santo padroeiro de Limoges.

Os açougueiros de Limoges concentravam suas atividades nas cercanias da *Rue de la Boucherie* e frequentavam a capela, datada do século XV, *Notre-Dame-des-Petits-Ventres*, que se tornou conhecida como "a capela dos açougueiros". Embora seus estabelecimentos e abatedouros há muito tenham abandonado aqueles quarteirões, a rua ainda permanece sendo um trecho urbano encantador, com suas casas de madeira e praças ensolaradas. A capela, por si mesma, proporciona uma visita interessante, com seu altar flanqueado por esculturas um tanto convencionais de Santo Aureliano e São Marcial – e sua bizarra estátua da Virgem do Rim, cujas origens esperamos aclarar um pouco. Ela reflete não apenas o antigo costume local de os açougueiros darem rins, ricos em ferro, a crianças pequenas e a mães recentes, mas, também, o feliz casamento entre o comércio e a religião nas cidades medievais da França.[1]

Os franceses são famosos por consumirem partes de animais não muito vistas em supermercados de outras regiões e outros países; e essa tradição é particularmente celebrada em Limoges, onde os açougueiros têm desempenhado um importante papel social há séculos. Pode-se fazer uma boa ideia dos limites da gastronomia de entranhas animais durante o festival anual patrocinado pela *Frairie des Petis Ventres* [Irmandade *des Petis Ventres*], uma organização fundada na década de 1970 para opor-se aos planos da municipalidade que visavam à demolição do quarteirão medieval dos açougueiros. Felizmente eles foram bem-sucedidos, e, hoje em dia, durante todos os meses de outubro, o *Quartier de la Boucherie* [Bairro dos Açougues] reassume seu caráter histórico, com dezenas de barracas que oferecem uma fascinante gama de pratos de carne. Pode-se iniciar a degustação com o relativamente acessível chouriço *girot*, preparado com sangue de cordeiro, ou experimentar-se os populares testículos de carneiro, salteados com alho e salsinha. Os corajosos podem pedir o prato que empresta seu nome à feira gastronômica: os *petits ventres*, que se assemelham ao famoso prato escocês *haggis* ou ao brasileiro buchada de bode – ou seja, estômago de ovelha recheado com partes do animal sobre as quais não se desejaria sequer pensar. Para os paladares mais delicados, não há nenhuma vergonha em experimentar a maravilha mais conservadora de um hambúrguer preparado com a carne bovina de Limousin, uma das melhores variedades de toda a Europa e a contribuição gastronômica mais famosa da região, atualmente.

O auge dos dias dos antigos mártires cristãos terminou no século IV, quando o imperador romano Constantino se converteu ao cristianismo. Poucas décadas depois desse fato, o cristianismo tornou-se a religião oficial

La Vierge au Rognon, na antiga capela dos açougueiros *Notre-Dame-des-Petits-Ventres*, em Limoges. © Karine Hénaut, 2017.

do Império. Os galo-romanos, em números sempre crescentes, abandonaram seus ritos pagãos e, assim, as primeiras fundações do catolicismo francês foram lançadas. Não resta dúvida de que esses primeiros cristãos anteviram um glorioso futuro para sua nova religião na Gália. Mal sabiam eles, porém, que a edificação imperial sobre a qual se fundamentava já começara a ruir.

3

Bárbaros à Mesa

Poucos impérios ao longo da História podem rivalizar com o romano em termos da abrangência do território que chegou a controlar. Da Inglaterra ao Egito e da Espanha à Síria, quase um quarto da população mundial viveu sob o domínio dos romanos no auge de seu poder. Suas conquistas tecnológicas e culturais permanecem impressionantes até hoje, quer consideremos suas estradas e seus aquedutos que sobreviveram aos séculos, seu idioma que está na raiz de tantas línguas europeias ou em sua poesia, que segue cativando leitores por todo o mundo. É claro que os romanos também fizeram muitas coisas terríveis: eles mantinham escravos, atiravam pessoas para serem devoradas por leões, e não nos esqueçamos de que ao devastarem Cartago eles fizeram esterilizar os campos ao redor da cidade aspergindo-os com sal. Nada disso, porém, fazia diminuir a crença que tinham neles mesmos como o apogeu da civilização.

A gastronomia romana ostentava uma dualidade similar. Incluía tanto pratos magníficos e vinhos excelentes, provenientes de todas as partes do Império, quanto um sem-número de acepipes ética e esteticamente duvidosos. O *foie gras*, por exemplo, exigia a alimentação forçada dos gansos para quase além de sua capacidade natural, enquanto os capões eram o inovador resultado da castração de jovens galos domésticos. Apício, um bem conhecido *gourmand** do século I d.C., que cometeu suicídio quando suas fartas verbas para a alimentação minguaram, professava uma predileção por línguas de flamingos, patas de camelos e mamas e vulvas de porcas.

Tal diversidade gastronômica poderia nos levar a pensar que os romanos não conheciam limites quando se tratava de sua afeição pelos alimentos. Na verdade, porém, havia uma prática em particular que os romanos consideravam tão grosseira, tão inconcebivelmente ofensiva aos sentidos, que, por si mesma, revelava uma total falta de civilização. Era, é claro, o imperdoável pecado de cozinhar usando-se manteiga em vez de azeite de oliva, e isso fez parte de um dos mais importantes elementos para a definição romana de "bárbaro".

Séculos antes, os próprios romanos haviam sido bárbaros – segundo a perspectiva dos gregos. Contudo, quando grande parte do mundo conhecido era governada e culturalmente moldada por Roma, eles necessitavam de sua própria antítese: uma vastidão de inferiores "outros" que os ajudasse a definir o que significava ser romano. As várias tribos germânicas e eurasianas que se congregavam nos arredores do Império eram facilmente rotuladas como hordas bárbaras. Afinal de contas, esses indivíduos não falavam latim, não cultuavam os deuses romanos, nem viviam de acordo com as leis romanas – e vejam só o que eles comiam! A comida sempre foi um mecanismo útil para demonizar populações; e isso não era diferente no mundo antigo. Você saberia estar lidando com bárbaros incivilizados se cozinhassem com manteiga, bebessem cerveja em vez de vinho ou comessem carne de caça em vez da de animais criados em fazendas.[1]

Ao longo dos anos, a população galo-romana, de modo geral, adaptou-se aos modos "civilizados" dos romanos, enquanto as tribos germânicas originárias do Norte e do Leste do que hoje em dia é o território da França mantiveram-se fiéis às suas próprias tradições culinárias. Há quem argumente que isso explica por que ainda hoje existe uma perceptível divisão entre o norte da França, onde as pessoas tendem a cozinhar com manteiga e a beber cerveja e sidra, e o sul do país, onde a maioria dos pratos é preparada com azeite de oliva e o vinho reina supremo. Seria bom se as coisas fossem assim tão

---

*   Em francês, o termo *gourmand* significa "gastrônomo", em uma acepção positiva. Com um sentido um tanto pejorativo, pode ser traduzido como "glutão" ou "comilão", quando assume uma conotação oposta a *gourmet*, "degustador" ou "apreciador" de pratos e bebidas. (N.T.)

simples, mas tais divisões culinárias não podem ser tão claramente mapeadas com uma espécie de fronteira romano-germânica (e, como veremos, essa espécie de preferências sociais raramente é atribuível a fatores históricos isolados).

O sentimento romano de superioridade nem sempre correspondeu à verdadeira força de seu Império (uma angústia histórica comum), que, durante os séculos IV e V d.C., foi com frequência atacado por tribos bárbaras. Os romanos conseguiram cooptar tribos individuais, dando-lhes terras ou o produto de saques caso isso os ajudassem a defender-se contra outros bárbaros, mas essa provou ser uma estratégia bem-sucedida somente a curto prazo. No final, a Gália enxameava de vândalos, alanos, suevos, borgonheses, visigodos e – mais importantes para a História francesa – de hunos e de francos.

Átila, o Huno, talvez seja um dos poucos líderes bárbaros cujo nome ainda é familiar para a maioria de nós, com suas duradouras conotações de crueldade e selvageria. Chamado o "Flagelo de Deus", ele fundou um poderoso império no leste europeu, antes de terminar por invadir a Gália, em 451 d.C. Ele saqueou cidades como Metz matando a maioria de seus habitantes, e em outras cidades o populacho aterrorizado fugia antes mesmo de sua chegada. Por fim, ele foi derrotado pelo exército romano em junho de 451, nas proximidades de Paris, na Batalha dos Campos Cataláunicos, um dos conflitos mais sangrentos da História da Europa e o primeiro grande revés enfrentado por Átila em solo europeu. Contudo, aquela não foi uma vitória decisiva para os romanos; Átila retornaria no ano seguinte para invadir a Itália, embora não tenha conseguido alcançar Roma. Ele morreria em 453 de uma forma verdadeiramente bárbara, afogando-se em seu próprio sangue na noite de seu casamento.

De modo geral, os hunos não são lembrados muito calorosamente na França. Sua invasão, porém, levou à criação de uma lenda da culinária francesa: os hunos teriam sido responsáveis pela introdução do chucrute – ou repolho fermentado em salmoura, gim ou vinho branco – nas partes do leste da França ocupadas por eles, tal como a Alsácia e sua capital Estrasburgo. Um prato clássico nas *brasseries* e nos bistrôs franceses, geralmente consumido com carne suína ou linguiça, o chucrute – ou *sauerkraut* – é muito popular por toda a Alemanha e o leste europeu graças aos invasores das estepes asiáticas (embora é mais provável que tenham sido os mongóis, no século XIII, e não os hunos, os responsáveis por sua introdução e sua difusão na Europa).

A associação do chucrute com a Alemanha levou a um tipo mais moderno de demonização alimentar no século XX. Nos países de idiomas anglo-saxões, *"kraut"* tornou-se um termo pejorativo para referir-se aos alemães durante as guerras mundiais, enquanto os franceses preferiam chamá-los de "comedores de chucrute". Durante a Primeira Guerra Mundial, alguns patrióticos fabricantes de conservas norte-americanos chegaram mesmo a renomear seu produto como "repolho da liberdade". Felizmente, nas décadas seguintes o *sauerkraut* foi destituído de seu estigma político. Hoje em dia, o repolho é apenas mais um alimento saudável da moda, o qual, provavelmente, você não esteja comendo em quantidade suficiente.

Os francos tiveram um impacto muito mais substancial – não apenas pelo fato de que "França" é um nome derivado de *Francia*, a terra dos francos. Os francos eram uma confederação pouco coesa de tribos germânicas que viviam no que hoje em dia é a Alemanha, a Bélgica e o norte da França, nas fronteiras do Império Romano. Depois da queda de Roma, em 476 d.C., seguiu-se um prolongado período de decadência interna e invasões bárbaras, até um homem chamado Clóvis promover a união das tribos e tornar-se seu rei. Enquanto o Império Romano se desintegrava na Europa ocidental, ele conquistava mais e mais territórios na província da Gália, derrotando tanto os exércitos romanos quanto os de outras potências bárbaras.[2]

Clóvis estabeleceu a dinastia merovíngia, assim chamada em honra de seu avô, Meroveu, que, segundo uma lenda, descenderia de um deus marinho (os francos àquela época eram pagãos). Mas Clóvis casou-se com uma mulher cristã e, quando se viu no lado que perdia um combate contra os alamanos, na Batalha de Tolbiac, em 496, ele orou ao Deus cristão prometendo que se faria batizar se lhe fosse concedida a vitória. Os francos viraram a batalha em seu favor e derrotaram os alamanos, e, assim, Clóvis e os francos tornaram-se cristãos. Foi um astuto movimento político, uma vez que a maioria das pessoas na Gália era cristã e os bispos detinham um poder considerável. Clóvis foi batizado em Reims, iniciando uma longa e duradoura tradição segundo a qual os reis franceses eram batizados e, mais tarde, coroados naquela cidade. Mas ele decidiu fazer de Paris, uma de suas cidades favoritas, a capital de seu reino. Assim, se diz tradicionalmente que a História francesa principia com Clóvis e os merovíngios.

Teodorico, filho e sucessor de Clóvis, tinha um médico grego, chamado Antimo, como conselheiro. Antimo era partidário das clássicas noções gregas sobre saúde e dieta humanas, que prescrevem o consumo de certos alimentos para afastar ou aliviar doenças. Ele escreveu um guia culinário chamado *De Observatione Ciborum* que contribuiu para que os costumes culinários gregos e romanos sobrevivessem no interior do reino dos francos por toda a Idade Média. Ele prescrevia o emprego copioso de gengibre, por exemplo, como digestivo; e, de fato, o gengibre veio a ser um tempero predominante na culinária medieval. Seus conselhos não se limitavam aos tipos de alimentos a serem consumidos; ele também instruía quanto aos modos de prepará-los. A carne bovina deveria ser cozida, antes de ser assada, numa infusão de pimenta, cravo-da-índia e outras especiarias – em uma vasilha de cerâmica, preferivelmente a um recipiente de cobre. A carne deveria ser assada não muito próxima do fogo e regada com sua própria gordura e seus sucos naturais com frequência. Grão-de-bico deveria ser consumido somente quando muito bem cozido, com um pouco de sal e óleo.[3] Antimo, que era muito amado tanto pelos romanos quanto pelos merovíngios, também escreveu extensamente sobre carne suína. Ele cunhou um ditado popular: *dans le cochon tout est bon* [no porco, tudo é bom].

Porém, talvez a contribuição gastronômica mais duradoura dos merovíngios tenha mais a ver com a maneira como as pessoas comiam. Os homens da nobreza romana costumavam deitar-se ou reclinar-se enquanto faziam suas refeições; as crianças, as mulheres, homens do povo comum e escravos costumavam sentar-se para comer. Em um banquete merovíngio, porém, todos sentavam-se em grandes bancos dispostos ao longo das mesas, o que veio a se constituir de um costume francês. Na verdade, a ideia de não se sentar apropriadamente à mesa seria considerada um barbarismo na França atual.

De fato, a França moderna tem um conjunto de modos à mesa que se espera sejam conhecidos por todos – o que pode causar acessos de nervosismo em estrangeiros que desesperadamente tentem evitar ser vistos como bárbaros. Por exemplo, não espalhe *foie gras* com uma faca sobre uma torrada: o patê deve ser consumido em fatias. Ao comer uma salada, deve-se dobrar as folhas de alface até um tamanho adequado à boca, em vez de picá-las em pedaços. E, pelo amor de Deus, não corte a ponta de um triângulo de queijo

O provérbio francês *dans le cochon tout est bon* [no porco, tudo é bom] decora a parede do *Aux Trois Cochons – Le Père Fillion*, um tradicional *bouchon* em Lyon. *Bouchons* são pequenos restaurantes ou bistrôs tipicamente dirigidos por famílias, com cardápios dedicados a especialidades culinárias locais, principalmente pratos de carne, com preços razoáveis e ambientes animados. Em uma situação incomum para a França, a maioria dos *chefs* de cozinha dos *bouchons* é constituída por mulheres, entre as quais se inclui a famosa Eugénie Brazier, conhecida como *La Mère Brazier* [A Mãe Brazier], uma das mais influentes *chefs* francesas do século XX. Fotografia dos autores, 2016.

Brie! Fatias devem ser tiradas no sentido do comprimento, para que todos os comensais possam ter o prazer de saborear o delicioso centro do pedaço. Já que estamos tratando desse assunto, nem pense em servir-se de um enorme copo de vinho, tal como costumavam fazer os saxões (e, hoje em dia, o fazem os anglo-saxões). Aparentemente, ainda existem muitas maneiras de comportar-se como um bárbaro na França.

4

Ode à Glutonaria

> *O destino, muito solicitamente, atendeu ao meu desejo,*
> *minhas orações foram merecedoras de uma saborosa dádiva*
> *que alimentou as irmãs, mas fez ainda maior bem para mim:*
> *elas foram saciadas pelo alimento, enquanto eu fui nutrido pelo amor,*
> *reluzente de decência, enquanto elas me serviam com duas refeições:*
> *restaurando meu coração à medida que também comiam do que serviam,*
> *a comida alimentando seus corpos, o amor nutrindo minha alma –*
> *porque eu tanto mais necessitava de vós, vós viestes como*
> *um alimento ainda mais doce para mim.*
> *Orações piedosas possa o grande Deus ouvir às vossas demandas*
> *e espargir sobre vossos lábios o sabor de um banquete infinito.*
> – Venâncio Fortunato, século VI d.C.[1]

Se estas palavras não inspirarem você a impregnar sua culinária de amor e servi-la às pessoas que lhe sejam caras, devem faltar a você ou o coração ou o estômago. Tal como veremos, ao poeta e clérigo do século VI d.C. Venâncio Fortunato – a quem os franceses hoje em dia chamam simplesmente Fortunato – não faltava nenhum desses dois órgãos. Sua afeição platônica por uma ex-rainha mantida reclusa em um convento, e pelos pratos divinos que ela preparava especialmente para ele, foi preservada em sua poesia, como uma história de amor gastronômico que sobreviveu às eras.

Esse poema em particular foi escrito durante um período em que a dinastia merovíngia envolvia-se, frequentemente, em inúmeras guerras internas, que se seguiram à morte de Clóvis, em 511. Os reis merovíngios tinham o hábito de distribuir as riquezas e terras que possuíssem entre seus filhos, o que significava que, toda vez que um rei morria, o reino tinha de ser novamente repartido. Irmãos guerreavam entre si para expandir seus quinhões da herança. Contudo, de algum modo, a despeito de todas as brigas familiares, a Francia permanecia nas mãos da dinastia merovíngia – embora pelo final do século VII seus reis já estivessem tão enfraquecidos que não passassem de líderes figurantes. A verdadeira autoridade fora transferida para um poderoso oficial real em exercício, conhecido como o "prefeito do palácio".

A vida para as mulheres da aristocracia merovíngia era particularmente desalentadora. O destino delas limitava-se a casarem-se e tentarem gerar herdeiros do sexo masculino; e poucas mulheres tinham a sorte de viver longamente e não perecer durante um parto (a expectativa de vida para as mulheres de então era a de meros 29 anos de idade).[2] Elas somente poderiam receber riquezas como herança se nenhum homem elegível para a liderança do governo ainda vivesse e, definitivamente, não poderiam herdar o trono. A poligamia não era proibida, e era aceitável que um homem (sobretudo um membro da aristocracia) tivesse mais de uma esposa, embora essa não fosse uma prática comum (o mais corriqueiro era que homens tivessem amantes). O cometimento de adultério por parte das mulheres, contudo, era estritamente proibido e punido com grande severidade. Afinal de contas, tratava-se de uma sociedade patriarcal por excelência. A única opção para uma mulher que não desejasse se casar seria entrar para um dos conventos que começavam a surgir naqueles tempos. Eles tornaram-se santuários para toda uma classe de mulheres solteiras e viúvas.

As deploráveis opções para as mulheres daquela época podem ser constatadas pela história de Radegunda, a filha do rei da Turíngia, território hoje localizado na região central da Alemanha. Em 531, a Turíngia foi conquistada pelos reis francos Teodorico e Clotário, ambos filhos de Clóvis. O reino foi anexado às terras merovíngias, então Radegunda – contando apenas 11 anos de idade – e seu irmão foram dados a Clotário como tributos.

Quando Radegunda completou 18 anos, foi forçada a se casar com Clotário, embora não sentisse nenhum amor pelo homem que invadira sua terra natal e a arrancara de sua família. Em todos os seus anos de um casamento infeliz, ela jamais deu à luz uma criança. Buscava refúgio nos estudos, na oração e no auxílio aos pobres e enfermos – tão intensamente que se dizia haver o rei desposado uma freira. Radegunda era uma mulher calorosa, inteligente e muito religiosa. Suas obras de caridade e sua devoção a Deus logo lhe granjearam a reputação de uma santa.

Clotário, com o passar do tempo, terminou por permitir que Radegunda fosse viver em uma *villa* real em Saix, um vilarejo no Vale do Loire, não muito distante de Saumur. Porém, a certa altura, o rei aparentemente cansou-se desse arranjo e exigiu que ela retornasse à corte. Segundo a lenda cristã, Radegunda escapou a esse destino graças ao "milagre da aveia". Enquanto fugia dos homens do rei que vinham em seu encalço, um campo de aveia recém-plantada cresceu repentinamente, com as hastes alcançando o tamanho de plantas adultas, ocultando-a em sua fuga. Seus perseguidores, assombrados pelo milagre e não pretendendo ofender a Deus, abandonaram a caçada.

Um relato mais prosaico diz que Radegunda fugiu da dominação do rei depois que ele ordenou a execução de seu irmão. Ela, então, convenceu alguns poderosos bispos francos para que fizessem dela uma diaconisa e ameaçassem o rei com a excomunhão, caso ele tentasse recapturá-la. Em qualquer dos casos, Radegunda, então, conseguira livrar-se das garras do rei. Ela abraçou uma vida religiosa e contribuiu para a fundação da abadia de Sainte-Croix de Poitiers. Devido à sua humildade, ela juntou-se à abadia como uma simples freira, não como a abadessa. Sua dama de companhia e amiga, Agnès (ou Inês), tornou-se a abadessa em seu lugar.

Foi na abadia que Radegunda e Agnès vieram a conhecer o poeta e viajante italiano Venâncio Fortunato. Ele era originário de Treviso, na Itália, mas fugira da cidade antes que esta fosse invadida pelos godos. Algum tempo depois, ele chegou à cidade de Metz, onde o monarca do reino franco de Austrásia mantinha sua corte. A poesia de Fortunato atraiu muitos patrocinadores reais, e ele começou a obter fama por seus próprios méritos, tendo-se mudado, mais tarde, para Paris, então para Tours e, por fim, Poitiers. Fortunato amava a vida e a comida e era feliz por admitir isso abertamente, sem qualquer constrangimento.

Como, exatamente, Fortunato conheceu Radegunda não está muito claro; mas ele certamente já ouvira a respeito dela, pois sua história era bastante incomum. O que está claro é que uma profunda amizade e um amor (platônico) desenvolveram-se entre ele, Radegunda e Agnès, e a comida parece ter sido a maneira mais segura encontrada pelas duas mulheres para demonstrar-lhe sua afeição. Em retribuição, ele escrevia poemas louvando-as e à sua culinária, e, às vezes, enviava-lhes pequenos presentes. Quando Radegunda e Inês jejuavam, como parte de sua prática religiosa, Fortunato enviava-lhes bilhetes implorando para que comessem alguma coisa. Quando a quaresma afinal chegava ao fim, ele lhes enviava mais cartas, nas quais expressava sua felicidade pelo término do jejum.

Certa ocasião, parece que as nossas encantadoras freirinhas deram a Fortunato comida em demasia, e ele padeceu de algum mal relativo à digestão. Seu médico prescreveu uma dieta muito restritiva, e ele queixou-se disso para Agnès e Radegunda, desesperando-se por não poder sequer vê-las provarem das delícias culinárias que preparavam. Ele não tinha nada de bom para dizer sobre o médico ("Nenhuma refeição jamais lhe parece adequada", resmungou ele).[3] Mas, com o passar do tempo, Fortunato recuperou-se e, novamente, passou a receber "refeições gotejando mel, tais como os doces favos que emanam de seus devotados lábios".[4] O mel era um dos seus alimentos favoritos.

Fortunato nos legou descrições memoráveis da alimentação proporcionada pelas freiras e nos proporcionou uma boa noção de como e o que as pessoas comiam durante a "idade das trevas" (isso se alguém fosse afortunado o bastante para ver-se cercado por freiras atenciosas):

Sua preocupação fraternal nunca me permite esquecer
de como as refeições que me trazem me mantêm vivo:
A generosidade do jantar de hoje foi primorosa;
à vossa mesa, vegetais delicadamente aspergidos com mel
foram servidos copiosamente, duas vezes,
e somente o aroma deles seria suficiente para fazer-me engordar.
Quem me atendia à mesa mal podia servir-me as porções,
e seus pés tinham bolhas ao final da refeição.
Então, uma gigantesca pilha de fatias de carne surgiu,

uma montanha – com colinas laterais, circundadas por peixes e ragu,
formando um pequeno jardim para o jantar em seu interior.
Gulosamente, vorazmente, eu devorei tudo:
a montanha e o jardim foram pacientemente deglutidos.
Não consigo lembrar-me de muita coisa depois disso, pois suas dádivas me
  conquistaram.
Para os céus, conquistadora Agnès, acima das nuvens, eu alcei voo.[5]

É bem provável que as autoridades religiosas não vissem sua glutonaria como um pecado tão terrível, pois ele terminou sua vida como bispo de Poitiers e veio a ser venerado como um santo na França e na Itália. E talvez, não surpreendentemente, ele seja conhecido hoje em dia como o santo padroeiro dos *chefs* de cozinha do sexo masculino e dos *gourmands*, absolvendo-nos de nossos pecados gastronômicos. Séculos depois, o grande *chef* francês Auguste Escoffier homenageou Fortunato e seu amor pela comida ao dedicar-lhe a receita de um prato de sua autoria: o *cochon de lait Saint-Fortunat*, ou "leitão a Saint-Fortunat". O preparo envolve o cozimento de um leitão inteiro, recheado com ervas, conhaque, linguiça e castanhas – o tipo de prato que, sem dúvida, teria levado Fortunato a um estado de arrebatamento.

Quanto a Radegunda, ela também se tornou uma santa – ainda mais conhecida do que Fortunato. Sua abadia foi destruída durante a Revolução Francesa, mas uma bela igreja, datada do século XI, erigida sobre sua cripta em Poitiers ainda existe. Nela pode-se contemplar um fantástico vitral, no qual um dos painéis ilustra uma cena do milagre da aveia. Ao longo dos séculos, cultuadores fizeram oferendas de aveia para Santa Radegunda. Atualmente, na França, ela é conhecida como a santa padroeira das *chefs* de cozinha do sexo feminino. O que quer que se pense acerca da necessidade de considerar-se *chefs* homens e mulheres separadamente, talvez se deva a uma forma de fazer com que os dois grandes amigos e companheiros gastrônomos mantenham-se permanentemente conectados nas lendas da França.

5

Deixadas para Trás: As Cabras de Poitou

O *Chabichou* é um delicioso queijo de cabra francês, que possui uma adorável textura ondulada e uma forma que se assemelha à de uma torre cilíndrica inclinada. Quando consumido ainda fresco, seus sabores são acentuadamente florais e sua consistência é cremosa; mas, depois de alguns meses de sua preparação, seu aroma torna-se um tanto mais picante e agressivo. Ele é produzido exclusivamente na região dos arredores de Poitiers, sob um estrito conjunto de condições definidas dentro de limites impostos pela *Appellation d'Origine Contrôlée* (AOC), ou [Denominação de Origem Controlada].[1] Ele também empresta seu nome à, assim chamada, *Route du Chabichou* [Rota do *Chabichou*], que proporciona uma adorável excursão pela região de Poitou-Charentes, com suas muitas variedades de queijos de cabra.

Uma lenda diz que o nome é derivado da palavra árabe *chebli*, ou "cabra". Acontece que Poitiers é famosa não apenas pelo agradável *Chabichou*, mas, também, como cenário de uma batalha épica, ocorrida no século VIII, que é tradicionalmente considerada como um divisor de águas na História europeia, quando o reino franco foi invadido por um império islâmico que crescia e expandia seus domínios com incrível rapidez. Segundo uma lenda local, as forças armadas do Califado Omíada trouxeram consigo rebanhos de cabras, e estas teriam dado origem aos famosos queijos de cabra da região de Poitou-Charentes, que, hoje em dia, é responsável pela produção de dois terços de todos os queijos de cabra da França.[2]

Pouquíssimos detalhes da batalha são conhecidos por nós. Embora as crianças francesas aprendam na escola que ela se deu em 732, em Poitiers, é possível que tenha transcorrido em 733, nas cercanias de Tours. Na verdade, nos países de língua inglesa, ela é muito citada como a Batalha de Tours. (Essa ambiguidade geográfica não se faz presente no nome árabe dado ao evento, chamado *Balat ash-Shuhada*, traduzido para *Bataille de Cour des Martyrs*, em francês, algo como "Batalha dos Mártires".)

Qualquer que tenha sido a data exata, a batalha ocorreu em um período no qual o império do islamismo mal contava um século de existência, porém já se tornara uma potência preeminente no Oriente Médio e no Mediterrâneo. Suas raízes se encontravam nas tribos nômades da Península Arábica, que foram transformadas pelas revelações do Profeta Muhammad (também chamado Maomé, em português) e pelo surgimento do Islã, no século VII. Nas décadas seguintes, os árabes dominaram toda sua terra natal e conquistaram grande parte do Oriente Médio e do norte da África. Em menos de cem anos, eles estabeleceram um império – ou "califado" – que se estendia desde o atual Paquistão até a Espanha, aniquilando, nesse processo, o antigo Império Persa e debilitando seriamente o Bizantino.

A expansão do Império Islâmico através do Levante e do norte da África provocou duradouras consequências na culinária mediterrânea. Ao longo dos séculos anteriores de dominação romana, uma certa continuidade dos hábitos alimentares havia se instalado em torno do Mediterrâneo; mas, agora, suas costas meridionais estavam imersas em uma cultura islâmica que trouxera novos alimentos da Ásia – incluindo o açúcar, a beringela e as frutas cítricas – e bania o consumo de carne suína e álcool. Como resultado disso, a carne suína e as bebidas alcoólicas foram, em grande parte, confinadas aos territórios ao norte do Mediterrâneo e, assim, associadas a uma emergente identidade europeia (dinâmica que, tal como veremos, persiste até os dias de hoje).[3]

Depois do reinado dos primeiros quatro califas muçulmanos, o Islã conheceu sua primeira guerra civil (que resultaria no cisma entre as seitas sunita e xiita), e a dinastia dos omíadas tomou as rédeas do califado. Baseado em Damasco, o Califado Omíada promoveu uma rápida expansão do império islâmico, que incluiu a conquista de Al-Andalus (ou seja, a Península Ibérica) por uma força invasora árabe-berbere do norte da África, no princípio do século VIII. Os exércitos do califado terminariam por cruzar os Pireneus e conquistar vários territórios no oeste e no sul da Gália, tornando-se, assim, uma ameaça direta ao reino franco.

Àquela época, os francos ainda eram governados pelos reis merovíngios, mas haviam-se enfraquecido tanto, se tornado tão impotentes e negligentes para com suas responsabilidades, que vieram a ser conhecidos como "os reis preguiçosos". O verdadeiro poder político permanecia com o prefeito do palácio, cargo que, naquele tempo, era exercido por Carlos, o filho de Pepino. Ele já contava com um exército bem treinado e experiente sob seu comando e era, de fato, o rei – em tudo, menos no título.

Os invasores omíadas eram liderados por Abd al-Rahman, o emir de Córdoba. Seu grande exército – cuja força contava-se pela casa das dezenas de milhares de homens – conquistara a rica província de Aquitânia e, agora, avançava lentamente rumando para o norte, em direção ao Loire, pretendendo saquear cidades ricas, tais como Tours. Os francos podiam ser superados em número e verem-se forçados a confiar em sua infantaria para combater a cavalaria pesada dos omíadas, mas o lento avanço do exército omíada deu a Carlos a oportunidade de escolher a localização mais favorável para a batalha, em terreno elevado e com uma floresta muito densa. No final, isso provou ser um fator decisivo. Depois de uma semana de escaramuças, um dia de combate acirrado terminou com a morte de Abd al-Rahman e a retirada dos omíadas. Há quem diga que foi essa vitória que rendeu ao líder franco a alcunha pela qual ele seria conhecido na História: Carlos Martel (Carlos, o Martelo). Sua vitória decisiva foi vista como uma vitória da própria cristandade, e ele seria, mais tarde, conhecido como o "Martelo dos Infiéis".

Há alguma controvérsia quanto ao legado histórico da Batalha de Poitiers. Por marcar os limites mais longínquos da conquista da Europa pelo Califado Omíada, a batalha é muitas vezes apresentada como um momento crucial da História mundial, cuja vitória evitou que a Europa caísse sob a dominação islâmica. Porém, em tempos mais recentes, historiadores têm argumentado que o exército de Abd al-Rahman teria invadido a França apenas para saquear o país, sem a intenção de uma conquista duradoura. De todo modo, a expansão dos omíadas perderia seu ímpeto mais tarde, ainda no século VIII, devido a agitações internas e ao fato de as forças de Al-Andalus não contarem com poder suficiente para continuar a ocupar a França.

Não obstante, a Batalha de Poitiers arrebataria a imaginação dos franceses pelos séculos que se seguiriam. Diz-se que Joana d'Arc teria ouvido vozes que lhe diziam para que se dirigisse a Poitiers e desenterrasse a espada de Carlos, para ajudá-la a expulsar outros invasores da França – dessa vez, os ingleses. Durante a Segunda Guerra Mundial, tanto o regime de Vichy quanto a resistência francesa apropriaram-se da lenda do guerreiro franco: um grupo da resistência, baseado nas proximidades de Poitiers, adotou o nome de Brigada Carlos Martel.

Mais recentemente, a extrema-direita na França usou a lenda de Carlos Martel em suas campanhas xenofóbicas. Nos anos 1970 e 1980, terroristas antiárabes do Grupo Carlos Martel bombardearam uma série de alvos argelinos na França. O *Front National* (Frente Nacional, ou, simplesmente FN), o mais bem-sucedido partido político de extrema-direita da França, aproveitou-se do simbolismo da Batalha de Poitiers na campanha para as eleições presidenciais em 2002, lançando o *slogan* "Martel 732, Le Pen 2002". A mensagem racista era clara: "Vamos derrotar a nova invasão muçulmana". Ainda mais recentemente, o fundador do FN, Jean-Marie Le Pen, respondeu ao refrão popular *"Je suis Charlie"* [Eu sou Charlie] surgido logo após o ataque terrorista à revista satírica *Charlie Hebdo*, ao declarar: *"Je suis Charlie Martel"* [Eu sou Charlie Martel]. Enquanto a maioria do povo francês considera esses comentários deploráveis e de péssimo gosto, infelizmente eles ainda apelam a um segmento da população que não pode mais ser considerado "marginal". A filha de Le Pen e líder partidária do FN, Marine Le Pen, conquistou mais de 30% dos votos nas eleições presidenciais de 2017.

Um sabor muito mais agradável tem o nosso adorado queijo de cabra *Chabichou*. Se suas origens realmente se devem ao desfecho da invasão dos omíadas é algo discutível. As cabras, também conhecidas como as "vacas dos pobres", teriam sido os animais ideais para a alimentação de exércitos. Cabras são muito adaptáveis: podem caminhar sobre terrenos muito acidentados e ficam felizes ao alimentarem-se de qualquer matinho que nasça à beira da estrada enquanto se deslocam. Na verdade, as cabras comem quase qualquer tipo de planta. Seu leite pode ser bebido fresco e é relativamente simples obter-se queijo a partir dele. Portanto, não é difícil imaginar que as forças omíadas tenham trazido consigo as cabras e a tradição da produção do queijo de cabra para as terras dos francos – e ali as tenham deixado para trás, como recordação de sua fracassada conquista.

Hoje em dia, a França produz mais de 100 mil toneladas de queijo de cabra a cada ano.[4] O *Chabichou* é um delicioso lembrete de que o encontro de diferentes culturas e civilizações pode ser uma fonte de enriquecimento, em vez de conflito. Se o *Chabichou* pudesse falar, talvez dissesse, sussurrando: "Faça queijo, não faça guerra. O queijo tem um sabor muito melhor, especialmente se acompanhado por uma boa taça de *Sauvignon Blanc* bem seco".

6

O Rei Mais Doce

Ao visitar a França, em alguns momentos você pode apanhar-se imaginando se não teria, acidentalmente, viajado várias décadas de volta ao passado. Talvez por causa das longas filas que se formam diante das padarias e quitandas locais, ou devido ao fato de quase nenhum estabelecimento comercial abrir aos domingos. Ou, talvez, pela sensação que se tem ao caminhar pelo centro comercial de qualquer cidade razoavelmente populosa, onde além das lojas comuns de grandes redes nacionais e mundiais pode-se encontrar pequenas lojas dedicadas, de modo obsessivo, a um único tipo de mercadoria em particular: espelhos, por exemplo; ou acordeões; ou máquinas de escrever (imagine só: máquinas de escrever!). Tudo isso remete a uma era anterior de práticas de consumo, que rapidamente está desaparecendo em várias partes do mundo – mesmo na França, onde enormes *hypermarchés* [hipermercados] brotam em quantidades cada vez maiores por toda a região rural.

Uma das nossas lojinhas favoritas em Nantes, localizada em uma rua de antigos *cafés* e *boutiques*, vende mel. Apenas mel. Dúzias de tipos de mel, dispostos em fileiras de frascos ordenados em prateleiras, com cores que vão desde o dourado solar até o marrom mais denso, passando por todas as tonalidades compreendidas entre esses dois extremos. À primeira vista isso pode ser chocante: quem saberia que o talento das abelhas pode ser tão multifacetado? Todo um mundo novo se descortina: um mundo no qual é possível comprar mel de acordo com a região em que é produzido, ou com as flores de onde provém, ou mesmo segundo seu potencial medicinal.

Tal como se revela, os humanos têm estado sob o jugo do sabor celestial do mel desde a aurora da civilização. Algumas das mais antigas pinturas em cavernas da Europa mostram bravos caçadores-coletores afugentando abelhas para apanhar os favos de mel por elas produzidos. Os antigos gregos consideravam o mel como o alimento dos deuses; e se diz que Alexandre, o Grande foi embalsamado ao ter seu corpo mergulhado em mel. Misturado com água e deixado para fermentar, o mel produz o hidromel, talvez a primeira bebida alcoólica a ser produzida no mundo, criada de maneira independente por diferentes sociedades em todo o globo. Da Antiguidade Clássica à Idade Média, o mel foi adicionado a muitos pratos, uma vez que uma preferência generalizada por refeições de sabor doce prevaleceu até a Renascença. Mesmo pratos de carne e peixe, que, hoje em dia, tendemos a associar com sabores salgados, eram rotineiramente adoçados. Uma vez que o açúcar não era uma mercadoria disponível para a maioria dos europeus ao longo dessas eras – pois ele ainda estava lentamente trilhando seu caminho para o Ocidente, desde seu lar ancestral, na Ásia –, o mel era o condimento preferido. Ele também era celebrado por suas qualidades medicinais, em particular como um unguento para queimaduras e ferimentos na pele e como lenitivo para inflamações de garganta.

Uma das primeiras coisas que se aprende antes de "cair" no obsessivo mundo do mel é que, de modo muito semelhante ao que acontece com o vinho, cada variedade é típica de seu *terroir* – o que lhes confere as características únicas do ambiente natural em que cada mel é produzido.[1] Cada tipo de mel assume um sabor particular, uma fragrância e uma cor, dependendo das flores e do pólen com que as abelhas que o produzem tenham tido contato. Tal como fizeram com o vinho, os franceses desenvolveram uma técnica muito específica para rotularem seus produtos, que lhes permite explicar as origens de suas infinitas variedades de mel (ou *miel*) e, assim, evitar reivindicações fraudulentas de substitutos mais baratos. O *miel de lavande* [mel de lavanda], por exemplo, é um nome comercial protegido, somente podendo ser atribuído ao dourado mel de lavanda da região da Provença. O *miel de sarrasin* [mel de trigo-sarraceno] é um tipo de mel obtido a partir do trigo-sarraceno, de uma intensa e escura coloração marrom, há muito tempo uma especialidade da Bretanha, onde é utilizado, com grande efeito, na preparação do pão de gengibre bretão e de hidromel. Os antigos romanos consideravam o mel de Narbonne, agradavelmente rescendente a alecrim, como o melhor mel do mundo. Se você desejar render-se à obsessão francesa pelo mel, pode começar pela busca por uma discreta variedade produzida por abelhas que visitam as flores existentes em uma duna de areia específica na costa do Atlântico, que dá origem ao sublime *miel des dunes* [mel das dunas], na Île d'Oléron [Ilha de Oléron].

Enquanto a apicultura e a melificação têm sido praticadas na França desde os tempos dos gauleses, não foi senão no século VIII que tais atividades vieram a se constituir de uma profissão mais organizada e respeitada. Antes dessa data, as pessoas procuravam por colmeias naturais nas florestas ou construíam diversos tipos de criadouros artesanais para serem mantidos em suas casas, segundo lhes fosse mais conveniente. Porém, um governante franco mudaria isso, colocando o mel francês no delicioso caminho que trilha até hoje.

Carlos Magno, o neto de Carlos Martel, foi coroado rei dos francos em 768. Ele se tornou um dos mais poderosos chefes de Estado da História, controlando a mais vasta extensão territorial na Europa ocidental desde o Império Romano. Ele é muitas vezes citado como o "pai da Europa", sendo sua herança reivindicada tanto pelos alemães quanto pelos franceses. Menos conhecida, porém, é a sua contribuição para a agricultura francesa e, por conseguinte, para a gastronomia francesa.

O pai de Carlos Magno, Pepino III (mais conhecido como Pepino, o Breve), sucedera a Carlos Martel como prefeito do palácio, tomando as rédeas do poder ao lado do débil rei merovíngio Quilderico III. De modo ousado, Pepino deu um salto para pôr fim à dinastia merovíngia. Ele pediu ao Papa Zacarias para que intercedesse em seu favor, e o pontífice declarou que "quem quer que detenha o verdadeiro poder deve usar a coroa". Pepino depôs Quilderico, enviou-o a um mosteiro e foi coroado rei dos francos. Ele foi sucedido por seu filho, Carlos, cujo glorioso reinado como Carlos Magno emprestou seu nome a uma nova dinastia, a carolíngia, cujos reis governariam a França pelos dois séculos seguintes.

Àquela época, a agricultura era responsável pela imensa maioria das atividades econômicas e sociais nas terras dos francos; assim, quando Carlos Magno chegou ao poder e começou a organizar seu reinado, acertadamente concentrou suas atenções na agropecuária e na produção de alimentos. Ele acreditava que um sistema agrícola mais eficiente e mais justo revitalizaria a economia e proporcionaria estabilidade ao seu reino. Suas amplas reformas são evidenciadas em um documento conhecido como *Capitulare de Villis* [Assembleia das Cidades], uma coletânea de éditos sobre o gerenciamento das terras e propriedades reais. O objetivo final, segundo o documento, era o de que as propriedades devessem "servir inteiramente aos nossos propósitos, e não aos de outros homens", e de que "todo o nosso povo deverá ser bem cuidado, e não reduzido à penúria por ninguém."[2] Instruções detalhadas eram fornecidas sobre como administrar terras férteis, a criação de peixes, a manutenção de florestas e sobre os melhores modos de cuidar de vinhedos e da criação de animais. Administradores rurais eram lembrados para que sempre tivessem vinho à disposição e para que cultivassem e estocassem alimentos suficientes para manter a escassez e a fome afastadas da população. De modo surpreendente, devido ao prevalente entendimento da "idade das trevas", as regras de higiene no trato com alimentos eram de suma importância, ainda que fosse necessária a passagem de mil anos antes que se *viesse* a saber o que eram germes e bactérias. Lugares onde alimentos e vinho fossem produzidos deveriam ser mantidos minuciosamente limpos, tal como os trabalhadores que lidassem com alimentos empregando as próprias mãos. As uvas destinadas à produção de vinhos não deveriam ser esmagadas por pés descalços.

Os éditos também estabeleciam o que deveria ser cultivado nas hortas, jardins e pomares das propriedades reais: 68 diferentes espécies de plantas e alimentos no total, compreendendo muitas variedades conhecidas por suas propriedades medicinais, tais como o alho. Isso criou um padrão para as hortas medievais, e, assim, teve um papel de destaque na disseminação do cultivo de alho por todo o reino franco. Ainda é possível ver como era uma horta carolíngia ao visitar-se Melle, uma pequenina e antiga cidade na região de Poitou-Charentes. Uma das *Petites Cités de Caractère* [Pequenas Cidades com Personalidade] da França, Melle também abriga três impressionantes igrejas romanescas e a maior mina de prata acessível ao público de toda a Europa, onde, uma vez, foi produzida a moeda corrente dos reis carolíngios.

E, então, havia as abelhas. Carlos Magno decretou que cada propriedade real mantivesse abelhas, fazendo expandir, assim, a produção de mel em seu reino. Dois terços da produção de mel deveriam ser entregues à coroa, a título de arrecadação de impostos. Essa taxação das abelhas, ou *abeillage*, perdurou até muito depois do reinado de Carlos Magno, tendo se tornado uma das principais obrigações dos vassalos durante a era feudal. A apicultura tornou-se uma atividade estritamente controlada: era ilegal manter-se uma colmeia para consumo próprio sem pagar as devidas taxas ao senhor das terras em que se vivesse. Havia até mesmo oficiais apicultores para monitorar as colmeias e evitar o desvio de mel. (Ainda que seja cabível imaginar quão rigorosos eles eram, se levarmos em conta o provérbio francês que, afinal, assevera: "É um administrador de mel muito ruim aquele que não deixa nada para que seja lambido de seus dedos".) Embora tudo isso fosse causa de grandes transtornos para a população em geral, que teve negado o acesso irrestrito ao seu adorado mel, também contribuiu para a geração da mais organizada, inovadora e respeitada profissão de apicultor.

De maneira geral, Carlos Magno estabeleceu um dos mais eficientes e produtivos regimes governamentais desde a queda do Império Romano. Ele ordenou que cada propriedade devesse contar com ferreiros, carpinteiros, sapateiros, fabricantes de sabão, e assim por diante. Valorizou a educação e o aprendizado científico – embora ele próprio não soubesse ler nem escrever – e instituiu escolas em bispados e mosteiros. (Na verdade, por muitos anos, os jovens estudantes franceses foram ensinados a louvar a Carlos Magno como o "inventor" das escolas, ainda que não seja muito claro se isso fez com que o grande líder se tornasse mais admirado por gerações de crianças entediadas.) Carlos Magno atraiu estudiosos de toda a Europa para sua capital, Aachen (por vezes referida como Aquisgrano, em português), onde ele fez erigir um magnífico palácio, uma capela e uma escola. Ninguém, desde a era romana, jamais fizera tanto para promover o conhecimento. Antigos manuscritos foram lidos, cuidadosamente esmiuçados e copiados, e o conhecimento científico era visto de maneira favorável. Muitos se referem a esse período histórico como a "Renascença Carolíngia", uma pequena prévia da profunda transformação que ocorreria seis séculos mais tarde.

À medida que o reinado franco crescia e se tornava mais poderoso, tornava-se também um aliado mais atraente para o Papado. Àquela época, o papa controlava um exército e impunha taxações; e, como líder político e espiritual da Igreja, ele podia declarar guerra contra seus rivais ou excomungá-los. Mas os papas, com frequência, precisavam da proteção de governantes mais poderosos, e Carlos Magno lançou-se, por duas vezes, em socorro deles, ajudando-os a se manterem no poder. Suas campanhas militares também levaram a cristandade a terras anteriormente pagãs. Tendo provado ser um excelente defensor da fé, ele foi coroado imperador pelo Papa Leão III, no ano 800. Essa ocasião é muitas vezes considerada como a fundação do Sacro Império Romano, uma entidade política que desempenharia um papel central nas transações europeias pelos mil anos seguintes. Ao final de seu reinado, Carlos Magno estendera o domínio dos francos sobre a maior parte da Europa ocidental.

No final das contas, Carlos Magno ainda reina no imaginário francês como o fundador da Europa, o inventor da escola e um poderoso rei guerreiro. Seu papel na difusão da produção francesa de mel pode não ser muito bem conhecido, mas longe de ser menos importante para as gerações de apicultores que se seguiram ao seu reinado. Hoje em dia, o mel permanece como um dos mais adorados ingredientes da culinária francesa, e ainda existem dezenas de milhares de produtores de mel espalhados por toda a França, que empregam técnicas cuja eficácia é consagrada pelo tempo, com a mesma devoção que Carlos Magno, sem dúvida, teria aprovado.

Contudo, tal como ocorre no restante do mundo, a França contemplou um declínio dramático em sua população de abelhas. Nas últimas duas décadas, centenas de milhares de colônias de abelhas desapareceram; e a produção de mel francesa declinou precipitosamente, de mais de 30 mil toneladas anuais, no início da década de 1990, para meras 10 mil toneladas em 2014.[3] Enquanto isso se deva a múltiplas causas, apicultores argumentam que os pesticidas são os principais responsáveis. Depois de vinte anos de campanhas incansáveis, eles por fim obtiveram uma vitória notável em 2016, quando a Assembleia Nacional Francesa baniu a classe de pesticidas apontada como a pior ofensora por muito tempo.

Mas outra ameaça considerável à apicultura francesa será mais dificilmente combatida. Um terço dos apicultores da França constitui-se de pessoas que contam, atualmente, com mais de 60 anos de idade, e poucos jovens se interessam por esse ramo de atividade. Cada vez mais, a apicultura é tratada como um "projeto paralelo", não como uma ocupação principal. A prosseguirem essas tendências, poderemos assistir à produção de mel da França continuar a declinar, mesmo que todas as outras ameaças sejam contornadas. E, dessa vez, não haverá um Carlos Magno com poderes suficientes para decretar a instalação de uma colmeia em cada propriedade.

7

Eles Vieram do Mar

As Falésias Brancas de Dover, na Inglaterra, imortalizadas em histórias e canções, têm "feito sombra" à sua igualmente impressionante contrapartidas no lado oposto do Canal: a Costa de Alabastro, na França. Altíssimos despenhadeiros elevam-se de praias pedregosas por quase 160 quilômetros ao longo da costa da Normandia, entre Le Havre e Le Tréport. Aninhado entre essas duas cidades, no pequenino porto de Fécamp, encontra-se o fantástico *Palais Bénédictine* [Palácio Beneditino], um palácio neogótico construído há mais de um século por um homem adequadamente chamado Alexandre, o Grande. Nesse local é produzido o famoso licor de ervas *Bénédictine*, supostamente segundo uma antiga receita monástica que inclui especiarias vindas de todas as partes do mundo.

Como essa pequena localidade da Normandia veio a produzir um licor tão exótico, a partir de uma gama tão variada de matérias-primas? Entre elas incluem-se a planta angélica, da Escandinávia; a noz-moscada, da Indonésia; a canela, do Ceilão; e a baunilha, de Madagascar. Bem, tal como acontece com frequência na França, há uma lenda e há uma versão mais mundana da história. Para conhecermos a ambas, porém, será preciso que retornemos ao século IX e vejamos o que sucedeu aos francos depois de Carlos Magno.

À época da morte de Carlos Magno, em 814, os francos ainda se aferravam teimosamente à tradição de repartir o reino entre os filhos do monarca falecido. Heranças costumam gerar problemas suficientes em circunstâncias normais;

imagine, então, o tipo e a dimensão desses problemas quando a herança se constitui da maior parte da Europa ocidental. Felizmente, Carlos Magno tinha apenas um filho ainda vivo: Luís, o Pio ou Piedoso; mas Luís tinha três filhos, que ainda antes de sua morte já haviam começado a trocar agressões entre si.

Em 843, os três irmãos assinaram o Tratado de Verdun, que, mais ou menos, estabeleceu as fundações para os modernos Estados da França e da Alemanha. Carlos, o Calvo, recebeu a parte ocidental do Império Carolíngio e tornou-se rei da França. Luís, o Germânico, recebeu as terras a leste do Rio Reno (daí, sua alcunha). Lotário recebeu uma longa, mas estreita faixa de território conhecida como Francia Media, que se estendia desde a Bélgica e os Países Baixos através do leste da França e do oeste da Alemanha até a Suíça e a Itália. Se esse pedaço da Europa parece familiar, talvez seja porque a França e a Alemanha (e mais um bocado de gente) viriam a disputar suas terras pelos mil anos seguintes, ou algo assim. Portanto, enquanto o Tratado de Verdun serviu para apaziguar um conflito familiar, também veio a ser, inadvertidamente, a razão de incontáveis guerras que se sucederam.

A guerra travada entre os três irmãos foi altamente destrutiva, tendo causado a morte de dezenas de milhares de pessoas, incluindo muitos membros da elite governante. Isso deixou o novo reino francês completamente despreparado para enfrentar a próxima ameaça que se afigurava no horizonte: os invasores *vikings*, vindos do Norte.

Os povos que habitavam os atuais territórios da Noruega, da Suécia e da Dinamarca eram genericamente chamados "nórdicos"; mas os indivíduos mais aventurosos dentre eles, que atacavam e invadiam outras terras europeias, costumavam ser chamados *vikings* no mundo anglo-saxão. (Os francos tendiam a referir-se a eles como "daneses" ou "homens do norte".) As comunidades que eles aterrorizavam os viam como bárbaros primitivos e violentos, mas também eram hábeis comerciantes e exploradores que, ao longo dos cinco séculos seguintes, estabeleceriam colônias desde a Terra Nova (*Newfoundland*), no Canadá, até a Rússia, e da Escócia até a Sicília.

A "estreia" dos *vikings* na Europa ocorreu na Inglaterra, em 793, quando saquearam o mosteiro de Lindisfarne e mataram vários dos monges ali residentes. Os nórdicos não eram cristãos; portanto, não viam os mosteiros e igrejas como lugares sagrados, mas, sim, como alvos preferenciais para pilhagens, uma vez que costumavam conter grandes riquezas e não serem bem defendidos.

A princípio, os *vikings* atacavam somente as cidades costeiras da Inglaterra, mas logo começaram a fazer incursões pela costa francesa. Os francos encontravam-se totalmente mal equipados para lidar com tal ameaça. Quando notícias sobre um ataque *viking* chegavam à corte, os invasores já se haviam ido embora, muito antes. À medida que o tempo passava, os *vikings* foram-se tornando mais ousados, e seu número mais impressionante. Eles saquearam Rouen em 841, Nantes em 843 e Paris em 845. Carlos, o Calvo, incapaz de defender Paris, somente conseguiu repelir os *vikings* ao pagar-lhes um enorme tributo de 7 mil *livres* (o equivalente a 7 mil libras – ou 3.175,2 quilos) de prata. Esse foi o primeiro *danegeld*,* ou resgate, que um rei francês pagou aos nórdicos – uma prática útil a curto prazo, mas que, no final das contas, pode ter encorajado mais ataques.

Os nórdicos começaram a estabelecer bases permanentes para facilitar o saque das cidades mais interioranas. A impressionante malha fluvial da França, tão útil para o comércio e as viagens em tempos de paz, agora servia apenas para ajudar os invasores a penetrarem mais fundo no coração do país dos francos. No entanto, os nórdicos permaneceram sendo essencialmente saqueadores, determinados a amealhar butins, resgates e escravos para serem negociados no então agitadíssimo mercado escravista europeu. Não estavam interessados em ocupar e colonizar as terras dos francos; por isso, embora seus ataques fossem enormemente destrutivos, eles não impediram a evolução da ordem política e cultural da era carolíngia.

Os franceses tinham um sério problema de liderança, cuja descrição pode ser mais bem resumida pelas alcunhas dos reis carolíngios do período. Carlos, o Calvo, foi sucedido por reis tais como Luís, o Gago; Carlos, o Gordo; e Carlos, o Simples. Contudo, lentamente, os francos reagiram à ameaça *viking* e começaram a armar algumas defesas. Eles construíram pontes fortificadas sobre os rios, e as fortificações de cidades tais como Paris (que, à época, consistia-se somente da Île de la Cité [Ilha da Cidade], uma ilha no Rio Sena) foram reforçadas.

---

* *"Dane"*, a palavra empregada pelos antigos francos para referirem-se aos nórdicos, corresponde atualmente ao gentílico "dinamarquês", em inglês. *"Geld"* significa "dinheiro", em alemão atual. *"Danegeld"* foi o nome dado a uma taxação cobrada em toda a Inglaterra anglo-saxã para a composição de um fundo destinado à proteção contra os invasores dinamarqueses. O imposto destinado à defesa nacional foi habitualmente cobrado por todos os reis normandos até 1162. (N.T.)

Porém, em 885, a maior força *viking* jamais reunida na França – talvez composta por 30 mil homens – sitiou Paris. Odo, o Conde de Paris, e seus concidadãos sabiam que a ajuda do rei Carlos, o Gordo, cuja corte ficava na Alsácia, demoraria um bom tempo a chegar. Ele, no entanto, se recusou a pagar um resgate e esperou que os cidadãos pudessem aguentar por tempo suficiente. Os ataques à cidade fracassaram inúmeras vezes, e, depois de algum tempo, muitos *vikings* resolveram desistir e partir à procura de alvos mais fáceis. Por fim, depois de quase um ano, o rei chegou com seu exército; mas, ainda que seus homens superassem os *vikings* em número, ele resolveu deixar que estes últimos simplesmente fossem embora. Inclusive os encorajou a saquear as terras da Borgonha, que, então, havia se rebelado contra ele.

Os parisienses – e todos os franceses – ficaram horrorizados com o comportamento de seu rei e, em 887, Carlos, o Gordo, foi deposto por seus nobres. Eles elegeram Odo, o herói de Paris, para ser o novo rei da França – o primeiro monarca não carolíngio desde Quilderico III a governar o país. Depois de sua morte, embora os carolíngios tenham conseguido reivindicar a restituição do trono para si mesmos, um precedente fora instituído.

Nesse meio-tempo, Rolo, o Caminhante ou o Andarilho, o líder *viking*, partira para saquear a Borgonha com o consentimento do rei francês. (Ele recebera essa alcunha porque era tão grande que seu cavalo não podia suportar seu peso.) Depois, ele faria outra tentativa – fracassada – de saquear Paris, bem como a cidade de Chartres. Então, o rei Carlos, o Simples – o monarca carolíngio que sucedera a Odo –, fez uma oferta surpreendente a Rolo: se Rolo se convertesse ao catolicismo e prestasse honras a Carlos, aceitando-o como seu rei, Carlos concederia Rouen e as terras adjacentes aos nórdicos. De certo modo, Carlos, o Simples, havia de fato encontrado a solução mais simples. Pagar resgates aos *vikings* era muito dispendioso e contraproducente. Ainda que, vez ou outra, fosse possível derrotar os nórdicos, eles sempre voltavam. Então, por que não permitir que tomassem as terras costeiras rio acima, a partir de Paris, e deixar que eles mesmos se preocupassem com a defesa do lugar? Rolo aceitou o acordo. O nome pátrio *norsemen* (nórdico) foi reduzido para *norman* (normando), e as terras que eles ocuparam passaram a ser conhecidas como *Normandia*. Rolo foi rebatizado como Roberto, o primeiro Duque da Normandia.

Os normandos aos poucos se integraram à sociedade francesa, passando a falar o idioma e adotando nomes e costumes franceses. Não apenas se converteram ao catolicismo, mas, em uma bela virada nos acontecimentos, contribuíram ativamente com mosteiros e abadias. Entre essas incluía-se a abadia em Fécamp, anteriormente destruída por ataques *vikings* e, depois, restaurada como uma abadia beneditina pelos duques normandos. Na verdade, os primeiros duques da Normandia estabeleceram sua residência principal em Fécamp, até o século XIII.

Embora a Normandia seja, atualmente, uma terra rica em comidas e bebidas, isso não pode ser atribuído aos nórdicos que deram nome à região. Infelizmente, os *vikings* não trouxeram muitos novos e excitantes produtos alimentícios para a França. Uma notável exceção é a planta angélica, trazida pelos *vikings* da Escandinávia para a Normandia. Ela é conhecida por possuir várias propriedades medicinais e por ser um dos principais ingredientes do *Bénédictine*.

A presença de outros ingredientes do *Bénédictine*, originários da Ásia e da África, talvez possa ser explicada se considerarmos em que espécie de atividades os comerciantes normandos se envolveram depois de sua aquisição do norte da França. No século XI, alguns normandos muito ambiciosos derrotaram os governantes árabes da Sicília e lá estabeleceram um reino que se tornaria importante local de intercâmbio gastronômico multicultural. Os normandos também foram participantes ativos das Cruzadas, que contribuíram para a expansão do comércio de especiarias entre a Europa e a Ásia. No século XVI, o rei Henrique II concedeu às cidades de Rouen e Marselha o monopólio da importação de especiarias para a França, e marinheiros normandos foram os primeiros a desafiarem *de facto* o monopólio dos portugueses sobre o comércio de especiarias entre a África e a Ásia.

Por isso não é de surpreender que, segundo a lenda, um monge e alquimista italiano chamado Dom Bernardo Vincelli, que se encontrava hospedado na abadia de Fécamp, tenha criado o licor *Bénédictine* original, no século XVI, com ervas e especiarias que encontrou no local. Se há um lugar na França que possa afirmar serem todos esses ingredientes "locais", esse lugar é mesmo a Normandia. A lenda afirma que os monges de Fécamp continuaram a fazer o licor de ervas de Vincelli por muitos séculos, até que a Revolução Francesa varreu todos os mosteiros da nação. O último monge a fugir de Fécamp deixou alguns preciosos manuscritos medievais nas mãos de uma família local, que, setenta anos depois, viria a ter entre seus membros um negociante de vinhos chamado Alexandre, o Grande. Ele, por acaso, encontrou um manuscrito de Vincelli que incluía a receita de seu licor, o qual Alexandre passou a produzir, com o nome comercial de *Bénédictine*.

Desde o princípio, Alexandre pôs em prática uma estratégia de *marketing* muito efetiva, empregando alguns artistas bem conhecidos da *Belle Époque* [Bela Época], tal como Alphonse Mucha, para que criassem belos e distintos cartazes publicitários. Ele também propagandeou maciçamente o *Bénédictine* no exterior; tanto que, atualmente, cerca de 75% da produção do licor é exportada, sendo que 40% são destinados apenas para os Estados Unidos.[1] Até os dias de hoje, a lenda de Dom Vincelli é um tanto duvidosa; mas soa crível o bastante, e Alexandre soube tirar o maior proveito disso. Ele pretendeu estabelecer um "império do licor" e, para tanto, precisava construir um castelo. O Palais Bénédictine, em Fécamp, é uma sede digna de abrigar a produção desse nobre licor. Atualmente, a glória do *Bénédictine* encontra-se preservada no museu do palácio, onde é explicada a história do licor singular e das 27 ervas e especiarias diferentes empregadas em sua preparação.

Uma neta de Alexandre, o Grande, Simone "Simca" Beck, cresceu em meio aos negócios da família. Durante a Segunda Guerra Mundial, quando seu marido foi feito prisioneiro de guerra, ela viajava de bicicleta por toda a Normandia trocando garrafas de *Bénédictine* por alimento, no mercado ilegal, para enviar a ele. Depois da guerra, ela mudou-se para Paris e estudou culinária. O destino a colocou diante de uma intrigante mulher norte-americana, chamada Julia Child. Entre as duas mulheres estabeleceu-se imediatamente uma simpatia mútua, e Simca trouxe Julia para o seu círculo de amigos devotos da gastronomia. Tempos depois, ambas seriam coautoras do clássico livro *Mastering the Art of French Cooking*. Na obra, Simca registrou uma quantidade de receitas que têm como ingrediente o licor *Bénédictine*, produzido por sua família, cuja doçura cítrica o torna ideal para caramelizar carnes e para ser acrescentado a pratos assados.

Por toda a História da França, os normandos provaram ser alguns dos mais aventurosos e independentes pensadores dentre os súditos das várias coroas e cidadãos da república. Poucas coisas simbolizam melhor essa reputação do que as supostas origens do *Bénédictine* que, quer sejam verdadeiras ou não, refletem a identidade própria de uma terra cujos marinheiros trouxeram o mundo até suas portas.

Muitos dos primeiros cartazes publicitários do *Bénédictine* foram produzidos por artistas renomados e tornaram-se objetos de coleções. Este cartaz foi produzido em 1907 por Leonetto Cappiello, conhecido como o pai da publicidade moderna por suas contribuições para a transformação da arte comercial na virada do século. Uma de suas inovadoras "marcas registradas" pode ser vista aqui, pela representação de uma figura em destaque contra um fundo escuro, enfatizando um alto contraste. A extravagante edificação retratada é o Palais Bénédictine, em Fécamp. Leonetto Cappiello, *"Bénédictine"* (1907). Da coleção digital da Bibliothèque Municipale de Lyon.

8

Taxação Feudal

Por mais de mil anos, os produtores franceses de vinhos aguardam ansiosamente por um dia de outono em particular: o *Ban des Vendanges* [Proclama da Vindima], quando as administrações locais decidem que a colheita das uvas pode ser oficialmente iniciada. Tradicionalmente, a ocasião é marcada por um festival e, até hoje, é possível visitar celebrações de *Ban des Vendanges* por toda a França (mesmo em Paris, que ainda conta com um pequeno vinhedo urbano em Montmartre). Hoje em dia, o *Ban des Vendanges* é, na essência, uma ocasião para celebrar e promover vinhos, mas permanece sendo um ligeiro empecilho administrativo para os viticultores que pretendam iniciar suas colheitas mais cedo. Assim, em suma, o *Ban des Vendanges* é algo muito francês, pois a França é mundialmente famosa tanto por produzir vinhos quanto pelos empecilhos administrativos.

O *Ban des Vendanges* surgiu durante a era do feudalismo, que se desenvolveu na França como resultado de guerras constantes, disputas internas pelo poder e invasões estrangeiras que tornaram os séculos IX e X tão anárquicos. Devido à inabilidade dos fracos reis franceses para defender e impor a ordem em seu reino, senhores locais tornaram-se as figuras de autoridade dominantes. Eles construíram castelos, organizaram a resistência contra agressores e governaram seus territórios de maneira mais ou menos independente. Os reis não podiam comandá-los, tampouco dispunham de recursos financeiros para comprar-lhes a lealdade; por isso tiveram de criar arranjos políticos para benefício mútuo. Eles cederam terras – ou "feudos" – aos senhores locais em troca do comprometimento político e do provimento de forças militares quando fosse necessário. Ao longo do tempo, essas cessões de terras passaram a ser transmitidas aos descendentes dos senhores por vias hereditárias. Bispos e abades também podiam tornar-se senhores feudais e talvez tenham chegado a ser proprietários de um quinto de todo o território da França.

Os senhores que possuíam vastas extensões de terra passaram a conceder partes destas aos seus próprios vassalos, que, por sua vez, passavam a dever-lhes serviço militar e comprometimento político. Assim nasceu o sistema feudal. A sociedade francesa, então, podia ser representada como uma pirâmide: no ápice, encontrava-se o rei (que era um vassalo somente perante Deus); abaixo dele, estavam os grandes senhores e os poderosos duques e condes da França; em seguida, abaixo desses, havia um grande número de barões, viscondes e senhores menores. De um vassalo esperava-se que honrasse ao seu senhor, prometendo assisti-lo militar e financeiramente quando necessário, e que não lhe causasse nenhum mal. Em contrapartida, o senhor prometia proteger e administrar a justiça aos seus vassalos. Todos os juramentos de obrigações eram santificados em cerimônias religiosas, o que, naquela época de devoção extrema, tinha um "peso" significativo.

Na base da pirâmide feudal encontravam-se os camponeses, que representavam cerca de 90% de toda a população do país.[1] Cada camponês também tinha um senhor, dependendo do feudo em que residisse. Na França, a maioria dos camponeses era composta de servos, o que significava que eram ligados aos seus senhores em uma base hereditária, e tinha de produzir quantidades determinadas de trabalho e render taxações. Eles tinham de obter permissão de seus senhores para se casar ou para viajar para além de seu território. Também havia os "camponeses livres", que alugavam ou arrendavam terras de seus senhores. Esses arranjos formaram a espinha dorsal da economia rural que, àquela época, predominava na maior parte da França. Cada feudo, com seu senhor, seus servos e camponeses livres, lutava para ser autossuficiente.

Na realidade, porém, as relações feudais nem sempre correspondiam a essa estruturação simplista. As cidades medievais não se incluíam nos domínios feudais de nenhum senhor, respondendo diretamente ao rei. Isso as colocava fora da estruturação feudal, e, à medida que as cidades cresciam em tamanho e importância, terminavam por minar toda a ordem política. Além disso, um mesmo senhor poderia ser dono de vários feudos, cada um regulado por um administrador diferente – o que podia resultar em situações caóticas. Por exemplo, os duques da Normandia, que conhecemos no capítulo anterior, eram vassalos do rei da França. Mas quando um duque normando, chamado Guilherme, conquistou a Inglaterra, em 1066, tornou-se, de maneira independente, o rei da Inglaterra. Ao ocupar essa posição, ele poderia declarar guerra ao rei da França; porém, como Duque da Normandia, tecnicamente deveria auxiliar o rei da França se esta fosse invadida pela Inglaterra. Mais adiante veremos quantas "dores de cabeça" isso rendeu à Europa, por tantas centenas de anos.

Pelo final do século X, os senhores feudais haviam-se tornado tão poderosos que decidiram quem deveria ocupar o trono da França. Foi assim que Hugo Capeto tornou-se rei, em 987, pondo fim à dinastia carolíngia e iniciando a dinastia capetiana. (Ele oficializou uma decisão longamente aguardada, ao declarar que para garantir a sobrevivência de uma dinastia seria preciso que um descendente fosse claramente designado; e, desde então, o filho mais velho de um rei passou a ser considerado seu sucessor.) Hugo foi eleito rei pelos outros duques e condes porque não era muito poderoso. Ele controlava diretamente apenas Paris e uma pequena extensão de terras ao redor da cidade, chamada Île de France [Ilha de França]. Fisicamente não se tratava de uma ilha, mas o termo descreve muito bem a situação política dos domínios reais da França. Vários dentre os grandes senhores controlavam extensões de terras mais ricas e maiores, e ter um rei enfraquecido significava que poderiam continuar a manter sua força e sua independência. Eles também eram livres para guerrearem uns contra os outros, característica quase constante da sociedade feudal. Devido a isso, mesmo os nobres de menor importância fizeram construir algum tipo de castelo: para assegurarem-se de poderem defender a si mesmos.

A nobreza constituía uma das três classes sociais conhecidas como os três "Estados", ou "estratos". O Primeiro Estado compreendia o clero da Igreja Católica, que, ao longo dos cinco séculos precedentes, havia se tornado incrivelmente rico e poderoso. Além de possuir muitas terras e de ditar aspectos fundamentais da vida cotidiana nesta era da cristandade, à Igreja era permitido impor um dízimo, ou uma taxação religiosa, sobre a população. Alguns bispos e abades também eram membros da nobreza e, por isso, podiam convocar e armar exércitos para lançá-los contra seus rivais.

A nobreza compunha o Segundo Estado. Seus membros também podiam taxar a população comum, mas eles mesmos não eram obrigados a pagar qualquer taxa. Contavam com uma miríade de privilégios e, essencialmente, governavam o país. A despeito da dimensão das riquezas que detinham, todos juntos representavam apenas cerca de 1% da população: o "um centésimo" original, como se chamavam.

Todo o restante da França – dos camponeses comuns aos mais habilidosos artesãos e os membros da rica burguesia – compunha o Terceiro Estado, que abrangia cerca de 95% da população. Como se pode imaginar, essas pessoas sentiam-se muito infelizes devido à sua exploração pelos outros dois Estados. Esse descontentamento terminaria por levar o país à histórica e sangrenta Revolução Francesa. Muito antes de 1789, porém, houve inúmeras e frequentes rebeliões camponesas e agitações urbanas na França. O feudalismo proporcionava uma estruturação social bastante útil para quem detivesse o poder, mas não era possível ignorar por completo o ressentimento e as revoltas que o sistema costumava gerar.

Uma forma de reforçar as distinções cada vez mais rígidas entre as classes sociais era por meio da comida. Durante a era feudal, os hábitos alimentares das classes mais altas e mais baixas divergiam enormemente. A comida se tornava mais do que um sinal distintivo de classe: ela também era usada para justificar a dominação de uma classe sobre outra. Assim, enquanto alguns alimentos eram imbuídos de um senso de nobreza e vistos como promotores de boa saúde, outros eram considerados como muito básicos e mesmo insalubres; por isso parecia natural que quem consumisse os alimentos do primeiro tipo devesse desfrutar de uma posição superior aos que se alimentassem com os do segundo tipo.

A dieta dos camponeses era, em sua maioria, constituída por grãos, em particular o centeio, a cevada e a aveia, sendo o trigo reservado para o consumo das classes superiores. Esses podiam tanto ser cozidos, na forma de mingau, quanto usados para fazer pão. Outra parte substancial da dieta diária provinha de hortas domésticas que, não sendo taxadas pelos senhores das terras, eram altamente desejáveis e encontradas em toda parte. Alho-poró, cebolas, cenouras, pastinaca e espinafre eram especialmente comuns e sempre presentes na mesa dos camponeses. A carne também figurava ali, vez ou outra – principalmente a carne suína. A carne bovina também podia ser consumida, mas somente quando uma vaca deixasse de ser produtiva. Ovos e queijos eram quase sempre disponíveis. Os camponeses apreciavam o vinho ou, talvez, sidra e cerveja, tanto quanto a nobreza; e o bebiam em quantidades que hoje em dia seriam consideradas excessivas (ainda que haja uma razão compreensível para tanto: a água era conhecida como uma potencial fonte de doenças, e o leite era algo que somente os bárbaros bebiam *in natura*). Isso tudo supondo que não houvesse uma guerra em curso e que o mau tempo não destruísse as safras; uma escassez de alimentos e a consequente fome podiam ocorrer a qualquer momento. Mas, de modo geral, o cultivo e a produção agrícola expandiram-se muito durante a era feudal, graças ao crescimento da população e às melhorias tecnológicas. Isso, por sua vez, estimulou o comércio e a abertura de novos mercados, contribuindo para o crescimento de vilarejos e cidades.

A mesa de um membro da nobreza pareceria muito diferente; e não apenas pela quantidade – muitíssimo mais abundante – de alimentos oferecidos (uma maneira simples de demonstrar quão rico e poderoso alguém seria). A nobreza tendia a aderir a um elaborado código gastronômico que classificava os alimentos segundo uma hierarquia baseada nos quatro elementos clássicos: fogo, ar, água e terra. Tal como na Grécia antiga, o fogo era considerado o elemento mais nobre, sendo seguido pelo ar, a água e, finalmente, pelo mais desprezível de todos, a terra. Os nobres desprezavam a maioria dos vegetais, especialmente as raízes e os tubérculos, que crescem sob a superfície da terra. Cebolas e alho eram considerados particularmente ofensivos. Plantas que crescessem acima do solo e tendessem para o alto, em direção ao céu – ficando, portanto, mais próximas do segundo elemento, o ar – eram consideradas mais nobres. Assim, era aceitável comer cereais e o pão feito deles, bem como frutos que nascessem em árvores.

Peixes não eram muito valorizados como alimento, pois eram associados aos jejuns religiosos tão frequentemente exigidos naqueles tempos. Nos dias

Este mapa da França do século X revela a limitada extensão dos domínios do rei. Do *Dictionnaire Raisonné de l'Architecture Française du XIe au XVIe Siècle*, de Eugène-Emmanuel Viollet-le-Duc. Paris: Édition Bance-Morel, 1856, p. 136.

de jejum cristão, podia-se comer peixe, mas não carne; ou, com frequência, produtos derivados de animais, tais como manteiga, queijos e ovos. Nos dias em que o jejum não era obrigatório, chamados *jours gras* [dias gordos], os nobres comeriam carne, mais carne e, se possível, um pouco mais de carne. Diferentemente do campesinato, que costumava cozinhar a carne que consumia, a nobreza preferia comer sua carne assada, sem intermediários entre o nobre elemento fogo e a carne que seria consumida. Em uma cultura que valorizava a força física, vista como legitimadora do direito de os nobres exercerem seu poder sobre a população, não é de admirar que a carne fosse tão popular; e acreditava-se que era o melhor alimento para sustentar a força de um homem. De algumas maneiras, ela tornou-se um símbolo de poder.[2]

Cavaleiros que caíssem em desgraça, por exemplo, podiam ser condenados não apenas a abandonarem suas armas, mas, também, a se absterem de comer carne. A carne de caça era particularmente desejável, por ser produto de uma atividade "guerreira", como uma caçada, da qual participavam senhores e reis em condições de igualdade. A carne bovina, por outro lado, era vista como um produto vulgar, destinado a ser consumido pelas pessoas comuns, e boa somente para os camponeses e seus estômagos rudimentares. As aves, que viviam em meio ao elevado elemento ar, eram muito populares – inclusive algumas raramente vistas nas mesas de hoje em dia, tais como garças-reais, cisnes e pavões. (Também é possível que os cozinheiros medievais gostassem de preparar essas aves por elas serem apresentadas em pratos grandiosamente decorados.) No topo da lista das carnes nobres estavam a fênix e a salamandra, criaturas míticas que viviam em meio ao fogo. Se ao menos alguém as pudesse ter encontrado...

Para financiar seus hábitos alimentares refinados, bem como seus castelos e suas guerras, os nobres precisavam de dinheiro; e, para obtê-lo, contavam com um poder muito conveniente, chamado *droit de ban* (literalmente, "direito de proibir" – legal ou oficialmente). Essa ampla autoridade permitia que um senhor administrasse a justiça em suas terras, impondo multas e taxações e forçando seus súditos a fazerem quaisquer trabalhos que julgasse necessários, tais como construir ou reformar seu castelo. Um senhor também poderia obrigar seus camponeses a usarem seu moinho ou sua prensa de uvas para fazer vinho cobrando-lhes uma taxa pela utilização desses equipamentos. E poderia fixar a data em que a colheita de uvas deveria ser iniciada – daí originou-se o termo *Ban des Vendanges*. Isso garantia que todos começariam a colheita ao mesmo tempo, o que tornaria mais fácil o recolhimento de taxas sobre a safra. E essa medida também garantiria a produção de um vinho de melhor qualidade, ao proibir que as pessoas colhessem as uvas cedo demais. O senhor poderia, ainda, instituir um *banvin* – um *ban*, uma proibição, aplicável a outras pessoas que viessem vender o vinho que produzissem em suas terras, deixando-o como o único vendedor e dando-lhe o monopólio sobre o que fosse produzido. Em alguns lugares, um *banvin* poderia vigorar apenas por um dia; mas também havia quem os fizesse vigorar quase pelo ano inteiro.

(Os senhores que costumavam decretar os *banvins* mais longos eram os Templários, o que não contribuía para que se tornassem muito populares.)

Assim, por várias centenas de anos, os senhores viveram uma grande época na França feudal. Mas as condições sobre as quais o feudalismo se assentava — tais como uma monarquia fraca — não eram permanentes, e o sistema foi ruindo aos poucos, à medida que os reis franceses começaram a reclamar terras e a exercer autoridade sobre seus vassalos. Reis fortes, tais como Filipe Augusto, São Luís e Filipe, o Belo, consolidaram o controle capetiano sobre o Estado francês, tornando-o mais e mais centralizado. Melhores condições econômicas significavam que os reis franceses podiam pagar pelos serviços de soldados profissionais, em vez de contar com seus vassalos para prover suas forças militares. A expansão do tamanho e da riqueza das cidades, com suas novas e prósperas classes mercantis, trouxe-lhes considerável autonomia e crescente influência política. No início do século XIV, a maioria dos camponeses já havia recebido ou comprado sua liberdade, embora ainda permanecessem sob a jurisdição de seus senhores locais. A coroa, que se cansara das rebeliões camponesas, recebeu muito bem o influxo de renda proveniente dos camponeses que adquiriam sua emancipação.

Pelo final do século XIII, a "era de ouro" do feudalismo na França já havia passado, embora ainda fossem necessários vários séculos para que o sistema desaparecesse por completo. Os últimos resquícios, afinal, foram destruídos por meio da grande "limpeza" que foi a Revolução Francesa, quando todos os *bans* também foram abolidos. Contudo, às comunas foi permitido que decretassem um *Ban des Vendanges*, se assim o desejassem; e algumas acharam que a medida ainda conservava seus méritos, pois assegurava melhor qualidade ao vinho e nivelava as oportunidades entre proprietários de vinhedos maiores e menores. Assim, os *Ban des Vendanges* continuaram a ser decretados, e, até hoje, a antiga tradição ainda pode ser contemplada em várias regiões vinícolas da França.

9

De Monges e Homens

Casamentos interculturais têm de passar por muitos testes – especialmente no reino da comida. Quer se cozinhe a massa por tempo demais, torne-se um molho picante muito aguado ou se substitua carneiro por cabra, há toda sorte de comprometimentos controversos que podem ser cometidos em uma cozinha. Às vezes, porém, nenhum é percebido. Tomemos, por exemplo, o *Maroilles*, um distinto queijo de formato quadrado, cremoso, com uma casca rígida banhada em salmoura. Para algumas pessoas, o aroma pungente que ele exala é celestial, especialmente quando espalhado sobre um pedaço de pão e mergulhado em café. Para outras, ele cheira como algo vindo das profundezas do inferno. Deixaremos para que os leitores adivinhem quais dessas pessoas são francesas e quais não são.

Os criadores do *Maroilles* jamais tiveram de tentar resolver esse enigma, uma vez que eram monges que viviam na abadia de Maroilles, no norte da França, há mais de mil anos. Muitas coisas eram vedadas aos monges medievais, mas tinham livre acesso ao leite e, com ele, puderam fazer uma enorme variedade de queijos. Uma vez que os queijos podem ter vários tons de sabor – dos florais e frutados aos pungentes e carnosos –, nos parece que os monges jamais se cansavam de experimentar; e alguns deles se tornaram mestres queijeiros. Muitos queijos clássicos foram criados por monges, tais como o *Munster*, com origem em um mosteiro alsaciano, e o *Abondance*, um queijo duro e frutado, feito nos Alpes desde o século XII. O *Époisses*, feito na

Borgonha e banhado com o forte conhaque local, o *Marc de Bourgogne*, é outro queijo cuja pungência pode abalar os limites da harmonia conjugal (rumores de que tenha sido proibido levá-lo a bordo dos veículos de transporte público na França não passam de lendas urbanas, embora sejam altamente críveis). Todos esses queijos ainda são produzidos hoje em dia, nas mesmas regiões em que os monges originalmente os inventaram. Servem como rastros históricos comestíveis, que levam os modernos aficionados por queijo a antigos mosteiros perdidos nas áreas rurais da França.

O queijo, no entanto, não é o único motivo pelo qual os mosteiros foram muito importantes na Idade Média. Pode ser difícil compreendermos, hoje em dia, quão poderosa e influente foi a cristandade nas sociedades medievais europeias. Depois do colapso do Império Romano, a Igreja foi uma das poucas instituições que puderam proporcionar um senso comum de identidade social e uma sensação de ordem ao que era um mundo muito violento e imprevisível. Os princípios da cristandade moldaram os aspectos mais fundamentais da vida cotidiana das pessoas. Numa época em que a danação eterna não era apenas um conceito abstrato, mas parecia ser uma possibilidade muito real, as pessoas lutavam para evitar recair em um comportamento pecaminoso – e faziam penitências quando falhavam nas tentativas. A onipotência da Igreja indicava que os mosteiros deveriam ser importantes agentes sociais.

A noção de monasticismo surgiu, pela primeira vez, no século III, no Egito, quando Santo Antônio decidiu seguir os ensinamentos de Jesus vivendo uma vida de pobreza, dedicada a Deus. Os primeiros monges eram eremitas, mas, com o passar do tempo, em números sempre crescentes, eles também passaram a viver em comunidades. Na França, esses mosteiros primitivos, em sua maioria, seguiam A Regra de São Benedito,* que, à época em que redigiu suas regras monásticas, por volta de 534, não podia fazer ideia de que um homem de negócios normando iria, um dia, batizar um licor baseado em seu nome e no dos monges que o seguiam. Por volta do século IX, a ordem beneditina já havia se disseminado por todo o reino carolíngio.

---

* Bento de Núrsia, nascido Benedito da Norcia, foi um monge, fundador da Ordem de São Bento, ou Ordem dos Beneditinos, uma das maiores ordens monásticas do mundo. Foi o criador da Regra de São Bento (ou "de São Benedito"), um dos mais importantes e utilizados regulamentos de vida monástica, que inspirou muitas outras comunidades religiosas. (N.T.)

Na verdade, A Regra de São Benedito era muito mais permissiva do que as práticas comumente seguidas pelos monges na Terra Santa, mas, ainda assim, era bastante austera. A maior parte de um dia típico em um mosteiro era dedicada à oração, com sete sessões de preces durante as horas diurnas e mais uma no meio da noite. Além de rezar, também se esperava que os monges trabalhassem – frequentemente fazendo algum tipo de trabalho braçal, mas, também, algum trabalho intelectual, tal como a cópia de manuscritos. Tinham permissão para alimentar-se, mas não havia desjejum pela manhã: apenas uma refeição por volta do meio-dia. Durante a temporada da Páscoa, uma segunda refeição comemorativa podia ocorrer, ao cair da noite. O consumo da carne de "animais de quatro patas" era, de modo geral, vedado, exceto para os doentes e para os muito debilitados; e havia muitos dias de jejum total. Àquela época, acreditava-se que a saúde física e a "saúde espiritual" estivessem ligadas de modo indissociável, e as várias restrições alimentares eram vistas como benéficas para a alma.

Na prática, contudo, a vida em alguns mosteiros não era, de modo algum, tão insípida para os monges. Tal como foi demonstrado pelo santo padroeiro dos gastrônomos, Fortunato, era possível comer muito bem em um mosteiro ou convento. A exclusão da carne apenas fez com que os monges se tornassem mais criativos em sua arte de confeccionar queijos; e, ainda que São Benedito encorajasse a abstenção do vinho, sua Regra afirmava que "uma vez que os mosteiros dos nossos dias não podem ser persuadidos disso, deixemo-nos ao menos concordar em beber moderadamente, e não até a saciedade, pois 'o vinho é escarnecedor, e a bebida forte alvoroçadora; e todo aquele que neles errar nunca será sábio' (Provérbios, 20:1)".[*] Segundo seu julgamento, uma *hemina* de vinho por dia (cerca de 285 ml) seria aceitável; embora, sem dúvida, alguns monges se permitissem muito mais do que isso.

---

[*] Do texto original consta uma "citação bíblica" diferente: "*wine makes even the wise fall away – Eccles. 19:2*"; ou seja "o vinho faz até mesmo os sábios decaírem – Eclesiastes, 19:2". Não existe um 19o capítulo no livro do Eclesiastes, que conta com apenas doze; no entanto, a mesma suposta "citação" consta do texto publicado no *website* – da Ordem de São Benedito (em inglês) – indicado pelos autores na nota correspondente. Nesta nossa versão optamos pela substituição por uma citação bíblica – realmente existente – de teor equivalente. (N.T.)

Em algumas regiões, os monges também se tornaram especialistas no preparo de pratos e na criação de peixes. O planalto de Dombes, não muito distante de Lyon, é pontilhado por uma quantidade de lagos artificiais, feitos pelos monges, que, até hoje, produzem quase um quinto de todo o pescado criado em cativeiro na França.[2] Em Lyon, o *quenelle de brochet*, um tipo de bolinho feito com carne de lúcio (uma espécie de peixe fluvial típica da região), do planalto de Dombes, é uma especialidade local que não se deve perder.

Assim, embora os monges possam haver respeitado regras estritas no tocante à alimentação, é claro que ainda acreditavam na importância de comer bem. Um indicativo disso é a linguagem de sinais que empregavam para comunicar-se quando não lhes era permitido falar: dentre as várias centenas de sinais, uma grande proporção era relativa a diferentes pratos e vinhos. Em alguns mosteiros, havia até vinte sinais apenas para referir-se a diferentes tipos de peixes.[3]

De modo geral, os monges beneditinos desempenharam um papel fundamental na produção medieval de alimentos: eles preservaram as técnicas tradicionais, ao mesmo tempo que inventaram métodos mais produtivos de cultivo e preparo de novos tipos de alimentos, tendo compartilhado todo esse conhecimento com a população, de modo muito abrangente. Por volta do século XII, algumas pessoas acharam que a grande ordem havia se tornado um tanto complacente demais, tendo-se afastado da austeridade e da vida de devoção idealizada por seu fundador. Ainda no início daquele século, um grupo de monges zelosos formou uma nova ordem, mais ascética. Originalmente baseada em um pequeno mosteiro em Cîteaux, a nova ordem viria a tornar-se conhecida como "cisterciana". Dentro de poucas décadas, ela já era uma das mais proeminentes da Europa, graças, em grande parte, a São Bernardo de Claraval, um dos mais renomados teólogos medievais. Suas intercessões políticas, tanto no campo religioso quanto no mundano (ao pregar em favor da Segunda Cruzada, por exemplo), elevaram as atitudes dos cistercianos acima de outras iniciativas reformistas.

São Bernardo repreendeu severamente os monges dissolutos de Cluny, a mais notória abadia beneditina da França, em uma longa diatribe conhecida como a *Apologia*. Os hábitos de vestuário, a arte e a arquitetura daqueles monges o enfureciam, mas ele enfatizou sua condenação especialmente ao amor excessivo que dedicavam aos alimentos. Durante as refeições, bufou ele, "nada se comenta sobre a Bíblia ou a salvação das almas. Piadas, risos e conversas paralelas são tudo quanto se pode ouvir. À mesa, enquanto as bocas enchem-se de comida, os ouvidos são nutridos com boatarias tão envolventes que toda moderação ao comer é esquecida".[4] Ele pareceu ofender-se com o fato de os cozinheiros demonstrarem tamanho cuidado ao apresentarem uma tentadora variedade de pratos, temperados com ingredientes estrangeiros, que comprometiam a pureza e a integridade dos alimentos naturalmente providos por Deus, levando os homens à glutonaria. A constatação de que tantas maneiras diferentes de preparar ovos tivessem sido inventadas o deixou particularmente indignado:

> Quem poderia descrever todas as maneiras pelas quais os ovos são adulterados e torturados, ou o cuidado dispensado para que sejam virados de uma forma e, depois, revirados novamente? Eles podem ser cozidos e servidos ainda moles, duros ou podem ser mexidos. Eles podem ser fritos ou assados e, ocasionalmente, podem ser recheados. Às vezes eles são servidos como acompanhamento a outros alimentos, e outras vezes, sozinhos. Que razão pode haver para tanta variação, senão a gratificação de um apetite enfastiado?[5]

Nas abadias cistercianas, o consumo de ovos era proibido, juntamente com o de peixes, queijos e leite.

Pode parecer estranho que uma ordem tão estrita possa ter feito alguma contribuição duradoura para a gastronomia francesa, mas parte do ascetismo cisterciano incluía uma devoção pelo trabalho manual nas terras férteis que adquiriram – mais notavelmente nos vinhedos de sua terra natal, a Borgonha. Uvas viníferas já eram cultivadas na Borgonha desde os tempos romanos, mas os cistercianos transformaram as variedades locais em vinhos de qualidade reconhecida em todo o mundo, hoje em dia. Não muito tempo depois de sua fundação, os cistercianos receberam algumas terras na *Côte d'Or* [Costa do Ouro] tendo-as dedicado – e a si mesmos – exclusivamente à vinicultura, inventando e aperfeiçoando as técnicas que viriam a resultar nos melhores e mais consistentes vinhos. O famoso vinhedo de Clos de Vougeot, que produz o *Grand Cru*, é um dos melhores exemplos de seu paciente trabalho artesanal, e a eles também pode ser creditada a produção do primeiro *Chablis*. Talvez seja um tanto irônico que vinhos tão deliciosos – mesmo decadentes – devam sua existência a monges tão ascéticos, mas esse é o tipo de paradoxo que se pode "colher", o tempo todo, por toda a França.

No norte da França, onde o vinho não era produzido localmente, os monges bebiam cerveja em seu lugar. Essa era menos inebriante do que o vinho e, muitas vezes, mais segura do que a água para beber; por isso, as provisões de cerveja costumavam ser muito generosas. Foi ali que a ordem dos monges trapistas pôde ser fundada, e as cervejas por eles produzidas sempre gozaram de excelente reputação na França. Infelizmente, a Revolução Francesa e a Primeira Guerra Mundial varreram a ordem trapista de monges da região, e, hoje em dia, não existem mais mosteiros trapistas que produzam cerveja no país. Todas as cervejas trapistas apreciadas na França atualmente são importadas da Bélgica.

Emerge uma questão evidente: como esses monges obtiveram tantas terras para produzirem alimentos e vinho? Paradoxalmente, quanto mais os monges tentavam orar, trabalhar e renunciar ao mundo exterior, mais importantes se tornavam para esse mesmo mundo exterior. Aos olhos da gente laica, especialmente da nobreza, os monges estavam mais perto de Deus e, portanto, poderiam interceder em favor dessas pessoas – desde que elas estivessem em bons termos com eles – de modo a impedir que fossem enviadas para o inferno na vida após a morte. Assim, as pessoas passaram a fazer donativos aos mosteiros existentes ou ajudaram a estabelecer novos mosteiros. Às vezes uma condição para o donativo era a de que um irmão ou um sobrinho de algum nobre fosse feito o novo prior do mosteiro. Dessa maneira, a nobreza e o clero começaram a, cada vez mais, sobreporem-se e a compartilharem o poder e a influência.

Os donativos podiam assumir várias formas: animais, terras ou ouro – ou, ainda, uma relíquia sagrada de algum santo. Assim, alguns mosteiros chegaram a possuir riquezas consideráveis; e a imagem de um monge rico e gordo tem uma longa tradição por um motivo. Alguns se opuseram a esse estado de coisas, mesmo dentro da Igreja, algumas vezes levando ao surgimento de ordens monásticas tais como os dominicanos e os franciscanos, que visavam o retorno aos ensinamentos originais de Cristo e ao curso de uma vida de pobreza.

Contudo, a maioria dos mosteiros continuou a aceitar donativos. Quando adquiriam terras, os mosteiros passavam a ser os novos senhores dos camponeses e das pessoas que nelas vivessem e trabalhassem. Desse modo, obtinham certos direitos sobre a gente local, podendo impor-lhe taxações; e, naqueles tempos, as taxações nem sempre eram pagas em dinheiro. Os monges de Maroilles, por exemplo, pediam aos seus súditos que lhes preparassem queijos *Maroilles*, deixados para "envelhecer" por cem dias – o tempo necessário para que o *Maroilles* fique, realmente, delicioso – e, então, os entregassem no mosteiro. Na Alsácia, o povo podia pagar suas taxações com queijo *Munster*. Obviamente, essas medidas nem sempre eram bem aceitas pelos habitantes locais, e não foi de surpreender que durante a Revolução Francesa a abadia de Maroilles fosse atacada e posta abaixo pelos cidadãos que viviam em suas proximidades.

Porém, enriquecer também significava que os monges podiam tornar-se grandes filantropos. Eles disponibilizavam alimento e abrigo para os pobres e os peregrinos e, efetivamente, serviam como a principal "rede de segurança" para os desvalidos. Os conventos proporcionavam um refúgio seguro para muitas mulheres. A Igreja Católica tentou conter – com sucesso – os violentos excessos da Idade Média ao estabelecer a ideia de sacralidade e inviolabilidade das igrejas e outras propriedades eclesiásticas. O movimento Paz de Deus, que foi particularmente forte no sul da França, tentou desencorajar os ataques contra membros do clero, pobres, viúvas, órfãos e idosos – gente que, em essência, não contava com nenhum outro tipo de proteção. No século XI, a Igreja tentou impor a Trégua de Deus, proibindo quaisquer atividades bélicas durante certos dias da semana e em todas as datas de celebrações religiosas (talvez não seja surpreendente que o movimento tenha obtido um sucesso tão modesto). Os mosteiros também empregavam sua riqueza para promover a alfabetização e o aprendizado – algo raro durante a Idade Média. Até o século XIII e o desenvolvimento das universidades, o conhecimento e o ensino das ciências eram, quase completamente, um monopólio monástico. Sua dedicação à reunião, à preservação e à cópia de manuscritos contribuiu para a preservação do conhecimento clássico e de muitos textos importantes ao longo de toda a era medieval.

Na França moderna os mosteiros ainda existem, mas seu papel social vem sendo erodido desde o século XIV. Sofreram muitíssimo durante a Revolução Francesa, quando a maioria dos grandes mosteiros foi destruída ou teve suas instalações reaproveitadas para outras finalidades. Porém, os mosteiros ainda desempenham o que acreditam ser seu dever social para com os pobres e vulneráveis; e alguns deles ainda produzem vários tipos de alimentos, especialmente licores e queijos. As quantidades produzidas, em geral, são pequenas; e, por isso, os produtos dificilmente são encontrados fora da França (ou mesmo fora das lojas mantidas pelos próprios mosteiros).

Hoje em dia, a contribuição dos monges para a produção francesa de alimentos parece haver assumido uma inclinação mais secular: imagens de monges são usadas sem quaisquer escrúpulos pelos departamentos de *marketing* de grandes empresas do ramo alimentício. Fazer com que produtos alimentícios pareçam ter alguma vaga conexão com os monges é uma boa técnica para incrementar suas vendas. Essa é uma associação que pode ser desconcertante se nos lembrarmos do ascetismo da Igreja medieval. Mas na competição entre a alma e o estômago, é claro que os maravilhosos produtos da zona rural francesa têm seus trunfos.

10

Guerreando por Ameixas

Os franceses mantêm um "caso de amor" especial com as frutas. Anualmente, a França produz mais de 2,5 milhões de toneladas de maçãs, uvas, peras e outras variedades; mas mesmo quantidades tão assombrosas não são suficientes para satisfazer o apetite francês por *les fruits* [as frutas], e as importações de frutas de todo o mundo só fazem crescer a cada ano.[1] Muitos franceses procuram saciar seus desejos em lojas especializadas chamadas *fruiteries* [quitandas ou fruterias], onde se vendem exclusivamente frutas, verduras e legumes, que são tratados com certa reverência que pode ser surpreendente para os estrangeiros. Não é permitido aos clientes tocar nas mercadorias expostas, por exemplo; em vez disso, eles devem esperar que um atendente do estabelecimento selecione cuidadosamente e embale os produtos perfeitos.

A afeição dos franceses pelas frutas pode ser constatada em muitas expressões usadas na vida cotidiana. Quando se assume um compromisso sério com alguma coisa, deve-se "partir a pera em dois" (*couper la poire en deux*). Quando se pretende obter alguma informação ao interrogar-se alguém supostamente bem informado, mas recalcitrante, diz-se que é preciso "espremer-lhe o limão" (*presser le citron*). Se se deseja exprimir uma opinião vaga a respeito de alguma coisa, dizendo algo como "mais ou menos", ou "assim-assim", diz-se que o assunto em questão é "meio figo, meio uva" (*mi-figue, mi-raisin*).

Contudo, se há uma expressão francesa "frutífera" que pareça não fazer qualquer sentido é *ça compte pour des prunes* [isso vale as (ou, 'vai por conta das') ameixas]. É uma frase que se pode ouvir quando se investe um grande esforço em algo que resulta em nada. Essa é uma clara implicação de que as ameixas não tenham valor algum ou que sejam nada pelo que valha a pena esforçar-se. Mas, na verdade, as ameixas são adoradas na França. Então, de onde teria se originado essa expressão?

Para começar, é preciso que esclareçamos uma confusão linguística. Os suculentos frutos conhecidos como *prunes* na França correspondem ao que o mundo anglo-saxão chama de *plums*. Quando secas, as *plums* passam a ser chamadas *prunes** pelos anglófonos e de *pruneaux* pelos falantes do idioma francês. Na França, ambas as variedades são produzidas na ensolarada região sudoeste do país, entre Toulouse e Bordeaux. A variedade mais altamente valorizada é a dos frutos pequeninos, verdes e suculentos conhecidos como *Reine-Claude*. Seu nome se deve à esposa do rei Francisco I, a rainha Cláudia, que, durante seu reinado, no início do século XVI, ficou conhecida por distribuir as ameixas de seu pomar entre as pessoas comuns. Hoje em dia, sua aparição nos mercados franceses, sempre nos meses de agosto, provoca gritinhos de satisfação nos *gourmands*, que as empregam na preparação de uma compota artesanal doce para ser consumida com *foie gras*. Elas também são boas para serem mantidas em conserva em *Armagnac* ou devoradas *in natura*, em quantidades tão grandes quanto possível, enquanto dura sua breve temporada anual. A região sudoeste também é o "lar" das famosas *pruneaux d'Agen*, as deliciosas e nutritivas ameixas secas que sustentaram marinheiros por séculos e ainda hoje maravilham os paladares franceses. Elas ficam particularmente saborosas quando acompanhadas por queijo *Roquefort* e, talvez, um gole de conhaque.

---

* Em inglês, o substantivo *plum* também é empregado informalmente como adjetivo modificador para designar algo altamente desejável, como em *a plum job*, expressão que poderia ser traduzida livremente como "um emprego dos sonhos". Especificamente na Inglaterra, a expressão *have a plum in one's mouth* (literalmente "ter uma ameixa na boca") significa "falar com afetação" ou "ter um sotaque de classe alta". *Prune*, ou "ameixa seca", por outro lado, é um adjetivo empregado para referir-se a uma pessoa desagradável, em linguagem figurativa. Na gíria do Brasil, "ameixa" também designa uma pequena granada de mão, que costuma explodir com muita facilidade, ou uma bala de arma de fogo. (N.T.)

A popularidade dessas ameixas sugere uma história mais obscura, subjacente às nossas curiosas expressões idiomáticas. No final das contas, poderíamos vir a atribuir a Deus – ou, mais apropriadamente, aos seus representantes no reino terreno da França, a Igreja Católica – a noção de uma falha "ameixatória".

Em 1095, o Papa Urbano II lançou a Primeira Cruzada, com um discurso inflamado diante de uma multidão em Clermont, na região central da França. A ocupação da zona cristã da Terra Santa pelos turcos seljúcidas havia-se tornado intolerável, e era muito improvável que o vacilante Império Bizantino pudesse repeli-los. O Papa Urbano estava muito desapontado com a nobreza europeia, cujos membros lutavam incessantemente entre si e, agora, dedicavam-se a predar o clero e os fracos, sem prestar a devida reverência à sua autoridade. Por que não encontrar uma maneira de canalizar essa energia violenta para uma causa mais valorosa, tal como a reconquista da Terra Santa? Aqueles que encontrassem a morte, quer em batalha, quer devido a alguma adversidade com que se deparassem pelo caminho, seriam agraciados com a admissão imediata no Paraíso – o que era um poderoso incentivo naqueles tempos pios. (Certamente, alguns incentivos mais venais, tais como riquezas e glória, não seriam menos atraentes.) O papa deve ter ficado muito satisfeito com a resposta entusiástica ao seu chamamento, uma vez que dezenas de milhares de homens alistaram-se para participar da Cruzada.

Os exércitos da Primeira Cruzada, liderados por alguns dos mais poderosos senhores da Europa, partiram no ano seguinte. Ao longo dos três anos seguintes, eles gradualmente conquistaram novos territórios ao longo da costa oriental do Mediterrâneo; e, em 1099, por fim, tomaram Jerusalém. A vitória deles foi concluída com o horrendo massacre dos defensores e da população civil da cidade. "Tamanha foi a carnificina que os nossos homens caminhavam pelas ruas com sangue até os tornozelos", escreveu o anônimo autor da *Gesta Francorum*, um dos mais importantes relatos contemporâneos da Primeira Cruzada.[2] Essa não foi a primeira nem a última atrocidade cometida durante as Cruzadas, mas evocou uma certa angústia espiritual (as leis e regras de guerra primitivas do período aplicavam-se somente no enfrentamento de inimigos cristãos). As forças europeias continuaram a sitiar cidades importantes, tais como Acre, Trípoli e Tiro, criando principados conhecidos como Estados Cruzados (ou "Estados de Ultramar"; chamados *Outremer*, em francês). Tal como acontece, a conquista foi a parte fácil – grandemente auxiliada pelos amargos cismas políticos e religiosos que afligiam o mundo islâmico à época. Manter as terras conquistadas provaria ser tarefa muito mais difícil.

É comum dizer que a gastronomia europeia foi muito beneficiada pelas Cruzadas, devido aos encontros que os invasores tiveram com novos e exóticos temperos e ingredientes. Na verdade, essa é uma narrativa enganadora. Um grande número de temperos supostamente teria sido descoberto durantes as Cruzadas, tais como a pimenta e o gengibre. Mas tais condimentos já estavam presentes sobre as mesas de toda a Europa desde os tempos romanos. O açafrão, que fora cultivado na Antiguidade europeia, foi reintroduzido pelos invasores árabes em alguma data posterior ao século VIII. Substanciais trocas e comércio interculturais já ocorriam muito antes das Cruzadas, especialmente na Espanha Islâmica e na Sicília. Portanto, o verdadeiro impacto cultural das Cruzadas sobre a Europa foi muito mais limitado do que se costuma pensar, embora a preferência manifestada no final da Idade Média pelos pratos doces e fragrantes provavelmente deva-se a uma apreciação mais difundida das culinárias árabe e persa. Mercadores europeus também se beneficiaram do controle dos Cruzados sobre as cidades portuárias levantinas, que temporariamente permitiu que eles se apossassem de uma porção do lucrativo comércio de especiarias. Talvez o maior efeito disso, em termos de impacto global, tenha sido o encontro dos Cruzados com o açúcar, que os europeus começaram a importar do Oriente Médio em quantidades cada vez maiores.

Também não se pode dizer que os Cruzados tenham legado aos habitantes locais quaisquer riquezas culinárias. Na verdade, uma das ruas do novo mercado de Jerusalém, onde eram servidos os peregrinos europeus, era conhecida pelos locais como Malquisinat, ou a "Rua da Culinária Ruim". Ela se situava entre a Igreja do Santo Sepulcro e o Templo do Monte, onde os Cruzados haviam convertido a mesquita de Al-Aqsa em uma igreja cristã.

Depois da conquista de Jerusalém, muitos Cruzados voltaram para casa, tornando difícil para os governantes cristãos manterem a segurança da cidade dentro dos territórios recém-conquistados ao longo das históricas rotas de peregrinação à Terra Santa. Para fazer frente a essa situação, um cavaleiro francês, chamado Hugo de Payens, reuniu um punhado de companheiros cavaleiros e fundou uma nova ordem monástico-militar em 1120, cujo objetivo principal era o de defender Jerusalém e proteger os peregrinos cristãos. Como monges, eles faziam votos de pobreza, castidade e obediência; mas, em vez de trabalharem nos campos ou copiarem livros, eles treinavam e combatiam como guerreiros. Os papas àquela época, ignorando o fato de que "monge-guerreiro" deveria ser um oximoro, não apenas aprovavam a nova ordem como lhe concediam privilégios especiais; e, como resultado disso, eles respondiam somente ao papado, e não a qualquer soberania nacional. O rei de Jerusalém cedeu-lhes espaço para que vivessem nas proximidades do antigo Templo de Salomão, e, assim, vieram a ser conhecidos como os Templários.

Os nobres da Europa sentiam-se, cada vez mais, atraídos pelos Templários, que lhes proporcionavam uma oportunidade para que continuassem a lutar e a assassinar enquanto conquistavam sua salvação. Donativos começaram a afluir, ofertados por nobres piedosos e peregrinos agradecidos, e os Templários rapidamente tornaram-se muito ricos. Muitos desses fundos foram empregados para sustentar as forças templárias na Terra Santa e para a construção de magníficas fortalezas cruciais para a manutenção do controle europeu naqueles territórios em que eram maciçamente superados em número de homens. Porém, os Templários não demoraram a envolver-se em transações monetárias. Era possível, por exemplo, depositar dinheiro com os Templários na França e resgatar as somas quando se chegasse a Jerusalém. Os reis franceses passaram a guardar seu próprio dinheiro com os Templários – afinal, que lugar seria mais seguro do que um "banco" guardado por monges-guerreiros? Mais tarde, os Templários passaram a emprestar dinheiro à nobreza, contornando a proibição da Igreja sobre a usura com uma série de complexos mecanismos financeiros. (Sem dúvida, o emprego de complexos mecanismos financeiros para contornar regras de qualquer espécie não é uma invenção bancária recente.)

Com o passar do tempo, os Templários vieram a possuir uma vasta carteira de terras e propriedades por toda a França e a Europa ocidental. Construíram fortalezas e igrejas em muitos vilarejos e muitas cidades grandes, e suas gigantescas propriedades agrícolas – conhecidas como "comandâncias" – produziram copiosas quantidades de alimentos, vinhos e animais de corte. Também se tornaram proprietários de salinas, o que os capacitava a produzir a *commodity* mais valiosa. Em seu apogeu, durante o século XIII, os Templários possuíam mais de 9 mil fortalezas e alojamentos militares na Europa e na Terra Santa. A maioria dessas edificações não mais existe, mas alguns locais importantes e ruínas ainda podem ser visitados na França, hoje em dia. O planalto de Larzac, no sudoeste da França, por exemplo, abriga vários vilarejos templários, tais como o notavelmente bem preservado La Couvertoirade.

A dieta dos Templários assemelhava-se muito à de outros monges; mas a eles era permitido o consumo de carne, três vezes por semana. Acredita-se atualmente que as restrições em seus hábitos alimentares, que incluíam muitos legumes, verduras, frutas e peixes, tenham sido responsáveis pela notável longevidade dos Cavaleiros Templários, o que, em sua época, era creditado como um sinal inequívoco de aprovação divina.[3] Os Templários eram menos propensos a sofrerem de doenças cardiovasculares ou de gota, um mal que causa grandes sofrimentos e era muito comum em meio à nobreza, resultante do consumo excessivo de carnes e de álcool.

Infelizmente para os Templários, todo o negócio das Cruzadas não terminou bem para os cristãos. Em 1187, Salah ad-Din – o legendário sultão do Egito e da Síria, conhecido pela posteridade como Saladino – derrotou os

La Couvertoirade, no coração do planalto de Larzac, é um dos vilarejos templários mais bem preservados da França. © Richard Semik (Dreamstime Photos).

exércitos cruzados na famosa Batalha de Hattin, que lhe permitiu recuperar Jerusalém. (Diz-se que o Papa Urbano III caiu morto ao ouvir a notícia.) Subsequentes cruzadas falharam ao tentar retomar a cidade, e, finalmente, a ascensão da poderosa dinastia mameluca no Egito ditou o fim dos reinos cruzados. Acre, a última fortaleza da resistência cristã, caiu diante dos mamelucos em 1291.

A expulsão dos Cruzados da Terra Santa criou um problema para o rei francês, o forte e ambicioso Filipe, o Belo (alcunhado o "Rei de Ferro"). Enquanto os Templários enviavam seus homens e suas riquezas para o Oriente Médio, eles não representavam uma ameaça muito séria à monarquia; mas, agora, monges-guerreiros se fixavam na França e não respondiam à jurisdição do rei. A eles havia sido concedido o direito de impor taxações – que não hesitavam em exercer –, o que fazia deles, basicamente, um Estado independente, dentro do Estado francês. No confronto cada vez mais amargo entre o rei Filipe e o Papa Bonifácio VIII sobre quem deteria a autoridade máxima na França, os Templários foram poderosos aliados do papado. E, pior de tudo: Filipe devia muito dinheiro aos Templários.

Em 1307, Filipe fez com que a maioria dos Templários na França fosse presa, no mesmo dia, por todo o país. Os Templários foram acusados de uma vasta gama de crimes – incluindo de adorarem a Satã, de cuspirem na Cruz e de sodomia – e muitos foram queimados vivos, atados a estacas. A poderosa ordem foi, essencialmente, eliminada da França, tendo isso acontecido com a aprovação do novo papa, Clemente V. Ele era francês e, compreensivelmente, mais conciliante com a agenda de Filipe do que seu antecessor, Bonifácio VIII, que morrera pouco depois de ter sido atacado e preso pelas tropas de Filipe, em 1303.

Em 1314, Jacques de Molay, o último Grão-Mestre Templário, foi queimado até a morte em Paris (uma placa marcando o local de sua execução ainda pode ser vista, próximo da Pont Neuf). Diz-se que ele teria lançado uma maldição sobre o Papa Clemente e o rei Filipe; e, tal como de fato aconteceu, ambos morreriam dentro de um ano. Três filhos de Filipe o sucederam no trono, mas todos morreram muito jovens, não tendo deixado herdeiros que continuassem a linhagem real, e a dinastia capetiana chegou ao fim. O trono francês passou à Casa de Valois, descendente do irmão de Filipe, e uma épica batalha pela sucessão ocorreu, terminando por levar à Guerra dos Cem Anos, entre a França e a Inglaterra. Se a maldição dos Templários foi responsável por tudo isso, tal como muita gente acreditava àquela época, então se trata de um caso de vingança notavelmente bem-sucedido.

Mas, e quanto às nossas ameixas? Bem, em 1148, os exércitos europeus da Segunda Cruzada decidiram atacar a antiga cidade de Damasco, ainda que, então, seus governantes muçulmanos fossem aliados dos cristãos. Sua tentativa de sitiar militarmente a cidade fracassou, e, no final, os cristãos sofreram uma pesada derrota, que selaria o destino da Segunda Cruzada. Porém, segundo uma lenda, foi durante essa campanha que os Cruzados descobriram as famosas ameixas de Damasco, nos arredores da cidade. Um grupo de Templários, aparentemente, trouxe consigo algumas dessas ameixeiras em sua volta ao sudoeste da França, uma região de clima ameno e substancial presença dos Templários. Os monges locais enxertaram as ameixeiras de Damasco em seus pomares de ameixeiras já existentes e sensacionais novas variedades foram criadas. Ao longo dos séculos seguintes, muito depois de os Templários terem desaparecido, juntamente com seus mosteiros, mantenedores dos pomares continuaram a nutrir suas plantações de ameixas, para o deleite gastronômico do povo francês.

Assim, afinal de contas, foi por isso que os Templários guerrearam: ameixas. Bem, talvez não apenas por isso; mas, ainda que os franceses de hoje em dia adorem suas amadas ameixas e criem pratos elaborados para celebrá-las, elas também servem como um lembrete histórico sobre como os poderosos podem cair.

11

O Vinho que se Foi

Poucas rivalidades gastronômicas podem ser comparadas à competição entre os vinhos da Borgonha, esses fabulosos descendentes da devoção cisterciana, e os vinhos de Bordeaux, produtos de incentivos e inovações mais mundanas. Trata-se de uma batalha travada não meramente visando lucros, mas, sim, o coração dos apreciadores de vinho do mundo inteiro. Tentativas de codificação dos diferentes paladares são, muitas vezes, embasadas com noções mais abstratas acerca de suas personalidades: os sutis, complexos e, de certo modo, imprevisíveis sabores da Borgonha, assim dizem, são capazes de captar o espírito boêmio das zonas rurais francesas; enquanto os mais confiáveis e polidos vinhos de Bordeaux representam o melhor da modernidade burguesa da França. Esse é um debate sem solução, tal como são tantos debates que o povo francês adora. Pode-se adotar a posição de um magistrado, amigo do renomado *gourmand* Jean Anthelme Brillat-Savarin, que, ao ser indagado se preferia os vinhos da Borgonha ou de Bordeaux, replicou: "Este é um julgamento em que tenho tanto prazer ao sopesar as provas que sempre adio o pronunciamento do meu veredicto".[1]

Por centenas de anos, houve, claramente, um favorito no mundo anglo-saxão: os vinhos tintos de Bordeaux, conhecidos como *claret* pelas altas classes sociais inglesas.* No século XIV, por exemplo, uma flotilha de duzentos navios navegava para Bordeaux a cada primavera e a cada outono apenas para transportar vinho suficiente para satisfazer a enorme demanda inglesa.[2] Porém, tal como se dá com muitas preferências no universo da gastronomia, a afeição pelos vinhos de Bordeaux baseava-se menos no gosto do que na política, nos negócios e na guerra. Para compreender a propensão inglesa pelo *claret*, é preciso conhecer a vida de uma das mulheres mais influentes, românticas e poderosas da Europa medieval: Leonor de Aquitânia.

Leonor provavelmente nasceu em 1122, embora os registros existentes não sejam muito precisos quanto a essa data. Seu pai, Guilherme X, era o Duque de Aquitânia, um vasto território no sudoeste da França, estendendo-se de Poitiers e do Vale do Loire, ao norte, até os Pirineus, ao sul; e da costa do Atlântico até a região de Auvergne, a leste. Desde os tempos romanos, a Aquitânia se constituíra de um território, pela maior parte, autônomo e distinto, e, ainda que seus duques agora fossem vassalos do rei da França, esses controlavam uma extensão de terra maior e mais próspera do que ele. Pouco antes de morrer, em 1137, o duque Guilherme X enviou uma mensagem ao rei francês, Luís VI, pedindo-lhe que cuidasse de sua filha, Leonor, a quem ele nomeara sua herdeira. Luís, então, teria de encontrar para ela um marido adequado, que reinaria como o novo Duque de Aquitânia – uma vez que seria inimaginável que uma mulher pudesse governar por seus próprios direitos. Aquela era uma oportunidade incrível para Luís, que não tardou a arranjar o casamento de Leonor com seu próprio filho e herdeiro, Luís. (Aqui devemos assinalar que aos reis franceses, definitivamente, faltava originalidade para batizar seus filhos; daí a complicação que emerge quando se trata de distinguir entre tantos Luíses, Henriques e Filipes.)

Leonor, que tinha 15 anos de idade na ocasião de seu casamento, era descrita como uma mulher bela e cheia de energia, com cabelos loiros e olhos

---

* Em inglês, a expressão *claret* designa um tipo de vinho "clarificado" que, embora mantenha sua cor púrpura ou vermelho-escura, não apresenta partículas ou resíduos sólidos em suspensão no líquido. Em português, o termo "clarete" designa um vinho tinto leve, de uma tonalidade vermelho-translúcida, geralmente obtido pela mistura entre vinhos tintos e brancos. A cor vermelho-escura também é chamada "bordô", um aportuguesamento da palavra francesa *bordeaux*, comparando-a à cor de um vinho tinto muito escuro. (N.T.)

verdes. Crescera em meio à vibrante e alegre corte da Aquitânia, onde trovadores, a poesia e toda espécie de entretenimento eram muito populares; e a corte de Paris deve ter parecido insipidamente tediosa aos seus olhos. Seu marido, o segundo filho do rei, tinha cerca de 16 anos de idade e havia sido destinado a uma carreira religiosa, antes da morte de seu irmão mais velho. Ele era muito devoto e, segundo dizem alguns, um sujeito muito entediante – tanto que Leonor, mais tarde, se queixaria de ter se casado com um monge. Seu pai morreria pouco depois do seu casamento, em 1137; então, Leonor, a Duquesa de Aquitânia, tornou-se rapidamente a rainha da França.

Leonor talvez possa, com razão, ser culpada por ter encorajado seu marido a envolver-se em campanhas militares improfícuas – contra alguns de seus súditos insurgentes na Aquitânia e, além disso, contra o Conde de Toulouse. Mas o que atraía mais críticas era sua incapacidade de dar um filho ao rei; que, à época, era considerado como o principal valor de uma rainha. Em 1145, quando por fim ela deu à luz, foi a uma menina. Até esse ponto, Leonor era um fracasso, aos olhos de muita gente.

As relações entre o rei e a rainha realmente "foram para o vinagre" quando Luís decidiu juntar-se à Segunda Cruzada, depois da queda de Edessa para os turcos. Leonor o acompanhou, e, em 1147, eles chegaram a Constantinopla, a capital de Bizâncio. Diz-se que ela teria experimentado novos e exóticos pratos, tais como caviar, rãs fritas, alcachofras e beringelas, bem como provado molhos que recendiam a canela e coentro. Resta-nos somente imaginar o que ela deve ter pensado do engraçado utensílio doméstico bizantino chamado "garfo", então desconhecido na França.

Em março de 1148, os Cruzados por fim alcançaram sua fortaleza em Antióquia, que era governada pelo tio de Leonor, Raimundo de Poitiers. Raimundo tentou persuadir o rei a reconquistar Edessa imediatamente, mas Luís decidira ir a Jerusalém primeiro (que, como homem religioso, ele considerava o principal objetivo de sua peregrinação). Leonor posicionou-se ao lado de seu tio, e não se sabe se Luís ficou enciumado da cumplicidade entre Raimundo e Leonor ou enfureceu-se com a postura desafiadora dela; mas houve, claramente, um "antes" e um "depois" de Antióquia no relacionamento do casal. Quando ambos deixaram a Terra Santa, depois de uma campanha militar desastrosa, viajaram de volta para casa em embarcações separadas.

O papa tentou salvar o matrimônio real, e, a princípio, seus esforços pareceram ter sido bem-sucedidos, pois Leonor engravidou novamente. Mas deu à luz outra menina. Em 1152, Leonor e Luís ficaram felizes por terem seu casamento anulado com base no argumento de consanguinidade, afirmando que, por serem primos, sequer deveriam jamais ter se casado.

Mas Leonor tinha um plano a ser levado adiante e, pouco depois da anulação, ela casou-se com Henrique Plantageneta, que não apenas era o Conde de Anjou, por parte de pai, mas também era o Duque da Normandia e o futuro rei da Inglaterra, por sua linhagem materna. (Na verdade, ele foi o fundador da legendária dinastia plantageneta na Inglaterra, que governaria o país até a morte de Ricardo III, trezentos anos depois.) Henrique era uma década mais jovem que Leonor, e, para ela, um parceiro muito mais disposto do que Luís. Além das óbvias vantagens políticas da união, ele parecia nutrir uma afeição genuína por Leonor; e a ela foi concedido um papel muito mais ativo nas transações políticas durante seu segundo casamento.

Dois anos depois de seu casamento, Henrique ascendeu ao trono da Inglaterra (como Henrique II). Isso foi desastroso para Luís. Agora, o rei da Inglaterra, com suas terras herdadas na França, mais a aquisição da Aquitânia por meio do casamento, controlava cerca de metade do território total da França, além de sua maior extensão litorânea, desde a Normandia e o Canal e no rumo sul até os Pirineus. Para acrescentar insulto à injúria, Leonor, apesar de andar pela casa dos 30 anos de idade, deu a Henrique cinco filhos e três filhas. Amargamente, Luís assim resumiu sua situação para o arcebispo de Oxford: "Seu senhor, o rei da Inglaterra, não sente a falta de nada: ele possui homens, cavalos, ouro e seda, pedras preciosas, frutas, animais selvagens e tudo mais. Mas, na França, nada temos, além de pão, vinho e alegria".[3]

Parte desse vinho francês também estava destinada a ser reivindicada pela Inglaterra. A Aquitânia era, então, território inglês; e seus vinhos começaram, pouco a pouco, a tomar o rumo norte, em quantidades muito maiores. Leonor era em parte responsável por isso, encomendando com regularidade o vinho de sua terra natal; e seu filho Ricardo fez dos vinhos *Bordeaux* um artigo de consumo diário em sua residência – o que foi um excelente incentivo para os vinicultores daquela região. Contudo, talvez o principal condutor da crescente popularidade dos vinhos *Bordeaux* tenha sido o fato de, sob a administração dos ingleses, a cidade de Bordeaux ter-se tornado um dos grandes portos da Europa. Com a ascensão das redes de comércio continental, ela tornou-se uma das maiores e mais ricas cidades da coroa britânica, perdendo em importância somente para Londres. Os comerciantes de vinhos *Bordeaux* eram isentos de taxas de exportação – uma tática inteligente para estimular a lealdade da região à Inglaterra, em vez de à coroa francesa. Isso fez de Bordeaux uma das fontes de vinho mais barato para os bebedores ingleses, e a demanda explodiu. Bordeaux também tirou vantagem de sua posição geográfica, na foz do Rio Garonne, pouco antes do estuário do Gironde e da costa do Atlântico, para melhor controlar a exportação de vinhos produzidos no interior da região.

O *Claret* medieval, tão apreciado na Inglaterra, quase não teria qualquer semelhança com as magníficas safras vinícolas produzidas atualmente. Contudo, o papel dos ingleses na construção do grande porto de Bordeaux e no consumo em grande escala dos vinhos locais foram elementos essenciais dessa história de sucesso. Naturalmente, muitos outros desempenharam papeis importantes, incluindo os nobres locais e os comerciantes, que construíram suas grandes propriedades, e os holandeses, que drenaram os pântanos da região e revelaram alguns dos melhores *terroirs* de Bordeaux (dentre os quais, o famoso Médoc).

Créditos também devem ser dados a Leonor, uma vez que foi seu ousado salto de um divórcio para um novo casamento que levou Bordeaux e o restante da Aquitânia ao domínio inglês. Infelizmente, sua união, feliz no início, degringolou quando o rei Henrique começou a manter um caso amoroso com uma mulher chamada Rosamunda – caso esse que foi muito além de suas outras aventuras sexuais inconsequentes. Leonor passou a maior parte de seus dias na Aquitânia, governando suas terras, ao lado de Ricardo ("Coração de Leão"), seu filho preferido. Por fim, ela voltou-se por completo contra Henrique, apoiando seus filhos quando se rebelaram contra o próprio pai. A revolta deles não foi bem-sucedida, e, embora demonstrasse misericórdia para com seus filhos, Henrique não pôde perdoar sua esposa. Leonor passou a maior parte dos quinze anos seguintes aprisionada no castelo real em Winchester. Somente após a morte de seu marido, em 1189, ela foi libertada, quando Ricardo tornou-se rei. Ele concedeu a Leonor a regência da Inglaterra, enquanto passou boa parte de seu reinado guerreando na França ou na Terra Santa.

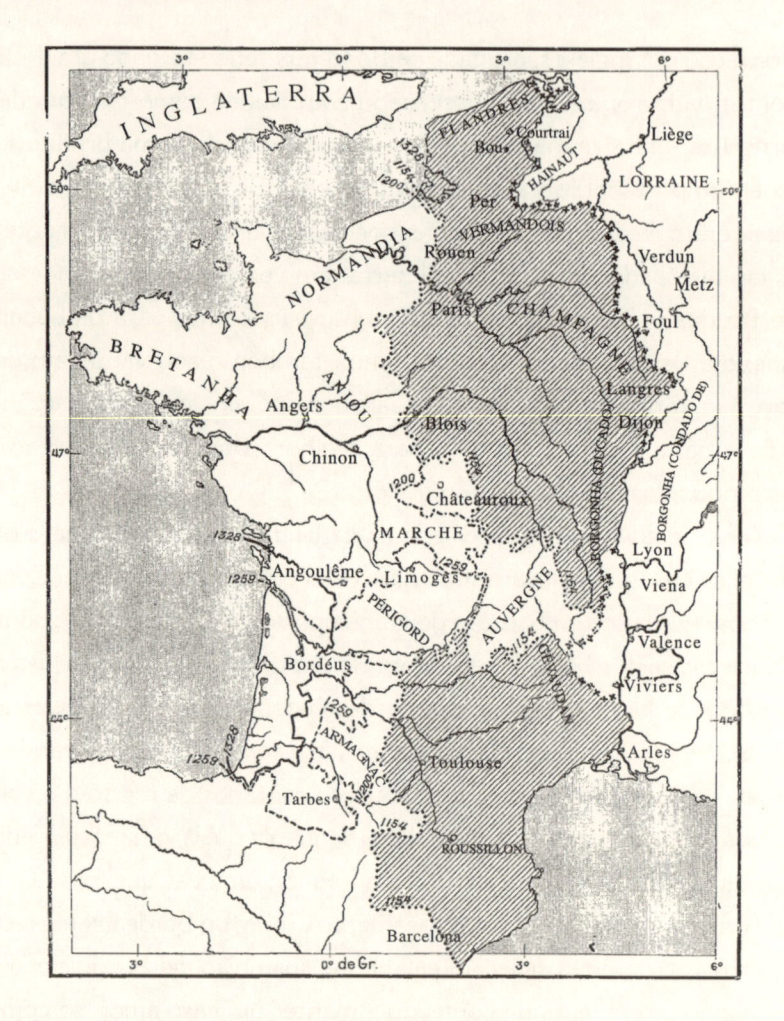

No final do século XII, uma vasta porção do norte e do oeste da França foi reivindicada por Henrique II, rei da Inglaterra e Duque da Normandia. Os domínios do rei Luís VII da França ficaram, então, reduzidos à porção sombreada no mapa. O filho de Luís, Filipe II (Filipe Augusto), dedicou várias décadas ao desmantelamento da dinastia angevina e à reivindicação de seus territórios, de modo que, em meados do século XIII, as possessões inglesas foram reduzidas a Bordeaux e a grande parte do sudoeste da França. De Élisée Reclus, *L'Homme et la terre*, vol. III (Paris: Librairie Universelle, 1905), p. 92.

Leonor provou ser uma regente bem-sucedida na ausência de Ricardo, ao tolher as ambições de seu filho mais jovem, João (que, mais tarde, viria a ser conhecido como o rei-vilão da história de Robin Hood). Em 1199, Ricardo foi morto na França, enquanto sitiava um vassalo rebelde na região de

Limousin. Como morreu sem ter gerado filhos, João herdou o trono. Ele foi um rei terrível, e a idosa Leonor tentou com frequência resgatá-lo de seus erros. Enfim, ela terminaria morrendo em 1204, com mais de 80 anos de idade, tendo sido sepultada em sua adorada Abadia de Fontevraud, que permanece sendo um belo e comovente lugar para ser visitado hoje em dia. Não muito depois de sua morte, João perdeu a maior parte das possessões inglesas na França – para o poderoso rei francês Filipe Augusto. Pela primeira vez na duração da dinastia capetiana o rei francês deteria uma extensão tão vasta de território sob seu controle.

No entanto, os ingleses ainda mantiveram seu poder sobre Bordeaux e a região da Gasconha – um dos muitos fatores que contribuiriam para levar à Guerra dos Cem Anos, entre a França e a Inglaterra, durante os séculos XIV e XV. Quando a guerra por fim terminou, Bordeaux era francesa, uma vez mais. Mas o rei francês de então permitiu que os comerciantes de Bordeaux mantivessem seus arranjos favoráveis de exportação, e os carregamentos continuaram a ser enviados à Inglaterra. A natureza da demanda britânica começou a mudar no século XVII, quando alguns empreendedores produtores de vinhos de Bordeaux criaram novas – e mais caras – variedades que conquistaram a ponta mais elevada do mercado inglês. Em 1663, Samuel Pepys escreveria em seu diário o que muitos consideram como a "primeira anotação sobre degustação de vinhos da História", relativa a um novo vinho francês "chamado *Ho Bryan* [sic], que tem um sabor bom e o mais particular que jamais provei".[4] O *Haut-Brion*, o precursor dos vinhos do tipo *château* de Bordeaux, permanece sendo um dos mais luxuosos produtos da região: uma garrafa de um *Premier Cru Classé* chega a custar centenas de dólares.

Dentro da própria França, levou um tempo um tanto mais longo para que os vinhos *Bordeaux* conquistassem a mesma reputação de que gozavam na Inglaterra; mas hoje em dia, naturalmente, os vinhos *Bordeaux* são tão apreciados na França quanto em quaisquer outros lugares e respondem por mais de um quarto de toda a produção de vinhos franceses AOC.[5] Os ingleses, no entanto, ainda dedicam um amor especial ao seu antigo ducado de Aquitânia. Na verdade, muitos expatriados ingleses escolheram viver em Dordonha, uma localidade a leste de Bordeaux, situada bem no centro de seu antigo ducado. (Devido a essa "invasão inglesa", Dordonha é hoje chamada muitas vezes de

"Dordogneshire".) De certo modo, esse é apenas o capítulo mais recente da história de amor e ódio entre os ingleses e os franceses, que atravessa os séculos. Por mais que esses dois povos se provoquem e lutem entre si, aparentemente não podem viver um sem o outro; e isso é tão verdadeiro nos domínios da comida e dos vinhos quanto em quaisquer outros.

As tumbas reais na Abadia de Fontevraud: Leonor de Aquitânia e o Rei Henrique II (ao fundo); Ricardo, o Coração de Leão e Isabelle, esposa do Rei João (à frente). © Neil Harrison (Dreamstime Photos).

12

A Heresia Vegetariana

De modo geral, os franceses não são muito fastidiosos e costumam comer muitas coisas que poderiam causar certo temor em indivíduos de outros povos – tais como pernas de rãs, lesmas de caracóis ou cérebros de bezerros. Essa ausência de fastio pode ser vista como uma virtude: um resquício de lembrança dos dias em que a maioria do povo francês era constituída de camponeses pobres, que não podiam ser muito seletivos com o que teriam sobre suas mesas. Infelizmente, porém, isso torna um tanto difícil o ato de comer fora de casa na França para os vegetarianos e veganos ou para quem sofra de intolerância à lactose. A resposta de muitos franceses para quaisquer restrições alimentares costuma resumir-se no seguinte pensamento: "Não temos tempo para tolerar a intolerância". Na verdade, os franceses podem ser tão *blasés* [apáticos, desinteressados, indiferentes ou tão somente entediados] quanto à separação entre carnes e vegetais que, em 2015, a Cassegrain, uma das maiores fornecedoras de vegetais enlatados do país, admitiu que alguns de seus produtos continham aromatizantes e condimentantes à base de carne.

Para sermos precisos, a coisa não é tão universalmente escancarada. As consequências ambientais da produção de carne contribuíram para inspirar, nos últimos anos, uma rápida ascensão do vegetarianismo na França, ao fazerem elevar o preço das carnes a níveis relativamente altos. Restaurantes passaram a oferecer cada vez mais opções de pratos vegetarianos, e grandes *chefs* resolveram abraçar o *éthos* vegetariano. Contudo, menos de 5% da população é vegetariana, e é provável que a maioria dos franceses jamais tenha conhecido pessoalmente um vegano. As cantinas e cafeterias das escolas francesas recusam-se a oferecer opções vegetarianas por princípio: por acreditarem que todas as crianças francesas devam partilhar do mesmo tipo de alimentação.

De todo modo, ao menos hoje em dia os franceses não queimam veganos vivos por suas heresias culinárias. Progressos têm sido feitos desde o século XIII, quando, a despeito de sucessos irregulares obtidos pelas Cruzadas na Terra Santa, a ideia de mover-se Cruzadas ainda permaneceu bastante popular e foi gradualmente adaptada para o combate aos cristãos hereges dentro da própria Europa. Na França, essa nova forma de cruzada foi dirigida principalmente contra uma heresia cristã conhecida como Catarismo, cujos adeptos não apenas seguiam uma agenda religiosa radicalmente divergente, como, também, recusavam-se a comer carne e laticínios, produtos tão fundamentais para a culinária francesa. Infelizmente, esse "desvio" dietético precipitou sua derrocada, levando seus adeptos a serem delatados aos inclementes interrogadores da Inquisição.

Muito semelhante à maneira como os gauleses originalmente não se viam como gauleses, os Cátaros jamais chamaram a si mesmos de Cátaros. Chamavam seus líderes de *bons hommes* [bons homens] ou *bonnes femmes* [boas mulheres] e referiam-se à sua comunidade como *bons chrétiens* [bons cristãos]. Mas seus críticos os chamavam Cátaros e usavam a designação "Perfeitos" para referirem-se aos seus líderes. Ambos os epítetos "pegaram" e passaram à posteridade; e, somente a título de simplificação, aqui nos referiremos a eles como Cátaros, tal como fazem os mais convencionais compêndios de História.

A heresia cátara enraizou-se na França no século XII, principalmente na região sudoeste do país, então governada pelo Conde de Toulouse. A bela cidade de Toulouse, conhecida como *la Ville Rose* graças ao tom rosado de suas edificações de terracota, foi fundada na era romana e, ao longo dos séculos, serviu como capital para essa região-chave, que conectava os Pirineus, o Atlântico e o Mediterrâneo. Tecnicamente, o condado de Toulouse era parte da França, e o rei francês era o chefe supremo de seu conde; mas no sistema ainda feudal do período, o Conde de Toulouse, na verdade, controlava uma área da França maior e mais rica do que aquela controlada pelo rei. Além disso, ele também era o Duque de Narbonne e o Marquês da Provença, o que lhe dava prerrogativas para fazer, mais ou menos, tudo quanto quisesse, da maneira como bem entendesse.

Cultural e linguisticamente, o condado de Toulouse era muito diferente dos territórios do norte da França. No Sul, as pessoas falavam occitano, conhecido como "a língua de oc", ou *langue d'oc*, em francês (sendo *"oc"* a palavra equivalente a "sim" em occitano). Com o passar do tempo, as regiões meridionais da França passaram a ser conhecidas coletivamente como Languedoc. Ao norte, as pessoas falavam uma versão um tanto diferente do idioma, conhecida como *langue d'oïl* (língua na qual a palavra *"oïl"*, pronunciada aproximadamente como "oí", também significava "sim"), o idioma ancestral do francês moderno.* Socialmente, o Languedoc era visto como o lar de uma sociedade mais aberta, tolerante e cosmopolita: a cultura dos trovadores floresceu ali, por exemplo; e as mulheres desempenhavam um papel social muito mais proeminente. Por isso, não é de surpreender que os Cátaros tenham encontrado um grau de aceitação muito maior nas regiões meridionais.

Os Cátaros foram mais uma manifestação de uma curiosa tradição de heresias dualistas que assombraram a Igreja cristã desde seus primeiros dias. Os Cátaros acreditavam que o nosso mundo material teria sido, na realidade, criado pelo Diabo; e que existia um mundo espiritual governado por Deus. As forças do bem e do mal estariam implacavelmente divididas e eternamente em guerra, uma contra a outra. Infelizmente, os seres humanos estariam destinados a viver no mundo ruim e material; e, pior ainda, condenados a reencarnar nele repetidamente. A única esperança de salvação seria levar uma vida virtuosa e esperar ser conduzido por Deus ao mundo espiritual. Porém, os Cátaros argumentavam que a Igreja Católica Romana haveria corrompido os ensinamentos de Cristo e trabalhava de mãos dadas com o Diabo. Por isso não é, realmente, de surpreender que a Igreja tenha dedicado um olhar tão depreciativo aos Cátaros e seu clamoroso desdém pela ortodoxia das crenças cristãs.

---

* Atualmente, "sim" em francês é *"oui"*. (N.T.)

Os líderes dos Cátaros eram chamados "Perfeitos" pois era assim que deveriam agir, vivendo uma "vida perfeita" segundo suas crenças. Esses líderes exemplares aderiam a uma certa "regra de justiça e verdade", que enfatizava a oração ritualística, o jejum e o trabalho braçal. Eles eram pacifistas, acreditando que a violência e a guerra eram proibidas pelos ensinamentos de Cristo: somente Deus teria a prerrogativa de tirar uma vida humana. Eles se abstinham de intercurso sexual, pois este apenas serviria para gerar novas crianças, que seriam prisioneiras em nosso maléfico mundo material. E, dada a importância da alimentação na vida cotidiana, talvez fosse inevitável que criassem algumas regras quanto ao que poderia e não poderia ser comido. Comer qualquer tipo de carne era mau – até porque havia a possibilidade de reencarnar-se como um animal na próxima existência. Produtos à base de leite deveriam ser evitados porque não apenas eram provenientes de animais, mas sua existência dependia de animais que se reproduzissem (e a reprodução era algo mau, lembremo-nos). Estranhamente, os Perfeitos comiam peixes; pois, àquela época, acreditava-se que os peixes não se reproduzissem por vias sexuais. Também não tinham problemas em comer frutas e legumes (afinal, eles tinham de comer alguma coisa) e, portanto, não faziam quaisquer restrições quanto ao vinho. Os seguidores comuns da fé cátara não eram obrigados a aderir a essas regras estritas e podiam continuar a comer carne e a procriar. Tanto os homens quanto as mulheres poderiam ser Perfeitos – afinal, um homem poderia morrer hoje e reencarnar como uma mulher amanhã; de modo que não havia necessidade de qualquer espécie de segregação patriarcal.

Os Cátaros foram mais ou menos tolerados em muitas partes do Languedoc; mas, em Roma, o Papa Inocêncio III parecia muito menos inclinado a ser tolerante, terminando por convocar uma cruzada contra os Cátaros. Os franceses do norte responderam entusiasticamente ao chamado papal. Afinal de contas, quem não gostaria disso? Participar de uma cruzada estando perto de casa, recebendo a absolvição de todos os pecados e ainda tendo a chance de conquistar para si algumas terras, saques e glória. O Languedoc poderia ser reduzido a cinzas – o que confirmaria a crença dos Cátaros em um inferno mundano –, mas esse tipo de barbárie era permitido quando se combatia os inimigos da Igreja. A campanha começou a tornar-se conhecida como a

Cruzada Albigense, porque muitos Cátaros viviam nas cercanias da cidade de Albi, sendo eles mesmos, às vezes, chamados de albigenses.

A Cruzada foi lançada a partir de Lyon, em 1209. Seu primeiro grande alvo foi a fortaleza dos Cátaros em Béziers, uma das mais antigas e pitorescas cidades do sul da França. Muitos católicos também viviam ali, e, quando os Cruzados chegaram e começaram a sitiar a cidade, foi-lhes concedida a oportunidade de partir e escapar do destino dos hereges. Porém, eles se recusaram a abandonar seus concidadãos; e antes que a cidade fosse tomada de assalto, os invasores perguntaram ao legado papal que comandava os Cruzados – Arnaud Amaury, o abade de Cîteaux – como poderiam distinguir os Cátaros dos católicos. A infame resposta do abade cisterciano foi: "Matem todos; o Senhor saberá distinguir os seus". A cidade foi rapidamente tomada e incinerada; e todos os seus habitantes – cerca de 20 mil pessoas – foram assassinados, em um horrendo banho de sangue.

Carcassonne foi subjugada em seguida e concedida ao novo líder da Cruzada, um devoto guerreiro cristão e cruzado veterano chamado Simon de Montfort. Por quase uma década, Montfort aterrorizou o Sudoeste, saqueando cidades, queimando Cátaros vivos e arrancando os olhos de prisioneiros capturados. Afinal, ele encontraria sua própria morte durante o segundo cerco a Toulouse, tendo sido esmagado por uma pedra lançada por uma catapulta operada por um grupo de mulheres, de dentro das muralhas da cidade. (O brado vitorioso que se ergueu naquele dia – "Montfort está morto! Vida longa à Toulouse!" – ainda era evocado como motivador de orgulho cívico até o final do século XIX.)

A despeito de suas vitórias iniciais em Béziers e Carcassonne, os Cruzados, na verdade, levariam duas décadas para pacificar completamente o Languedoc. Em 1229, o término da Cruzada foi negociado entre o Conde de Toulouse e a coroa. Não se sabe exatamente quantas pessoas morreram na Cruzada, mas estimativas de várias centenas de milhares são comuns. A Cruzada quebrou a autonomia dos nobres sulistas e foi um evento-chave para a gradual absorção do sul da França por um Estado centralizado, governado por Paris.

Contudo, ainda havia alguns poucos bolsões de resistência após 1229, nas supostamente inexpugnáveis fortalezas cátaras nas montanhas. A mais notória era a de Montségur (literalmente, a "montanha segura"), uma formidável fortificação no alto dos Pirineus, cercada por elevações muito acidentadas e um desfiladeiro profundo. Cerca de 4 mil Cátaros, incluindo mais de duzentos Perfeitos, refugiavam-se ali, em maio de 1243, sitiados por um grande exército comandado pelo senescal (uma espécie de juiz supremo e governador geral) de Carcassonne. Graças ao terreno difícil, eles foram capazes de suportar o cerco por dez meses; mas, por fim, os invasores empregaram mercenários bascos, tarimbados em táticas de combate sobre montanhas, para que escalassem as elevações durante a noite e penetrassem as defesas da fortaleza. Esse ataque surpresa levou os Cátaros a renderem-se – mas não antes de supostamente terem conseguido contrabandear um tesouro extraordinário para fora da fortificação. (De acordo com *websites* de teorias de conspiração que você vier a visitar, o tesouro pode ter-se constituído desde uma vasta quantidade de ouro até o próprio Santo Graal.) Os Perfeitos recusaram-se a renunciar à sua fé e, por isso, foram queimados, juntos, em uma grande pira.

As ruínas da fortaleza da montanha de Montségur, o último bastião da resistência dos Cátaros. Fotografia dos autores, 2016.

A queda de Montségur representou um dos últimos suspiros do Catarismo; mas a verdadeira responsável por sua destruição completa foi a Inquisição. Em 1233, o Papa Gregório IX decidiu que a ordem Dominicana – fundada pelo sacerdote espanhol Domingo de Guzmán, parcialmente em resposta à ameaça cátara – seria a ferramenta perfeita para erradicar os hereges. Os inquisidores dominicanos agiriam como juízes, júris e promotores

Esse pequeno memorial de pedra marca o local em que mais de duzentos Cátaros foram queimados até a morte após a queda de Montségur. Fotografia dos autores, 2016.

associados; e, a partir de 1252, foram autorizados pelo papa a torturar pessoas, se isso contribuísse para obter confissões delas. Eles não respondiam a ninguém além do papa e eram tão temidos quanto odiados por todo o Languedoc. Baseados inteiramente no trabalho de informantes pagos e na coerção, seus julgamentos levaram muita gente para a estaca e a fogueira. Queimar pessoas vivas tornou-se um método de execução herege comum na era medieval, pois acreditava-se que o fogo purificava ao mesmo tempo que destruía.

Quando nos debruçamos sobre os registros dos interrogatórios dos Cátaros, a quantidade de perguntas sobre comida é especialmente espantosa. A dieta limitada dos Cátaros era bem conhecida, e isso tornou-se uma maneira conveniente de os inquisidores identificarem a heresia. Com frequência, uma das primeiras perguntas formuladas aos suspeitos hereges poderia ser algo como: "Vocês comem juntos; e o que vocês comem?". Se a resposta fosse "Sempre peixes e legumes", os inquisidores teriam o equivalente medieval de uma "causa provável".[1]

Felizmente, o pior que pode acontecer aos vegetarianos e veganos na França, hoje em dia, é receber um risinho de escárnio daqueles que acreditam que hábitos alimentares dissidentes são uma moderna forma de heresia contra a nação francesa. Porém, à medida que mais e mais franceses adotam um estilo de vida isento do consumo de carne, o futuro para os vegetarianos na França parece muito mais promissor do que o destino que tiveram os desafortunados Cátaros.

13

Um Tinto Papal

Sur le Pont d'Avignon
On y danse, On y danse
[Sobre a ponte de Avignon, nós dançamos, nós dançamos]
– Canção do século XV e cantiga de roda infantil.

Belamente situada à margem do Rio Ródano, a cerca de oitenta quilômetros terra adentro, desde o Mar Mediterrâneo, a cidade de Avignon é, sem dúvida, uma das localidades mais sedutoras da Provença. Sob as alturas das torres góticas do palácio papal, datadas do século XIV, suas charmosas ruelas e praças são pontilhadas de pequenas *boutiques* e de *cafés* expostos ao sol. *Les Halles*, o principal mercado de gêneros alimentícios, transborda de azeitonas, ervas e temperos refinados, ostras e uma enorme variedade de queijos, carnes e pães manufaturados localmente. Nos campos circunvizinhos, a região vinícola conhecida como *Côtes du Rhône* [os arrabaldes do Ródano] produz algumas das variedades das uvas mais finas de toda a França.

A indisputável soberania dos vinhos do sul do Ródano cabe ao *Châteauneuf-du-Pape*, um forte e encorpado vinho francês, um dos primeiros a receber uma AOC (*appellation d'origine contrôlée*, ou [Apelação de Origem Controlada], depois da invenção de um esquema classificatório, datado do princípio do século XX.[1] Seu distinto *terroir* localiza-se no entorno da cidade homônima, que pode ser traduzida como "Castelo Novo do Papa". Ele serve, assim, como uma herança vinicultora de um breve, porém crucial, período da História da França e da Igreja Católica, conhecido pela posteridade como o "Papado de Avignon". A história da região é repleta de castelos fantásticos, tramas veneníferas e antipapas – lendas que sobreviveram por muito mais tempo do que as complicações políticas que as geraram.

Se retornarmos aos dias de Filipe, o Belo, no princípio dos anos 1300, devemos nos recordar de que havia um recém-eleito papa francês, Clemente V, que permitiu a Filipe a extinção da ordem dos Cavaleiros Templários. Clemente foi eleito por força de suas habilidades como diplomata, em uma época na qual as relações entre a França e o papado se encontravam severamente desgastadas. Como uma das suas principais tarefas seria a de encetar alguma espécie de reconciliação com o rei francês, ele decidiu estabelecer sua residência em Avignon. A localização da cidade à margem do Ródano, não muito distante do Mediterrâneo e da costa italiana, tornava-a conveniente para as viagens por toda a Europa. Uma grande extensão do território já era, na verdade, de propriedade do papado; e Roma era um lugar perigoso, à época, devido às disputas pelo poder entre as várias famílias locais, deixando o papa em posição muito vulnerável. De fato, tão insegura que não era incomum que os papas residissem fora de Roma. Clemente inaugurou uma nova tendência, porém, ao decidir fixar residência fora da Itália – abrindo um precedente para uma longa linhagem de papas que o sucederam. Essa era, que teve uma sequência de sete papas franceses, ainda figura nos recônditos do aprazível idílio da Provença, conhecida como o "Papado de Avignon".

Os italianos – nem seria preciso dizer – não ficaram nem um pouco satisfeitos com esse abandono papal. Os críticos se referiam ao Papado de Avignon como "o Cativeiro da Babilônia", argumentando que o papado havia sido subordinado aos reis franceses e que a integridade da Igreja teria sido comprometida. No *Inferno* de Dante, Clemente V é retratado como um personagem do oitavo círculo infernal.

Contudo, esse terrível pecador legou uma herança celestial aos que ainda vivem aqui, no reino terrestre: o *Château Pape Clément*, produzido nas cercanias de Bordeaux. Antes de se tornar papa, Clemente fora arcebispo de Bordeaux e ali recebera um vinhedo como doação – o qual ele cultivou cuidadosamente e fez expandir seus domínios. Ao tornar-se papa, o vinhedo passou a ser conhecido *Vigne du Pape-Clément*, ou "as vinhas do papa Clemente". Até hoje, o vinhedo goza de excelente reputação, produzindo um dos vinhos frutados mais encorpados, e pode ser reputado como um dos mais antigos estabelecimentos produtores de vinhos da região de Bordeaux.

Após a morte do Papa Clemente, ocorrida nas proximidades de Avignon, em 1314, facções rivais no Sacro Colégio de Cardeais foram incapazes de concordar com a indicação de um novo papa. Depois de dois anos, o rei francês praticamente forçou-os a votar, e terminaram por eleger um frágil cardeal francês, de 72 anos de idade, que viria a tornar-se o Papa João XXII. A esperança dos cardeais eleitores era a de que aquele seria um papado breve, durante o qual cada uma das facções poderia fortalecer suas posições para a eleição seguinte. Mas suas esperanças foram frustradas, pois João XXII permaneceu no trono papal por dezoito anos (alguns dizem que sua saúde aparentemente muito abalada não passava de uma encenação). Anteriormente, ele havia sido o bispo de Avignon e ficou feliz por permanecer na cidade, devido aos contínuos tumultos em Roma. Sua longevidade foi, muitas vezes, atribuída a um de seus estranhos hábitos alimentares: preferia consumir gêneros alimentícios brancos, tais como leite, claras de ovos, peixes brancos, carne de frango e queijos. Diz-se que uma das especialidades gastronômicas de Avignon teria sido originada durante o papado de João XXII. Conhecida como *papeton d'aubergines*, trata-se de uma espécie de flã feito com a polpa (branca) de beringelas e originalmente moldado com a forma de uma mitra papal.

Todavia, o maior legado gastronômico de João XXII não teria nada a ver com beringelas. Para escapar periodicamente das intrigas de Avignon, ele estabeleceu uma residência de verão numa localidade que passou a ser chamada de Châteauneuf-du-Pape, no Vale do Ródano, ao norte da cidade. O vinho vinha sendo produzido naquela região desde a era galo-romana, e, mais recentemente, pelos Templários; mas os vinhedos haviam sido abandonados e caído em desuso. João XXII construiu um castelo e trouxe viticultores de sua cidade natal, Cahors, no sudoeste da França, para que as plantações fossem restauradas. Assim, esses homens criaram um vinho repleto de sabores da Provença, sendo seu caráter complexo o resultado da combinação de mais de uma dúzia de variedades de uvas. *Châteauneuf-du-Pape* tem gozado de uma reputação estelar por séculos, tendo sobrevivido até mesmo às devastações anticlericais da Revolução Francesa. O poeta provençal do século XIX Frédéric Mistral – que ganharia o Prêmio Nobel de Literatura em 1904 – fez uma famosa referência ao vinho homônimo da localidade como um "vinho real, majestático e pontifical".[2]

Outras obsessões de João XXII refletiam as ansiedades do período. Ele proibiu a prática da alquimia e instruiu aos inquisidores para que investigassem casos de feitiçaria e de culto ao Diabo. Essa associação de heresia e feitiçaria contribuiu para a fervorosa perseguição à bruxaria mais tarde, ao longo da Idade Média, durante a qual milhares de pessoas por toda a Europa foram torturadas e assassinadas. Depois de sofrer uma desastrada tentativa de assassinato – que envolvia tanto o emprego de veneno quanto de magia negra – ainda no início de seu papado, ele desenvolveu uma autêntica paranoia sobre ambas essas coisas. (Na verdade, isso pode explicar sua preferência por alimentos brancos: qualquer veneno seria mais facilmente detectável em meio a eles; e a sacralidade associada ao branco talvez pudesse oferecer algum tipo de proteção mágica.) Dada à tendência para envenenar inimigos em voga naqueles tempos, não é de surpreender que papas subsequentes tenham desenvolvido uma vasta gama de métodos para a detecção de venenos ocultos nos pratos dos suntuosos banquetes que promoviam – desde o emprego de testadores humanos e presas de narval até questionáveis engenhocas mecânicas.

Seguindo-se à morte de João XXII – que, por fim, deu-se por causas naturais – cinco outros papas permaneceram residindo em Avignon. No decorrer dos anos, eles fizeram construir a fabulosa residência papal, o maior palácio gótico do mundo, que ainda hoje domina o panorama da cidade. A corte papal em Avignon atraiu estudiosos e artistas, tendo se tornado um dos mais importantes centros culturais do mundo cristão. Belos afrescos e tapeçarias cobriam as paredes do palácio, e seus grandes salões abrigavam extravagantes festins sob um teto pintado de um azul profundo como o do céu do crepúsculo, pontilhado de estrelas. Até mil ovelhas podiam ser assadas para um único banquete, sendo acompanhadas por milhares de galões de vinho. Na verdade, foi durante esse período que os vinhos da Borgonha adquiriram uma reputação de excelência em meio à elite francesa: pouco conhecidos antes, devido ao difícil acesso da região a Paris, os vinhos *Burgundy* eram mais facilmente transportados para Avignon e, assim, consumidos em grandes quantidades ali, com outros bons vinhos do Vale do Ródano. Os *chefs* de Avignon transformaram as mesas de refeições em uma miríade de cores dispendiosas, com temperos tais como açafrão e até mesmo folhas de ouro, e os comensais serviam-se de bandejas de ouro e prata.[3] Numa época em que ordens ascéticas, tais como a dos Franciscanos, ganhavam maior popularidade, a decadência da corte de Avignon suscitava tanto críticas quanto admiração.

Acompanhando essa reputação de extravagâncias principescas havia acusações de nepotismo e corrupção, geradas pela prática papal de promover vários membros de uma mesma família. Outro legado duradouro dessa época é a frase francesa *Il se prend pour le moutardier du pape* [Ele se comporta como se fosse o fabricante de mostarda do papa]. Essa é uma expressão usada para descrever alguém que, embora sendo estúpido, tenha a si mesmo em alta conta. Alexandre Dumas nos conta que João XXII tinha um sobrinho cuja capacidade intelectual o impedia de assumir qualquer posição de responsabilidade; assim, só restou ao papa indicá-lo como o seu "grão-fabricante de mostarda" (João gostava muito de mostarda).

O sexto papa de Avignon, Urbano V, tentou restituir o papado a Roma, mas os confortos de Avignon provaram-se muito sedutores, e muitos cardeais recusaram-se a segui-lo. Caberia ao seu sucessor, Gregório XI, o último papa de Avignon, a tarefa de trazer o papado de volta para Roma, em 1378. Naquela ocasião, a França é que se havia tornado muito caótica e perigosa para o gosto do papa, com a Guerra dos Cem Anos sendo travada com a Inglaterra. O retorno a Roma também contribuiria para o restabelecimento de um firme controle sobre os territórios papais e os de aliados na Itália.

Contudo, a era de Avignon não terminara definitivamente. Depois da morte de Gregório XI, o Sacro Colégio, agora de volta a Roma, foi pressionado para que elegesse um papa italiano – Urbano VI. Este revelou-se muito impopular, especialmente entre os cardeais franceses, que decidiram que a eleição fora coerciva e, portanto, ilegítima. Os cardeais franceses, então, elegeram um papa alternativo – ou antipapa – conhecido como Clemente VII, que retornou à residência papal em Avignon. Ele era apoiado pelo rei francês e uma quantidade de outros monarcas europeus, mas muitos Estados poderosos (incluindo a Inglaterra e o Sacro Império Romano) apoiavam o papa em

Roma. Por quase quarenta anos, os papas rivais, em Roma e em Avignon, dividiram a cristandade, em um período que ficou conhecido como o Grande Cisma do Ocidente. A disputa papal gerou uma enorme crise diplomática entre os Estados europeus, tendo levado ocasionalmente a alguns conflitos militares locais.

O Grande Cisma do Ocidente finalmente chegou ao fim com o Concílio de Constança e a instauração consensual de um novo papa, Martinho V, eleito em 1417. Seus efeitos, porém, foram muito duradouros: o prolongado período de intrigas e conflitos alimentou crescentes sentimentos antipapais, que, um século mais tarde, explodiriam na Reforma Protestante. A extravagância e a corrupção nas cortes papais – além de sua evidente preocupação com a política terrena em detrimento da integridade espiritual – proporcionaram grande inspiração para que filósofos e clérigos promovessem uma reforma radical da fé.

O Papado de Avignon, breve como foi, engendrou um legado tão complexo quanto os vinhos ainda associados a ele hoje em dia. Enquanto muita gente possa conhecer o *Châteauneuf-du-Pape* como um vinho delicioso e diabolicamente caro (e, talvez, como uma grande oportunidade de tentar

O majestoso Palácio Papal do século XIV ainda domina a paisagem da encantadora cidade de Avignon e das margens do Ródano. © Julie Mayfeng (Dreamstime Photos).

articular um falso sotaque francês), ele também é um resquício sobrevivente das lutas titânicas entre a Igreja e o Estado que se travavam na Europa setecentos anos atrás. O vinho que uma vez agraciou as mesas de banquetes de papas, antipapas e reis continua a agraciar nossas humildes mesas ainda hoje – um feito impressionante, devido às grandes tribulações que rotineiramente assolaram esse pequeno *terroir* por séculos.

14

O Ouro Branco de Guérande

NA COSTA OESTE DA FRANÇA, no sul da Bretanha, localiza-se a cidade medieval de Guérande. Com suas imponentes muralhas do século XV, suas ruelas calçadas com pedras arredondadas, casas de granito e numerosas *crêperies* (estabelecimentos especializados na confecção e na comercialização de *crêpes*, uma espécie de panqueca doce de farinha de trigo, recheada com compotas e/ou frutas frescas e creme de leite), essa é uma cidade realmente adorável para ser percorrida a pé. Ao contemplá-la jamais se diria que costumava ser o epicentro de um vasto empreendimento criminoso, do qual se beneficiavam reis e plebeus, igualmente.

A *fleur de sel* [flor de sal], o "ouro branco de Guérande", pode soar como um eufemismo particularmente elegante para fazer referência a algum narcótico, mas, na verdade, refere-se a um legendário sal marinho reverenciado por gastrônomos do mundo todo. É possível ter-se uma "pista" de suas propriedades viciantes durante um passeio pela cidade, enquanto se descobrem abundantes oportunidades de adquiri-lo dos vendedores do mercado ou de pequenas lojas de especiarias. Pungentes variedades de misturas de sal e ervas garantem a transformação até mesmo de simples pratos caseiros, tornando-os quase irresistíveis. A força de vontade mais inquebrantável não pode fazer frente à sedução de um molho caramelizado, ligeiramente salgado, despejado sobre *crêpes* ou sorvetes.

Mas a *fleur de sel* não é um sal como outro qualquer, como logo se torna evidente ao afastar-se do centro da cidade dirigindo-se às salinas de Guérande, de onde as mais antigas fontes de extração de sal datam dos tempos romanos. Muito à maneira que cada solo origina um *terroir* único para a produção de vinhos, queijos e mel, diferentes mares emprestam seus sabores característicos ao sal deles extraído. A costa da Bretanha é considerada por muita gente como a produtora do sal mais fino do mundo, e, hoje em dia, os trabalhadores do sal – ou *paludiers* – retiram sua produção de uma área de quase 13 mil metros quadrados, da qual são coletadas 14 mil toneladas de sal por ano.[1] Uma pequena porcentagem disso é constituída pela superlativa *fleur de sel* – delicados cristais cuidadosamente coletados da superfície da água do mar (frequentemente por mulheres, que, segundo se acredita, teriam um toque mais sutil para esse trabalho). No entanto, a maior parte do sal produzido ali é conhecida como *gros sel de Guérande* [sal grosso de Guérande], um tipo de sal não refinado e muito apreciado, que é coletado do fundo de tanques quando da evaporação da água do mar. É essa substância que empresta deliciosos sabores marítimos à culinária. (A *fleur de sel*, por outro lado, é mais utilizada

Um *paludier* trabalhando em uma das salinas de Guérande. © Maxironwas (Dreamstime Photos).

como "toque final" sobre um prato pronto para ser servido, uma vez que se derrete rapidamente sob calor intenso, perdendo seus sabores adoráveis.)

Naturalmente, com reputação internacional, o sal marinho desempenha um papel de destaque na economia local. Menos óbvio, porém, é o fato de o sal de Guérande – tal como muitos outros produtos altamente viciantes – possuir uma rica história de contrabandistas, insurgentes e de rebelião associada a ele.

Hoje em dia, o sal é comum na culinária cotidiana, ou considerado de pouca importância, sendo adquirido por baixo preço. Porém, ao longo de grande parte da História da humanidade, no mundo inteiro, o sal foi um produto essencial. Nos dias que antecederam ao enlatamento, à refrigeração e à conservação artificial, o emprego do sal era uma das poucas maneiras de conservar os alimentos por longos períodos, por meio da curação ou da conserva em salmoura. Era crucial para a fabricação de queijo e ajudava o pão a crescer mais rápido e a durar mais tempo. De maneira geral, o sal era um produto barato se comparado a outros temperos, e, assim, se constituía de uma das poucas opções para melhorar o sabor das refeições da gente comum. Tal como outros produtos alimentícios, o sal podia ser usado como moeda corrente, para o pagamento de impostos ou salários. Na verdade, a palavra "salário" deriva do latim *salarium*, o dinheiro pago aos legionários romanos para que adquirissem suas provisões de sal. O sal tem sido usado em rituais religiosos praticados por todos os povos do mundo, há milhares de anos, graças ao seu simbolismo como substância purificadora e conservante. Não é coincidência que Jesus tenha chamado seus discípulos de "o sal da Terra", uma expressão ainda utilizada para descrever pessoas honestas e incorruptíveis.[2]

O sal é encontrado naturalmente por todo o planeta: em minas de sal, em salinas e, é claro, na água do mar. Ao longo de toda a História, as civilizações humanas criaram maneiras engenhosas de extrair o sal da terra e dos mares, e as mais antigas povoações eram muitas vezes estabelecidas nas proximidades de fontes de sal. A França é afortunada por possuir amplos recursos salinos, com seus extensos litorais que fornecem o sal marinho, além de suas muitas minas e outras fontes de sal por todo o interior do país.

Desse modo, a importância do sal fez dele um ingrediente-chave em um dos mais importantes períodos de desenvolvimento durante a era medieval: a expansão de redes de comércio por toda a Europa e o crescimento de ricas cidades de vocação comercial. Padrões de autossuficiência locais, tão predominantes no início da Idade Média, sucumbiram ante essa grande era de expansão. Então, as cidades especializavam-se na produção de certos bens de consumo – digamos, vinho ou artigos de couro – e empregavam os lucros das vendas para adquirir alimentos e outros produtos essenciais de outras localidades. Dessa maneira, Guérande enriqueceu durante a Idade Média, com seus navios mercantes levando sal a outros portos da França, da Inglaterra, dos Países Baixos e de muitas cidades da Liga Hanseática.

Consequentemente, os reis franceses deram-se conta de que o mercado do sal poderia provê-los dos fundos necessários para o financiamento de suas guerras intermináveis contra potências rivais – que, àquela época, eram representadas por quase todo mundo, dos ingleses e flamengos até os Cavaleiros Templários. Uma nova taxação do sal, chamada *gabelle*, foi introduzida no final do século XIII por Filipe, o Belo, também conhecido como o Rei de Ferro. Mais tarde a taxação se tornaria permanente no reinado de Carlos V (Carlos, o Sábio), durante a Guerra dos Cem Anos. Carlos precisava do dinheiro para resgatar seu pai, que fora capturado pelos ingleses, e para pôr fim a uma rebelião deflagrada por Carlos, o Mau, rei de Navarra. (As justificativas para novas taxações costumavam ser muito mais interessantes.)

A *gabelle* tornou-se uma das taxações mais odiadas de todo o reino, especialmente porque a nobreza e o clero, de modo geral, conseguiam, por meio de várias isenções, evitar pagá-la (algumas coisas nunca mudam). O sal era taxado pesadamente – mas não da mesma forma em todo o país. A Bretanha, que incluía Guérande, era isenta da taxação – um privilégio concedido à região quando esta foi formalmente integrada à França, em 1532. Em outras áreas, tal como Paris ou a porção centro-norte do país, o sal era "salgadamente" taxado. O preço do sal podia multiplicar-se por vinte apenas pelo fato de o produto sair dos limites da Bretanha.

As coisas ficaram ainda piores quando Jean-Baptiste Colbert, o ministro das finanças francês sob o reinado de Luís XIV, tornou todo o comércio de sal um monopólio estatal. Então, o sal somente poderia ser adquirido em armazéns reais específicos, o que significava que as pessoas teriam de viajar – às vezes por distâncias muito grandes – para adquirirem um produto essencial.

Elas também eram forçadas a adquirir uma quantidade mínima a cada ano, o que lhes impunha uma forma incontornável de taxação direta.

Tudo isso contribuiu, naturalmente, para o surgimento de um mercado ilegal de sal. As recompensas eram, em potencial, enormes: uma viagem bem-sucedida, transportando sal de regiões não taxadas para outras em que havia taxação, poderia render a uma pessoa o equivalente a três meses de trabalho. Em 1784, o ex-ministro das finanças, Jacques Necker, notou as absurdas disparidades nos preços de um *minot* (pouco mais de 48,5 quilos) de sal entre as várias regiões: desde 31 *sous* na Bretanha, até 591 *sous* em Anjou, ou 611 *sous* em Berry.[3] Por isso, não é de surpreender que, segundo algumas estimativas, metade da população das regiões fronteiriças à Bretanha estivesse, direta ou indiretamente, vivendo dos proventos do contrabando de sal; ou que o povo de cidades de fronteira, tais como Vitré, comprasse dez vezes mais sal do que os residentes da margem oposta do rio, no outro lado da fronteira.[4] Enquanto muitos contrabandistas atuavam por conta própria, ou contando com o auxílio de cães e crianças espertamente treinados, alguns outros eram muito organizados. As penas pelo contrabando de sal contavam-se entre as mais severas impostas pelo regime: longas sentenças prisionais ou mesmo o restante da vida servindo em galeras como escravos remadores esperavam por aqueles desafortunados que fossem capturados. Crianças não eram poupadas, e seu número remontava a uma boa proporção dos condenados a penas por crimes relacionados ao sal.

Obviamente, esses contrabandistas representavam uma ameaça ao regime – não apenas pela perda financeira que causavam, mas, também, porque nenhum Estado gosta de ter bandos armados rondando pelo interior de seu território. Uma força de segurança especial – conhecida como *gabelous* – foi formada e instituída no século XVII, para coibir o tráfico clandestino de sal. Mas os *gabelous* eram muito mal pagos e, com frequência, se associavam aos contrabandistas; ou, por serem incompetentes e violentos, costumavam ser forçosamente expulsos pelas populações locais.

Não há exagero em dizer que a *gabelle*, com suas taxações punitivas e injustamente aplicadas, contribuíram para o fomento de rebeliões e revoluções. Revoltas camponesas periódicas, a partir do século XV, tiveram por alvo e motivação específica a *gabelle*; mas todas foram rotineiramente debeladas

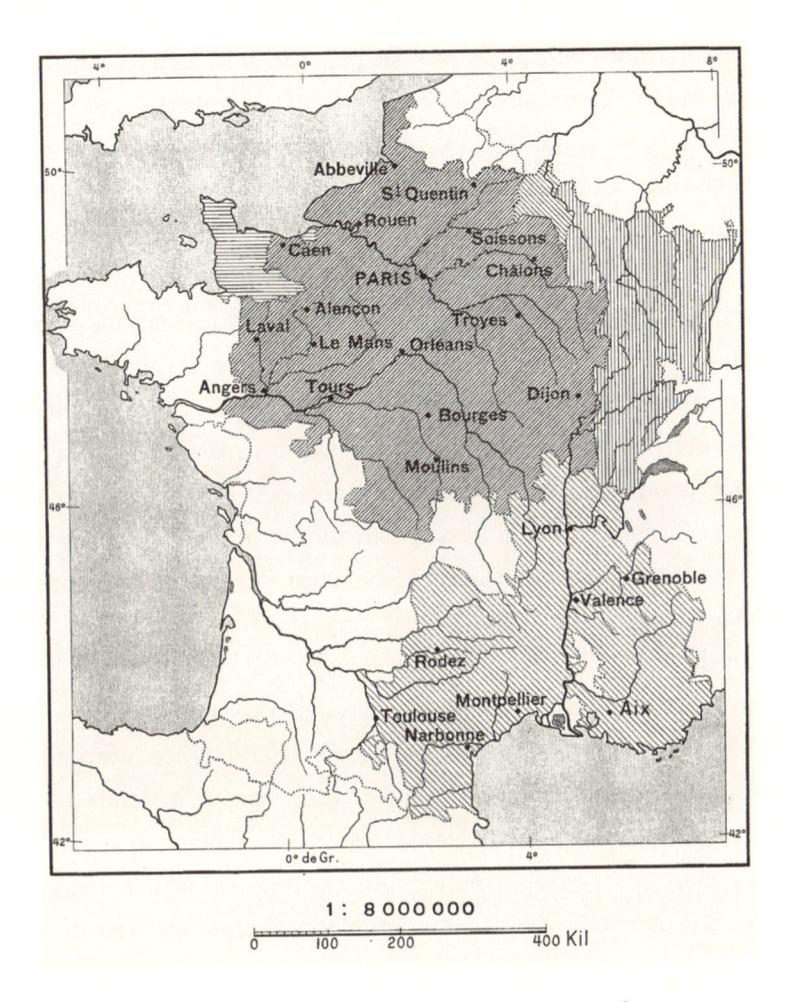

A *gabelle* (taxação do sal) não era imposta de modo equânime por toda a França – o que gerou um robusto mercado ilegal. Paris e a região centro-norte da França (as áreas sombreadas no mapa) pagavam os preços mais elevados pelo sal: duas vezes mais do que os preços cobrados no sul do país e até vinte vezes mais do que na Bretanha e no Sudoeste. De Élisée Reclus, *L'Homme et la terre*, vol. III (Paris: Librairie Universelle, 1905), p. 591.

pelo regime, por meio de muita força e destruição. Durante a Assembleia Geral dos Estados em 1789, às vésperas da Revolução Francesa, todos os três Estados que representavam a sociedade francesa concordaram que a *gabelle* devia ser abolida – e, um ano depois, seguindo-se ao final do *ancient régime* [antigo regime] ela de fato foi.

Isso deixou muito feliz à maioria das pessoas, mas tornou tanto os contrabandistas quanto os *gabelous* desempregados. Muitos deles ainda tinham suas armas, contudo; e, por isso, ex-contrabandistas e coletores de impostos reais terminaram por lutar *lado a lado* em movimentos contrarrevolucionários que assolaram a existência do novo regime nos anos 1790. Um dos mais famosos dentre esses contrabandistas-tornados-insurgentes foi Jean Chouan, que anteriormente já havia cumprido pena nas prisões de Sua Majestade por haver assassinado um coletor de impostos sobre o sal. Depois da Revolução, em sua nova condição de desempregado, ele aproveitou-se do descontentamento dos camponeses com o forçoso alistamento militar para iniciar uma nova rebelião no oeste da França, que passaria a ser conhecida pela História como o levante *Chouannerie*. Afinal malsucedida, a revolta alcançaria a posteridade cultural por haver inspirado o primeiro livro publicado por Honoré de Balzac assinado com seu próprio nome, *Les Chouans*.

No fim de tudo, Napoleão reinstituiu a *gabelle* – pois, afinal, ele tinha guerras intermináveis para financiar –, e a taxação só seria oficialmente abolida em 1945. Mas Guérande ainda faz comércio e floresce, com ou sem a *gabelle*, graças ao duradouro desejo por seu "ouro branco". A cada ano, entre junho e setembro, as safras produzem montes de sal incessantemente crescentes, destinados às mesas do mundo inteiro. Com o auxílio de máquinas e/ou de produtos químicos, os trabalhadores do sal ainda empregam, basicamente, as mesmas técnicas de seus ancestrais, de séculos passados. A despeito do tumultuado impacto da repressão, das revoluções e das guerras – além das inovações que obscureceram a centralidade histórica do sal –, o sal marinho de Guérande manteve seu nicho na gastronomia internacional, que parece pouco propenso a desaparecer.

15

O Legado do Príncipe Negro

Por mais de dois mil anos, o sudoeste da França foi o berço de todo tipo de rivalidades apaixonadas. Suas terras foram frequentemente assoladas por invasores estrangeiros e exércitos da coroa francesa, competindo ferozmente pela supremacia local. Batalhas perdidas e romances condenados ao fracasso foram imortalizados nas canções dos trovadores, que, por sua vez, competiam entre si por favores senhoriais. Hoje em dia, a região é dividida por rivalidades de natureza menos violenta – no *rugby*, por exemplo, que é um esporte mais popular ali do que em qualquer outra parte da França. Contudo, talvez a competição mais longeva e duradoura envolva as cidades de Carcassonne, Toulouse e Castelnaudary; e sua motivação mais importante é a questão sobre em qual delas teria sido criada e aperfeiçoada a receita do *cassoulet*.

O *cassoulet* é um lendário cozido de carne e uma espécie de feijões brancos, preparado no decorrer de várias horas até que atinja a consistência perfeita. Geralmente, o prato inclui carne suína, mas em Carcassonne costuma-se adicionar carne de carneiro ou perdiz, em Castelnaudary prefere-se a carne de patos ou gansos, e em Toulouse adicionam-se as linguiças locais à mistura. Tradicionalmente visto pelos franceses como um prato típico de camponeses, hoje em dia é uma especialidade da culinária caseira mais reconfortante, respondendo por cerca de um quinto de todas as refeições enlatadas comercializadas na França.

No entanto, nenhuma das versões vendidas em supermercados podem ser comparadas ao autêntico *cassoulet* produzido nas cozinhas ancestrais da terra. Quando Curnonsky, o afamado escritor culinário, visitou Castelnaudary no final da década de 1920, certa vez foi ao encontro da mais notável preparadora de *cassoulet* local – Madame Adolphine, uma mulher idosa –, que apenas pôde servi-lo e aos seus acompanhantes no dia seguinte, pois sua versão do prato requeria quinze horas de cozimento. Ela levantava-se seis vezes durante a noite apenas para mexer o *cassoulet*. (Curnonsky relatou que o produto final não era apenas um *cassoulet*, mas *"o cassoulet"*.[1])

Na verdade, Castelnaudary, uma pequena, mas muito pitoresca cidade às margens do Canal du Midi, talvez seja a mais declaradamente apaixonada pelo prato, proclamando-se a si mesma como a "capital mundial" do *cassoulet*. Suas ruas são pontilhadas por restaurantes e lojas dedicadas a ele; e, a cada verão, a *Fête du Cassoulet* [Festa de *Cassoulet*] dedica vários dias de apresentações musicais, jogos e banquetes de *cassoulet* para mais de seiscentas pessoas por vez. Os visitantes da cidade são saudados por uma enorme estátua de uma mulher segurando uma *cassole*, a tradicional panela da qual o termo *cassoulet* é derivado.

A lenda mais duradoura acerca da criação do *cassoulet* tem seu enredo passado em Castelnaudary. Segundo essa narrativa, o *cassoulet* teria sido inventado quando o infame Príncipe Negro, da Inglaterra, sitiou a cidade em 1355, durante a Guerra dos Cem Anos. Os habitantes de Castelnaudary, então, teriam decidido colocar todos os alimentos de que ainda dispunham – que se constituíam principalmente de feijões e carne – em uma grande panela comunitária e cozinhá-los. Graças às propriedades "mágicas" do prato resultante, nascido da necessidade e da solidariedade, os defensores franceses teriam se tornado tão fortes que puderam fazer com que os invasores batessem em retirada, perseguindo-os por todo o caminho de volta até o Canal da Mancha.

Essa lenda, por mais adorável que possa parecer aos nativos de Castelnaudary, infelizmente é apenas isso: uma lenda – contada pela primeira vez séculos depois do fim da Guerra dos Cem Anos. A realidade dessa guerra foi muito mais cruel para os habitantes de Castelnaudary, bem como para o restante da França. A designação de "Guerra dos Cem Anos" é um tanto imprecisa, uma vez que o conflito tenha durado mais de um século e não tenha sido uma guerra contínua, mas, sim, uma série de conflitos entre a Inglaterra e a França, que compartilhavam de objetivos e estratégias comuns. A despeito de como seja possível rotular aqueles tempos, eles foram uma época devastadora para os habitantes da França, onde quase todos os combates ocorreram. Estima-se que vários milhões de pessoas tenham morrido devido a esses conflitos mais que seculares.

Já comentamos sobre algumas das principais causas da guerra – notadamente a prolongada presença inglesa no sudoeste da França. Como resultado do Tratado de Paris, de 1259, que pretendia abreviar uma era conflituosa (e que, como muitos outros tratados, apenas criou condições para uma guerra subsequente), o rei inglês declinou de sua exigência pela maior parte da Aquitânia, excetuando a região da Gasconha, cujo centro era o porto de Bordeaux, e concordou em prestar honras ao rei francês, seu superior e senhor feudal. Isso não foi apenas pessoalmente humilhante para os reis ingleses, mas, também, limitava suas capacidades de perseguir seus interesses no palco europeu (por exemplo, eles não poderiam negociar favoravelmente com Flandres, um de seus maiores parceiros comerciais, porque deveriam prestar apoio ao rei francês, que costumava manter um relacionamento hostil com os flamengos). Enquanto isso, a presença inglesa na Gasconha era um dos fatores mais irritantes para a coroa francesa, que tentava expandir seu território e sua autoridade, além de cobiçar a riqueza que a região proporcionava à Inglaterra. Em resultado desse impasse sobre a Gasconha, os dois países travaram vários conflitos limitados ao longo das décadas que levariam à guerra. Um desses foi resolvido em 1303, com o casamento da filha do rei Filipe, o Belo, Isabel, com o futuro rei Eduardo II da Inglaterra.

Esse casamento terminaria, também, por contribuir com o irrompimento da guerra. Tal como vimos, depois da morte do último filho de Filipe, o Belo, sem haver gerado um herdeiro, em 1328 (possivelmente devido a uma maldição efetiva dos Templários), a coroa francesa passou à Casa de Valois, ou os descendentes do irmão de Filipe. Os grandes senhores da França ficaram felizes com o fato de o sobrinho do rei ter se tornado o rei Filipe VI; mas o rei da Inglaterra à época, Eduardo III, sentiu-se um merecedor mais importante do trono, uma vez que descendia de Filipe, o Belo (ele era o filho mais velho de Isabel, a filha de Filipe).

Os juristas e nobres franceses rejeitaram a reivindicação de Eduardo pelo trono, com base em que seus direitos sucessórios seriam provenientes de sua mãe, sendo, portanto, inválidos, uma vez que mulheres não podiam herdar o trono. (A decisão, que pretendia resolver essa questão específica sobre a disputa sucessória, estabeleceu um precedente legal que assegurava que nenhuma mulher jamais governasse a França em seu próprio nome enquanto uma monarquia existisse.) Eduardo não insistiu com sua reivindicação, e, assim, a disputa sucessória ainda é vista mais como uma justificativa para que a Inglaterra fosse à guerra do que como uma de suas motivações primárias.

O início da Guerra dos Cem Anos é convencionalmente datado de 1337, quando Filipe VI declarou que a Inglaterra haveria violado seu direito à Gasconha por asilar um senhor francês rebelado, chamado Roberto de Artois. A primeira grande batalha foi travada em Crécy, no norte da França, em 1346 – e seu desfecho foi um completo desastre para os franceses. Os ingleses encontravam-se em menor número e combatendo em território hostil, mas contavam com uma das armas mais emblemáticas da guerra: as famosas balestras inglesas. Além disso, a injustificável arrogância dos cavaleiros franceses levou à vitória inglesa.

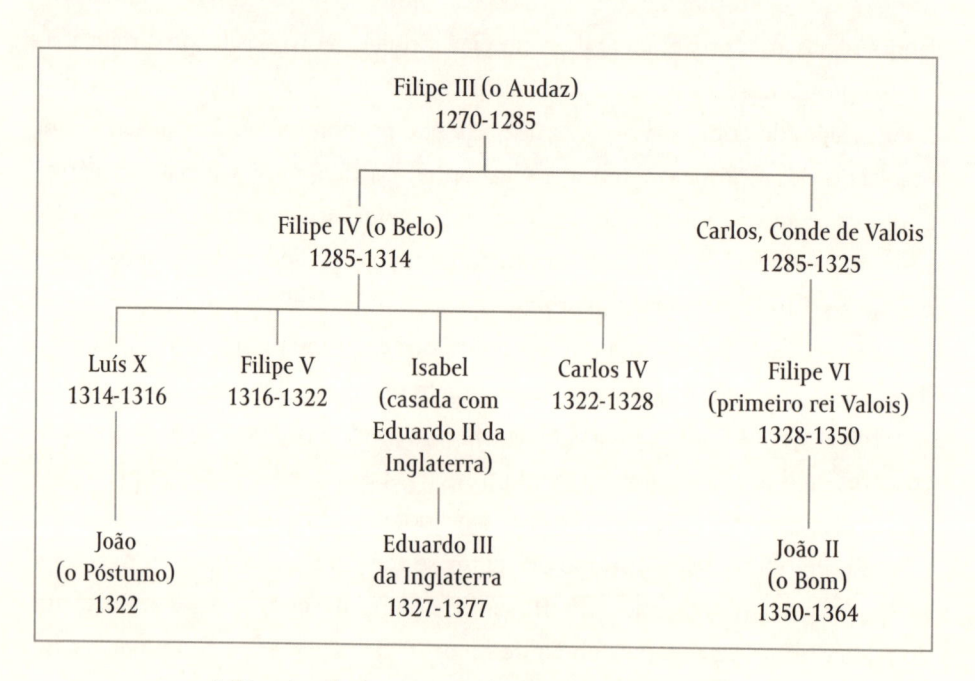

```
                        Filipe III (o Audaz)
                            1270-1285
                ┌───────────────┴───────────────┐
        Filipe IV (o Belo)              Carlos, Conde de Valois
            1285-1314                         1285-1325
    ┌───────┬───────┬───────┬───────┐             │
  Luís X  Filipe V Isabel  Carlos IV         Filipe VI
 1314-1316 1316-1322 (casada com 1322-1328  (primeiro rei Valois)
                   Eduardo II da              1328-1350
                    Inglaterra)
    │               │                             │
   João         Eduardo III                    João II
(o Póstumo)    da Inglaterra                   (o Bom)
    1322         1327-1377                     1350-1364
```

A Disputa pela Sucessão Real e a Guerra dos Cem Anos.

Em seguida, o exército inglês sitiou a cidade de Calais. Seu bloqueio muito eficiente perdurou por onze meses, e não haveria nenhum *cassoulet* "mágico" que pudesse ajudar os cidadãos de Calais. A situação deles tornou-se desesperadora. Pessoas de todas as classes sociais viram-se forçadas a comer não apenas seus cavalos, mas, também, cães, gatos e ratos. Em uma carta enviada ao rei da França, implorando para que fosse resgatado, o governador de Calais disse que "na cidade não há alimento que possa ser encontrado, a menos que passemos a comer a carne de nosso próprio povo."[2] Quando o rei francês por fim respondeu ao apelo dele, seu exército constatou que a posição dos ingleses era extremamente bem defendida, e os habitantes de Calais foram abandonados à sua própria sorte. Terminaram por render-se, e Calais tornou-se um bastião inglês na França até 1558.

Esse ímpeto inglês foi temporariamente detido pelo advento da Peste Negra, uma calamidade global que abordaremos no próximo capítulo. Os anos seguintes assistiram apenas a escaramuças limitadas. Na França, o rei Filipe VI morreu e foi sucedido por João II (João, o Bom).

Porém, em 1355, a guerra recrudesceu, dessa vez no sudoeste da França. O filho mais velho do rei da Inglaterra, também chamado Eduardo, era conhecido como o Príncipe Negro, por causa da cor da armadura que costumava usar. À época em que ele arrasou o Languedoc, porém, sua alcunha pareceu-lhe muito adequada por outros motivos.

A maioria das vítimas da guerra não era constituída de soldados, mas de habitantes comuns das cidades e dos vilarejos rurais da França. Eles eram propositalmente alvejados não somente pelos grupos de criminosos agressivos que se formavam devido à autoridade frouxamente exercida pela coroa, mas, também, pelas forças inglesas. Os ingleses sabiam que sem comida e com os minguados impostos arrecadados em regiões como o Languedoc os franceses não poderiam continuar a lutar e seriam obrigados a apelar pela paz. Assim, uma campanha deliberada de destruição foi lançada a partir de Bordeaux, no outono de 1355, liderada pelo Príncipe Negro em pessoa. Ele abriu uma trilha de quase 1.130 quilômetros de pilhagens e assassinatos pelo sudoeste da França, chegando, por fim, até o porto de Narbonne, no Mediterrâneo.

Foi essa campanha que trouxe o Príncipe Negro até Castelnaudary. Infelizmente, a história real não termina tão belamente quanto a lenda do *cassoulet* pode nos fazer crer. A cidade jamais foi de fato sitiada, mas, sim, tomada rapidamente, e as forças do Príncipe Negro dali partiram após apenas duas noites. Elas incendiaram a cidade, seu castelo e suas igrejas até a completa calcinação, tendo matado muitos de seus habitantes.

O Príncipe Negro comandou outra campanha, no Vale do Loire, no ano seguinte, e na Batalha de Poitiers, em setembro de 1356, os ingleses obtiveram mais uma vitória decisiva. Conseguiram até mesmo capturar o rei francês e exigiram uma soma enorme, de vários milhões de coroas de ouro, por seu resgate. Enquanto ainda se encontrava prisioneiro, João II assinou um tratado de paz com os ingleses – o Tratado de Brétigny, de 1360 – que poria fim a essa fase da guerra. Os termos do tratado restituíam uma vasta extensão de terras à Inglaterra (cerca de um terço do território da França), isenta da obrigação de prestar lealdade ao rei da França. Em retribuição, Eduardo concordaria em renunciar à coroa francesa. De modo geral, essa primeira fase da guerra foi desastrosa para a França; e, então – sem nenhuma surpresa –, os combates logo seriam reiniciados durante o reinado do rei francês seguinte, Carlos V (Carlos, o Sábio).

O Príncipe Negro continuou a deixar sua marca sobre a França, então como o Príncipe de Aquitânia. Em 1370, por exemplo, ele saqueou a cidade rebelada de Limoges, matando muitos de seus residentes e chancelando sua própria reputação de depravação. No final, porém, ele jamais ascenderia ao trono britânico, tendo morrido em consequência de uma prolongada enfermidade em 1376.

Considerando-se a propalada fama do Príncipe Negro e os danos que seus exércitos infligiram ao sudoeste francês, não é de surpreender que a falsa – porém interessante – criação de uma lenda do *cassoulet* tenha sido gerada ali. Porém revela-se que Castelnaudary tenha, sem dúvida, o direito de reivindicar para si o título de cidade natal do *cassoulet*. Foi em um vilarejo próximo, chamado Issel, em 1337, que um artesão italiano estabeleceu sua oficina e começou a produzir um tipo específico de caldeirão de cerâmica chamado *cassole*. Ele emprestava um sabor especial ao cozido de carne e feijões que os habitantes locais preparavam, que, consequentemente, deu seu nome ao *cassoulet*. Mas o cozido não era exatamente semelhante à moderna versão do prato: uma das receitas mais antigas, chamada *Le Viandier* [à base de carne de caça] consta de um dos mais famosos livros de culinária franceses da Idade Média (escrito por Taillevent, o *chef* de cozinha real, que serviu a Carlos V e Carlos VI) e enfatiza a utilização de carne de carneiro em vez de carne suína, além de incluir nabos. Os feijões brancos, que hoje são uma espécie de "assinatura" do *cassoulet,* são, na realidade, nativos da América do Sul, e não chegariam à França senão no século XVI.

O *cassoulet* é, hoje em dia, tão importante na cultura francesa que o governo decidiu que ele deveria ser protegido por alguma forma de legislação. De fato, há uma lei que estipula a quantidade mínima de carne que deve ser enlatada nos *cassoulets* industrializados. Mas a lei silencia ante o grande debate relativo ao *cassoulet*. Atualmente, a maioria das pessoas tende a seguir a abordagem conciliatória de Prosper Montagné, um famoso culinarista e escritor, que criou a credibilíssima enciclopédia gastronômica conhecida como *Larousse Gastronomique*. Ele tentou apaziguar a "guerra" pelo *cassoulet* ao declarar que "o *cassoulet* é o Deus da culinária occitana. Um Deus encarnado em três pessoas: Deus-Pai é o *cassoulet* de Castelnaudary; Deus-Filho é o de Carcassonne; e o Espírito Santo é o de Toulouse".[3] (Montagné escreveu isso em 1929, quando tais alegorias heréticas eram muito mais toleráveis para que alguém as proferisse.) Hoje em dia, o *cassoulet* é preparado por todo o mundo, em quase infinitas variações. É uma pena que nenhuma delas possa nos conferir o poder de pôr um exército inglês em fuga, mas ter a barriga cheia de *cassoulet* bem quentinho em uma noite de inverno permanece sendo uma ideia muito sedutora.

16

O Vinagre dos Quatro Ladrões

No interior de um supermercado francês comum, aventurar-se por alguns poucos corredores é algo particularmente arriscado para as pessoas que vieram de outros lugares para a França. Acostumados a escolher rapidamente dentre opções limitadas de, digamos, mostarda, ou sal refinado, ou iogurte fresco, as aparentemente infinitas variedades apreciadas pelos franceses podem provar-se intrigantes. Se você se deparar com alguém de boca aberta e um olhar vago na seção de queijos de uma loja do *Carrefour*, será provável que essa pessoa esteja apenas se decidindo entre cinquenta diferentes tipos de queijo *Camembert*.

A seção dos vinagres é outro desses labirintos de novas delícias. Nela não há apenas as opções limitadas de vinagres de vinho tinto, branco, balsâmico ou variedades de maltados. Na França, o vinagre – que, afinal, deriva da expressão *vinaigre*, "vinho azedo", ou "vinho acre" – é um produto muito mais interessante e diversificado. É possível encontrá-lo infundido com ervas, frutas, castanhas ou com seu sabor potencializado por alho ou chalotas. O vinagre balsâmico é encontrável em sua versão original – chamada *velours*, "veludo" – e em variações mais diluídas ou concentradas, e o vinagre balsâmico branco é uma alternativa muito popular. O vinagre também reina nas seções de produtos de limpeza; por isso não deveria ser surpreendente a descoberta de que a maioria do povo francês considere o vinagre branco como um produto essencial em seus lares, usando-o corriqueira e generosamente em suas lavadoras de roupas e louças ou para polir seus utensílios de cozinha. Se você se deparar com qualquer tipo de sujeira especialmente desagradável e renitente em sua casa, um primeiro passo bem dado para livrar-se dela é aspergi-la com um pouco de vinagre branco (por mais desconcertante que isso possa lhe parecer na próxima vez em que se deparar com uma salada temperada).

Contudo, uma variedade popular de vinagre, conhecida como "vinagre dos quatro ladrões", não é encontrada facilmente nos supermercados franceses. Trata-se de um "remédio" artesanal, feito em casa, cuja história é associada a uma lenda realmente macabra, mas que contribui para o esclarecimento de um dos períodos mais desastrosos da História da França.

Definitivamente, 1347 foi um ano sombrio para a França. Depois de haver perdido a cidade de Calais para os ingleses no verão, o outono trouxe consigo uma invasão muito mais devastadora ao sul do país. Àquela época, o povo chamou-a *la peste* – "a epidemia" ou "a pestilência". Ainda hoje em dia, a ocorrência do episódio é conhecida como a "Peste Negra", uma quase apocalíptica irrupção da peste bubônica. Quando a epidemia arrefeceu, cinco anos depois, um terço da população da França havia perecido.[1]

Historiadores e epidemiologistas continuam a debater sobre quase todos os aspectos da Peste Negra, mas atualmente há um consenso quanto à epidemia haver-se originado na China e se infiltrado na Europa pela região do Mar Cáspio. Se o surto tivesse se detido ali, teria impedido (ou, ao menos, atrasado) grandes transformações que moldariam esse período em que se iniciava a modernidade europeia. O desenvolvimento de mercados, a formação de redes comerciais, a criação e o fortalecimento de moedas locais – todos elementos precursores do moderno capitalismo – foram acompanhados pela construção de grandes frotas comerciais e companhias mercantes. Com o rápido crescimento populacional, a vida rural tornou-se mais fixamente assentada, e as rotas comerciais estenderam-se cada vez mais para as terras do interior. Todos esses fatores tornaram as epidemias comuns, à medida que as pessoas ampliavam os níveis de contato humano, atravessando distâncias cada vez mais longas, ainda que não tivessem qualquer compreensão sobre a ação de bactérias e a disseminação de doenças. As pestes e pragas eram creditadas como atos de punição divina.

Na verdade, a bactéria que causa a peste bubônica, a *Yersinia pestis*, atacou a população humana no século XIV ao ser transmitida por pulgas que parasitavam ratos infectados. Uma vez que navios mercantes singravam as águas da Europa em números sempre crescentes, eles eram a ferramenta perfeita para a dispersão da doença, pois inadvertidamente transportavam uma carga mortal de ratos infectados ocultos em seus cascos.

Acredita-se que a doença tenha viajado para o oeste desde a região do Mar Cáspio a partir do final de 1346, depois que forças mongóis sitiaram a estação comercial genovesa de Kaffa, na Crimeia. Dizimados pela peste, com seu cerco à beira do fracasso, os invasores mongóis foram acusados de haverem catapultado alguns de seus mortos para dentro da cidade. Quando os mercadores, por fim, abandonaram Kaffa, em maio de 1347, aparentemente levaram consigo um infortunado "passageiro". Naquele verão, a peste arrasou Constantinopla, antes de começar a espalhar-se por todas as maiores cidades mercantis do Mediterrâneo.

A Peste Negra chegou à França pelo grande porto de Marselha, onde mais de 50 mil pessoas morreram em poucas semanas.[2] A doença avançou para o norte pelo Vale do Ródano até Lyon e rumou para oeste, ao longo da costa mediterrânea, devastando o Languedoc. Ela seguiu pelas antigas rotas comerciais até Bordeaux, à época um dos mais importantes portos mercantis da Europa. A partir dali a epidemia disseminou-se com facilidade para o norte da França, para a Inglaterra e além.

A peste assolou a Europa com rapidez e selvageria sem precedentes. Tendia a arrasar cada região em cerca de um ano, mas mesmo em prazo tão curto poderia eliminar um terço ou até a metade das populações. Uma pessoa saudável poderia ser infectada e morrer em poucos dias. Descrições contemporâneas dos sintomas são arrepiantes: febre alta, náuseas, alucinações e intumescências duras – chamadas bubos – nas virilhas e axilas. Somente alguns poucos afortunados sobreviviam à doença. Seu elevado índice de mortalidade e a evidente agonia que causava aterrorizavam as pessoas, levando-as ao ponto de abandonarem familiares infectados, mesmo que fossem seus próprios filhos. Pessoas morriam em quantidades tão grandes que seus corpos tinham de ser atirados em sepulturas coletivas. Convenções sociais desvaneciam sob o ataque inexorável da morte e da desesperança: algumas pessoas entregavam-se a todos os vícios possíveis, vivendo cada dia como se fosse o último de suas vidas; enquanto outras abraçavam níveis extremados de devoção religiosa. Membros de um grupo de fanáticos religiosos conhecido como os Flagelantes, por exemplo, viajavam de cidade em cidade açoitando-se a si mesmos, tentando reparar, por meio de seu sacrifício, os pecados da humanidade.

Enquanto muitos aceitavam a peste como uma espécie de maldição celestial, algumas pessoas buscavam por outros "bodes expiatórios" mais terrenos. Por toda a Europa, milhares de judeus foram torturados e mortos, acusados de provocarem a doença intencionalmente pelo envenenamento de poços. Em Estrasburgo, por exemplo, cerca de mil judeus foram queimados até a morte no dia de São Valentim (14 de fevereiro) de 1349, antes mesmo que a peste tivesse atingido a cidade. (O confisco dos bens deles revela as motivações mercenárias que também fomentavam esses *pogroms* – massacres de minorias étnicas.) Suas mortes não isentaram a cidade da pestilência, é claro: mais 16 mil pessoas morreriam em Estrasburgo.[3]

Ao longo dos cinco anos seguintes, a epidemia gradualmente abrangeu grande parte da Europa e da Ásia. Os índices estimados de mortalidade variam, mas ao menos 30% – e talvez até mesmo 50% – da população da Europa morreu nesse breve intervalo de tempo. A peste reapareceria em mais cinco oportunidades naquele século, embora com intensidades menos desastrosas (a irrupção do surto de 1361 mataria "apenas" entre 10 e 20% da população). Devido em parte a essa e a outras epidemias, a população da Europa não retornaria aos números anteriores a 1347 senão até o século XVI. A peste retornaria com frequência cada vez menor, mas sérias irrupções de surtos continuaram a assolar a Europa até o século XVIII.

Com a passagem dos anos, a certeza inicial de que a peste fosse infligida por vontade divina foi perdendo seu apelo em favor de teorias mais seculares (mesmo que ainda incorretas), e estas levaram as pessoas a adotarem mudanças mais efetivas em seu próprio comportamento. Durante o auge da Peste Negra, a epidemia, muito obviamente, iniciou-se pelas regiões costeiras, antes de disseminar-se pelo interior; por isso, muita gente acreditou que alguma forma de contaminação do mar poderia ser responsável e deixou de comer peixes. Outras pessoas notaram que a doença seguia pelas maiores rotas comerciais, identificando – corretamente – os navios como importantes mecanismos de sua disseminação, e passaram a evitar temperos e outros alimentos importados. Uma infinidade de "remédios" populares também surgiu, fazendo com que as pessoas amarrassem frangos vivos e alho em ataduras aplicadas sobre seus bubos; ou depositando suas últimas esperanças em poções, tal como o *theriac* (um antigo e caro "medicamento", cuja fórmula continha carne de serpente, ópio e dúzias de temperos, ervas e plantas).[4] Somente muito depois disso medidas mais confiáveis de saúde pública começaram a ser implantadas, tais como quarentenas. No princípio dos anos 1500, Nostradamus – então, um médico francês, ainda muitos anos antes de a escrever suas profecias ocultistas – empregava uma certa "pílula rosa", um pequeno losango feito com óleo essencial de hissopo, para que se deixasse dissolver sob a língua, no tratamento bem-sucedido de muitas vítimas da peste. Porém, é mais provável que a progressiva insistência de Nostradamus quanto aos hábitos de higiene pessoal tenha sido a verdadeira chave de seu sucesso.

À época da Peste Negra, a maioria dos médicos, não dispondo de qualquer conhecimento sobre a teoria dos germes ou outras modernas doutrinas da medicina atual, costumava dar aconselhamento culinário em substituição. Suas teorias e práticas ainda eram fortemente influenciadas pelas obras dos médicos gregos clássicos, notadamente Hipócrates e Galeno (cujo conselho para evitar epidemias – *Cito, longe, tarde*, ou "Fuja depressa, afaste-se para bem longe e demore a retornar" – não poderia ser melhor mesmo mil anos depois). A teoria clássica das doenças começava com a crença de que o corpo humano era composto por quatro elementos (fogo, ar, terra e água), quatro qualidades elementares (quente, frio, úmido e seco) e quatro humores, ou fluidos (bile negra, bile amarela, sangue e fleuma). Um desequilíbrio entre os humores deixaria o corpo suscetível a doenças; mas o equilíbrio poderia ser restabelecido tanto por métodos benignos (mudanças na dieta) quanto por alguns outros bastante desagradáveis (com emprego de sanguessugas ou lavagens purgativas). Assim, se um determinado corpo fosse mais quente e úmido correria um risco maior de contrair a peste e seria importante que consumisse alimentos com qualidades frias e secas, tais como carne assada e pão.[5] Algumas ervas e alguns temperos seriam aconselháveis (embora não os que se encontrassem na ponta "quente" da escala), mas a maioria das frutas deveria ser evitada.

De longe, o ingrediente mais frio e seco era o vinagre, que foi empregado em uma enorme variedade de maneiras no combate à peste. Ele era adicionado a molhos ou derramado sobre pratos já preparados e foi um componente-chave em muitos métodos populares de "cura" da doença. As pessoas também lavavam as mãos com vinagre e o espargiam por diversos lugares de suas casas. Acreditava-se que o ato de respirar através de um pano embebido em vinagre oferecia proteção contra o miasma, ou "ar ruim", a partir do qual muitas doenças contagiosas seriam originadas.*

Remédios populares como esses constituem um terreno fértil para a geração de lendas; e aqui chegamos às origens do vinagre dos quatro ladrões, surgido no auge da peste que marcou a aurora da Idade Moderna. Esse vinagre é infundido com uma quantidade de ervas, temperos e aromatizantes: ou seja, quase tudo, desde alho e cânfora até alecrim, lavanda e sálvia. Seu nome provém do mito sobre sua origem. Durante a irrupção da peste na França, quatro ladrões que "aliviavam" os mortos de suas posses foram apanhados e levados à presença de um juiz, que, sem pestanejar, condenou-os à pira. Porém, ele não pôde deixar de notar que os quatro ladrões pareciam saudáveis, considerando-se o "contato profissional" que mantinham com os cadáveres infectados, e lhes propôs um acordo: se aceitassem revelar seu segredo, seriam enforcados em vez de queimados – uma morte muito menos dolorosa. Os ladrões confessaram sua receita de infusão de vinagre, afirmando banharem seus corpos com ela antes de fazerem seu "trabalho", e insistiram na afirmação de que aquilo era o que os mantinha vivos.

O vinagre já era visto como um ingrediente bom para a saúde, usado para muitas outras aflições, e por muito tempo, no decorrer da Idade Média, boticários e fabricantes de vinagres foram profissionais intimamente ligados, afiliando-se à mesma guilda. Pessoas que usam o vinagre dos quatro ladrões atualmente, em nosso tempo, livre da peste, atestam que ele pode desinfetar suas feridas, livrá-las de piolhos e curar ulcerações na mucosa bucal. Também se diz que ele é de grande ajuda contra dores de cabeça e problemas respiratórios.

---

* A malária que hoje em dia sabemos ser transmitida pela picada de um mosquito contaminado deve seu nome à expressão italiana *mala aria*, ou, literalmente, "mau ar", datada do século XVI, quando ainda se acreditava que fosse causada por emanações pútridas provenientes de pântanos e outros lugares insalubres, bem como do hálito de pessoas doentes. (N.T.)

Porém, hoje em dia, a maior parte dos vários tipos de vinagre é usada principalmente para temperar saladas. O clássico molho *vinaigrette* é composto de azeite e vinagre, aos quais se costuma adicionar mostarda e ervas. Na Inglaterra, ele é conhecido como "molho francês", possivelmente devido ao trabalho de um exilado francês do século XVIII chamado d'Albignac. Brillat-Savarin conta-nos que certa noite, quando d'Albignac jantava em um restaurante de Londres, sua presença foi solicitada pelos ocupantes de uma mesa vizinha para que ele fizesse a gentileza de temperar as saladas que iriam consumir (àquela época, os franceses já gozavam de uma excelente reputação por sua habilidade para temperar saladas). Ele atendeu ao pedido e o resultado foi algo tão delicioso que lhe solicitaram para que repetisse seu feito em um jantar da alta sociedade. Depois de pouco tempo, ele tornou-se conhecido como "o saladeiro da moda", viajando de casa em casa, fazendo-se acompanhar por um criado que transportava sua maleta de mogno repleta de ingredientes, com os quais produzia saladas deliciosas para as classes abastadas. Ele acumulou uma fortuna considerável, que lhe possibilitou o retorno à França e a uma vida confortável.[6]

Infelizmente, enquanto o vinagre pode ter salvado d'Albignac da pobreza, não pôde salvar a França da peste. Mas deve ser dito que nem todas as duradouras consequências da peste foram negativas. A drástica redução na mão de obra camponesa causou grandes danos aos arranjos do sistema feudal: proprietários e senhores tiveram de começar a pagar salários àqueles que haviam sobrevivido para que trabalhassem em suas terras. Nas cidades, artesãos e outros trabalhadores também puderam exigir salários mais altos e melhores condições de trabalho. Cada vez mais, integrantes do Terceiro Estado viam-se habilitados a adquirir terras e propriedades; seus padrões de vida foram elevados e novos caminhos para a mobilidade social começaram a surgir. Quando as classes mais abastadas tentaram impor um retorno aos arranjos anteriores, revoltas populares asseguraram que as novas condições permanecessem nos postos que haviam conquistado. Assim, a Peste Negra é muitas vezes vista como uma importante contribuição para a erosão do feudalismo no início da Idade Moderna.

A peste também minou a força da Igreja Católica na França – que já enfrentava duras críticas devido à sua perceptível corrupção desde os dias do

Papado de Avignon. Enquanto muita gente agarrava-se mais firmemente à sua fé quando a peste começou a atacar, logo tornou-se evidente que orações e retidão moral não eram capazes de deter a implacável pestilência. Muitos clérigos morreram, e rituais religiosos envolvendo a morte foram abandonados diante da enormidade das perdas. Muita gente, ainda, afastou-se da Igreja, abraçando o misticismo e o ocultismo, formas privadas de cultos cristãos ou mesmo o agnosticismo. Esse enfraquecimento do jugo da Igreja sobre as populações por todo o mundo foi o precursor das eras da Reforma e da Renascença.

E, por fim, a Peste Negra exerceria um impacto temporário sobre os hábitos alimentares do povo francês. Inicialmente, o colapso da produção agrícola e do comércio significou a elevação dos índices de escassez de alimentos. Porém, à medida que a peste arrefecia, deixando para trás uma população reduzida que podia exigir salários mais vultosos, houve um certo grau de nivelamento entre os hábitos alimentares das classes mais altas e mais baixas. Agora, camponeses podiam pagar para comer pão de trigo e mais carne, tal como faziam os nobres. Mas essa maneira mais igualitária de alimentar-se não durou por muito tempo. Como veremos, as classes mais abastadas logo encontraram novas maneiras de diferenciar-se da gente comum, e a mesa de jantar voltaria a tornar-se uma notória frente de batalha na luta de classes.

17

O Queijo dos Imperadores e dos Reis Loucos

Uma das joias da gastronomia francesa, o *Roquefort* é maturado no interior de cavernas nas montanhas que circundam o pequenino vilarejo de Roquefort-sur-Soulzon, no remoto sul da França, encravado no vasto e imemorialmente antigo planalto de rocha calcária conhecido como Causse du Larzac. De sabor forte e salgado, o segundo queijo mais popular da França (depois do *Comté*) pode contar mais de dois mil anos de idade. Segundo uma lenda local sobre sua criação, um pastor de ovelhas apaixonado, certo dia, abandonou seu almoço de pão e queijo dentro de uma caverna nas montanhas para correr atrás de uma bela donzela. Quando voltou ao mesmo lugar, algum tempo depois, constatou que o pão e o queijo por ele deixados ali haviam embolorado, tornando-se azulados. Em outra demonstração de sua impulsividade, ele comeu um pedaço do queijo e descobriu que estava delicioso. Assim, as cavernas únicas do Rochedo Combalou tornaram-se o lar de uma indústria queijeira de renome mundial. Hoje em dia, somente os queijos maturados nessas cavernas podem ser legitimamente chamados *Roquefort*.

Desde o princípio, o *Roquefort* gozou do favorecimento das elites. De acordo com outra narrativa popular, o próprio Júlio César teria sido um grande apreciador do queijo, que ele descobriu depois de haver conquistado a Gália, por volta de 50 a.C. Ainda outra lenda atesta que Carlos Magno encontrou o *Roquefort* – ou, ao menos, um queijo azulado que se assemelhava muito ao *Roquefort* – ao fazer uma parada na residência de um bispo, no sul da França, em seu caminho de volta dos combates travados na Espanha. Era um dia de jejum, e o bispo não pôde oferecer ao imperador um banquete adequado, com carnes; então, deu-lhe um pouco do muito apreciado queijo local. O queijo estava muito embolorado, o que deve ter sido uma visão desencorajadora para Carlos Magno; mas, como um bom conviva, nada disse, limitando-se a retirar cuidadosamente as partes azuis mais mofadas. O bispo protestou: "Não! Você entendeu mal. Você está jogando fora as melhores partes!". Havendo conquistado boa parte da Europa, Carlos Magno não permitiria que um pequeno pedaço de queijo o derrotasse, então, comeu-o inteiramente – e adorou. Tanto que ordenou ao bispo que lhe enviasse carroças carregadas daquele queijo todos os anos.

Contudo, talvez a mais importante figura da realeza na história do *Roquefort* tenha sido a do pitoresco rei Carlos VI, também conhecido como *Charles, le Fou*, ou Carlos, o Louco. Sua reputação de loucura não se devia ao amor que ele devotava ao *Roquefort* – afinal, ninguém na França é considerado louco apenas por comer queijo embolorado –, mas, sim, pelo seu comportamento instável durante a Guerra dos Cem Anos, que ganhava novo ímpeto à medida que a devastação da Peste Negra arrefecia.

O desventurado rei João II (João, o Bom), que morreu em um cativeiro inglês depois de ter assinado um tratado renunciando a um terço da França, foi sucedido por seu filho Carlos V (Carlos, o Sábio). Ao longo dos quinze anos seguintes, a França ganharia superioridade na guerra, aproveitando-se de inteligentes novas táticas sob sua liderança, reavendo a maior parte do território que fora cedido sob pressão. Mas, em 1380, Carlos, o Sábio morreu e foi sucedido por seu filho de 11 anos de idade, Carlos VI. Seu reinado como Carlos, o Louco duraria mais de quarenta anos, ao longo dos quais a França quase foi destroçada por guerras civis e pelas vitórias militares inglesas.

Os primeiros sinais da loucura de Carlos VI apareceram em 1392, enquanto marchava para a guerra contra os bretões rebelados. Um homem louco, encontrado à beira da estrada, disse-lhe para que não prosseguisse em seu caminho, pois haveria traidores em meio às suas fileiras. A mensagem deve ter afetado ao rei de maneira muito profunda, pois, mais tarde, naquele mesmo dia, ele voltou-se repentinamente para seus próprios soldados e amigos, gritando: "Ataquem os traidores! Eles querem entregar-me aos meus inimigos!"". Antes que pudesse ser contido, ele já havia matado quatro de seus homens. Esse foi o primeiro dos 44 acessos de loucura que o acometeriam durante sua vida.

Cada um dos acessos durava entre três e nove meses – o que levou a medicina moderna a suspeitar de que ele sofresse de esquizofrenia. De um momento para o outro, poderia não se lembrar de sua família ou mesmo de quem ele próprio era. Podia uivar como um lobo ou insistir em que fosse feito de vidro.[1] Com o passar do tempo, a loucura desaparecia e a sanidade retornava, por alguns poucos meses; mas, inevitavelmente, Carlos sucumbia ao seu mal, mais uma vez.

Naturalmente, isso criava um enorme problema em termos da regência do país e do financiamento da guerra contra os ingleses (por sorte, também havia longos períodos de trégua). Tornou-se evidente que Carlos teria de reinar apenas de modo figurado. Mas, então, quem deveria realmente tomar as rédeas do poder? Pelos quinze anos seguintes, os poderosos duques da Borgonha e de Orléans competiram ferozmente pelo controle da coroa, e sua disputa, por fim, prorrompeu em uma guerra civil, em 1407. O Duque da Borgonha terminaria por aliar-se com Henrique V, o rei da Inglaterra e arqui-inimigo da França.

Hoje em dia, é claro, Henrique V é mais famoso por sua miraculosa vitória na Batalha de Agincourt, em 1415, e por seu maravilhoso discurso do Dia de São Crispim, recriado por Shakespeare em seu nome ("Nós, poucos; nós, os poucos felizardos; nós, pugilo de irmãos...").* Depois de derrotar as forças francesas em Agincourt, ele reconquistou a Normandia, enquanto os borgonheses tomavam Paris. O herdeiro do trono, o delfim, que era aliado da facção de Orléans, fugiu de Paris e estabeleceu uma corte rival em Bourges, na região central da França. Porém, sua autoridade política e seu controle territorial

---

* A citação consta da cena III do ato IV da peça *Henrique V* (também conhecida, em português, como "A Vida do Rei Henrique V"), de William Shakespeare, extraída da versão publicada no *website* www.shakespearebrasileiro.org. A citação (*We few, we happy few, we band of brothers...*) é parte de um longo monólogo, conhecido como o "Discurso do Dia de São Crispim (ou Crispiniano), proferido pelo rei para seus soldados antes da batalha. A peça teria sido escrita por volta de 1600; e, desde então, citações do "Discurso" têm sido usadas por inúmeros escritores em suas próprias obras. Mais recentemente, *Band of Brothers* foi o título de um livro de Stephen E. Ambrose sobre suas experiências durante a Segunda Guerra Mundial, que, em 2001, deu origem a uma série televisiva (chamada "Irmãos de Guerra", no Brasil) produzida por Steven Spielberg e Tom Hanks. (N.T.)

eram limitados, e os vitoriosos borgonheses passaram a referir-se a ele, depreciativamente, como "o rei de Bourges".

Essa depreciação aprofundou-se ainda mais quando o delfim foi oficialmente deserdado por seu pai, em 1420, depois de o rei haver concordado com a assinatura do Tratado de Troyes com os ingleses. A filha de Carlos, Catarina, casou-se com Henrique V, fazendo dele o genro do rei francês e seu novo herdeiro. Esse foi o ponto alto do sucesso inglês na Guerra dos Cem Anos: eles e seus aliados borgonheses agora dominavam metade da França e estavam na linha de sucessão para herdar o trono francês quando o rei louco morreu. Mas, ao final dos acontecimentos, as coisas não tomariam o rumo esperado. Henrique V morreu poucos meses antes de Carlos VI, em 1422, desencadeando uma nova batalha pela coroa francesa. O delfim, com uma "ajudazinha" de uma dama chamada Joana, acabaria se tornando o rei de muito mais do que apenas Bourges; mas conheceremos melhor a história deles no capítulo seguinte.

No final das contas, o reinado de Carlos, o Louco não foi completamente desastroso para a França, pois o rei louco tomou uma atitude incrivelmente sã durante seu reinado: em 1411, concedeu aos habitantes de Roquefort o direito exclusivo de maturar seu tipo particular de queijo, no que seria, historicamente, a mais antiga iniciativa de uma delimitação geográfica ao estilo AOC. Pelos séculos seguintes, os monarcas franceses renovaram a proteção real ao queijo. Quem quer que produzisse um queijo azulado similar incorreria no risco de receber uma sanção real, caso tentasse passar seu produto como queijo *Roquefort*.

Não obstante, no século XIX, os produtores de *Roquefort* passaram a ficar cada vez mais preocupados quanto aos produtos falsificados que minavam a reputação de seu queijo. Na era pós-revolucionária, as proclamações reais não mais proporcionavam muita proteção; e, uma vez que as estradas de ferro e a refrigeração permitiam aos queijos que viajassem por distâncias muito mais longas e que fossem apreciados por mais gente, tornou-se claro para os produtores locais que se outros pudessem fazer queijos azuis ordinários e dar a esses o nome de *Roquefort*, estariam com os dias contados. Por isso, eles se rejubilaram quando, em 1925, o *Roquefort* foi o primeiro queijo a receber uma certificação da AOC, ditando como e onde ele poderia ser produzido. A AOC controla não somente a localidade e os meios de produção, mas, também, fatores tais como a raça de ovelhas cujo leite é empregado em sua preparação e onde elas podem pastar. Qualquer outro queijo que não cumpra os critérios não será chamado *Roquefort*.

Todavia, a reputação do *Roquefort* é tão exaltada que muita gente não pode evitar estendê-la a qualquer queijo azulado produzido genericamente. Muitos americanos encontram a opção de "cobertura de *Roquefort*" ou "molho de *Roquefort*" em cardápios, quando vão jantar fora, por exemplo; mas tais preparações são, com frequência, elaboradas com algum substituto doméstico do *Roquefort*. Deve-se prestar muita atenção ao comprar *Roquefort* e assegurar-se de que as letras miúdas no rótulo do produto esclareçam tratar-se de um queijo "ao estilo *Roquefort*".

Ainda mais desanimadoras são as maneiras pelas quais o *Roquefort* tem sido, às vezes, envolvido em disputadas diplomáticas. Enfurecidos com os banimentos europeus da carne bovina norte-americana contendo hormônios, os Estados Unidos, em algumas oportunidades, retaliaram ao imporem tarifas punitivas sobre o *Roquefort*. Em 2009, nos últimos dias da administração de George W. Bush – não a mais feliz das épocas para as relações franco-americanas –, uma impressionante taxa de importação de 300% foi imposta ao *Roquefort*, tornando-o praticamente inacessível nos Estados Unidos. Essa situação logo foi revertida, mas outro empecilho surgiu em 2014, quando a FDA[*] efetivamente baniu o *Roquefort* e uma quantidade de outros queijos franceses afirmando que conteriam níveis potencialmente danosos de bactérias (uma noção aterradora, facilmente rechaçada por milhões de franceses que sobreviveram aos contatos que mantiveram com tais queijos "perigosos"). Novos regimes de inspeção permitiram ao *Roquefort* infiltrar-se nos Estados Unidos mais uma vez, mas permanece sendo um produto muito caro. Quando se considera até quão longe o amor pelo queijo azul e embolorado disseminou-se, a partir de sua pequenina aldeia natal, em uma remota montanha francesa, para as mesas do mundo todo, parece uma atitude desprezível – senão completamente *louca* – quando alguém tenta interferir com o consumo desse rei dos queijos.

---

[*] *Food and Drug Administration*; órgão governamental dos Estados Unidos que controla a qualidade de alimentos e medicamentos – nacionais ou importados – comercializados no país. Funções equivalentes são exercidas pela Anvisa (Agência Nacional de Vigilância Sanitária, autarquia de regime especial, vinculada ao Ministério da Saúde), no Brasil. (N.T.)

18

La Dame de Beauté (ou a Dama de Beleza) e o Mistério do Cogumelo

A "caça" aos cogumelos, ou *la chasse aux champignons*, é um empreendimento sério e, com frequência, muito competitivo na França. Com a precisão de um relógio, a cada outono muita gente monta guarda nos locais onde brotam os melhores cogumelos. (Se, no meio de uma floresta, você vir alguém portando uma lanterna nas horas do anoitecer em setembro, é provável que a pessoa não esteja tentando livrar-se das provas de algum crime cometido, mas, sim, tentando apanhar seu quinhão de um valioso tesouro de cogumelos.) Existem milhares de variedades de cogumelos selvagens na França, mas a maioria delas é venenosa – tal como o cogumelo chamado *calice de la mort* [cálice da morte], cuja ingestão de apenas um é suficiente para matar uma pessoa. Por sorte, os farmacêuticos franceses são treinados para identificar cogumelos venenosos; de modo que, se você apanhar algum fungo como *souvenir* de seu piquenique florestal, bastará levá-lo a qualquer *pharmacie* [farmácia] local para descobrir se é seguro comê-lo.

O povo francês também adora comer as variedades indiscutivelmente inofensivas de cogumelos cultivados, tal como os *champignons de Paris* (comumente conhecidos como "cogumelos-botão"), a variedade de cogumelos mais popular em todo o mundo. Eles são chamados *de Paris* porque, depois que o cultivo formal de cogumelos teve início na França, nos anos 1600, Paris e as regiões adjacentes tornaram-se locais de produção muito populares. Isso inclui o leste do Vale do Loire, que é pontilhado por milhares de cavernas – "cicatrizes" da extensiva mineração das lindas pedras brancas usadas para a construção dos belos *châteaux* e das cidades do Loire. Essas cavernas fantasmagóricas têm sido transformadas em toda espécie de atrações subterrâneas (é possível hospedar-se em um "hotel pré-histórico" de quatro estrelas, jantar em um restaurante abaixo da superfície da terra ou mesmo morar em uma caverna por um ano inteiro), mas as mais deliciosas de todas são as cavernas de cogumelos, das quais toneladas de cogumelos colhidos manualmente emergem, todos os anos. Na pequenina, mas muito charmosa, cidade de Le Puy-Nôtre-Dame, perto de Saumur, por exemplo, pode-se visitar uma caverna de cogumelos mantida por uma família e aprender sobre a história da cultura de cogumelos no Loire (além, é claro, de comprar alguns cogumelos "para a viagem"). Ainda maior é o *Musée du Champignon*, na localidade próxima de Saint-Hilaire-Saint-Florent, que proporciona vários níveis de exploração subterrânea por cogumelos e frequentes eventos de degustação.

Não se pode dizer que os cogumelos tenham sempre sido um ingrediente comum na culinária francesa. Afinal de contas, eles podem ser mortíferos; e até data relativamente recente cresciam somente na natureza, sendo suas safras e colheitas imprevisíveis. Sua íntima conexão com a terra os colocava na posição mais baixa da hierarquia culinária medieval, e acreditava-se que produzissem humores insalubres. Mas os cogumelos tornaram-se cada vez mais populares a partir do século XVI, quando a manifesta predileção de Luís XIV por eles contribuiria para consolidar seu *status* na culinária francesa, um século depois. O "pai" da moderna agronomia, Olivier de Serres, foi o pioneiro no emprego de métodos de cultivo de cogumelos no século XVII, o que favoreceu suas colheitas regulares. Assim, quando o grande Auguste Escoffier publicou seu livro *Le Guide Culinaire* – uma das "bíblias" da gastronomia francesa –, em 1903, não foi surpreendente que tivesse incluído uma quantidade de pratos "decadentes" que continham cogumelos. Interessante é o fato de muitos deles serem associados ao nome de Agnès Sorel: há o clássico *Velouté Agnès Sorel*, uma gloriosa sopa cremosa de cogumelos e galinha, bem como o *Suprême de Volaille Agnès Sorel*, um prato substancioso de galinha, cogumelos e língua bovina em molho Madeira. Escoffier gostava de "batizar" seus pratos com nomes de mulheres famosas: seu *Pêche Melba* [Pêssego Melba], por exemplo, foi assim chamado em homenagem à *Dame* Nellie Melba.* Mas, quem foi Agnès Sorel? O que ela teria tido a ver com cogumelos? Tal como acontece, a primeira questão não é muito difícil e a resposta a ela contribui para o esclarecimento de como a Guerra dos Cem Anos finalmente chegou ao fim. A segunda questão, todavia, é um tanto mais complicada.

Enquanto a França e a Inglaterra bambeavam na fase final da Guerra dos Cem Anos, as coisas pareciam muito desalentadoras para Carlos, o delfim deserdado e enfurnado em Bourges, no Vale do Loire. Os ingleses e seus aliados borgonheses dominavam Paris e a metade norte da França, e parecia improvável que Carlos viesse a reivindicar o trono que nascera para herdar. A ele pareciam faltar as qualidades régias mais comuns, não sendo particularmente carismático, nem inteligente. Ele passara a duvidar de sua própria legitimidade e se mostrava muito indolente e desencorajado. No final, foi preciso a intervenção de duas mulheres, de temperamentos diametralmente opostos, para que o enjeitado e apático "reizinho de Bourges" se transformasse em Carlos VII (Carlos, o Vitorioso), que viria a governar a França por quase quarenta anos. A primeira dessas mulheres, Santa Joana d'Arc, é uma das mais famosas figuras da História. Mas a segunda mulher, a nossa Agnès Sorel, permanece pouco conhecida fora da França hoje em dia. Seu escandaloso relacionamento com o rei tornou-a notória ainda durante seus dias de vida e facilitou para que deixasse sua duradoura marca na gastronomia francesa. Se Joana d'Arc foi uma santa, Agnès Sorel foi o próprio Diabo encarnado.

Resumidamente, para aqueles que faltaram a algumas aulas de História, Joana d'Arc era uma jovem que afirmava ouvir vozes de santos que a instavam a ajudar Carlos, o delfim, a reconquistar seu reino. Embora o povo francês fosse profundamente religioso, àquela época, e acreditasse de todo coração que a França fosse o reino escolhido por Deus, isso somente serve para demonstrar quão desesperada era a causa de Carlos para que Joana fosse creditada como uma autêntica mensageira de Deus. Contudo, eles foram recompensados por sua fé. Em 1429, um exército francês liderado por Joana afugentou os ingleses de Orléans, a última cidade controlada pelos franceses

---

* Nellie Melba (1861-1931), Dama da Ordem da Grã-Cruz do Império Britânico, nascida Helen "Nellie" Porter Mitchell, foi uma soprano operística australiana. Ela tornou-se uma das mais famosas cantoras do final da Era Vitoriana e do início do século XX. (N.T.)

ao norte do Loire. Joana foi vitoriosa em nove dentre treze conflitos militares subsequentes; e várias dúzias de cidades renderam-se sem luta, tão intimidadora era sua reputação. Por fim, ela reconquistou a cidade de Reims, tradicional localidade da coroação dos reis franceses, e considerou cumprida sua sagrada missão ao ver o delfim ser coroado como o rei Carlos VII.

Infelizmente para Joana, no ano seguinte ela foi capturada pelos borgonheses e, em seguida, resgatada pelos ingleses, que a queimaram sob a acusação de bruxaria em 1431, em Rouen. Diferentemente de muitas outras heroicas figuras francesas, Joana não é muito celebrada no reino da gastronomia – o que talvez não seja de surpreender, visto tratar-se ela de uma santa-guerreira, com tendências elevadamente ascéticas.

Joana contribuiu para que a maré da guerra mudasse em favor dos franceses. Os borgonheses terminariam por abandonar os ingleses e aliarem-se a Carlos, que recapturaria Paris em 1436. Campanhas bem-sucedidas foram empreendidas tanto na Normandia quanto na Gasconha, reconquistando cidades francesas e vastos territórios. Então, em 1444, os combates foram suspensos por cinco anos, pela Trégua de Tours. Foi durante esse período que Agnès Sorel surgiu no palco histórico.

É provável que Agnès tenha nascido em 1422, em uma família da nobreza menor. Em 1443, ela atraiu as atenções do rei na corte, e Carlos foi arrebatado pela jovem mulher. Aparentemente, o rei achava sua corte um tanto enfadonha; mas a beleza, a inteligência e o senso de humor de Agnès conferiram-lhe uma imensa vivacidade. O Papa Pio II, um grande cronista dos acontecimentos da época, escreveu sobre Carlos e Agnès: "Ele se apaixonou tão ardentemente por ela que não podia passar sequer uma hora sem sua presença. Quer fosse à mesa, no leito ou em conselho, ela estava sempre ao lado dele".[1] (A rainha de Carlos, Maria de Anjou, estaria sempre muito ocupada, dando à luz ou cuidando dos catorze filhos do casal.) Carlos permaneceu devotado a Agnès até a morte dela, prodigalizando-a com suas riquezas, tornando-a a primeira amante oficial de um rei francês. Mais notavelmente, ele a presenteou com um castelo real, próximo de Vincennes, chamado *Château de Beauté* [Castelo de Beleza], e, assim, ela recebeu a alcunha de *la Dame de Beauté* [a Dama de Beleza].

O reconhecimento público de sua amante por parte do rei foi algo escandaloso, e Agnès apenas fez sobressair sua notoriedade com seu pendor para as modas ousadas, que, com frequência, deixavam bastante evidente seu magnífico busto. No retrato mais famoso de Agnès, pintado por Jean Fouquet, ela é representada como a Virgem Maria segurando o Menino Jesus, com um dos seios expostos como se estivesse prestes a amamentá-lo. A "Madona Lactante" era uma metáfora artística muito popular à época, e a escolha de Agnès como modelo era justificada por ter a reputação de ser a mulher mais bela da França. Isso, porém, era como um insulto à rainha, que normalmente seria associada a Maria, a "rainha do céu".

No entanto, Agnès era muito mais do que uma fonte de escândalos. Ela era uma diplomata natural, de quem se dizia haver usado seu charme e sua presença de espírito para ajudar o rei a navegar com mais tranquilidade pela sua corte facilmente irritável e difícil de controlar. Ela tirou todo proveito possível de seu *status* "oficial", estabelecendo um padrão para o sutil exercício do poder, que uma quantidade de futuras amantes reais copiaria. Ela recebeu os créditos por haver transformado Carlos de um rei moleirão no mais vigoroso e habilidoso monarca a haver "domado" a nobreza e reformado – com sucesso – o Estado francês. E, segundo alguns relatos da época, teria sido Agnès quem encorajou o rei a retomar a guerra contra os ingleses, ao dizer a ele que, quando era apenas uma menina, um astrólogo predissera que seria amada pelo rei mais valente e corajoso de toda a cristandade – e como esse poderia ser Carlos, quando ele permitia que os ingleses continuassem a ocupar território francês? Talvez Agnès estivesse destinada a ser a consorte do rei inglês, em vez dele...

Qualquer que seja o grau de autenticidade dessa história, a verdade é que a guerra foi reiniciada em 1449. No ano seguinte, Carlos reconquistou a Normandia, quando os franceses se mostraram superiores aos ingleses na gradual transição para a guerra com pólvora e canhões. O último golpe foi a conquista da Gasconha, o território no oeste da França que foi o coração de tantas décadas de derramamento de sangue. Mas, afinal, em 1453, depois da vitória francesa na Batalha de Castillon e da rendição de Bordeaux, a Guerra dos Cem Anos chegou ao fim.[2] A Inglaterra manteve Calais, mas a França era a evidente vencedora, tanto em termos de território reconquistado quanto pela monarquia muito mais poderosa que emergiu. A França estava se tornando um Estado muito maior e mais centralizado, com a coroa impondo taxações por todo o território e usando a arrecadação para financiar a formação de um exército profissional.

Infelizmente, Agnès jamais assistiu ao término do conflito. Em 1450, ela morreu sob circunstâncias suspeitas, pouco depois de haver dado à luz seu quarto filho. À época, muitos pensaram que ela fora envenenada – talvez até pelo ressentido herdeiro do rei, o futuro Luís XI. (Segundo uma lenda, o delfim aproveitou-se de sua paixão pelo *pain d'épices* – um pão doce ou bolo feito com melado e gengibre – e sorrateiramente envenenou uma fatia.) Na verdade, recentes pesquisas científicas feitas com os restos mortais de Agnès revelaram que ela morreu devido a um envenenamento por mercúrio, elemento encontrado em concentrações tão elevadas que dificilmente poderiam ser consideradas medicinais.[3] O culpado por isso, no entanto, permanece envolto em mistério.

A breve, mas marcante vida de Agnès assegurou sua fama duradoura – ao menos em sua França natal. Talvez não seja de surpreender que seu nome tenha sido associado a pratos tão encantadores quanto "decadentes" por *chefs* como Escoffier; especialmente devido à atenção que ela mesma dedicava à arte da sedução culinária. Agnès era conhecida como *gourmand* e costumava passar um tempo considerável na cozinha. Contratava renomados *chefs* e organizava banquetes suntuosos no *Château de Beauté*. Ela até mesmo criou dois pratos que ainda hoje são bastante conhecidos: os *timbales Agnès Sorel* (pasteizinhos de massa recheados com carne de frango picada e trufas, servidos com molho Madeira) e o *Agnès Sorel salmis de bécasse* (narceja – ou galinhola – assada, com molho de conhaque, vinho tinto, trufas e cogumelos).

Contudo não há evidências de que ela tenha criado, ou sequer provado, uma quantidade de outros pratos "batizados" ou associados com seu nome hoje em dia. Ainda mais curioso, por não ter uma razão aparente, é o fato de muitos desses pratos incluírem cogumelos. Nada indica que Agnès tenha sido uma notória apreciadora de cogumelos, que, afinal, não eram muito populares em sua época.

Todavia, não resta dúvida de que a adição de cogumelos a essas receitas em particular, já fartamente regadas com conhaque, creme e vinho, confere aos pratos uma deliciosa e reconfortante profundidade terrena. E não se pode negar que os cogumelos inspirem um saudável entusiasmo ao povo francês, quer tenham sido obtidos em florestas ao anoitecer, em cavernas silenciosas ou em agitados supermercados. Assim, talvez a associação entre os cogumelos e *la Dame de Beauté* seja, apropriadamente, mais um exemplo de como até os alimentos mais comuns podem ser elevados a esferas superlativas de apreciação na França.

19

Frutos da Renascença

Como se a Guerra dos Cem Anos não tivesse proporcionado excitação suficiente para a Europa, o século seguinte à sua conclusão manifestou um turbilhão de eventos históricos monumentais. As inovações culturais e intelectuais da Renascença floresceram por todo o continente, à medida que estudiosos e artistas renunciavam aos recursos do espírito inquisitivo da Antiguidade e afastavam as moribundas tradições medievais. Navegadores europeus descobriram o vasto continente americano para explorar e espoliar e circum-navegaram o globo pela primeira vez. O milenar Império Bizantino deu seu último suspiro com a queda de Constantinopla para os turcos. A impressora de Gutenberg revolucionou a difusão do conhecimento e da linguagem para as massas, e Copérnico desafiou as fundações existenciais da humanidade ao insistir que o Sol não girava ao redor da Terra. E, não sem relação com todos esses acontecimentos, a Reforma Protestante questionou a legitimidade e a autoridade da Igreja Católica, gerando uma cruel e violenta rivalidade que deixaria a Europa embebida em sangue por vários séculos.

Em algum momento impreciso e não reconhecido durante esse período, a Idade Média chegou ao fim e a Idade Moderna teve início na Europa – especialmente na França, então seu Estado mais poderoso. Ser moderno, àquela época, significava, essencialmente, acreditar no progresso humano. Cada vez mais, desafiavam-se os cristalizados dogmas políticos e religiosos e a crença medieval de que os limites do conhecimento humano seriam prefixados.

À medida que novos experimentos e descobertas começavam a expandir a compreensão das pessoas acerca do mundo e a melhorar suas vidas, a crença de que a razão e a ambição humanas poderiam forjar um mundo sempre e incessantemente melhor passou a disseminar-se de modo amplo. Assim, embora hoje em dia muitas coisas sejam associadas à modernidade – tais como nações-Estados fortes, economias de mercado e a Revolução Científica –, todas elas têm suas fundações nessa gradual, ainda que histórica, transformação no modo como os indivíduos viam-se a si mesmos e à capacidade humana para a melhoria.

Isoladamente, nenhum indivíduo capta melhor essa era transformadora do que Leonardo da Vinci, um homem de talentos extraordinários e abrangentes. Ele foi o próprio coração da Renascença Italiana, tendo produzido obras-primas da pintura, tais como a *Mona Lisa* e *A Última Ceia*, ao mesmo tempo que inventava máquinas e dispositivos tão maravilhosos quanto engenhosos e criava detalhados estudos anatômicos do corpo humano. Talvez seja menos conhecido o fato de ele haver passado os três últimos anos de sua vida residindo, feliz, em um gracioso *château* no Vale do Loire, a convite de um dos mais grandiosos reis da França. Na verdade, a tumba desse gigante da

O Parque Leonardo da Vinci, nas terras do *Château du Clos Lucé*, em Amboise, exibe várias dezenas de grandes réplicas de desenhos, máquinas e projetos arquitetônicos criados pelo grande artista, incluindo a ponte de dois níveis. © Aagje De Jong (Dreamstime Photos).

Renascença ainda se encontra ali, nas terras do belo *château* real, em Amboise. A residência senhorial por ele habitada é, hoje, dedicada à memória de sua vida e seu legado; e lá é possível ser informado de que Leonardo pode ter sido vegetariano e que encorajava o consumo moderado de refeições simples e de vinho diluído com água, para a preservação da boa saúde.

Amboise também encerra outros notáveis tesouros da Renascença. Foi aí, nos jardins do *château*, que as primeiras laranjeiras da França floresceram, mil anos depois de os romanos terem descoberto as frutas cítricas na Ásia e na África e constatado que poderiam ser cultivadas em terras europeias, em estufas primitivas. Inicialmente, as árvores em Amboise não produziam frutos; mas o mero cultivo delas foi considerado um grande sucesso, e uma tradição real foi iniciada, com a construção de estufas cada vez mais elaboradas e produtivas, chamadas *orangeries*. Essa competição culminou com a imponente *Orangerie de Versailles*, medindo pouco mais de 365 metros de comprimento, construída por Luís XIV. Luís gostava de poucas coisas mais do que gostava de laranjas e flores de laranjeira e, graças à sua *orangerie*, ele podia apreciá-las ao longo do ano inteiro. (Um cidadão comum não poderia fazer a mesma coisa senão até o século XX.) Hoje em dia, a França produz poucas laranjas, quando comparada aos seus vizinhos ao sul, mas essas são frutas muitíssimo apreciadas. Os franceses costumam terminar um jantar satisfatório não com uma elaborada sobremesa de chocolate, mas com uma simples laranja, descascada à mesa.

De fato, se alguém buscar pelo berço da Renascença Francesa, é em Amboise e no Vale do Loire que deve procurar. Nos séculos XV e XVI, os reis franceses não passavam a maior parte de seu tempo em Paris, mas, sim, nos belos palácios reais que fizeram construir ao longo do que se tornou conhecido como o "Vale dos Reis". Em parte, isso foi um legado da Guerra dos Cem Anos e do longo período de residência de Carlos VII em lugares como Bourges e Chinon. Mas essa também era uma maneira de os reis escaparem às intrigas e aos perigos de Paris, uma cidade infestada de turbas imprevisíveis e nobres tramadores. Os parisienses mostravam-se, nas palavras de Rabelais, "a qualquer mínima oportunidade, tão propensos a revoltas e insurreições que as nações estrangeiras se admiram diante da paciência dos Reis de França".[1]

No final do século XV, o rei Luís XI, filho de Carlos VII, instalou sua esposa e seu herdeiro em Amboise. Luís, que fora forçado a tolerar o caso de envolvimento amoroso, de conhecimento público, mantido por seu pai com Agnès Sorel (a quem, supostamente, ele teria envenenado), não permitiu que mulheres desempenhassem quaisquer papéis de influência em sua corte. De modo geral, ele foi um soberano malquisto, apelidado como o "Rei Aranha", devido ao seu temperamento rude e manipulador. Ele foi sucedido por seu filho, Carlos VIII, que – também de modo geral – era visto como um fraco, tanto do ponto de vista físico quanto mental. No entanto, fazendo-se uma análise em retrospectiva, Carlos VIII foi responsável por um enorme impacto no desenvolvimento da França.

Quando decidiu invadir a Itália em 1494, Carlos VIII não podia saber que estaria desempenhando um papel crucial na passagem de seu país da Idade Média para a Idade Moderna. Enquanto suas campanhas militares renderam--lhe poucas vantagens duradouras – e, na verdade, levaram os subsequentes reis franceses a uma longa e desastrosa sucessão de guerras italianas, por mais de meio século –, foi sua estadia na Itália que deu o "pontapé inicial" para a Renascença Francesa. Carlos sentiu-se arrebatado pelas inovações artísticas e acadêmicas com que se deparou em sua jornada pela Itália até o Reino de Nápoles, sobre o qual ele reivindicou direitos dinásticos, por um breve período. Ainda que tenha sido vergonhosamente perseguido em seu caminho de volta pelos Alpes, ele retornou à França acompanhado de uma multidão de artesãos, arquitetos e paisagistas italianos, determinado a fazer com que estes replicassem suas obras em sua terra natal. Ele instalou muitos deles na residência em que vivera sua infância: o *château* de Amboise.

Foi um desses especialistas italianos, o monge e mestre paisagista chamado Pacello da Mercogliano, que trabalhou cuidadosamente para que as primeiras laranjeiras florescessem na *orangerie* de Amboise – a primeira da Europa setentrional. Como a fruta mais puramente representativa da Renascença, as laranjas aparecem frequentemente nas pinturas dos mestres da Renascença Italiana (inclusive na obra de Leonardo da Vinci, que colocou um prato um tanto anacrônico de enguias e laranjas sobre a mesa da *Última Ceia*). Segundo uma lenda, Carlos também teria trazido uma infinidade de outros alimentos da Itália – de melões a massa e queijo parmesão –, mas a maioria dessas histórias tende a ser exagerada. Ainda que as complicações dos franceses na Itália tenham, de fato, causado um impacto na culinária, colocando os pratos e gostos italianos "na moda", não é muito provável que tenha sido o próprio Carlos quem apresentou tais alimentos à corte francesa.

Carlos morreu – de maneira bem estúpida – em 1498, ao bater com a cabeça em uma soleira muito baixa no *château* de Amboise. Como ele não tinha nenhum herdeiro vivo, foi sucedido por seu primo, o novo rei Luís XII (que, prontamente, desposou a viúva de Carlos, Ana da Bretanha). Luís lançou uma desastrosa série própria de guerras italianas – tanto que Maquiavel o cita várias vezes em sua obra *O Príncipe*, precisamente para ilustrar o que um comandante *não* deve fazer ao invadir um país estrangeiro. Mas Luís deu-se muito melhor no âmbito doméstico, tendo sido amado e se tornado conhecido como o "Pai do Povo", depois de promover muitas reformas populares. Seus hábitos eram muito frugais – incluindo sua dieta, que se consistia principalmente de carne bovina cozida.

O rei Luís e a rainha Ana continuaram a encorajar o desenvolvimento da arte e do academicismo renascentista, mas o verdadeiro "Rei da Renascença" foi o primo de Luís e seu sucessor, o rei Francisco I. De fato, os primeiros anos de seu reinado são recontados como os mais esplêndidos da História francesa, pois esse jovem, belo e exuberante rei fez rejuvenescer a corte. Seu amor pela pompa cerimonial era genuíno, mas, também, empregado como um meio de realçar sua popularidade e sua autoridade real. O povo acorria para aclamar seu novo jovem rei, especialmente depois de sua primeira grande vitória militar na Itália, na Batalha de Marignano (em 1515), que trouxe – temporariamente – o Ducado de Milão para os domínios franceses.

Após sua vitória, Francisco passou quatro meses em seu recém-conquistado ducado, imergindo-se na radiância da cultura da Renascença Italiana. Foi durante esse período que conheceu Leonardo da Vinci, então contando 64 anos de idade. Francisco ofereceu-lhe uma bela soma para que se tornasse o Primeiro Pintor, Engenheiro e Arquiteto do Rei – uma oferta que Leonardo não poderia recusar. Assim, em 1516, Leonardo partiu rumo à França, cavalgando uma mula pelos Alpes, com a *Mona Lisa* em sua bagagem.

Francisco permaneceu sendo um grande patrono das artes e das letras da Renascença ao longo de toda a sua vida. Luminares humanistas como

Guillaume Budé e Clément Marot foram grandes favoritos do rei – e de sua irmã, Margarida, uma renomada escritora e estudiosa por seus próprios méritos, que ofereceu proteção a Rabelais quando ele foi condenado pela Igreja e pela Sorbonne. Francisco fundou o *Collège de France*, como uma alternativa humanista à Sorbonne, e dedicou muitos anos à construção dos gloriosos *châteaux* de Fontainebleau e Chambord. Sua biblioteca particular seria, mais tarde, a semente da *Bibliothèque Nationale de France*, e sua coleção de obras de arte hoje em dia enriquece os acervos dos museus de Fontainebleau e do Louvre (onde, aliás, se encontra a *Mona Lisa*, que ele adquiriu quando da morte de Leonardo). Grande parte do crédito por sua vida de mecenato deve ser dado à mãe do rei, Luísa de Savoia, que assegurou para que todos os seus filhos tivessem uma educação estelar em literatura humanista, línguas estrangeiras e artes, desde tenra idade.

Contudo, havia limites para a modernidade de Francisco. Embora inicialmente tivesse demonstrado algum interesse pelos argumentos dos reformadores da Igreja, ele terminou por rejeitar a Reforma uma vez que ficou claro que ela representaria uma ameaça política ao seu reinado. Depois do *Affaire des Placards* [Caso dos Cartazes],* em 1534, quando panfletos reformistas foram afixados por toda Paris e até mesmo nas portas da residência do próprio rei, em Amboise, sobreveio a decretação de uma série de severas e brutais medidas legais. João Calvino, o mais importante teólogo reformista francês (e consequente progenitor do calvinismo), fugiu para a Suíça, enquanto centenas de outros reformistas foram queimados vivos, atados a estacas, como hereges. Mas a Reforma não foi extinta na França. Como veremos, ela viria a consumir o país em uma sangrenta guerra civil, que duraria décadas.

Enfim, Francisco permanece sendo um rei muito popular ainda hoje, por representar aquelas qualidades mais prezadas pelos franceses: ele foi um rei-guerreiro, culto, glamoroso e cavalheiresco. Porém, na verdade, quando os franceses se lembram dele dessa maneira, são principalmente os primeiros cinco anos de seu reinado que vêm à memória. Os vinte e sete anos seguintes, durante os quais Francisco lançou-se em uma violentíssima e desastrosa série de guerras

---

* O "Caso dos Cartazes" foi um incidente envolvendo a afixação fortuita de cartazes anticatólicos, na noite de 17 para 18 de outubro de 1534, nas portas de quase todas as residências, casas comerciais e – sobretudo – igrejas da França, principalmente em Paris. (N.T.)

contra a sua *bête noire*, o imperador do Sacro Império Romano, Carlos V, são menos celebrados. Francisco sofreu muitas derrotas – uma das quais levou ao seu aprisionamento e quase morte, na Espanha, e empobreceu seu reino.

No reino dos alimentos, o brilho de Francisco é ligeiramente ofuscado pelo da sua reclusa e frágil – não obstante, adorável – primeira esposa, a rainha Cláudia, que, tristemente, morreu ainda muito jovem, aos 24 anos de idade, depois de dar à luz sete crianças, em oito anos. Já a conhecemos pelo nome, emprestado à variedade de ameixas suculentas conhecida como "Rainha Cláudia". Não é possível afirmar que Francisco tenha apreciado essas ameixas tanto quanto o fazem os *gourmands* de hoje em dia, mas ele certamente apreciava a natureza gentil e generosa de sua esposa, tal como a do povo que "batizou" a fruta em homenagem a ela (ainda que, no caso dele, isso se deva mais à tolerância dela para com sua previsível, reiterada e ultrajante "queda" por outras mulheres).

O nome do próprio Francisco é associado com frequência a um item não muito comum da culinária artesanal francesa, conhecido como *Cotignac d'Orléans*, uma geleia doce feita com *quince* (uma fruta dura, com formato semelhante ao de uma pera, pouco consumida hoje em dia, conhecida no Brasil como "marmelo"). Originalmente criada por um *chef* confeiteiro da cidade de Cotignac, no sul da França, que se transferiu para Orléans, tratava-se de uma especialidade medieval tradicionalmente oferecida aos visitantes nobres da grande cidade de Loire – tendo sido ofertada inclusive a Joana d'Arc, quando ela libertou a cidade do jugo inglês. Por esse motivo, a geleia vermelho-sangue é vendida em pequenas caixas redondas, feitas de madeira, decoradas com a efígie de Joana. Atualmente, somente um confeiteiro ainda produz a *Cotignac d'Orléans*, empregando as mesmas técnicas medievais, no antigo vilarejo de Saint-Ay, rio abaixo, a partir de Orléans. A geleia é deliciosa, para ser consumida pura ou com um pedaço de queijo.

Aparentemente, Francisco foi um grande apreciador da geleia (tanto quanto seu contemporâneo fictício, Pantagruel, dos romances de Rabelais). Todos os tipos de confeitaria – de temperos doces e frutas a geleias e conservas – tornaram-se cada vez mais apreciados entre os nobres franceses durante a vigência da dinastia Valois; e ainda mais devido às influências italianas da Renascença (os venezianos, à época, eram os mestres inquestionáveis da confeitaria, graças ao controle que detinham do ainda limitado suprimento de açúcar que chegava à Europa). Segundo uma lenda, certa vez Francisco trazia consigo um jarro de *Cotignac d'Orléans* para compartilhar com sua amante real, Anne de Pisseleu, quando descobriu que outro homem, o Conde de Brissac, escondia-se sob o leito de amor de Anne. O rei deixou o aposento, mas não antes de empurrar o jarro de geleia de marmelo para debaixo da cama e exclamar: "Tome aqui, Brissac! Afinal, todo mundo tem de viver!".[2]

A Renascença produziu um impacto monumental sobre a cultura francesa, mas não uma transformação muito dramática na gastronomia local. Tal como veremos, a verdadeira revolução na culinária francesa aconteceria depois, nos séculos XVI e XVII, e teria muito mais a ver com outras mudanças que marcariam época no início da Idade Moderna. No entanto, aquele ainda foi um tempo de descobertas de novos gostos e de veloz expansão do espírito humano, que terminaria por levar a França ao auge das inovações culturais, intelectuais e – por que não? – gastronômicas.

20

Os Molhos-Mãe

Molho (s.m.): O sinal inequívoco de civilização e aculturação. Um povo sem molhos tem mil problemas; um povo com um molho tem apenas 999. Para cada molho inventado e aprovado, um vício é abandonado e perdoado.
– Ambrose Bierce, O Dicionário do Diabo (1906)

Imagine, se você quiser, um prato cheio de aspargos perfeitamente cozidos no vapor sem um traço sequer de *hollandaise*; ou um filé preparado com maestria sem o acompanhamento de *béarnaise*; ou uma delicada posta de peixe à qual falte a companhia de seu *beurre blanc*. Nesses casos, para que imaginar tais coisas, afinal? Os franceses, por certo, não fazem isso dessa maneira, sendo mundialmente conhecidos por seu amor pelos molhos e sua grande habilidade para inventá-los. Um refrigerador em uma típica residência francesa conterá fileiras de potes de molhos, alinhados tal como soldadinhos gastronômicos, prontos para entrarem em ação.

Muitos molhos franceses têm lendas históricas e acirradas disputas associadas a eles. Por exemplo, um dos mais utilizados molhos franceses, o *béchamel*, foi criado no século XVII – tendo sido, muito provavelmente, adaptado por François-Pierre de La Varenne, um dos mais famosos *chefs* daqueles tempos, de um molho italiano. Anos depois, o Marquês de Béchameil (ou, talvez, seu cozinheiro) aperfeiçoou o molho um pouquinho e serviu-o a Luís XIV, conseguindo fazer com que fosse associado ao seu nome pela posteridade. Isso gerou um bom motivo de controvérsia à época, pois as pessoas que já vinham usando o molho havia muitos anos sentiram-se ofendidas. O descontente Duque d'Escars protestou: "É um sortudo, aquele tal de Béchamel *[sic]*. Eu já servia peito de frango com creme vinte anos antes mesmo que ele sequer tivesse nascido."[1]

Porém, um aspecto comum a quase todos os molhos franceses modernos é seu surgimento posterior ao século XVI, no final da Idade Média. Ainda que os molhos tenham sido parte da culinária europeia por séculos, muitos seriam dificilmente comparáveis aos molhos que conhecemos hoje em dia. Os antigos romanos adoravam um molho chamado *garum* (ou "garo", em linguagem atual), que era feito basicamente de entranhas de peixe fermentadas. O molho era extremamente salgado e caro, mas era um dos poucos usados pelos romanos (o hábito de comer estirado sobre um divã tornava impraticável o consumo de alimentos com muito molho, devido à sujeira que isso causava).

Os molhos foram muito mais populares na França medieval, mas ainda seriam bastante estranhos ao nosso paladar atual. Eram muito condimentados; a conhecida *poivrade*, por exemplo, era feita com pimenta, alho e vinagre, enquanto os molhos *cameline* incluíam cravo-da-índia, noz-moscada e gengibre. O molho *poivre jaunet*, de vibrante coloração amarela, era preparado com açafrão e gengibre. Temperos exóticos como o *galangal*, feito com uma raiz originária da Ásia, semelhante ao gengibre, e os apimentados "grãos do paraíso", da África Ocidental, seriam bem conhecidos de um *chef* francês do século XIV. Alega-se muitas vezes que essa condimentação excessiva serviria para mascarar o odor e o sabor das carnes e dos peixes naquela era pré-refrigeração, mas essa teoria não se sustenta diante de uma análise mais profunda: a classe de pessoas que podia adquirir tais temperos também poderia pagar para abastecer suas mesas com alimentos frescos.[2] É mais provável que o massificado emprego de temperos se devesse a um *status* social superior e à riqueza decorrente dele, ou a uma crença genuína de que esses fossem mais apetitosos do que as ervas domésticas europeias. Os paladares medievais eram muito mais tolerantes para com refeições fortemente temperadas, que se acreditava serem mais fáceis de digerir, e as pessoas gostavam muito das cores brilhantes que os temperos conferiam aos seus pratos.

Os molhos medievais também eram muito ácidos, pois seus ingredientes principais eram o vinagre, os limões e especialmente o *verjus*, ou "agraço", obtido do sumo de uvas ainda verdes. O agraço era empregado em, provavelmente, mais da metade dos molhos da época, embora terminasse sendo substituído pelo sumo de limão em molhos que exigissem um pouco mais de acidez. Mas ele não desapareceu da culinária francesa, sendo um ingrediente característico da receita original da mostarda de Dijon. Contudo, hoje em dia, é preciso "batalhar" muito para encontrar agraço em um supermercado comum na França. Tal como muitos ingredientes tradicionais, todavia, o agraço está fazendo uma "volta triunfal" do passado, à medida que mais e mais cozinheiros redescobrem sua utilidade como um substituto ligeiramente menos ácido do que o vinho ou o vinagre para suas marinadas e seus molhos para saladas. Em várias culinárias do Oriente Médio, o agraço jamais saiu de moda, tal como comprova a duradoura predileção pelo *husrum*, no Líbano, e pelo *ab-gooreh*, no Irã.

Os molhos medievais em geral não incluíam quaisquer gorduras, quer seja na forma de azeites ou de manteiga. Os mais conhecidos tratados culinários do século XIV, tais como *Le Viandier de Taillevent* e *Le Ménagier de Paris*, não empregam manteiga ou azeite em nenhum de seus molhos. Mas, no século XVII, livros de culinária tais como *L'art de Bien Traiter* ou *La Cuisinière Bourgeoise* usam manteiga em mais da metade dos molhos que sugerem e azeite em outros 20% das receitas.[3] Essa revolução culinária é explicada, em parte, pelo desafio protestante às proscrições católicas feitas à manteiga, bem como a uma crescente inclinação da sociedade francesa para uma abordagem mais naturalista das artes e da cultura (acreditava-se que a manteiga e os azeites seriam mais respeitosos para com o sabor natural dos alimentos do que o vinagre e os temperos). Os molhos franceses modernos tendem a empregar quantidades acintosas de manteiga e de creme de leite; por isso um dos primeiros sacrifícios de alguém que resolva fazer uma dieta restritiva na França é eliminar os molhos de sua mesa. De fato, um preço muito alto a pagar.

Enquanto as gorduras passaram a ser, cada vez mais, adicionadas à maioria dos molhos, o uso do vinagre e do agraço foi reduzido, e os molhos tornaram-se menos ácidos. Outra importante mudança foi devida à "descoberta" de ervas e vegetais produzidos localmente, tais como a cebolinha, o alho, as chalotas e os cogumelos, que também passaram a ser utilizados na preparação de molhos. Tal como vimos, essas colheitas de hortas domésticas comuns já eram apreciadas pelas massas francesas muito antes de serem aceitas e popularizadas pelas classes nobres e mais abastadas.

Pouco a pouco, contudo, os sabores ácidos e fortemente temperados da era medieval foram suplantados pelo triunvirato de creme, manteiga e ervas associado à moderna culinária francesa – não apenas nos molhos, mas no preparo dos alimentos de maneira geral. Durante os séculos XVII e XVIII, os *chefs* franceses aos poucos abandonaram os fortes e predominantes sabores da culinária medieval em favor de uma abordagem mais natural e delicada. Ervas cultivadas localmente substituíram os temperos exóticos, e molhos e coberturas foram criados para realçar, em vez de sobrepujar, o sabor dos pratos que complementavam; e os legumes e vegetais passaram a ser servidos frescos e crocantes, em vez de cozidos ao ponto de não serem mais reconhecíveis. Por séculos, foi uma tradição culinária misturar muitos ingredientes em fusões complexas e artificiais; atualmente, a preferência recai sobre pratos mais simples, com temperos complementares, nos quais o sabor único de cada ingrediente pode ser captado e percebido.

A noção radical de que "a comida deve ter o sabor que tem", defendida por proeminentes autores culinários pioneiros como Nicolas de Bonnefons, foi parcialmente inspirada por mudanças sociais relacionadas à modernidade.[4] Há quem argumente, por exemplo, que o distanciamento de alimentos fortemente temperados deveu-se à Revolução Científica e ao surgimento das modernas práticas médicas, que desacreditaram a abordagem de Galeno quanto à dieta e sua ênfase no equilíbrio dos "humores". Agora, a comida poderia ser apreciada por seu sabor, e não por seus supostos efeitos medicinais. Outros argumentam que os temperos deixaram de ser artigos de luxo na última metade do século XVII, como consequência de uma maciça expansão no comércio internacional, que tornou os temperos mais baratos, ao mesmo tempo que introduziu na dieta cotidiana alimentos incomuns, provenientes das terras recém-colonizadas. Uma vez que a gente comum pôde passar a cozinhar usando ingredientes outrora "nobres", o apelo destes junto às elites decresceu. A invenção e a popularização do fogão nas cozinhas domésticas, no início do século XVII, democratizou a preparação de molhos e outros pratos que exigissem constante agitação e um *timing* impecável – tarefa difícil quando se cozinha em caldeirões sobre o fogo de uma lareira. Mais tarde, a disseminação do pensamento do Iluminismo, no século XVIII, levou as pessoas a buscarem por um estilo de vida mais "autêntico", em harmonia com a natureza. Todas essas mudanças sociais fomentaram o desenvolvimento de uma culinária mais simples e natural; e isso ficou particularmente evidente na maneira francesa de preparar molhos.[5]

Outro evento importante na evolução dos molhos franceses ocorreu no início do século XIX, graças a um lendário *chef* chamado Marie-Antonin Carême. Carême nasceu em 1783, sendo um dentre quinze irmãos. Aos 10 anos de idade, foi abandonado por seu pai, que lhe disse que ele viveria melhor por sua própria conta (o que, tal como se revelou, provavelmente fosse verdade). Carême encontrou emprego em uma taberna, onde aprendeu as noções básicas da culinária. Aos 13 anos, tornou-se aprendiz do *Monsieur* Sylvain Bailly, um dos mais renomados panificadores e confeiteiros de Paris, que encorajou Carême a estudar desenho arquitetônico para que "construísse" as mais belas criações da panificação e da confeitaria. O domínio da arte da *pièce montée* [peças montadas] alcançado por Carême granjeou-lhe reconhecimento considerável, levando-o a ser descoberto por Charles Maurice de Tayllerand-Périgord, o famoso diplomata da era napoleônica. Tayllerand era astuto o bastante para utilizar a gastronomia como "arma" diplomática, e Carême tornou-se seu "general", tendo trabalhado em suas cozinhas por doze anos. Enquanto cozinhava para os maiores homens da Europa, Carême também começou a refinar e a organizar a culinária francesa, passando, assim, a ser visto como uma das figuras cruciais para a gastronomia francesa.

Carême visava trazer ordem ao universo dos molhos franceses e decidiu que havia quatro "molhos-mãe" básicos dos quais todos os outros molhos derivariam: o *allemande*, o *béchamel*, o *espagnole* e o *velouté*. Esses molhos podem ser um tanto sem graça por si mesmos, mas a ideia é que, ao acrescentar-lhes uns poucos ingredientes, pode-se obter alguns "molhos-filhos" muito mais excitantes. Adicione queijo *gruyère* e gemas de ovos ao *béchamel* e você obterá o molho *mornay*; se, em vez disso, você acrescentar camarões-d'água-doce, conhaque e creme, obterá o molho *nantua*. O molho *bordelaise* nada mais é que o *espagnole* com a adição de chalotas, vinho tinto e ervas; enquanto o *breton* é feito com o acréscimo de cogumelos, alho-poró e vinho branco a um *velouté*. Assim, esses quatro "molhos-mãe" podem produzir uma variedade quase infinita de "descendentes", cada um destinado a acompanhar um prato específico com o qual se harmonizem (em contraste com o que acontecia em eras passadas, quando um mesmo molho podia ser usado indiscriminadamente em toda espécie de pratos, com diferentes sabores). Tayllerand pode ter sido inspirado por Carême quando, supostamente, disse: "A Inglaterra tem três molhos e trezentas religiões, enquanto a França tem três religiões e trezentos molhos".[6]

Se você cozinha um pouco, já deve ter notado que todos esses molhos usam *roux*, uma mistura de manteiga e farinha de trigo, que serve para espessar a mistura; e, portanto, deve estar imaginando como fazer derivar deles um molho *hollandaise* ou um *béarnaise* que não levam farinha em sua composição. Na verdade, esses molhos chegaram mais tarde à História francesa, graças a outro famoso *chef* que já conhecemos, Auguste Escoffier. No século XX, ele decidiu atualizar as categorias de molhos e afirmou que existiriam *cinco* "molhos-mãe". À lista original ele acrescentou o *hollandaise* e o molho de tomates, tendo removido o molho *allemande* (ou "alemão"), alegando ser esse uma mera variação do molho *espagnole*. Escoffier não morria de amores pela Alemanha, país em que foi feito prisioneiro de guerra em 1870. Não obstante, ele cozinhou para o Kaiser Wilhelm II, que, segundo dizem, ficou tão deliciado com a refeição que teria dito a Escoffier: "Eu sou o imperador da Alemanha, mas você é o imperador dos *chefs*".[7]

Por fim, apesar da "tirania" da manteiga na preparação dos molhos franceses, devemos sempre lembrar que os franceses também são mundialmente famosos pela criação de um molho que não emprega manteiga: a maionese, em que ela é substituída por azeite. Existem muitas lendas sobre a criação da maionese, mas a mais citada afirma ter sido ela inventada logo após à tomada pelos franceses do porto espanhol de Mahón, na ilha Minorca, em 1756. O Duque de Richelieu, que comandava as tropas francesas, promoveu um banquete para celebrar a vitória. Seu cozinheiro pretendia fazer um molho usando ovos e creme de leite, mas, não tendo conseguido encontrar esse último ingrediente, substituiu-o por azeite de oliva. *Et voilà*, a maionese foi inventada!

Molhos são mais do que apenas algo que se derrama sobre algum prato favorito: todo um universo de sensibilidades gastronômicas reside nos pequenos frascos e colheres que os contêm. Desde o *garum* até a maionese vegana, eles nos proporcionam deliciosos vislumbres do espírito cultural de cada época. Talvez por isso não seja de surpreender que tenham se transformado tão radicalmente durante os tempos de descobertas e tumultos dos séculos XVI e XVII, aos quais agora retornaremos.

21

Conquista e Chocolate

O povo basco tem vivido à sombra dos Montes Pirineus por séculos, muito antes de sua região ter sido "fatiada" e "engolida" pelos reinos da França e da Espanha. A maior parte da região basca francesa (o *Pays Basque*) é rural, dotada de tradições agrícolas tão antigas quanto a memória local pode se lembrar. O delicioso queijo *Ossau-Iraty*, por exemplo, tem sido produzido por pastores da região com o leite das ovelhas que pastam pelas encostas das montanhas há centenas de anos. Todo outono, a famosa variedade de pimenta conhecida como *piment d'Espelette* – a única especiaria a ter recebido um certificado AOC francês – é colhida e posta para secar por toda a cidadezinha de Espelette, antes de ser triturada até tornar-se um pó condimentado muito empregado na culinária basca. Mas essa atmosfera tradicional também pode ter seu lado sombrio: o renomado *chef* francês Alain Ducasse foi notoriamente "posto para correr" da zona rural basca em 2007, depois que seu luxuoso *resort* foi "saudado" com vários ataques a bomba, aparentemente por extremistas descontentes com a exploração da região basca pelas distantes elites francesas.

Poucos quilômetros, terra adentro, do glamoroso balneário de Biarritz, situa-se a cidade de Bayonne, a capital do país basco francês – um antigo porto no estuário do Rio Adour, que corre para o Golfo de Biscaia. Existem muitos motivos para visitar Bayonne: suas encantadoras e coloridas construções que margeiam o rio e suas ruelas medievais, a profusão de frutos do mar frescos, a produção local do presunto de Bayonne e, talvez, o torneio anual de tauromaquia. Contudo, é provável que a mais deliciosa razão para visitar Bayonne torne-se mais evidente a cada ano, durante as Festividades da Ascensão, quando a cidade celebra *Les Journées du Chocolat* [Os Dias do Chocolate]. Isso acontece porque Bayonne é a cidade natal de uma das mais antigas tradições de produção artesanal de chocolate de toda a Europa; por isso, atualmente atrai multidões de "chocólatras" em peregrinação. Essa é uma história que principia não com uma, mas, sim, duas conquistas que marcaram época no início da Idade Moderna.

Devido ao amor dos franceses pelo chocolate – evidenciado desde o comum *pain au chocolat* [pão de chocolate] até o esquecido e efêmero *soufflé* de chocolate –, podemos nos desculpar ao pensarmos que o chocolate tenha antigas raízes na França. Mas, na verdade, o chocolate é um acréscimo relativamente recente à gastronomia francesa, parte do que hoje conhecemos como o "Intercâmbio Colombiano": a intensiva transferência ecológica de espécies vegetais, animais e de doenças entre o Velho e o Novo Mundo, nos anos subsequentes à primeira e memorável viagem que levou Colombo ao Caribe, em 1492. Duzentos milhões de anos depois que os continentes da Europa, da África e das Américas separaram-se fisicamente, o talento humano e a concupiscência conseguiram reconectar seus ecossistemas e as sociedades que abrigavam. Essa foi uma das transformações mais avassaladoras na História da humanidade: as comunicações e o intercâmbio cultural, por fim, estenderam-se por todo o globo; populações inteiras foram varridas do mapa ou escravizadas; e o colonialismo europeu impeliu seus Estados a uma posição de dominação mundial. Foi uma era de indisputáveis descobertas e lucros, tanto quanto de inimagináveis sofrimentos e destruição.

O primeiro século da colonização europeia foi movido em grande medida pelo desejo de encontrar novas rotas, tanto a leste quanto a oeste, para as regiões produtoras de especiarias no sul da Ásia e no Extremo Oriente. Novas rotas de navegação em torno do continente africano contribuíram para que Espanha, Portugal, Inglaterra e Holanda acumulassem imensas fortunas. Inicialmente, seus navios apenas somaram-se ao já existente comércio de especiarias, acomodando-se à crescente demanda europeia por esses gêneros; mas, ao longo do tempo, essas nações começaram a colonizar – à força – as terras de onde provinham as especiarias, controlando sua produção, além de seu comércio. Isso provocou uma mudança crucial na economia mundial, que reverteria os seculares padrões de comércio entre o Oriente e o Ocidente. Mas os franceses não desempenharam um papel de destaque no comércio global de especiarias durante os anos 1500, consumidos como se encontravam por guerras religiosas e conflitos europeus para que pudessem envolver-se em significativas expedições pelo mundo; e, quando começaram a estabelecer colônias permanentes, fizeram-no em locais pobres na produção de especiarias, tais como o Canadá.[1]

Viagens marítimas para o oeste levaram os europeus não para as "Ilhas das Especiarias" – tal como esperavam –, mas, sim, ao continente americano, ocasionando um encontro que geraria um profundo e duradouro impacto nas respectivas sociedades e gastronomias. Sem esse intercâmbio continental, a Itália não teria conhecido os tomates, nem a Irlanda as batatas; e as Américas não teriam produzido trigo, açúcar e laranjas. (Na verdade, Espelette sequer viria a ser famosa por sua *piment*.) O ritmo pelo qual novos alimentos provenientes das Américas foram adotados pela Europa foi muito variável: enquanto algumas culturas familiares (tal como a do milho) e certos animais (como o peru) foram rapidamente aceitos, outros gêneros – tal como a batata – precisaram de um tempo muito maior para que causassem qualquer impressão mais profunda. Quanto mais "estranho" parecesse o alimento, maior seria o tempo necessário para a sua aceitação. Assim, talvez não seja de surpreender que o chocolate – que, realmente, não possuía nenhum equivalente europeu – levasse mais de um século para ser apreciado.

O chocolate é derivado das bagas do cacaueiro, planta nativa da Península de Yucatán, tendo sido apreciado pelas civilizações mesoamericanas por séculos antes da chegada das naus europeias. Era ingerido apenas na forma de uma bebida, costumeiramente muito temperada. Quando Hernán Cortéz e os conquistadores espanhóis invadiram Yucatán, em 1519, o imperador asteca Montezuma decidiu-se por uma aproximação diplomática e convidou Cortéz e sua comitiva para uma estadia prolongada em Tenochtitlán, a capital de seu império. Assim os espanhóis experimentaram, pela primeira vez, o amargo e temperado sabor do chocolate – do qual não gostaram, a princípio, embora notassem suas propriedades revigorantes. Logo em seguida, quando as amenidades diplomáticas falharam, os espanhóis dedicaram-se à destruição sistemática da poderosa civilização asteca e à pilhagem de suas riquezas. Seu armamento superior e suas alianças com rivais dos astecas levaram-nos à vitória, dois anos mais tarde; e, nas décadas seguintes, micróbios europeus mataram entre 50 e 80% da população local. Em 1523, Cortéz tornou-se o primeiro governador da colônia de Nova Espanha, e os espanhóis subjugaram grande parte das Américas Central e do Sul, postas sob suas leis.

Nas décadas seguintes, colonizadores espanhóis no México já bebericavam, vez ou outra, o chocolate nativo e descobriram que ao adicionar-lhe açúcar e baunilha (outro ingrediente local) tornavam-no muito mais agradável ao paladar europeu.[2] Por volta de 1600, o chocolate já era um produto lucrativo com comércio rentável e logo conquistaria os corações da nobreza espanhola (ele ainda era um gênero muito caro para que alguém fora das classes mais abastadas pudesse adquiri-lo). O chocolate tornou-se tão popular na Espanha que inspirou Honoré de Balzac (que era mais propenso ao "vício" do consumo de café) a indagar, mais tarde: "Quem sabe não tenha sido o abuso do chocolate, de algum modo, o responsável pela derrocada da nação espanhola, que, no momento da descoberta do chocolate, estava a ponto de iniciar um novo Império Romano?".[3] Realmente, depois de haver colonizado vastas porções do mundo no século XVI, a Espanha acabou sendo ultrapassada na corrida imperial pelos britânicos, holandeses e franceses.

Foi preciso um tempo mais longo para que o chocolate causasse alguma impressão na França. Sua introdução, na verdade, foi resultante de outro tipo de conquista – ou, melhor, da Reconquista da Espanha. O Estado islâmico de Al-Andalus, um dos Estados europeus mais poderosos e culturalmente iluminados durante a "Idade das Trevas", começou a fragmentar-se e caiu vítima dos invasores cristãos no século XI. Pela metade do século XIII, Granada era o último emirado islâmico que restara na Península Ibérica. Em 1492, no mesmo ano em que Colombo chegava às praias da América, seus patronos reais, o rei Fernando e a rainha Isabel, finalmente conquistavam Granada e "restituíam" a Espanha à cristandade. Em um prosseguimento diabólico, eles expulsaram toda a população judaica da Espanha – que chegava à casa das centenas de milhares de pessoas. Enquanto a temida Inquisição Espanhola varria a Península Ibérica, o vizinho Reino de Portugal, aos poucos, também bania sua população judaica. Essas comunidades de judeus sefarditas espalharam-se por todo o mundo conhecido, mas muitos de seus indivíduos simplesmente realocaram-se para além dos Montes Pirineus, no sudoeste da França, onde continuaram a desempenhar um papel importante no comércio de produtos provenientes do Novo Mundo.

Mais notavelmente, um número de judeus portugueses reassentou-se em Bayonne, onde introduziu a arte da produção de chocolate. Na vizinhança de Saint-Esprit, que se tornou o *quartier* judaico-sefardita de Bayonne, eles importavam as amêndoas de cacau das Américas e, então, as tostavam, trituravam e misturavam-nas com outras especiarias, baunilha e açúcar, criando, assim, uma divina bebida à base de chocolate. Por um século, a produção de chocolate foi o principal meio de sustento para os judeus de Bayonne; mas, por fim, os segredos de sua preparação tornaram-se amplamente conhecidos, e eles foram banidos do negócio do chocolate pela liderança cristã da cidade, em 1691. A despeito dessas frequentes medidas discriminatórias, a comunidade judaica de Bayonne manteve um importante papel nos negócios e no comércio, contribuindo significativamente para a prosperidade local por muitos séculos, antes de ser quase destruída por completo durante o Holocausto, no século XX.

A tradicional produção do chocolate é bem preservada em alguns lugares de Bayonne, tais como o Museu Basco ou o *l'Atelier du Chocolat*, uma fábrica de chocolate, dotada de uma loja, ainda em funcionamento, em Saint-Esprit. O órgão municipal de turismo da cidade oferece passeios temáticos sobre o chocolate. Perambule pelos quarteirões medievais à sombra da edificação gótica da Catedral de Santa Maria e você encontrará uma quantidade de chocolaterias artesanais, onde ainda são seguidas receitas tradicionais; e peça por um *chocolat mousseux*, uma bebida quente e espumante, preparada com cacau sul-americano e leite dos laticínios bascos locais, com a adição de baunilha ou canela (o que pode arruinar para sempre o seu gosto por chocolate caseiro comum; mas esse é um risco que vale a pena correr). E, é claro, os Dias do Chocolate anuais são oportunidades fabulosas para assistir aos *chocolatiers* locais praticarem seu ofício nas ruas e experimentar amostras das infinitas variedades daquele que muitos consideram como o melhor chocolate artesanal produzido na França.

Essa espécie de indulgência para com o chocolate provavelmente pareceria bizarra para um cidadão francês do século XVI, que estaria acostumado a consumir chocolate somente em forma de bebida e, originalmente, como componente de algum tratamento medicinal, vendido em farmácias. O chocolate seria muito bom para debelar problemas estomacais e para a digestão; aqueceria o peito e proporcionaria um bom afluxo de energia (tanto que era considerado um afrodisíaco). Pelo lado negativo, porém, alegou-se que induziria fofocas e causaria insônia, irritabilidade e hiperatividade. Em 1644, a Faculdade de Medicina de Paris recomendava não beber chocolate mais do que duas vezes por dia.

Todavia, durante o século XVII, a nobreza francesa passou a apreciar o chocolate como uma indulgência prazerosa e "da moda", especialmente depois de tanto Luís XIII quanto Luís XIV haverem desposado princesas espanholas. A rainha Ana e a rainha Maria Teresa trouxeram seu amor pelo chocolate para a corte, consolidando sua popularidade. Luís XIV não era afeito ao chocolate, queixando-se de que ele não lhe enchia o estômago; mas foi durante o seu reinado que as primeiras plantações de cacau tiveram início, nas novas colônias francesas no Caribe. Seu sucessor, Luís XV, foi um grande apreciador do chocolate, e gostava de preparar pessoalmente sua bebida, em seus aposentos privativos.

A Igreja Católica quedou-se perplexa no tocante ao que fazer quanto a esse novo alimento. Padres e freiras contavam-se entre os primeiros e mais ardorosos admiradores do chocolate graças às extensivas operações missionárias das quais participaram no novo Império Espanhol. Mas acreditava-se que o chocolate pudesse despertar paixões – algo que não parecia apropriado para os servos de Cristo. Houve, também, um debate que durou décadas acerca da admissibilidade de beber-se chocolate em dias de jejum. No final, a Igreja reconheceu a futilidade de tentar banir um produto tão popular e saiu-se com a alegação do velho princípio de que *liquidum non frangit jejunum* [líquidos não quebram o jejum]. Uma vez que o chocolate fosse consumido apenas como uma bebida na Europa daqueles tempos, ele poderia ser sorvido sem ofender a Deus.[4]

Até o século XIX, o chocolate permaneceu sendo um produto "de luxo"; mas os novos métodos de produção industrial e a introdução do cacau nas colônias da África Ocidental contribuíram para a redução do preço, tornando-o mais acessível a um público mais numeroso. E, uma vez que as formas sólidas do chocolate foram aperfeiçoadas, fazendo dele um artigo que tanto podia ser comido quanto bebido, a era do chocolate barato para as massas pôde realmente ter início (felizmente para a vasta força de trabalho que propeliu a Revolução Industrial). Em meados dos anos 1800, a barra de chocolate foi inventada – sendo uma versão feita com um chocolate escuro, na Inglaterra, e com chocolate ao leite, na Suíça –, e, consequentemente, mais pessoas passaram a comer chocolate, em vez de bebê-lo. Hoje em dia, o cidadão francês médio consome mais de sete quilos e meio de chocolate a cada ano; mas isso representa apenas cerca da metade do consumo dos cidadãos suíços e alemães – ainda que seja quantitativamente maior do que o de qualquer outro país do mundo.[5]

É possível que a maioria do povo francês não esteja ciente de que o chocolate moderno seja produto de horrendas práticas coloniais genocidas. Contudo, talvez haja uma conscientização um tanto maior das controvérsias em torno do comércio do chocolate graças ao ativismo de uma campanha que lança luzes sobre a exploração da produção de cacau na África Ocidental. Mais de 60% do cacau em todo o mundo é cultivado em apenas dois países: Gana e Costa do Marfim. Muitos trabalhadores agrícolas da cultura de cacau ganham menos de um dólar por dia, e estima-se que mais de 2 milhões de crianças trabalhem em plantações de cacau – algumas delas traficadas de países vizinhos.[6] Essencialmente, o chocolate é barato porque seus meios de produção têm, de modo hábil, custos baixos; por isso, ativistas argumentam que ele deveria custar muito mais. Desde a década de 1980, um movimento pela justiça comercial tem tentado reduzir a exploração movida pela indústria do cacau, mas discordâncias sobre o que seria de fato um chocolate comercialmente justo têm tornado difícil a obtenção de quaisquer progressos.

É uma horrível ironia que algo tão doce e agradável provenha de um legado tão longo e terrível; mas, tal como já pudemos constatar, a História da alimentação está, com frequência, intimamente conectada aos piores males sociais de quaisquer épocas. As guerras e as conquistas sempre moldaram as dietas humanas, e as demandas gastronômicas das classes mais abastadas têm levado, de maneira consistente, à exploração e à violência. As qualidades naturalmente antidepressivas do chocolate podem não servir como remédio para isso, mas nós podemos apenas esperar que o sempre crescente apoio a um comércio mais justo do chocolate logo possa levar essa melancólica história a um final definitivo.

22

As Contribuições Culinárias de Madame Serpente

Por décadas, o espinafre foi relegado à condição de um prato secundário nas mesas americanas: algo que as crianças (e muitos adultos) têm de comer, sob a ameaça de privação da sobremesa. O vegetal folhoso sofre por ser tanto verde quanto amargo, duas das qualidades mais desagradáveis que qualquer alimento possa possuir; mas, certamente, parte do problema deve-se ao fato de os americanos não terem aprendido – ainda – como servir o espinafre à maneira francesa: *épinards a la crème*, por exemplo, na qual o espinafre é cozido na manteiga e embebido em creme de leite; ou *épinards en gratin*, que é o espinafre assado com creme e queijo. (Se há uma regra na culinária francesa, é a de que você pode comer qualquer coisa se for "coberta" com manteiga, creme de leite e queijo.) Felizmente, depois que *chefs* bem conhecidos passaram a apresentar e adaptar receitas francesas para o público americano, o espinafre tornou-se um acréscimo muito mais palatável às refeições familiares. A receita de Julia Child[*] de espinafre com creme, por exemplo, continua sendo um clássico.

Os franceses também legaram aos americanos vários pratos genericamente conhecidos como "à Florentina", que sempre incluem espinafre, tais como os ovos à Florentina, que figuram com destaque em qualquer *brunch*

---

[*] Julia Child, pseudônimo de Julia Carolyn McWilliams (Pasadena, Califórnia, 15 de agosto de 1912 – Santa Bárbara, Califórnia, 13 de agosto de 2004), foi uma popular autora de livros de culinária e apresentadora de televisão norte-americana. (N.T.)

decente. Servir carne ou peixe "à Florentina" é algo ainda mais popular na França – o que é um tanto curioso, considerando-se que a expressão significa, simplesmente, "à moda de Florença", mas nem por isso os habitantes daquela cidade italiana amam mais o espinafre do que os cidadãos de qualquer outra parte do mundo. Enquanto historiadores afirmam que não há uma explicação conclusiva para a rotulação "Florentina", uma boa argumentação diz ser ela originária do século XVI, quando uma mulher que passou à História como a "Madame Serpente" chegou em Marselha para desposar o futuro rei da França.

Àquela época, seu nome era apenas Catarina de Médici; uma garota de 14 anos de idade, integrante da família Médici de Florença e sobrinha do Papa Clemente VII. O rei Francisco I arranjou para que ela se casasse com seu segundo filho, Henrique, em 1533, como parte das incessantes intrigas que visavam ampliar a influência francesa na Itália. Infelizmente para Catarina, seu tio-papa morreu um ano depois do casamento, e ela não foi capaz de gerar um herdeiro do sexo masculino por mais de uma década, fazendo baixar decisivamente seu valor para a coroa e tornando-a temerosa de ser "deixada de lado". Ela era devotada a Henrique, mas seu marido preferia a companhia e o aconselhamento político de sua bela amante, Diana de Poitiers. Catarina definhava nas sombras, forçada a aceitar a humilhação de um *ménage a trois*, tornado de conhecimento público, com o príncipe e sua amante. Sua silenciosa aceitação da situação, contudo, pode ter sido sua própria salvação – enquanto Diana, temendo que Catarina pudesse ser substituída por uma candidata mais exigente e sedutora, encorajava Henrique a manter o casamento com sua maleável esposa. Afinal, Catarina deu a Henrique dez filhos; e, depois das mortes de seu pai e seu irmão mais velho, Henrique ascendeu ao trono como Henrique II, em 1547, fazendo de Catarina a rainha da França.

Mesmo depois de ter se tornado rainha, Catarina foi constrangida a tolerar a devoção de seu marido por Diana de Poitiers. Mas esse arranjo acabou quando o rei morreu, em 1559, em decorrência de um ferimento sofrido em uma justa – um torneio medieval, em que dois cavaleiros armados de lanças e montados em cavalos lançavam-se um contra o outro, tentando fazer cair o oponente. Catarina exilou a ex-amante real e logo tornou-se a mulher mais poderosa da Europa, ajudando seus três jovens filhos, que, um após outro, foram feitos reis, a governar a França. (Diana morreu poucos anos depois, ao se envenenar, acidentalmente, com a ingestão de uma poção feita com ouro, destinada a preservar sua juventude e beleza.)

O filho mais velho de Catarina, o rei Francisco II, era apenas um adolescente quando assumiu o trono devido à morte de seu pai (embora ele já fosse casado com sua amiga de infância, Maria, rainha da Escócia). O adoentado rapaz reinou por apenas um ano, tendo morrido em consequência de uma infecção em 1560, deixando que seu irmão de 10 anos de idade reinasse como Carlos IX. Com Catarina como regente, Carlos sobreviveria a muitos anos de tumultos religiosos na França, antes de morrer, sem deixar um herdeiro do sexo masculino, em 1574. O trono, então, foi passado ao seu irmão mais novo, Henrique III, que, no jogo da "dança dos tronos", que transcorria na Europa, fora recentemente feito rei da Polônia. Retornando à França, ele reinaria por quinze anos, como o último rei da dinastia Valois, antes de ser assassinado por um frei católico.

Essa sucessão de reis jovens e frágeis só fez ampliar a fragmentação da nobreza, cujos membros se mostravam cada vez mais hostis entre si mesmos e contra a regente estrangeira. Catarina somente sobreviveu a essas três décadas de dramáticas disputas pelo poder graças às suas astutas artimanhas políticas (possivelmente inspiradas por seu conterrâneo e contemporâneo Niccolò Macchiavelli, conhecido como Maquiavel). Ela continua sendo uma figura divisionista na História da França, retratada alternadamente como a "Madame Serpente", uma inescrupulosa e assassina usurpadora, e como a formidável e perspicaz governante que tinha sempre os melhores interesses de seus filhos e da França no coração. (Não é de surpreender que os que pretendam desacreditar o papel das mulheres nos níveis mais altos da política tendam a favorecer a primeira argumentação.) Essa discrepância perdura, em parte, devido ao papel controverso que ela desempenhou durante um dos mais horrendos atos de violência da História da França: o Massacre do Dia de São Bartolomeu, no qual milhares de protestantes foram assassinados em circunstâncias nebulosas.

Foi durante o reinado de Catarina e de seus três filhos que a França sofreu mais intensamente com as Guerras Religiosas, quando a Igreja Católica confrontou o movimento crescentemente organizado dos protestantes franceses, então conhecidos como huguenotes. Eles foram participantes de uma contenda épica, de proporções continentais, entre católicos e protestantes que levaria séculos para ser resolvida; e a França foi um campo de batalha particularmente sangrento. Os huguenotes aderiam à estrita doutrina reformista de João Calvino, de maneira muito semelhante à dos puritanos que surgiram na Inglaterra. Originalmente constituindo um movimento religioso reformista que visava a purificação da cristandade, que se tornara corrupta e esclerosada, os huguenotes adquiriram um caráter mais abertamente político, com o passar do tempo. Ao insistirem que os indivíduos poderiam interpretar as Escrituras e alcançarem a salvação por si mesmos, em vez de apenas por meio da intercessão de representantes do clero, os huguenotes desafiavam a autoridade da Igreja e, consequentemente, a legitimidade política da monarquia com a qual era entrelaçada. Muitas famílias nobres que tinham desentendimentos com o rei, ou que objetavam a crescente centralização do poder monárquico, converteram-se à causa protestante, a qual viam como legitimadora da oposição que faziam à coroa. A perseguição real aos huguenotes – que, às vezes, incluía sua incineração sob a alegação de heresia – apenas fez aumentar seu fervor religioso. Eles começaram a organizar-se, tanto política quanto militarmente, para resistir aos ataques da Igreja e da monarquia. Chegaram mesmo a adquirir territórios fortificados, tais como a cidade portuária de La Rochelle, na costa atlântica, e o Reino de Navarra, nos Pirineus.

Depois da morte de seu marido, Catarina, a princípio, promoveu uma aproximação conciliatória entre as facções religiosas rivais, na esperança de prevenir a irrupção de uma guerra generalizada. Mas o cisma religioso já havia se tornado irrevogavelmente politizado, contando com nobres poderosos alinhados em ambos os lados. Os primeiros massacres religiosos ocorreram em 1562 e, então, disseminaram-se pela maior parte da França. O país dissolveu-se em uma guerra civil, enquanto nobres criavam e armavam seus próprios exércitos, envolvendo-se em contendas horrivelmente violentas, uns contra os outros e contra as populações. Por quase quarenta anos, a França foi consumida por frequentes episódios de confrontos religiosos, tendo sua economia sido quebrada e seu povo, brutalizado. A promessa de prosperidade e progresso, tão evidente na primeira metade dos anos 1500, agora jazia em ruínas.

Em 1572, Catarina decidiu empregar uma nova tática, casando sua filha católica, Margarida de Valois, com Henrique de Navarra, um primo real e proeminente nobre protestante. O casamento destinava-se a simbolizar a possibilidade de reconciliação religiosa e de paz; mas, em vez disso, inflamou a situação já tensa. Católicos ferrenhos viam o casamento como uma vitória dos protestantes, e as massas parisienses – em sua maioria católicas e bastante agitadas devido à elevação acentuada do preço do pão – viviam em um estado de rebelião quando centenas de huguenotes chegaram à cidade, para o extravagante matrimônio. Poucos dias depois do casamento, Catarina aparentemente havia convencido Carlos IX de que seria necessário assassinar algumas dúzias de líderes huguenotes para prevenir a emergência de outra rebelião protestante. Porém, assim que a matança foi iniciada, a violência espalhou-se por toda Paris e, na sequência, por todas as outras regiões, com os católicos acreditando ter recebido da própria coroa uma "licença para matar" protestantes. Ao longo da semana seguinte, cerca de 2 mil huguenotes foram assassinados em Paris – e, talvez, outros 30 mil nas províncias –, no episódio que se tornaria conhecido como o Massacre do Dia de São Bartolomeu. Quaisquer esperanças de reconciliação política e religiosa também morreram, e, assim, as Guerras Religiosas grassaram.

Embora não esteja exatamente claro quanto de responsabilidade Catarina teve por tudo isso, ela jamais expressou qualquer remorso pelo massacre; e essa atitude chocante passou a ser o cerne da história conhecida como a "Lenda Negra" de Catarina de Médici (segundo a qual ela também teria sido uma "envenenadora" e praticante da magia negra). Sem dúvida, ela contribuiu para que, ao longo dos anos, críticos franceses argumentassem que o horrível massacre tenha sido orquestrado pela abominável rainha estrangeira; mas qualquer culpa que possa ser atribuída a ela deve ser compartilhada. Não obstante, o Dia de São Bartolomeu serviu para impeli-la a persistir em seus esforços pela reconciliação até o dia de sua morte, em janeiro de 1589.

No reino da gastronomia, Catarina goza de uma reputação mais popular, hoje em dia, uma vez que é creditada a ela uma transformação positiva na culinária francesa. Lendas circulam em torno dela como abelhas ao redor do mel. Entre essas, em primeiro lugar está a nossa explicação para a designação *"a la Florentine"*. Quando Catarina deixou sua cidade natal, Florença, e mudou-se para a França, trouxe consigo uma quantidade de *chefs*, confeiteiros e panificadores italianos, que, ao longo dos anos, apresentaram uma

A carnificina e o caos associados ao Massacre do Dia de São Bartolomeu marcaram a data da ocorrência do evento mais infame de todas as décadas das Guerras Religiosas. Calcogravura do *Nordisk familjebok* (Estocolmo: 1904), p. 999.

grande variedade de novos alimentos e estilos culinários à corte francesa. Ao mesmo tempo, os nobres franceses tratavam de livrar-se da aversão medieval pelos vegetais e passavam a adotar o consumo daqueles que já eram populares na Itália. Dentre eles, estava o espinafre, muito apreciado por Catarina, que contribuiu para popularizá-lo, fazendo com que pratos que contivessem espinafre fossem designados como *"a la Florentine"*.

Catarina e seus *chefs* também introduziram os brócolis e as alcachofras, sendo estas últimas de sua especial preferência (tanto que, segundo uma lenda, certa noite ela quase morreu de indigestão depois de ter consumido uma *"overdose"* de corações de alcachofra). Acredita-se que as alcachofras tenham propriedades afrodisíacas – o que, sem dúvida, fez realçar seu atrativo. Na verdade, ainda hoje há uma expressão corrente: *avoir un coeur d'artichaut* – "ter um coração de alcachofra" –, aplicada a pessoas que costumam se apaixonar muito rápida e indiscriminadamente. As alcachofras se tornaram muito populares por toda a França, e, hoje em dia, pode-se prepará--las *"a la Parisienne"*, *"a la Normande"*, *"a la Lyonnaise"* ou *"a Provençal"*. Catarina também recebe o crédito por ter trazido para a França os feijões brancos, do continente americano, supostamente tendo-os recebido como presente de casamento de seu tio, o Papa Clemente VII. Essa é uma história plausível, visto que muitos alimentos provenientes das Américas estavam sendo introduzidos na Europa àquela época.

Os aspargos, que também se tornaram muito populares na França naqueles tempos, provavelmente não fossem os preferidos de Catarina. Sua rival no amor, Diana de Poitiers, os consumia em todas as suas refeições, sempre que estivessem disponíveis, como parte de uma dieta estrita de vegetais frescos, supostamente para manter sua juventude e a afeição do rei.

Os cozinheiros italianos de Catarina também exerceram sua influência em outros domínios, trazendo para a França a arte da preparação de *macarons*, *frangipane*, *nougat* e *sorbet*.* Na verdade, quase todos os produtos de

---

* *Macarons* são biscoitos leves, feitos com claras de ovos, açúcar e amêndoas picadas (ou coco ralado); *frangipane* é uma pasta ou um creme com sabor de amêndoas, geralmente utilizados como recheio de tortas e bolos; *nougat* é um doce confeccionado com açúcar ou mel, castanhas picadas e claras de ovos; e *sorbet* (derivado do turco *sherbet*) é a designação genérica de um pó efervescente com essência de frutas, que pode ser consumido puro ou misturado a gelo picado ou água gelada. (N.T.)

confeitaria imagináveis feitos nesse período, com emprego de açúcar, podem ser, de algum modo, creditados à influência de Catarina de Médici e seus *chefs*. Muitas dessas atribuições são discutíveis, mas é fato que, naquele tempo, o açúcar tornou-se a especiaria "do momento". Depois de séculos de obsessão culinária pelas pungentes especiarias vindas do Oriente, o açúcar tornou-se o "veículo" preferido para quem quisesse ostentar riqueza e *status*. Ainda muito caro e difícil de obter, ele era empregado em toda espécie de pratos, até mesmo para temperar carnes e peixes. Henrique III, em seu caminho de volta para casa, vindo da Polônia para assumir o trono francês, compareceu a um banquete em Veneza, no qual tudo – das bandejas aos guardanapos – era feito de açúcar, em uma estupenda exibição de opulência.

Em Veneza, Henrique também conheceu uma estranha peça de cutelaria chamada "garfo", cuja utilização ele e sua mãe tentariam – sem sucesso – introduzir como hábito na corte francesa. As pessoas achavam que os garfos fossem um tanto efeminados, e sua utilização, uma superfluidade: colheres e facas eram suficientes para lidar com os pratos servidos àquela época. Aparentemente, alguns sentiam que os garfos pudessem incitar as pessoas a pecar – afinal, não se pareciam um pouco com o instrumento portado pelo Diabo? (Os garfos tinham apenas dois "dentes" naqueles tempos.) Os protestantes podem ter discordado da Igreja Católica em quase todos os assuntos de natureza espiritual ou mundana, mas quanto a esse ponto eles se uniam: "Deus me proteja dos garfos", supostamente teria dito Martinho Lutero.[1] Tais preocupações, contudo, não detiveram Rabelais, que orgulhosamente usava somente seu próprio garfo, adquirido na Itália, que trazia sempre dependurado ao cinto. Catarina sofreu em decorrência de sua associação com o utensílio "pecaminoso", quando seus críticos a acusaram de tê-lo trazido para a França (mais uma "prova" de suas inclinações satânicas). Assim, ainda hoje é possível ouvir-se a lenda de que Catarina teria sido a responsável pelos garfos franceses; mas, na verdade, os garfos não "entraram na moda" na França senão a partir do século XVIII.

De maneira geral, a culinária francesa deu uma guinada em direção à Itália no século XVI, mas não é exato atribuir isso tão somente a Catarina e seus *chefs*. Tal como vimos, a nobreza francesa já se enamorara da cultura italiana algumas décadas antes, e a própria Catarina não foi muito influente na corte até a morte de seu marido. Por isso, a origem da persistente tendência para creditar todos os novos alimentos e gostos daquele período a Catarina permanece sendo um tanto misteriosa.[2] Menos misteriosa é a calorosa recepção da França a todos os alimentos e estilos culinários deliciosos da Itália – um passo decisivo na evolução da gastronomia francesa para dentro da *haute cuisine* [alta culinária] europeia e a posição que ela ainda viria a ocupar.

23

Um Frango em Cada Panela

Na eleição presidencial nos Estados Unidos em 1928, o republicano Herbert Hoover "massacrou" seu adversário, o governador democrata do Estado de Nova York, Al Smith, que "padecia" de dois "males": ser católico e contrário à Lei Seca – duas características altamente impopulares à época. Enquanto grande parte da campanha se revolveu sobre esse tipo de questionamento religioso e moral, o envolvimento da população comum era, como sempre, uma ineludível questão política. A campanha de Hoover prometia aos seus eleitores "um frango em cada panela e um automóvel em cada quintal". Contudo, todos sabemos o que houve em seguida: o *crash* no mercado de ações, a Grande Depressão, as filas de sopa, uma Guerra Mundial, e assim por diante. Não é de admirar que hoje em dia os políticos norte-americanos usem a expressão "um frango em cada panela" com conotação derrogatória, como um exemplo de promessa de campanha política feita apenas para agradar à opinião pública, sem a menor esperança de que venha a ser cumprida.

Na França, a frase tem uma conotação completamente diferente, porque o primeiro francês a fazer tal promessa ao seu povo foi o popular rei Henrique IV. Na verdade, desde seu nascimento, toda a vida de Henrique foi pontilhada por histórias e lendas relacionadas à comida, e elas contribuíram para transformá-lo de um impopular herdeiro real no mais amado rei da História francesa.

Henrique nasceu em 1553, em Navarra, um pequeno reino que se estendia tanto para o lado francês quanto para o espanhol dos Montes Pirineus. Foi conhecido pela maior parte de sua vida adulta como Henrique de Navarra, e assim foi como o conhecemos no capítulo anterior, o primo real que se casou com Margarida, a filha de Catarina de Médici, na véspera do Massacre do Dia de São Bartolomeu. Quando do seu nascimento, ele era um membro da realeza distante na linha de sucessão da dinastia Valois, uma vez que Catarina já tinha tido três filhos do sexo masculino, todos ainda vivos.

Segundo a lenda, Henrique cresceu e foi criado entre a gente comum de Navarra. (Na verdade, ele passou boa parte de sua infância em companhia de seus primos, na "creche real", em Paris.) Ao nascer, seu avô o submeteu a uma espécie de "vacinação" medieval, esfregando alho em seus lábios. Ele manteve um amor por alho ao longo de toda a sua vida, o que era incomum entre os nobres, pois, à época, a despeito de suas propriedades medicinais, o alho era visto como um tempero tipicamente usado pelas classes inferiores. Mas Henrique soube explorar esse tabu alimentar para consolidar sua reputação de "homem do povo", ingerindo alho em grandes quantidades. Uma de suas amantes supostamente teria dito a ele: "Senhor, sois afortunado por serdes rei; de outro modo, não poderíamos suportar mantermo-nos ao seu lado. Vós fedeis como uma carcaça".

Por ocasião de seu batismo, os lábios de Henrique foram molhados com vinho – muito provavelmente com o doce e branco vinho *Jurançon*, produzido na região –, pelo qual ele manifestou um acentuado gosto por toda sua vida adulta. Muitos séculos depois, a poetisa Colette* recordou: "Quando eu era uma adolescente, conheci um príncipe apaixonado, imperioso e traiçoeiro, como são todos os grandes sedutores: o *Jurançon*".[1] Enquanto ostensivamente celebrava os sabores desse vinho fino, ela também fazia uma clara referência a Henrique, que desenvolveu um apetite enorme pelas mulheres, demonstrando possuir um verdadeiro "coração de alcachofra". Ele acabou sendo o genitor de dezoito filhos, com sete mulheres diferentes. Seus constantes casos amorosos e sua compulsiva sedução trouxeram-lhe um suprimento

---

* Sidonie Gabrielle Colette (28 de janeiro de 1873–3 de agosto de 1954) foi uma famosa e prolífica escritora e poetisa francesa que possuía uma enorme coleção de objetos *art-nouveau* e manteve um salão literário ao longo de quase toda sua vida. (N.T.)

infindável de problemas políticos e militares – por exemplo, quando invadia localidades sem importância apenas para agradar ao pai de sua amante atual. Nada disso, porém, comprometeu sua popularidade.

A relação de Henrique com a família regente de Valois advinha de seu pai, Antoine de Bourbon, enquanto seus direitos ao trono de Navarra provinham de sua mãe, Jeanne d'Albret. Quando as Guerras Religiosas começaram a turbar a França, nos anos 1560, Navarra tornou-se uma fortaleza protestante, e Henrique, um líder huguenote em ascensão. Tornou-se rei de Navarra quando sua mãe morreu, em 1572, e, em agosto daquele mesmo ano, casou-se com Margarida, em Paris. No massacre dos huguenotes que se seguiu, sua vida foi poupada por seu primo, o rei Carlos IX; mas Henrique foi forçado a converter-se ao catolicismo e mantido em prisão domiciliar por muitos anos. Seu aprisionamento foi mantido quando Carlos morreu e seu irmão mais novo tornou-se o rei Henrique III.

Henrique III não era popular. Ele era o filho favorito de Catarina, mas ignorou muitos de seus sábios conselhos ao presidir uma corte decadente, cheia de jovens frívolos (aos quais se referia como os *mignons* de Henrique; algo como os "bonitinhos de Henrique") que se envolviam em constantes duelos. O próprio Henrique encontrava-se frequentemente adoentado e evitava o vinho por esse motivo, ainda que promovesse jantares tão extravagantes que escandalizavam tanto aos nobres quanto aos plebeus. Ele era inteligente e não totalmente incapaz, mas era comumente visto como um preguiçoso e um dissoluto. Rejeitou os sinceros e sérios pedidos de sua mãe para que cortejasse a rainha Elizabeth I da Inglaterra (ela seria "muito velha") e, em vez disso, casou-se com a bela Luísa de Lorraine, mas ambos não tiveram sucesso ao tentar gerar um herdeiro do sexo masculino.

A impopularidade de Henrique III fez com que os católicos – até mesmo seu irmão mais jovem, Francisco – se juntassem aos huguenotes rebelando-se contra seu governo, e seu reinado foi minado pela sedição e pelos conflitos. A situação tornou-se ainda mais volátil quando Francisco morreu e Henrique ainda não tinha filhos; por isso, o próximo na linha de sucessão ao trono francês era Henrique de Navarra, que fugira de seu cativeiro doméstico, renunciara à sua conversão forçada e era, uma vez mais, o líder das forças protestantes. Os nobres líderes católicos, encabeçados pela família Guise, lançaram mão de todos seus recursos políticos, militares e espirituais para impedir que Henrique assumisse a coroa. Por algum tempo, houve um evento absurda e ridiculamente chamado a Guerra dos Três Henriques, disputada entre os exércitos de Henrique III, Henrique de Navarra e Henrique, Duque de Guise. No decorrer dos acontecimentos, o rei Henrique III voltou-se contra os Guise e reconciliou-se com seu primo, nomeando-o como herdeiro. Em julho de 1589, esses dois Henriques uniram forças para reaver Paris, então controlada pela Liga Católica dos Guise. Mas, em certo anoitecer, um frei católico adentrou o acampamento do rei Henrique, alegando trazer-lhe uma mensagem importante, e, em vez disso, esfaqueou-o. Henrique morreu no dia seguinte – o primeiro rei francês a ser assassinado –, pondo fim à dinastia Valois, depois de mais de 250 anos de reinado.

Henrique de Navarra tornava-se, então, o rei Henrique IV, o primeiro monarca da dinastia de Bourbon, mas ainda seriam precisos vários outros anos de guerras antes que pudesse sentar-se em seu trono. Em 1593, converteu-se ao catolicismo uma vez mais, o que removeu o principal motivo de resistência contra ele, que pôde reapossar-se de Paris no ano seguinte. (A sinceridade de sua reconversão não pode ser conhecida, mas, supostamente, teria dito uma frase que ficou famosa: "Paris vale uma missa".) Ele continuou a combater os rebeldes financiados pela Espanha por muitos anos, até, finalmente, assinar o Édito de Nantes, que pôs fim às Guerras Religiosas na França, em 1598. O catolicismo foi declarado como a religião oficial do Estado, mas importantes liberdades religiosas e políticas foram concedidas aos huguenotes.

Henrique IV começou a reconstruir seu país, devastado após tantos anos de guerra civil, e apoiou-se em sua própria popularidade para restaurar o tipo de monarquia extremamente personalista que tanto havia beneficiado a França no passado. De maneira consciente, ele esforçou-se para se apresentar como um governante totalmente diferente dos últimos reis Valois, que, aliás, eram fracos, afetados e arrogantes. Henrique era um rústico homem do povo, que comia alho e bebia tanto vinho quanto pudesse aguentar, como um camponês. Os reis anteriores não se importavam nem um pouco com o povo, mas Henrique IV prometeu aos franceses *un poule au pot le dimanche* [um frango na panela a cada domingo]. Essa seria uma maneira coloquial de dizer que ele pretendia restaurar a paz e a prosperidade ao campesinato, com *poule au pot* significando a satisfação das necessidades básicas das pessoas. Hoje em dia, o *poule au pot* pode ser um tradicional prato de jantares dominicais – consistindo-se de um frango inteiro cozido com vegetais e ervas (e alho, é claro!) por várias horas –, mas, na verdade, não é algo que as pessoas costumem comer com muita frequência, ainda que sejam afetuosamente ligadas ao prato, em teoria.

Tal como Carlos Magno, Henrique IV compreendeu que a "espinha dorsal" da economia francesa era a agricultura; ou, como disse seu ministro, Maximilien de Béthune, Duque de Sully, em uma expressão bem conhecida por todo o povo francês, "plantar e pastar (com o sentido de 'comer') são os dois seios dos quais a França se alimenta".[2] Ele seguiu o conselho de Olivier de Serres, o "pai" da agronomia francesa, que sugeriu o plantio de novas culturas, tais como várias espécies de milho e amoras, para contribuir com o desenvolvimento de uma indústria francesa de seda. As muito abrangentes inovações agrícolas introduzidas por Serres promoveram a popularização de sua obra seminal, o estudo intitulado *Le Théâtre d'Agriculture*, de 1600, e contribuíram de maneira significativa para a melhoria da produtividade; tanto que, dentro de uma década a agricultura francesa já havia recuperado os índices de produção de antes das guerras. Contudo, infelizmente – tal como acontece nos tempos modernos –, o povo francês não pôde ter, literalmente, um frango em cada panela a cada domingo; mas, certamente, a situação do bem-estar geral melhorou.

Henrique também fez melhorar a situação do comércio interno e externo ao comprometer-se com grandes projetos de infraestrutura (tais como a drenagem de pântanos e a construção de estradas) e ao assinar novos tratados internacionais. Ele eliminou a dívida interna – um feito que os futuros reis falharam ao tentar repetir – e promoveu o desenvolvimento de produtos de luxo, tais como artigos de vidro, tapeçarias e seda, graças aos quais a França granjeou uma reputação pela qualidade de sua manufatura, da qual desfruta ainda hoje. Ele reorganizou o exército e refortificou as fronteiras francesas, ao mesmo tempo que fomentou as explorações da França no Novo Mundo. Mas, acima de tudo, sustentou um período de relativa paz ao longo de toda a primeira década do século XVII, o que facultou uma vantagem natural à França na agricultura e na industrialização, para que essas voltassem a ser atividades lucrativas.

Henrique deve ter esperado que a renovada prosperidade pudesse contribuir para a redução do cisma entre católicos e protestantes, que provara ser tão destrutivo durante toda a sua vida; mas, no final, ele não foi páreo para o fervor religioso que continuou a assolar a França. A despeito de sua popularidade, ele foi vítima de numerosas tentativas de assassinato durante seu reinado; até 1610, quando uma delas, por fim, foi bem-sucedida. Enquanto a carruagem real foi detida, na *Rue de la Ferronnerie*, na vizinhança parisiense de *Les Halles*, um fanático católico, chamado François Ravaillac, subiu a bordo e apunhalou Henrique até a morte. (Hoje uma placa marca o local do acontecimento.) Jamais foi determinado se Ravaillac agiu sozinho ou em associação com outros conspiradores, mas ele acabou sendo enforcado, tendo seu corpo arrastado ao ser puxado por um cavalo, decapitado e esquartejado como punição pelo crime que cometera.

Apesar da promessa não cumprida por Henrique de colocar um frango em cada panela, ele continua sendo, até hoje, conhecido como *le bon roi* [o rei bom] – o que se manteve próximo de seu povo, que compreendeu a vida nos campos e não se comportou como mais um dos nobres parisienses inatingíveis. Essa foi uma lição não esquecida pelos políticos franceses atuais, que invariavelmente reafirmam sua proximidade com *la France profonde* [França profunda]. É por isso que a cada ano o presidente francês perambula pelo *Salon International de l'Agriculture* [Salão Internacional de Agricultura], uma gigantesca feira agrícola que domina Paris a cada mês de fevereiro, com resultados diversos: Jacques Chirac foi um mestre na arte política de *tâter le cul des vaches* [acariciar os traseiros das vacas], enquanto Nicolas Sarkozy esforçava-se bravamente para parecer "popular".[3] Sarkozy, já impopular o suficiente por recusar-se a beber vinho, provocou ainda mais o eleitorado francês ao banir o consumo do tradicional prato de queijo após o jantar no Palácio Élysée – aparentemente por motivos de saúde. (Ele não foi reeleito.) Enquanto isso, a tendência de Henrique IV para a glutonaria encontrou eco no infame último jantar consumido pelo presidente François Mitterrand, antes de sua morte: várias dúzias de ostras, *foie gras*, capão e dois pequeninos pássaros canoros, chamados *ortolan*, comidos inteiros (o que, normalmente, é uma prática ilegal). O ainda menos popular François Hollande, por sua vez, é associado com mais frequência ao *Flanby*, um trêmulo pudim de caramelo.

DESCRIÇÃO DA FRANÇA

A França em 1603, durante o reinado de Henrique IV. Da Divisão de Mapas de Lionel Pincus e da Princesa Firyal, Biblioteca Pública de Nova York. "Gallia." *New York Public Library Digital Collections.*

Atualmente, o partido de extrema-direita Frente Nacional tenta posicionar-se como a verdadeira voz da França rural e costuma usar a comida para promover suas ideias tacanhas sobre o que significa ser "autenticamente francês". Nada poderia estar mais distante do legado de tolerância que Henrique IV tentou estabelecer. "Aqueles que seguem suas consciências são a minha religião, e eu sou a religião daqueles que são valentes e bons", disse o bom rei, mais de quatro séculos atrás.[4] Infelizmente para a França, porém, suas guerras religiosas ainda não haviam terminado.

24

A Insurgência das Castanhas

Luís XIII tinha apenas 8 anos de idade quando seu pai, o rei Henrique IV, foi esfaqueado até a morte. Sua mãe era a segunda esposa de Henrique, Maria de Médici, e serviu como regente até que seu filho alcançasse idade suficiente para assumir o trono. Quando chegou a esse ponto, o relacionamento entre ambos já havia se deteriorado, e Luís enviou sua mãe para o exílio, em Blois, em 1617 – depois disso, ela tentou lançar diversas rebeliões contra ele. Luís passou a apoiar-se em seu ministro mais confiável, o implacável Cardeal Richelieu (conhecido por muita gente como o vilão do romance *Os Três Mosqueteiros*, de Alexandre Dumas). Um dos principais objetivos desses dois católicos devotos era o de reverter os progressos feitos pelos protestantes na França, particularmente pela eliminação dos *places de sûreté* [lugares seguros ou de segurança] estabelecidos pelos huguenotes sob a garantia do Édito de Nantes, o que Luís via como uma inaceitável constituição de um Estado dentro do Estado. Isso fez reavivar uma campanha antiprotestante, gerando novas rebeliões huguenotes na década de 1620. La Rochelle, então uma segura fortaleza huguenote e um dos mais importantes portos franceses no Atlântico, tornou-se o principal centro de resistência – um *status* que se adequava perfeitamente ao lema da cidade, *belle et rebelle* [bela e rebelde].

Em 1627, as forças reais sitiaram La Rochelle, matando de fome seus habitantes ao evitar que potências estrangeiras pudessem vir em seu auxílio. Depois de catorze meses, com apenas poucos milhares de habitantes sobreviventes, a cidade foi forçada a se render. Aquele foi um momento crítico não apenas para os huguenotes franceses, espoliados de seus direitos territoriais e políticos, mas, também, para a própria monarquia francesa, que avançava cada vez mais rumo a um controle absolutista sobre todo o território da França. Durante o século XVII, enquanto a repressão religiosa continuou, tanto sob o reinado de Luís XIII quanto do de seu filho e sucessor, Luís XIV, várias centenas de milhares de huguenotes deixaram a França, trocando-a por outros Estados europeus protestantes ou pelas colônias americanas. Muitos deles foram parar em Nova Amsterdã (a atual cidade de Nova York), ou, a partir dali, viajaram rio acima pelo Hudson para fundar a cidade de La Nouvelle-Rochelle, ou New Rochelle, como é chamada hoje em dia.

Apesar de sua quase erradicação na França, os huguenotes contribuíram com alguns interessantes legados gastronômicos. Uma das críticas-chave dos protestantes à Igreja Católica era a de que essa seria fundamentalmente hipócrita e corrupta, e a comida tornou-se uma boa maneira de demonstrar esse ponto de vista. A Igreja contava com dúzias de dias de jejum ao longo de cada ano, mas, tal como vimos, monges e membros do clero sempre encontravam mil maneiras de comerem muito bem nesses dias. A Igreja também vendia "indulgências", que permitiam às pessoas abastadas comer quanto e o que bem desejassem. Na Normandia, por exemplo, já famosa pela produção de seus deliciosos laticínios, muitos habitantes locais adquiriam indulgências para que pudessem continuar a consumir manteiga durante a Quaresma, o que normalmente era proibido. A, assim chamada, Torre da Manteiga, na Catedral de Rouen, uma obra-prima da arquitetura gótica, imortalizada em uma série de pinturas de Claude Monet, foi grandemente financiada por "indulgências para o consumo de manteiga", adquiridas pelos normandos. Os que não pudessem adquirir indulgências eram obrigados a usar óleos, caros e de sabor desagradável, para cozinhar – o que fomentou um ressentimento considerável (exceto no sul da França, onde o azeite de oliva já era tradicionalmente empregado).

Mas os protestantes acreditavam que não havia sentido em ter dias de jejum numa época em que tantas pessoas se esforçavam para contornar tantas restrições. O próprio Martinho Lutero vociferou contra as indulgências em 1520, argumentando que:

> os jejuns deveriam ser afeitos à liberdade individual, e todos os tipos de alimentos deveriam ser liberados, tal como os Evangelhos referem-se a eles. Porque, em Roma, os próprios romanos riem-se dos jejuns, obrigando-nos a nós, estrangeiros, que consumamos óleos com os quais eles não engraxariam os próprios sapatos; e, depois, vendem-nos a liberdade para que comamos manteiga e toda espécie de outras coisas [...] Não é mais fácil pregar sobre a liberdade, porque a gente comum toma isso como uma grande ofensa, acreditando ser o consumo de manteiga um pecado ainda mais grave do que mentir, praguejar ou mesmo viver de maneira incasta.[1]

Os protestantes acreditavam que as pessoas devessem ser livres para comer qualquer coisa, a qualquer tempo, embora com moderação, lembrando-se que o propósito de comer era o de sustento, não o da obtenção de prazer.

As regras dos jejuns já eram aplicadas de maneira desigual por toda a Europa, e, quando os protestantes passaram a abandoná-las por completo, não foi de surpreender que algumas das regras mais impopulares – tais como a restrição à manteiga – desaparecessem; e, a partir do século XVI, a manteiga tornou-se um ingrediente mais proeminente na culinária francesa. Hoje em dia, a França é o maior consumidor mundial de manteiga, o que dificilmente poderia surpreender a qualquer pessoa que tenha contemplado a produção de uma tradicional *pâtisserie* [confeitaria] ou *boulangerie* [padaria] francesa.[2]

Enquanto a Reforma continuava a disseminar-se e a uniformidade das regulamentações dietéticas da Igreja retrocediam, tornou-se mais fácil para as culinárias nacionais da Europa se diversificarem. Mas, em bastiões católicos como a França, uma quantidade de regras da Igreja – tal como a proibição do consumo de carne nos dias de jejum – provaram ser resilientes. Depois de Luís XIV ter, por fim, revogado o Édito de Nantes, em 1685, o consumo de alimentos proscritos representou um marco distintivo de divergência religiosa. Os protestantes não mais gozavam de quaisquer liberdades religiosas e eram forçados a escolher entre a sua conversão, a prisão, a servidão ou o exílio. Alguns huguenotes optaram por continuar a praticar sua fé em segredo, mas tinham de ser muito cuidadosos para não se revelarem ao descumprir as regras católicas referentes ao jejum. Seria loucura, por exemplo, consumir um prato de *oeufs à la Huguenote* [ovos cozidos em caldo de carne de carneiro] num dia de jejum.

Contudo, talvez a lenda mais interessante sobre a culinária huguenote tenha a ver com o "último suspiro" da rebelião protestante na França, no início dos anos 1700. Tropas reais haviam sido enviadas a todas as províncias, para que erradicassem até o último reduto herege. Nos episódios que se tornaram conhecidos como *dragonnades*, os soldados reais (ou "dragões") instalavam-se à força nas cidades e nas residências, maltratando aos seus habitantes até que esses se convertessem ou as abandonassem. Essa provou ser uma estratégia muito bem-sucedida, tanto que muitas cidades se renderam mesmo antes de os dragões chegarem a elas.

Mas alguns huguenotes, embora aparentemente convertidos, continuaram a praticar seus cultos em segredo, mesmo quando os administradores reais prendiam e executavam aqueles que fossem descobertos. Nas Cévennes, uma montanhosa e remota região protestante no sempre independente Languedoc, o ressentimento elevou-se contra o supervisor católico local, o Padre du Chaila. Seu assassinato em 1702 foi o catalisador da eclosão de uma rebelião em meio aos camponeses e artesãos locais. Esses tornaram-se conhecidos como *Camisards*[*] e tiveram sucesso ao empregar seu conhecimento do território e o apoio da população para sustentar uma insurreição protestante contra a coroa por dois anos.[3] Com seu número nunca excedendo alguns poucos milhares de combatentes, eles empregavam tradicionais táticas de guerrilha rural, tais como emboscadas e ataques de surpresa, contra os mais de 20 mil soldados das tropas reais e milicianos. Pregadores laicos e profetas proporcionavam-lhes motivação espiritual, declarando sua luta como uma missão sagrada destinada a restaurar a liberdade de culto.

Tal como na maioria das "guerras santas", ambos os lados cometeram terríveis atrocidades. As populações de vilarejos inteiros foram massacradas ou

---

[*] O termo *camisard*, que designa um calvinista da região das Cévennes, tem um forte acento dialetal, mas alude – mesmo que vagamente – a alguém que se vista apenas "em mangas de camisa", ou seja, como um camponês rústico. O sufixo – *ard* também carrega uma conotação pejorativa, tendo sido empregado, mais tarde, na cunhagem do termo *communard*, para designar os resistentes do cerco a Paris, que instituíram uma "comuna" como forma de autogoverno, como veremos em um capítulo posterior. (N.T.)

embarcadas rumo às prisões reais. No outono de 1703, as forças reais iniciaram o Incêndio das Cévennes, determinadas a erradicar a rebelião e a destruir a população que a apoiasse (uma brutal abordagem de contrainsurgência empregada, tragicamente, até hoje). Mais de 450 vilarejos foram destruídos, tendo seus residentes sido mortos ou forçadamente desalojados (alguns chegaram mesmo a ser deportados para o Canadá). Todavia, essa foi uma ação um tanto contraproducente, visto haver muitos habitantes locais se juntado aos *Camisards*.

No final, porém, a coroa prevaleceu. Os *Camisards* foram derrotados ou induzidos a se renderem, e a rebelião desvaneceu. Novas tentativas de sublevar a população continuaram a surgir nos anos seguintes, mas todas falharam em afirmar-se. A autoridade real tinha sido definitivamente estabelecida. As Cévennes foram forçadas a submeter-se à estrita observância católica até o final do século XVIII, quando a assinatura de um Édito Real de Tolerância e a subsequente Revolução Francesa garantiram novas liberdades aos não católicos (esse período compreendido entre a revogação do Édito de Nantes e a Revolução foi, mais tarde, chamado *le Désert*, ou "o Deserto"). Hoje em dia, a região é, mais uma vez, predominantemente protestante – uma raridade na França moderna.

Uma crença popular nas Cévennes é a de que os *Camisards* não teriam resistido tanto tempo combatendo as tropas reais não fosse pelos castanheiros que crescem por toda a região. Os castanheiros são recursos naturais fabulosos, que vicejam muito bem nos terraços das encostas montanhosas das Cévennes. Cada árvore pode proporcionar até 70 mil calorias em forma de alimento por ano, requerendo pouquíssima manutenção.[4] As castanhas (*châtaignes*) são muito nutritivas, ricas tanto em vitaminas quanto em amido, e podem ser secas e preservadas para o consumo mesmo fora de temporada. Pode-se fazer um mingau muito substancioso com as castanhas, ou um pão com a farinha com elas produzida, ou, simplesmente, consumi-las assadas. As folhas dos castanheiros também servem como pasto para ovelhas ou cabras. Monges medievais contribuíram para a plantação dos primeiros pomares nas Cévennes, e por séculos as árvores proporcionaram aos resistentes habitantes locais um considerável grau de autossuficiência. Diz-se que as Cévennes jamais conheceram a fome, nem mesmo durante os piores períodos de escassez. Enquanto tiverem seus pomares de castanhas, suas hortas domésticas e seus rebanhos de ovelhas e cabras, eles necessitarão de poucas coisas do "mundo exterior". Por isso, os castanheiros são um ingrediente importante no famoso traço de independência que caracteriza o povo das Cévennes.

Mais prosaicamente, os castanheiros tornaram-se uma fonte de alimento muito útil para os combatentes *Camisards*. É fácil romantizar a rebelião, com seus objetivos idealistas e seus ousados combatentes, mas, na realidade, foram coisas muito mais "mundanas", tais como a comida, que determinaram o destino da revolta. Tal como explicou um general do século XIX, referindo-se à Córsega, outra grande produtora de castanhas: "Você pretende subjugar os corsos? Derrube seus castanheiros!".[5]

Hoje em dia, as Cévennes ainda são uma das principais regiões produtoras de castanhas da França. Castanhas assadas sobre grelhas são vendidas em mercados de todo o país durante o outono e o inverno, e elas são particularmente apreciadas na época do Natal. Também são um acompanhamento clássico para uma quantidade de pratos típicos das festas de final de ano, tais como perus assados e couve-de-bruxelas. Os *marrons glacés*, ou castanhas confeitadas, são uma especialidade do sul da França (as *marrons* são um tipo de castanhas maiores, muito popularmente empregadas na confeitaria). Infelizmente, as castanhas são pouco consumidas em outras épocas do ano, e, ao longo do tempo, ganharam a reputação de um "pesado" alimento de camponeses, muito rico em carboidratos. As Cévennes também têm sofrido com a mesma despovoação rural que afeta muitas outras partes da França. Por isso, não é de surpreender que a produção de castanhas tenha gradualmente diminuído, de 500 mil toneladas por ano, no final do século XIX, para apenas 90 mil toneladas hoje em dia.[6]

Uma descrição majestosa dos castanheiros chega até nós por cortesia de Robert Louis Stevenson, autor de, entre outras obras, *A Ilha do Tesouro*, que, em 1878, passou duas semanas perambulando pelas Cévennes, montado em um burro, numa infrutífera tentativa de esquecer um amor perdido (mas que, felizmente, foi depois reencontrado, tendo os dois se casado). Ele relatou suas aventuras no livro *Travels with a Donkey in the Cévennes*, no qual incluiu sua descrição dos castanheiros:

> Eu queria poder comunicar uma noção acerca do crescimento dessas nobres árvores; como elas projetam seus ramos como os carvalhos e lançam jorros cadentes de folhagens como os salgueiros; ou sobre como

Robert Louis Stevenson recontou suas andanças pelas Cévennes, motivadas por um amor não correspondido, em uma das suas primeiras obras, *Travels with a Donkey in the Cévennes*. A rota que ele percorreu como caminhante pode ser percorrida ainda hoje, na que é conhecida como Trilha Stevenson. Calcogravura do frontispício da edição de 1907, por Walter Crane (Londres: Chatto & Windus).

postam-se eretas, como pilastras em uma igreja; ou, tal como fazem as oliveiras, do tronco mais danificado conseguem fazer surgir novos brotos e iniciarem uma nova vida sobre as ruínas da antiga.[7]

Hoje em dia, as Cévennes permanecem como um rincão relativamente pouco explorado da França, mas é fácil seguir os passos do autor percorrendo-se a Trilha Stevenson e retraçando os antigos rastros através das íngremes e rochosas elevações, dos vales de rios e pequeninos vilarejos que pouco mudaram desde os tempos dos *Camisards*. Tal como acontece com as terras dos cátaros, a História de distantes rebeliões e tragédias jaz muito próxima da superfície de toda a região, como um orgulhoso elemento da tradição local. Essa é outra indicação de que a questão relativa ao que significa ser "francês" não é tão clara quanto alguns podem querer acreditar.

25

As Amargas Raízes do Açúcar

André Breton, o escritor do século XX e um dos nomes principais do surrealismo, escreveu, em seu romance *Nadja*, que Nantes era "talvez, juntamente a Paris, a única cidade francesa na qual pude ter a sensação de que algo de bom pudesse acontecer comigo... onde um espírito aventureiro para além de quaisquer aventuras ainda vivesse". Essa antiga cidade, às margens do rio Loire, próxima à costa do Atlântico, também foi o berço de Júlio Verne, autor de esplêndidas histórias de viagens fantásticas que derivaram das inspirações proporcionadas por esse agitado porto. Hoje em dia, Nantes explora esse sentimento de aventura surrealista promovendo um festival artístico de vanguarda anual, que conta com um hangar repleto de engenhocas *steampunk* (incluindo um gigantesco elefante mecânico, que pode ser "cavalgado", enquanto se passeia ao redor de um carrossel em forma de torre, em meio a criaturas de aparência sugestivamente inspirada em Verne).

Mas há um lado obscuro desse espírito aventureiro que fez de Nantes uma das mais prósperas e civilizadas cidades da França, desde o século XVII: um aspecto que é inconscientemente preservado em alguns dos produtos alimentícios mais adorados da cidade, tais como os confeitos multicoloridos chamados *berlingots nantais*, e especialmente no bolo de baunilha embebido com rum conhecido como *gâteau nantais*. A prosperidade da cidade e sua dedicação às especialidades doces são um legado de sua participação no comércio transatlântico de escravos, o que também fez com que enormes quantidades de açúcar passassem por seu porto ao longo de várias centenas de anos. Esse é um passado que apenas em tempos recentes foi reconhecido mais abertamente em Nantes, com a organização de várias grandes exposições em museus, desde meados dos anos 1990, e pela construção de um memorial às margens do rio em 2012. Porém, a trágica natureza do comércio do açúcar permanece um trecho da História da cidade escondido ainda em grande parte tanto dos turistas quanto dos residentes.

A gigantesca gramínea conhecida como cana-de-açúcar foi aos poucos transportada para o Ocidente desde sua região nativa no sudeste asiático, no decorrer de mais de mil anos de comércio e conquistas. Os antigos assírios e persas estabeleceram uma robusta indústria açucareira no Oriente Médio, que posteriormente foi expandida pelos árabes, quando tomaram o controle da região, no princípio da era medieval. (A palavra inglesa *candy* deriva do termo árabe *qandi*, ou açúcar cristalizado.) À época das Cruzadas, o Oriente Médio abrigava muitas fazendas de cana e refinarias de açúcar; e potências emergentes como Veneza fizeram suas fortunas com o comércio açucareiro. O açúcar permaneceu sendo um produto muito caro, que, como vimos, somente podia ser adquirido pelas classes mais abastadas da Europa (o que apenas fez crescer sua demanda pelas elites).

Porém, a ascensão do Império Otomano no século XV fez cessar gradativamente o suprimento de açúcar do Oriente Médio para a Europa. Esforços foram empreendidos para a plantação de cana-de-açúcar nas regiões mais quentes do sul europeu, tais como a Sicília e a Espanha, mas essas eram áreas muito pequenas para suprir o mercado da Europa. A colonização, contudo, abriu vastas novas extensões de terras para o cultivo, e os espanhóis e portugueses rapidamente estabeleceram plantações e refinarias de cana-de-açúcar nas Ilhas Canárias, na Madeira, no Brasil e nas chamadas Índias Ocidentais (quase todas as ilhas do Caribe). O açúcar, então, inundou o mercado europeu e, já em 1600, tornou-se um gênero acessível à população – bem a tempo para adoçar as novas bebidas provenientes das colônias, tais como o chocolate, o café e o chá. Isso fez apenas aumentar ainda mais a demanda, impulsionando a produção colonial.

A França chegou como retardatária ao comércio do açúcar, depois de ter estabelecido colônias no Caribe, no século XVII: Guadalupe e Martinica em

1635 e ilha de São Domingos (na qual está situado o atual Haiti) em 1664. Essas ilhas ofereciam condições ideais para o cultivo da cana-de-açúcar, mas a colheita e o processamento da cana exigiam um trabalho extremamente árduo. Provou-se muito difícil e caro trazer franceses para atuarem na cultura da cana, e a população nativa estava morrendo rapidamente ou tornando-se debilitada pelas novas doenças europeias. Os franceses, então, apelaram para a mesma solução encontrada por outras potências coloniais: o comércio de escravos africanos, que já se desenvolvia desde as primeiras tentativas de cultivar cana-de-açúcar no sul da Europa.

Nesse diabólico padrão de comércio, navios partiam de portos europeus transportando gêneros tais como armas, álcool e tecidos. Quando chegavam a portos escravagistas na África Ocidental, essas cargas eram trocadas com comerciantes de escravos locais e os navios eram lotados com centenas de africanos escravizados. Acorrentados e amontoados em condições desumanas e devastados por doenças, uma em cada dez pessoas costumava não sobreviver aos meses de viagem pelo mar. As que sobreviviam eram vendidas para fazendeiros quando chegavam às Américas, sendo destinadas a uma vida brutal de trabalho extenuante. Os comerciantes de escravos eram geralmente pagos com açúcar, café e outros gêneros produzidos no Novo Mundo em vez de dinheiro. Então, eles retornavam aos seus portos de origem na Europa, onde vendiam suas cargas. Ao longo de quase quatro séculos, mais de 12,5 milhões de escravos foram levados às Américas – cerca de 1,4 milhão deles por comerciantes franceses.[1]

Enquanto o açúcar e o café permaneceram como os primeiros produtos a serem importados do Caribe, navios que se dirigiam para a França começaram a transportar cargas de *rhum*, ou rum, das Índias Ocidentais. Europeus estabelecidos nas "ilhas de açúcar", ansiando por algum tipo de libação alcoólica que suavizasse a dura realidade da vida colonial, inventaram o rum ao aplicarem novas técnicas de destilação ao melado (o xaroposo subproduto do processamento da cana-de-açúcar). Emergiram os estilos de rum francês e inglês, com diferentes sabores, pois enquanto os franceses empregavam os métodos de destilação do conhaque, os ingleses empregavam os métodos ligeiramente diferentes da produção de uísque. O rum tornou-se cada vez mais popular no século XVIII, e sua produção firmou-se como um valioso negócio paralelo nas plantações francesas de cana-de-açúcar.

À medida que o comércio de escravos se expandia nos séculos XVII e XVIII, os mercadores de Nantes tomavam parte dele de maneira entusiástica, fazendo da cidade o porto escravagista mais importante da França. Ainda que outras cidades francesas também tenham participado desse comércio – incluindo La Rochelle, Le Havre e Bordeaux –, cerca de 45% do total de escravos foram negociados em Nantes. Mais de 1.400 expedições escravagistas partiram da cidade, levando mais de 500 mil africanos para as Américas.[2] Essas cifras pareciam insignificantes quando comparadas às dos portugueses e ingleses, então as potências navais dominantes e os maiores comerciantes do período (Liverpool, por exemplo, organizou mais expedições escravagistas do que todos os portos franceses juntos), mas ainda assim Nantes tornou-se uma nova cidade rica. Muitas das elegantes mansões de pedras brancas que adornam as mais belas ruas de Nantes foram construídas com os proventos desse bárbaro comércio.

No auge, durante o século XVIII, Nantes importava algo entre 20 milhões e 30 milhões de toneladas de açúcar a cada ano – mais do que qualquer outro porto francês.[3] Grande parte dessa quantidade precisava ser refinada antes de ser vendida; assim, refinarias de açúcar floresceram por todo o Vale do Loire, de Nantes até Orléans. Dali, o açúcar podia ser facilmente transportado para Paris, o maior mercado doméstico, ou exportado para mercados estrangeiros. Esse papel crucial na indústria açucareira da França talvez explique a natureza doce de muitos dos mais notáveis produtos alimentícios de Nantes e a razão pela qual a cidade veio a se tornar um grande centro de produção de alimentos industrializados. E, por certo, a cidade é creditada pela criação, no início no século XIX, do *gâteau nantais*, cujo sabor único e delicioso dependia do açúcar, da baunilha e do famoso rum das Índias Ocidentais. O bolo ainda permanece uma especialidade local, tendo sua proveniência associada, de maneira um tanto indireta, às importações coloniais em vez de especificamente ao comércio de escravos.

Enquanto Nantes agora, tardiamente, tenta reconhecer seu passado amargo, os comerciantes de escravos àquela época não se preocupavam em encontrar justificativas morais pela sua participação nesse comércio. Para eles, tratava-se de um tipo de comércio como qualquer outro; e os escravos eram percebidos menos como pessoas do que como bens de propriedade privada, que podiam ser comprados e vendidos. Na verdade, a população francesa como um todo não estava muito preocupada com a escravidão nos séculos XVI e XVII. Pelo final dos anos 1700, o comércio de açúcar era responsável por um sexto da renda das exportações francesas, criando poderosos incentivos econômicos para a sustentação da indústria. A colônia de São Domingos sozinha produzia 40% do açúcar do mundo inteiro e quase a metade do café, e suas plantações dependiam inteiramente de trabalho escravo.

Mas no século XVIII, vozes começaram a ser ouvidas condenando a escravidão. Em *Cândido*, escrito por Voltaire em 1759, um escravo que perdera uma das mãos e uma perna explica: "Quando trabalhávamos na cana-de-açúcar, se um moinho apanhasse um dedo, eles nos decepavam a mão; e quando tentávamos fugir, eles nos cortavam uma perna. Ambas essas coisas aconteceram comigo. Esse é o preço pelo qual vocês comem açúcar na Europa".[4] Outros famosos escritores e pensadores do Iluminismo, tal como Montesquieu, criticaram o negócio, embora ele (do mesmo modo que o filósofo inglês John Locke) fosse contra à escravidão principalmente dentro de sua terra natal, não nas colônias, e tenha chegado até mesmo a lucrar com investimentos pessoais no comércio de escravos.

Então, irrompeu a Revolução Francesa. Graças à pressão de mercadores de escravos e proprietários das plantações coloniais, os grandiosos ideais de liberdade, igualdade e fraternidade não foram inicialmente estendidos aos escravos nas colônias francesas. Mas um movimento abolicionista começou a ganhar impulso, enquanto grupos tais como a *Société des Amis des Noirs* (Sociedade dos Amigos dos Afrodescendentes) faziam petições em assembleias revolucionárias e distribuíam literatura antiescravagista tentando influenciar a opinião pública. O regime revolucionário tornou-se mais radical e menos subserviente às classes proprietárias de terras, especialmente para com os plantadores no Caribe, muitos dos quais apoiavam a monarquia deposta. Quando irrompeu a guerra contra a Inglaterra, em 1793, esses plantadores monarquistas chegaram mesmo a aliarem-se aos britânicos, que pretendiam expulsar os revolucionários de Paris e restaurar a monarquia francesa, bem como manter a escravidão nas colônias. Forças britânicas ocuparam quatro das mais importantes ilhas francesas no Caribe, incluindo São Domingos, e o tráfego transatlântico de escravos foi bruscamente interrompido devido à guerra. Tudo isso criou um conjunto de políticas e incentivos estratégicos para a emancipação dos escravos franceses, e, em 1794, a Assembleia Nacional votou pelo fim da escravidão nas colônias. Uma força expedicionária francesa desembarcou em Guadalupe e libertou a população de escravos, e os britânicos foram expulsos da ilha no final daquele ano. Os franceses, então, passaram a fomentar uma série de revoltas de escravos nos territórios coloniais ingleses.

Em São Domingos, Toussaint-Louverture, um dos líderes de uma rebelião de escravos que já vinha sendo "levada em banho-maria" por vários anos, agora se aliava ao regime revolucionário francês. Após seis anos de guerra, lutas internas entre facções e negociações diplomáticas, ele tomou o controle de toda a ilha de Hispaniola das mãos de seus rivais políticos e dos ocupantes ingleses. A colônia, cada vez mais autônoma, proclamou-o como seu governador em 1801. Porém, quando chegou ao poder, Napoleão estava determinado a retomar o controle de São Domingos, a mais importante e lucrativa colônia francesa, e a reinstaurar a escravidão. Uma guerra "suja" irrompeu, durante a qual Toussaint-Louverture foi capturado e aprisionado (ele viria a morrer no imponente Fort de Joux, nas montanhas Jura, no leste da França, em 1803). Os franceses cometeram terríveis atrocidades na tentativa de reprimir a rebelião, mas também sofreram enormes perdas, que os levaram à derrota final na decisiva Batalha de Vertières, em novembro de 1803. A independência da nação do Haiti foi declarada em 1º de janeiro de 1804, na sequência da mais bem-sucedida rebelião de escravos da História.

Napoleão reintroduziu a escravidão no restante dos domínios coloniais franceses, e ela só seria formalmente abolida em 1848, com o estabelecimento da Segunda República Francesa. Por essa época, a maior parte do açúcar sobre as mesas francesas não era mais derivada de cana-de-açúcar, mas, sim, de beterrabas doces. Agrônomos europeus, havia muito tempo, vinham tentando desenvolver uma versão mais barata de açúcar derivada de várias plantas e frutas cultivadas localmente; ainda em 1575, Olivier de Serres descobrira o elevado teor de açúcar das beterrabas. Os processos de extração, contudo, permaneceram incipientes, até que os bloqueios marítimos das Guerras Napoleônicas interromperam o comércio transatlântico, provando-se como um efetivo impulso para a pesquisa. Em 1811, um banqueiro e dono de fábricas francês chamado Benjamin Delessert aperfeiçoou um método industrial para a obtenção do açúcar de beterrabas, graças ao qual foi feito barão por um muito agradecido Napoleão.[5] A França tornou-se o maior produtor de açúcar de beterraba na Europa, e ainda hoje em dia a maior parte do açúcar consumido na França é, de fato, açúcar de beterraba, não de cana-de-açúcar.

O escritor culinário Maguelonne Toussaint-Samat certa vez escreveu que "tantas lágrimas foram derramadas pelo açúcar que, por direito, ele deveria ter perdido sua doçura".[6] Os esforços de Nantes por reconhecer a verdade dessa história sofrida ainda estão por ser louvados, mas eles também foram severamente criticados por dois lados opostos: pela parcela do povo francês de posição nacionalista, que se opõe a quaisquer manifestações de arrependimento pelas práticas coloniais francesas, e pelos grupos ativistas que argumentam que a memória dos eventos sem a devida aplicação da justiça é, em última análise, vazia. Naturalmente, ninguém está dizendo que o consumo de produtos do comércio açucareiro, tal como o *gâteau nantais*, deva ser evitado. O *gâteau nantais* é, afinal de contas, apenas um delicioso bolo local. Mas a questão de como reconhecer as por vezes amargas raízes da gastronomia francesa ainda persiste, sem qualquer espécie de consenso em vista.

26

O Licor dos Deuses

Por algum tempo, em 2012, pareceu que a França logo poderia desfrutar do primeiro parque temático dedicado a um de seus mais famosos e controvertidos governantes, Napoleão Bonaparte. A "Napoleãolândia", tal como foi sarcasticamente chamada pela mídia, foi uma ideia do político francês Yves Jégo. O imenso e extenso parque abrigaria reencenações diárias das batalhas de Trafalgar e Waterloo, passeios de montanha-russa em réplicas de pirâmides egípcias e uma pista de esqui pontilhada por réplicas de cadáveres congelados, em memória da amarga retirada de Napoleão da Rússia. Felizmente, Jégo não conseguiu levantar fundos suficientes, e o mundo foi poupado da experiência interativa da guilhotina. Devido ao seu legado divisionário entre o povo francês, provavelmente seja melhor Napoleão ser lembrado de maneiras mais discretas e abstratas.

Mesmo os apreciadores do *Courvoisier*, fabricado por um dos mais famosos produtores de conhaque do mundo, talvez não se tenham dado conta de que a silhueta vagamente sugerida no rótulo púrpura da marca é, de fato, a de Napoleão Bonaparte, com uma das mãos enfiada no casaco. Trata-se de um tributo à predileção de Napoleão pelo conhaque: embora sua bebida preferida fosse *champagne*, ele fazia distribuir conhaque para suas tropas, para elevar-lhes o moral; e levou consigo vários barris da bebida para seu exílio em Santa Helena. Atualmente, o imponente Château Courvoisier, às margens do rio Charente, na elegante cidade de Jarnac, no oeste da França, rende tributo ao pequeno imperador com uma exposição de alguns de seus objetos pessoais, incluindo um exemplar bastante "surrado" de seu famoso chapéu.

Conhaque – ou *cognac* – é o nome dado ao conhaque destilado produzido em uma região vinícola específica, nas redondezas da cidade de Cognac, situada a cerca de 48 quilômetros, terra adentro, da costa do Atlântico, entre La Rochelle e Bordeaux. Seu sabor característico provém do *terroir* em que as uvas são cultivadas, ao duplo processo de destilação que converte o vinho branco local em conhaque e, mais importante, aos barris de carvalho em que a bebida é envelhecida, o que lhe confere a brilhante coloração âmbar e o sabor floral-amadeirado. A esta altura é provável que você não se surpreenda ao saber que, para um destilado de uvas ser chamado de *cognac*, somente um tipo específico de madeira de carvalho pode ser empregado na confecção dos barris (proveniente das florestas próximas de Limousin ou Tronçais). A distintiva qualidade do *cognac* – o "licor dos deuses", como apropriadamente o descreveu Victor Hugo – depende da observação de uma rotina, que foi refinada ao longo de vários séculos.[1]

Na verdade, quando se considera a multiplicidade de coincidências históricas que ocorreram nessa região para que o conhaque fosse inventado, pode-se suspeitar de intervenção divina. Podemos agradecer às águas do Atlântico por terem coberto, certa vez, a região de Cognac, deixando para trás um tipo de pedra calcária especial e um solo argiloso no qual as vinhas podem florescer. Um tributo especial é devido aos gauleses, por terem inventado os barris de madeira, e aos romanos, por terem introduzido os vinhedos nessa parte da França. Devemos agradecer aos cientistas árabes, que refinaram os métodos de destilação e os apresentaram à Europa medieval, e a Leonor de Aquitânia, pela eficiente promoção de sua adorada região vinícola. Por fim, devemos reconhecer as Guerras Religiosas Francesas, que contribuíram para fazer de La Rochelle, o porto marítimo mais próximo de Cognac, uma fortaleza huguenote relacionada com o Estado Protestante da Holanda – porque, por estranho que pareça, os holandeses desempenharam um papel crucial nas mais remotas origens do refinado destilado francês.

Pela maior parte do século XVI, a Holanda foi um pequeno posto avançado setentrional do poderoso Império Espanhol. Mas, em 1568, províncias holandesas rebeladas deram início à Guerra dos Oito Anos, almejando sua independência da Espanha. Elas estabeleceram a República Holandesa em 1581 e levaram a guerra contra a Espanha para os reinos coloniais. No início do século XVII, a Holanda já era uma poderosa nação comerciante e uma potência naval, independente em tudo, por nome e direito. A Companhia Holandesa das Índias Orientais dominava o comércio de especiarias, amealhando lucros colossais; e colônias holandesas foram estabelecidas no sudeste asiático, no Caribe e na costa leste da América. Amsterdã tornou-se o mais importante centro bancário e comercial da Europa por quase um século.

Comerciantes holandeses tornaram-se cada vez mais envolvidos com as exportações de vinhos provenientes do oeste da França, especialmente com as cargas que partiam dos portos de Bordeaux e La Rochelle, a partir do século XV. Depois de os ingleses terem perdido a Gasconha, os holandeses dominaram o embarque de vinhos da região para o restante da Europa. No início dos anos 1600, o rei Henrique IV trouxe engenheiros holandeses para que auxiliassem na drenagem da imensa região pantanosa conhecida como Marais Poitevin, a leste de La Rochelle, visto serem os holandeses reconhecidos especialistas em recobrar terras do mar. Assim, os holandeses se familiarizaram com os vinhos do oeste da França, incluindo os vinhos brancos produzidos nas redondezas da cidade de Cognac. Já àquela época, os holandeses tinham a reputação de serem muito afeitos à bebida e aos prazeres da vida de maneira geral, quer esses se manifestassem na forma de comida, das artes ou do cultivo de flores.

Porém, também de maneira geral, a indústria de vinhos sofria com uma grave crise nos anos 1600. A Europa se encontrava varrida por guerras, tal como a Guerra dos Trinta Anos, que vitimara entre um terço e a metade dos habitantes da Europa Central. Isso fez romper severamente os padrões normais de comércio, e os vinicultores franceses perderam muitos de seus mais valiosos mercados, ainda que suas próprias terras não fossem afetadas. A demanda por vinho também decresceu devido à disseminação de novos movimentos religiosos, tal como o dos Puritanos, que proscreveram o consumo de álcool, e com o surgimento de fontes de água potável mais seguras, o que eliminou um dos fatores-chave para o consumo frequente de vinho. O vinho enfrentou uma acirrada competição com as bebidas coloniais como o chá e o café e com a fundação de novos estabelecimentos que favoreciam seu consumo. Povos acostumados com as viagens por todo o mundo, como os holandeses e os ingleses, depararam-se com um dilema específico: seus vinhos franceses favoritos possuíam teores alcoólicos relativamente baixos e azedavam com facilidade durante as longas viagens marítimas. Técnicas de conservação que, hoje em dia, permitem que vinhos sejam envelhecidos por décadas ainda não eram conhecidas, e, àquela época, o tempo de "vida útil" de um vinho raramente ultrapassava um ano – ou muito menos que isso, se submetido a temperaturas extremas e condições rudes de manuseio.

Tudo isso criou espaço para o surgimento de novos tipos de licores, com teores mais elevados de álcool e, portanto, mais fáceis de conservar, armazenar e transportar, enquanto também ofereciam um novo apelo ao paladar de seus consumidores. Os holandeses, em particular, passaram, cada vez mais, a destilar vinho, em um processo que envolvia o superaquecimento da bebida em panelões especiais de cobre, obtendo como resultado um licor ao qual chamavam *brandewijn* [vinho queimado], ao qual os ingleses chamaram *brandy*. O processo de destilação, por si mesmo, não era novidade; mas o mercado para as bebidas destiladas fora sempre, tradicionalmente, muito pequeno. O álcool incolor, de alto teor alcoólico, conhecido na França como *eau-de-vie* [água da vida], era utilizado principalmente com finalidades medicinais; somente os alemães o consumiam por seus efeitos inebriantes. Porém, as bebidas destiladas tornaram-se gradativamente mais populares, e a *eau-de-vie* produzida nas vinhas de Cognac era particularmente deliciosa (pois, ao contrário de outras variedades de *brandy*, não era destilada várias vezes, retendo a maior parte de seu sabor original de uvas). O licor tornou-se um item de muita procura nas tabernas do norte da Europa. A princípio, os holandeses destilavam vinho principalmente na Holanda, mas, com o passar do tempo, resolveram simplificar as coisas e passaram a destilar as uvas de Cognac localmente; assim, as primeiras destilarias de conhaque foram estabelecidas na região de Charente.

Sem dúvida, os holandeses não merecem o crédito exclusivo pela criação do conhaque, visto serem essas versões iniciais ainda muito primitivas, geralmente misturadas com água ou ervas aromáticas. Os destiladores franceses assumiram a fabricação e implementaram refinamentos substanciais – mais notavelmente o longo envelhecimento do licor em barris de carvalho, que é, basicamente, o que distingue o conhaque de uma *eau-de-vie* comum. Essa inovação, que se firmou no século XVIII, pode ter surgido por acidente, após longas demoras no embarque e no transporte dos carregamentos de licor, conferindo-lhe um sabor tão agradável que permitia seu consumo em forma pura, não diluída. Hoje em dia, o conhaque é envelhecido por um prazo mínimo de dois anos e meio, até meio século, antes de ser comercializado.

Os sabores do conhaque se aprofundam à medida que ele envelhece, mas isso compromete sua produção: cerca de 2% do licor produzido evapora a cada ano. Em uma indicação da aura quase religiosa que envolve a produção do conhaque, a porção perdida é conhecida como *la part des anges* [a parte dos anjos]. No transcurso de um ano, a França perde o equivalente a 20 milhões de garrafas de conhaque "para os anjos" (que, obviamente, adoram conhaque tanto quanto nós, simples mortais). Esse processo de evaporação torna enegrecidas as paredes das câmaras de armazenamento, o que foi, durante muito tempo, de enorme ajuda para os coletores de impostos que tentavam determinar quem estivesse produzindo e vendendo conhaque de maneira ilegal. Hoje em dia, muitas antigas edificações nas cercanias de Cognac ainda conservam traços enegrecidos deixados pelos anjos inebriados em suas paredes.

Na medida em que o conhaque levava cada vez mais tempo para ser produzido e ter seu sabor melhorado, ele deixou de ser uma bebida barata, de fácil acesso a marinheiros e à gente comum, e passou a ser um licor especial destinado ao consumo das classes mais abastadas. No século XVIII, ele já era comercializado como uma bebida *premium*, quando comparado a outros licores, em Amsterdã. Mais e mais terras na região de Cognac foram dedicadas ao cultivo de uvas para destilação; e pelo final do século XIX uma área maior do que a de Luxemburgo era cultivada unicamente com uvas para a produção de conhaque. A superprodução passou a ser, então, uma ocorrência regular. Produtores tiveram de sonegar seus estoques à espera de que o suprimento já distribuído baixasse, mas isso redundou apenas em um envelhecimento mais prolongado para o conhaque.

Muitas das famílias produtoras de conhaque no século XVII eram huguenotes. Com a campanha persecutória lançada por Luís XIV, elas refugiaram-se na Holanda, na Inglaterra e na Irlanda, mas mantiveram seus laços com

Charente e, assim, contribuíram para a disseminação da apreciação do conhaque em terras estrangeiras ainda mais longínquas. O gosto dos ingleses e irlandeses tendia particularmente para as variedades mais fortes da bebida, e duas das mais importantes casas produtoras de conhaque, a Hennessy e a Martell, foram fundadas, respectivamente, por um irlandês e por um inglês, no século XVIII. (Richard Hennessy foi um mercenário irlandês que descobriu as alegrias do conhaque enquanto se recuperava de um ferimento em La Rochelle; e Jean Martell, um nativo das Ilhas do Canal, um "paraíso" de contrabandistas, enriqueceu com o tráfico de conhaque.) Os americanos também não eram imunes aos encantos da bebida: durante a grande era dos coquetéis, entre o final do século XIX e princípios do século XX, o conhaque foi a base de drinques clássicos como o *sidecar* e o *stinger*. Assim, as grandes casas produtoras de conhaque sobreviveram a vários séculos de guerras, revoluções, depressões econômicas e ocupações estrangeiras, ao mesmo tempo que mantinham uma reputação de luxo e refinamento. Durante a Segunda Guerra Mundial, por exemplo, as autoridades alemãs na França, sozinhas, requisitaram 27 milhões de garrafas de conhaque.

Contudo, na França de hoje em dia, o conhaque é visto como uma bebida típica de idosos. Os franceses modernos preferem o uísque, que eles bebem mais a cada ano do que qualquer outro país no mundo. O uísque responde por 40% do mercado de bebidas destiladas na França, sendo as marcas escocesas, de longe, as favoritas – enquanto o conhaque detém menos de 1% desse comércio.[2]

Fora da França, a história é muito diferente. Nos Estados Unidos, o conhaque foi recentemente popularizado pela comunidade norte-americana do *hip-hop*. As vendas do *Courvoisier* saltaram cerca de 20% graças ao sucesso de Busta Rhymes intitulado *"Pass the Courvoisier"*; e outras marcas de conhaque apressaram-se a obter novos acordos de patrocínio com outros "luminares" do *hip-hop*, tais como Jay-Z e Snoop Dogg.[3] Em um astuto movimento de *"marketing* reverso", a Martell passou a patrocinar um popular festival de *blues* norte-americano em Cognac, a cada verão. Nas novas potências econômicas, como a China, o conhaque torna-se cada vez mais popular como símbolo de riqueza recentemente conquistada. A Rémy Martin agora satisfaz as preferências chinesas ao comercializar seu produto em garrafas octogonais (sendo o oito particularmente considerado como um "número de sorte" na

China). Essas iniciativas de *marketing* inteligente e "de mentalidade aberta" são características da indústria do conhaque, que é considerada muito menos "purista" sobre como os seus produtos são adaptados e influenciados do que outros produtores franceses. Trata-se de uma necessidade inevitável, uma vez que mais de 95% do conhaque produzido na França é exportado.

Está claro que, até mesmo os produtores de conhaque têm seus limites, e tal como a maioria das indústrias francesas eles defendem zelosamente o AOC de seu conhaque – o que evita que produtores localizados fora da região de Cognac refiram-se aos seus licores como *"cognac"*. Uma dessas "batalhas" comerciais mais duradouras, curiosamente, tem sido travada com uma indústria de *brandy* armênia. Em 1900, Nikolay Shustov, um produtor de *brandy* armênio, participou de uma competição de "testes cegos" durante a Exposição Internacional de Paris, tendo conquistado o *Grand Prix*. Ele passou, então, a referir-se ao seu *brandy* como *cognac*; e o *cognac* armênio tornou-se, mais tarde, o favorito da elite soviética. (Segundo uma lenda, Winston Churchill converteu-se em um grande apreciador do *cognac* depois de ter sido presenteado com uma garrafa por Joseph Stalin, durante a Conferência de Yalta.) Atualmente, a maioria dos países aquiescem às leis francesas da AOC e comercializam o licor armênio como *brandy*; mas ainda é possível encontrar garrafas do *cognac* armênio por todos os países que compunham o antigo mundo comunista. Esse é um lembrete sobre como o conhaque, embora subapreciado pelo bebedor francês médio, ainda permanece considerado como a bebida mais "celestial" pelo mundo todo.

27

A Controvérsia do *Croissant*

Seria natural pressupor que a recente invenção e a popularidade do *Cronut* – um híbrido entre um *croissant* e um *donut* – pudesse levar um cidadão francês médio a acessos apopléticos de fúria. *"Zut alors!"* [Ora, bolas!], poderíamos imaginar um certo Jacques a exclamar. "Como alguém ousa desfigurar o nosso perfeito produto de panificação matinal!?" Mas, de modo geral, os franceses parecem mais surpresos do que repelidos pelo *Cronut*. Enquanto todos os tipos de mutações do *croissant* espalham-se pelo mundo, os franceses simplesmente dão de ombros e vão às suas *boulangeries* locais em busca de um *croissant ordinaire* (o típico pãozinho em forma de meia-lua feito com manteiga) ou mesmo de um mais refinado *croissant au beurre* (geralmente produzido com uma forma menos encurvada e com o emprego de manteiga). Adicionar mesmo que somente um toque de geleia ou manteiga a um *croissant* fresquinho, recém-assado, parece desnecessário – sem falar no acréscimo de açúcar, presunto, queijo ou qualquer outra coisa. Você pode, no entanto, mergulhar seu *croissant* numa xícara de café sem qualquer constrangimento.

O *croissant* talvez seja um dos alimentos mais icônicos da França de todos os tempos, mas, ainda que esteja bem estabelecido nessa posição, suas origens não são, de modo algum, inteiramente francesas. Seu ancestral mais provável é o *kipfel*, um pãozinho em forma de meia-lua confeccionado na Áustria. Segundo uma lenda bastante "viajada", o primeiro capítulo de sua jornada para a fama começou em 1683, durante o cerco otomano a Viena. Os madrugadores padeiros vienenses frustraram uma tentativa de invasão otomana por um túnel escavado sob as muralhas da cidade, permitindo que seus defensores aguentassem até que o rei polonês Jan Sobieski chegasse para repelir os invasores. Para celebrar seu papel no salvamento da cidade, os padeiros criaram um pãozinho em forma de meia-lua, uma referência escarnecedora a um dos símbolos mais característicos dos derrotados otomanos.

Sem dúvida, a verdade é um pouco menos "apresentável" do que a lenda. A criação do *kipfel* data, de fato, do século XIII, quando ele era mais semelhante a um rolo de massa grossa do que a um produto aerado da panificação mais moderna. Algumas versões da história situam o local e a data das origens do pãozinho nos primeiros cercos a Viena, durante o século XVI, ou no cerco otomano a Budapeste. Algo presumivelmente implícito em todas as variadas repetições da lenda é o fato de os franceses compartilharem com os Habsburgos austríacos o entusiasmo pelo produto de panificação que celebrava a vitória sobre os temíveis turcos. Ainda que, na verdade, a França tivesse mantido uma aliança por mais de 250 anos com o Império Otomano e ficado menos do que empolgada diante do fracasso dos turcos ao tentarem tomar Viena, a rival europeia mais desafeta da capital francesa. Luís XIV não apenas se recusou a enviar auxílio à cidade sitiada, como teria encorajado o grão-vizir otomano Kara Mustafa Pasha a atacar Viena, desde o princípio.

Desde o início, também, foi controvertida a aliança franco-otomana. O Império Otomano vinha avançando sobre terras europeias desde o final do século XIV, conquistando aos poucos mais territórios na Grécia e nos Bálcãs, ao mesmo tempo que estendia seu controle sobre grande parte do Oriente Médio. Aquele era um império multiétnico, notório por sua tolerância religiosa; e, quando as Guerras Religiosas começaram a dilacerar a Europa, muitos exilados protestantes encontraram asilo em terras otomanas. Novas cidades otomanas na Europa, tais como Sarajevo, abrigaram comunidades muçulmanas, católicas, ortodoxas e judaicas simultaneamente. Mas os sultões eram muçulmanos devotos e, apesar da tolerância religiosa em seu exercício do poder, a expansão de seu domínio islâmico sobre a Europa Cristã produziu "ondas de choque" em uma população que ainda conservava arraigadas identidades e visões de mundo religiosas.

Assim, quando o rei Francisco I assinou um tratado de aliança com Suleiman, o Magnífico, em 1536, isso deve ter feito sentido de uma perspectiva maquiavélica: os otomanos estavam tomando cada vez mais territórios de seus rivais Habsburgos, avançando pela Hungria, mas sua posição era vista como uma chocante traição à causa da Europa Cristã. Não obstante, a aliança perdurou por mais de dois séculos, com as duas potências colaborando em campanhas militares contra mútuos rivais europeus e aproveitando-se de vantajosos acordos comerciais. Esse relacionamento permitia aos cientistas e linguistas franceses visitar as terras otomanas e expandir seus conhecimentos de astronomia, matemática, botânica e idiomas orientais. Um notável intercâmbio cultural ocorreu quando as artes, a arquitetura, a música e a literatura turcas tornaram-se uma "moda" em meio aos círculos intelectuais franceses. A tendência para a *"Turquerie"* espalhou-se aos poucos por toda a Europa, em especial depois da derrota otomana em Viena, comumente encarada como um "ponto de virada" na sorte europeia (ao longo dos dois séculos seguintes, os turcos perderiam todos os territórios europeus que haviam conquistado antes de 1683). Enquanto a percepção do Império Otomano como uma ameaça militar diminuía, ele passou a ser visto mais como uma fonte de objetos exóticos e práticas estranhas, seletivamente apropriados pelas elites europeias para ostentar sua condição de "cidadãos do mundo" e sua autopercepção de superioridade. Tais padrões de envolvimento europeu com as culturas orientais – comumente agrupados e rotulados pelos críticos dentro do conceito de "Orientalismo" – cresceram e se expandiram no decorrer dos séculos seguintes.

Talvez não cause surpresa o fato de um dos legados mais duradouros da aliança franco-turca ser encontrado no reino da gastronomia. Em 1669, o novo embaixador otomano, Suleiman Aga, apresentou-se pessoalmente a Luís XIV, em Versalhes, e ofendeu o Rei-Sol por vestir-se com um conjunto de roupas comuns e por se recusar a fazer uma mesura inclinando-se diante dele. Assim, foi logo "despachado" para Paris, onde, sem abalar-se, dedicou-se a conquistar uma vitória sobre a nobreza – sobretudo sobre a ala feminina da aristocracia – com extravagantes demonstrações de hospitalidade e riqueza. Mais notavelmente, ele servia a ainda um tanto exótica beberagem de café aos seus nobres visitantes – adquirindo, assim, valiosas informações de inteligência sobre a política francesa de seus cafeinados e superestimulados convidados. O consumo de café tornou-se aos poucos "moda" em Paris, especialmente com a criação dos primeiros *cafés*, pelo final do século – embora a bebida não viesse a conquistar Versalhes senão até a época de Luís XV, quando a amante real, Madame du Barry, impôs à corte seu gosto pelo café.

Essa aliança benéfica chegaria ao fim em 1798, quando Napoleão invadiu o Egito, então parte do Império Otomano. Não está claro se a essa altura alguma versão do *kipfel* já tivesse se popularizado na França. Outra série de lendas atesta que Maria Antonieta, saudosa de sua Viena natal depois de ter se tornado rainha da França em 1774, apresentou um pãozinho em forma de meia-lua à corte francesa; mas há poucas evidências históricas que sustentem essa versão.

Muitos historiadores acreditam que as verdadeiras origens do *croissant* remontem a uma padaria vienense estabelecida em Paris, em 1838, por um ex-oficial do exército austríaco chamado August Zang. Àquela época, as padarias francesas ainda não gozavam de uma reputação estelar, e Zang achou sua oferta de pães e outros produtos um tanto desalentadora. Inaugurou sua *Boulangerie Viennoise* na Rue de Richelieu, que atraiu hordas de parisienses com seus deliciosos, amanteigados e doces produtos da panificação austríaca, que vieram a ser conhecidos na França como *viennoiserie*. Seu *kipfel* provou ser especialmente popular e, quando passou a ser preparado com uma massa mais aerada, pela virada do século, o moderno *croissant* nasceu. Algum padeiro desconhecido deve ter tido, consequentemente, a ideia de enrolar uma porção de massa em torno de um pedaço de chocolate amargo e, assim, o *pain au chocolat* juntou-se ao panteão das delícias do típico café da manhã francês.

Hoje em dia, uma excursão nas manhãs de domingo até uma *boulangerie*, em busca de *croissants* frescos, é um ritual comum e tipicamente francês. Os pãezinhos devem, realmente, ser consumidos frescos: se você tiver a ideia de comprar seus *croissants* na noite anterior, antes de dormir, irá deparar-se com um espetáculo de horror incompreensível na manhã seguinte. Contudo, ainda hoje existe uma persistente controvérsia sobre os *croissants*, quando se revela que mais da metade dos *croissants* vendidos nas padarias francesas são produzidos por processos industriais e, posteriormente, reaquecidos quando retirados de um congelador, em vez de assados nos próprios estabelecimentos.[1]

(As *boulangeries* podem se safar com esse ultraje uma vez que a lei exige que elas assem somente os pães de sua própria produção, e não outros produtos de panificação.) Mais e mais, os *croissants* são feitos com margarina em vez de manteiga; e, em outros países europeus, a tendência norte-americana para empregar o *croissant* como pão para sanduíches continua a crescer.

Assim, a história aparentemente simples do *croissant*, esse adorado clichê francês, revela-se um tanto mais complexa do que parecia, a princípio. Contudo ele tem uma história mais direta do que o *pain au chocolat*, que não conta com nenhuma lenda acerca de sua origem e que os residentes do sudoeste da França insistem em chamar de *chocolatine*. Recentemente, o *pain au chocolat* viu-se apanhado em meio a uma controvérsia política quando Jean-François Copé, um político de extrema-direita, afirmou que um estudante francês do curso primário tivera um *pain au chocolat* arrancado de suas mãos por integrantes de uma gangue de rua que observava o jejum durante o Ramadã – uma história que, embora provavelmente apócrifa, serve como uma transparente metáfora para os discursos da extrema-direita quanto à "ameaça" representada pela imigração islâmica.[2] Pode parecer que a panificação francesa serve como um acalentador refúgio das fermentações político-sociais, mas, tal como se revela, toda espécie de ansiedades e agitações podem ser manifestadas por meio de inocentes produtos de panificação.

28

Guerra e Ervilhas*

Nos anais das monarquias europeias, nenhum outro regente ofusca a Luís XIV, cujo reinado durou espantosos setenta e dois anos, até sua morte em 1715. Não é de admirar, portanto, que milhões de turistas de todo o mundo visitem o Palácio de Versalhes a cada ano para contemplar a obra mais monumental de Luís.

Porém, Versalhes conta com muito mais do que apenas o *château* e seus belos jardins: ela é, também, uma cidade por mérito próprio, que cresceu juntamente com o fabuloso *château*. Hoje em dia, Versalhes é um elegante – e caro – subúrbio de Paris, muito popular entre os estrangeiros anglófonos. Para seus moradores, é outras das criações de Luís XIV que permanece como o mais adorado tesouro local: a Place du Marché Nôtre-Dame, que abriga um dos melhores mercados de gêneros alimentícios da região. Três dias por semana, a praça se enche de barracas que oferecem todos os produtos imagináveis: de frutas e legumes raros, até queijos artesanais, vinhos locais, azeitonas, doces e temperos. Pequenos *food trucks* vendem *crêpes* e escaldantes *escargots* nadando em manteiga de alho. A parte coberta das dependências do mercado, em torno da praça, é aberta todos os dias (exceto às segundas-feiras,

---

* O título original deste capítulo, *"War and Peas"*, é um trocadilho feito pelos autores com o título homófono, em inglês, do grande romance russo de Lev Tolstoi, *War and Peace*, ou "Guerra e Paz", em português. (N.T.)

bien sûr), onde é possível encontrar uma deliciosa variedade de carnes, peixes frescos e ostras.

Mas, para que tenham uma verdadeira percepção da junção da gastronomia francesa com a realeza do século XVII, os visitantes devem conhecer o *Potager du Roi*, a horta real, localizada logo à saída pelos portões do *château*. Um triunfo do princípio da ciência moderna e sua engenhosidade, ela serve como um duradouro testemunho das imperiosas demandas do Rei-Sol pela transcendência cotidiana e das inovações que ele impulsionou entre seus mais leais cortesãos.

Luís XIV tornou-se rei em 1643, aos 4 anos de idade, após a morte de seu pai (aquele pio perseguidor de huguenotes, Luís XIII), vitimado pela tuberculose. Sua mãe, Ana da Áustria, serviu como regente, assistida por seu legendário ministro-chefe, o Cardeal Jules Mazarin. Depois da morte de Mazarin, em 1661, Luís assumiu a regência por direito próprio, gradualmente consolidando seu controle total sobre a nobreza e o Estado. Ele iniciou reformas econômicas e militares de longo alcance, que transformariam a França em um Estado ainda mais centralizado, rico e moderno. *"L'État c'est moi!"* [O Estado sou eu!] foi a famosa declaração feita por Luís, certa vez. Luís adotou o sol como seu emblema real, arrogantemente invocando as qualidades divinas e oniscientes que ele atribuía, de maneira fantasiosa, a si mesmo, investindo-se como um monarca absolutista dotado de poderes sem precedentes.

Enquanto as decadentes aventuras românticas dos cortesãos de Luís tornaram-se objeto de muitos subprodutos da cultura popular ao longo dos anos, as verdadeiras paixões do Rei-Sol eram a diplomacia e a guerra. Àquela época, o que Luís designava como *métier de roi*, o "ofício de rei", ocupava-o quase totalmente com assuntos de política externa e, com especial atenção, a defesa e a expansão de seus domínios territoriais. Na medida em que o rei se dava ao trabalho de ocupar-se dos assuntos domésticos, fazia-o a serviço do fortalecimento do Estado, até torná-lo uma das nações mais poderosas no cenário europeu. Luís conduziu a política externa francesa a uma posição mais agressiva, empreendendo numerosas guerras de conquista. Herdara um grande e bem-equipado exército, a ferramenta perfeita para expandir os domínios da França para um território mais impressionante e melhor defensável – ao tomar a Alsácia, por exemplo, movendo a fronteira francesa para as margens do Reno. Luís gostava particularmente de combater os holandeses, que, então, representavam uma potência proeminente, e estender o território francês para o norte e para o oeste, em uma série de campanhas.

O poderio militar francês e sua belicosa política externa fizeram com que os ingleses e os holandeses se aliassem ao tradicional adversário da França, os austríacos Habsburgos. Isso levou à Guerra da Grande Aliança, ou Guerra dos Nove Anos, que foi travada não apenas ao longo das fronteiras francesas, mas, também, nas colônias americanas, na Irlanda, na África Ocidental e na Índia (fazendo desta uma das primeiras "guerras mundiais"). A extremidade mais longínqua do reino de Luís foi tomada pela Guerra da Sucessão Espanhola, na qual as maiores potências europeias lutaram pelo controle do trono da Espanha, com seu vasto império global, após a morte do último rei espanhol da Casa dos Habsburgos. Após uma guerra longa e brutal, a coroa espanhola passou das mãos dos Habsburgos para a Casa de Bourbon, quando um neto de Luís XIV se tornou rei da Espanha. Mas, de modo geral, a guerra não representou um grande sucesso para a França, que foi forçada a renunciar a uma quantidade de colônias e territórios. A Inglaterra, por outro lado, obteve uma série de novas colônias e acordos comerciais, e a guerra é comumente vista como o início da ascendência da Inglaterra sobre a França e a Espanha no cenário global.

Todas essas guerras custavam muito caro, e a dívida externa francesa cresceu exponencialmente nas décadas finais do reinado de Luís. O povo francês cansou-se de seu "Rei-Sol", com suas guerras infindáveis e pesadas taxações. O descontentamento público com a monarquia não foi amenizado pelos sucessores de Luís, culminando com a eclosão da Revolução Francesa, mais tarde, naquele século.

Contudo, Luís pouco se importava com aborrecimentos mundanos, tais como a dívida externa ou o descontentamento do povo, e gastou vários anos e milhões de *livres* com a transformação da cabana de caça de seu pai no esplêndido palácio que conhecemos hoje em dia. Suas motivações não eram puramente decadentes: ele também usou o luxuoso *château* para seduzir e pacificar a amotinada nobreza francesa. Em vez de tramar rebeliões, a corte de Versalhes tornou-se obcecada com a moda e o luxo, as intrigas e as tendências e as competições pelo favorecimento do rei.

Em Versalhes, o Rei-Sol mantinha uma rotina estrita, controlada até os minutos, como forma de maximizar a eficiência e a fruição da vida. As regras e os rituais que envolviam a alimentação encontravam-se entre os mais importantes, e as cozinhas de Versalhes empregavam quinhentos cozinheiros e auxiliares para satisfazer às expectativas culinárias do rei. O rei muitas vezes sentava-se sozinho à mesa, quer fosse *au grand couvert*, em um amplo salão, com vista para toda a corte, ou *au petit couvert*, em seus próprios aposentos, cercado por destacados cortesãos. Ao contrário de um banquete tradicional, com seus elaborados arranjos de posições a serem ocupadas à mesa, que refletiam as graduações de privilégios e de poder, o *couvert* enfatizava o absolutismo do reinado de Luís, no qual mesmo seus familiares mais íntimos não ousavam aproximar-se dele.[1]

Luís era conhecido por possuir um apetite voraz: sua cunhada, a Princesa Elizabeth Charlotte (conhecida como a Princesa Palatina), notou que ela "com frequência via o rei consumir quatro pratos cheios de sopas variadas, um faisão inteiro, uma perdiz, um grande prato de salada, duas grossas fatias de presunto, pernil de carneiro com molho e alho, um prato de massas, além de frutas e ovos cozidos".[2] Talvez sem surpresa se tenha constatado, quando da morte do rei e da autópsia de seu corpo, que seu estômago era três vezes maior do que o de um adulto normal. E, a despeito de problemas gástricos e dentários, o rei perseverou com seus festins, determinado a manter uma "fachada" pública de boa saúde, mesmo quando padecia com as crises mais agudas. Nas palavras do crítico literário francês do século XIX, Charles-Augustin Sainte-Beuve, "se o homem na realidade se encontrava tão frequentemente adoentado, o rei sempre parecia sentir-se bem."[3]

O Dr. Guy-Crescent Fagon, o médico real, sentia-se muito perturbado pela glutonaria do rei, sobretudo por sua adoração pelos legumes, que ele acreditava fazerem piorar seus problemas digestivos. Um motivo de preocupação especial era o amor do rei pelas ervilhas, as quais ele aparentemente devorava em enormes quantidades, sempre que fosse a estação de sua colheita. As ervilhas tornaram-se inicialmente muito apreciadas em Versalhes em 1660, quando um cortesão, retornando da Itália, presenteou o rei com um cesto delas, em janeiro – muito antes da época de sua colheita. A princípio tratada como mais uma novidade banal, uma verdadeira "loucura" pelas ervilhas logo se instaurou. A corte enamorou-se de tal maneira pelas ervilhas que elas passaram a integrar o menu de todas as noites, acompanhando vários pratos. A Madame de Maintenon, amante e, depois, segunda esposa do rei, escreveu:

> O assunto das ervilhas ainda perdura: a impaciência para comer um pouco delas, o prazer de tê-las comido e a alegria de comê-las novamente são os três pontos sobre os quais os príncipes têm falado, pelos últimos quatro dias. Algumas damas, depois de terem jantado em companhia do rei, e tendo comido bem, ainda encontram algumas ervilhas em suas casas, para comê-las antes de irem para a cama, correndo o risco de terem severas indigestões. É uma moda; é um furor.[4]

O Rei-Sol geralmente demonstrava grande afeição por *les primeurs*, os "novos legumes" colhidos pouco antes do início da época usual de sua safra. (Esses tendem a ter um sabor mais fresco: *carottes primeur* – ou "cenouras temporãs" –, por exemplo, encontradas em maio e junho, são mais doces e crocantes.) Então, o rei por fim ordenou ao seu hortelão, Jean-Baptiste La Quintinie, para que desafiasse a natureza fazendo-a produzir suas frutas e seus legumes favoritos mesmo fora de estação. La Quintinie era um renomado hortelão, mas foi, ele mesmo, desafiado pela tarefa que lhe fora imposta, sobretudo quando viu a área que seria destinada para que fizesse seu trabalho: uma faixa de terreno pantanoso, à margem das terras do *château*. Contudo, ele pôde contar com o acesso a fundos ilimitados e a todo trabalho braçal de que necessitasse; e, entre 1678 e 1683, o terreno foi drenado e um sistema de terraços e paredões foi construído, criando-se múltiplos níveis nos quais as plantas podiam ser cultivadas. Ao manipular esses níveis e sua exposição ao sol, La Quintinie pôde criar vários microclimas dentro dos pouco mais de dez hectares de sua horta. Ele também fez construir estufas e experimentou novos métodos de poda das plantas. Sua dedicação e sua engenhosidade provaram-se efetivas, e ele pôde produzir aspargos para o rei em janeiro, morangos em março, ervilhas em abril, e assim por diante. Ele plantou dúzias de variedades: cinquenta tipos de pera e dezesseis tipos de alface, por exemplo, de modo que produtos frescos pudessem ser servidos ao rei pelo ano inteiro. Uma nova *figuerie* abrigou setecentas árvores que proporcionaram ao rei seus adorados figos; e a demanda por aspargos era tão alta que ele acabou por receber uma nova e maior extensão de terra para além de sua horta (o *clos des asperges*, ou "cercado dos aspargos"). O próprio La Quintinie enamorou-se de uma pera de inverno, a variedade *Bon Chrétien* [Bom Cristão], que podia satisfazer os apetites da corte até as colheitas da primavera. Luís costumava enviar essas peras como presentes para notáveis figuras europeias.

Luís XIV estava deliciado com os *primeurs* de sua nova horta. Gostava de passear pelo *Potager du Roi* e admirar seus miraculosos legumes e frutas, que, com frequência, exibia para dignitários estrangeiros. Ele enobreceu La Quintinie por seus esforços e lamentou profundamente sua morte, em 1688, como uma "grande perda". Depois de submeter a aristocracia à sua vontade e de redesenhar o mapa do mundo com seus exércitos, Luís deve ter se agradado ao pensar que pudesse forçar a natureza a dar-lhe seus frutos mais cedo, exclusivamente para si mesmo.

De algum modo, a horta do rei sobreviveu à Revolução Francesa e a duas guerras mundiais; e, hoje em dia, é usada pela *École Nationale Supérieure du Paysage* [Escola Nacional Superior de Paisagismo] para o treinamento de futuros paisagistas. O terreno ainda produz frutas e legumes, que podem ser adquiridos na loja contígua à horta. A conquista de La Quintinie pode não parecer tão miraculosa diante dos nossos modernos conhecimentos e com a globalização trazendo até nós praticamente quaisquer tipos de alimento ao longo de todo o ano, mas sua horta nos relembra que para a maioria dos seres humanos mesmo as dietas dos reis mais poderosos e "divinos" são sujeitas às leis da natureza. Mesmo com todo o poder acumulado pelo Rei-Sol, ele não teria conseguido, de fato, obter seus legumes favoritos contando apenas com seu próprio brilhantismo. Foi a ciência que veio em seu auxílio – e não pela última vez.

29

O Vinho do Diabo

Todas as grandes revoluções na História humana com que nos deparamos até agora – a Renascença, a Reforma, o declínio do feudalismo e a descoberta do Novo Mundo – viriam a culminar na mais memorável transformação do milênio: a Revolução Científica. A crença em que a experimentação e a razão poderiam explicar o mundo ao nosso redor – melhor do que as antigas escrituras ou os misteriosos desígnios de Deus – nos conduziu irrevogavelmente à Idade Moderna.

Cientistas franceses – ou "filósofos naturais", como eram conhecidos então – contavam-se entre as figuras mais proeminentes dessa era. Os argumentos filosóficos de René Descartes, condensados na célebre frase "Penso; logo, existo", contribuíram para estabelecer a noção muito moderna de que os seres humanos poderiam usar seu próprio raciocínio em busca da verdade, em vez de dependerem de revelações divinas para alcançá-la. Descartes também foi um dos principais matemáticos do início do século XVII, tendo desenvolvido os princípios básicos da geometria analítica. Pierre de Fermat, mais um legendário matemático, inventou o cálculo diferencial e, com outro francês, Blaise Pascal, formulou a teoria das probabilidades.

Sem dúvida, essa foi uma época de velozes inovações, e a experimentação estendeu-se também ao mundo gastronômico. A melhor compreensão dos princípios químicos e anatômicos aos poucos destituiu a importância e a ênfase no equilíbrio dos "humores" nas dietas das pessoas, e as preferências por certos sabores passaram a ter prioridade em vez do aconselhamento medicinal.[1] Mas, se há um produto capaz de captar a mudança dos felizes acasos para a aquiescência dos princípios científicos na gastronomia francesa, trata-se do *champagne*, hoje em dia um dos mais adorados vinhos franceses – e, por que não dizer, do mundo –, mas que somente alcançaria essa posição após décadas de laboriosa experimentação, com resultados obtidos por meio de tentativas e erros.

Tal como acontece com muitos outros vinhos franceses, nós não reconheceríamos, atualmente, as primeiras versões do *champagne*, produzidas na região homônima do nordeste da França. Situada na margem extrema dos terrenos com solo propício para a vinicultura, seus vinhedos, ao longo da História, produziram um vinho pouco encorpado, com uma tonalidade palidamente rosada. Os vinicultores locais esforçavam-se para competir com os renomados vinhos da vizinha Borgonha e beneficiavam-se da tradição real de abrigar as cerimônias de coroação – com todo o enorme consumo de vinho que elas implicavam – em Reims, a cidade principal da região de Champagne. Por centenas de anos, o vinho de Champagne foi muito valorizado, tanto na França quanto na Inglaterra, mas ainda como um vinho *tranquilo**, não a bebida borbulhante que conhecemos hoje.

Na verdade, no decorrer das eras medieval e moderna, as bolhas eram vistas como um dos maiores "defeitos" do produto dos vinhedos de Champagne. Sua formação era característica do clima setentrional da região: após a colheita outonal, a fermentação do vinho poderia ser interrompida prematuramente, durante os meses do inverno, devido ao frio excessivo. Assim, quando a temperatura tornava a se elevar, na primavera, a fermentação recomeçava, produzindo um volume excedente de dióxido de carbono. Então, por várias semanas, o vinho era agitado nos barris e tinha sua espuma retirada, até que todo o gás se dissipasse por completo e o líquido assentasse, assumindo a forma de uma bebida tranquila, pronta para ser comercializada.

Porém, no início do século XVI, vinicultores e comerciantes de toda a Europa começaram a armazenar e vender vinho em garrafas, em vez de

---

* Os vinhos tranquilos são todos aqueles que não recebem adição de álcool vínico, isto é, não fortificados, e que não possuem gás de dióxido de carbono, ou seja, não fazem borbulhas ou espuma. (N. T.)

barris. Isso provou ser problemático para o *champagne*, porque, se engarrafado antes do início de sua segunda etapa de fermentação, o dióxido de carbono não tinha por onde escapar, e as garrafas, com frequência e imprevisivelmente, explodiam, pulverizando umas às outras em milhões de fragmentos.[2] Assim, o vinho adquiriu a alcunha de *vin du diable*, ou "vinho do diabo", em consonância com a tradicional tendência para atribuir a má sorte a agentes sobrenaturais. Os vinicultores da época empregavam a fermentação sem compreenderem, de fato, os processos químicos que a envolviam; por isso, não sabiam como evitar tais calamidades.

As garrafas que sobreviviam intactas ao inverno continham um vinho caracteristicamente borbulhante e efervescente, que levava os vinicultores de Champagne ao desespero. Mas as classes mais abastadas da Inglaterra desenvolveram um gosto pelo "borbulhante" *champagne*, e seus membros foram os primeiros a reclassificá-lo como um glamoroso produto "de luxo". Na verdade, foi um cientista inglês, Christopher Merret, quem primeiro apresentou um relatório à Royal Society, em Londres, em 1662, sobre a prática de adicionar açúcar ao vinho durante sua fermentação para produzir, intencionalmente, uma bebida com borbulhas. Os produtos franceses estavam na moda em Londres nos anos 1660, logo na sequência da Restauração do Rei Carlos II e de seus nobres, que haviam suportado um longo exílio na França. Os vinhos de Champagne e Bordeaux beneficiaram-se muito de seu retorno ao trono.

Talvez, sem surpresas, lendas francesas em torno do *champagne* tendam a omitir essas contribuições inglesas, preferindo, em vez disso, concentrar-se no pitoresco personagem de Dom Pierre Pérignon. Ele foi um monge beneditino na abadia de Hautvillers, na região de Champagne, que, coincidentemente, nasceu e morreu nos mesmos anos que Luís XIV (1638-1715). Ele era o encarregado pelos vinhedos da abadia e, segundo uma lenda, possuía um incrível "superpoder": o de provar uma única uva e conseguir dizer, com precisão, a qual vinhedo pertencia. Há quem diga que isso se devia à sua dieta extremamente limitada, ou, talvez, ao fato de ele ser cego.

Originalmente, Dom Pérignon tentou evitar a segunda fermentação por acreditar que ela arruinasse o *champagne*; mas, nos anos 1670, quando a variedade borbulhante se tornou mais popular tanto na Inglaterra quanto na França, ele introduziu uma série de inovações que pretendiam tornar o processo de fabricação do vinho mais previsível. Ele é creditado como o criador de *la méthode champenoise*, ou o método tradicional da produção do *champagne*, que os vinicultores continuam a empregar até hoje. Ele desenvolveu uma nova mistura contendo vinho branco para a fermentação inicial, produzida com uvas "vermelhas" por meio de um novo método de extração do sumo. Segundo os franceses, foi Dom Pérignon quem descobriu o "truque" de adicionar açúcar para induzir a fermentação secundária, depois de ter observado seus efeitos ao usar a doce cera de abelhas para vedar garrafas de vinho. Também há uma lenda de que ele teria tido a ideia de usar rolhas de cortiça para vedar as garrafas, o que contribuía para que resistissem à intensa pressão que se formava em seu interior, depois de ter-se encontrado com dois monges peregrinos espanhóis (contudo, tal como ocorre com vários elementos dessa lenda, isso pode ser meramente apócrifo). Ele fez construir adegas escavadas profundamente no solo calcário de sua abadia, para limitar as variações de temperatura. À época da morte de Dom Pérignon, a fabricação do *champagne* ainda envolvia um processo volátil e não totalmente compreendido, mas que já avançara de maneira considerável pela estrada da modernidade. No século XIX, os vinhedos da abadia de Hautvillers foram adquiridos pela empresa Möet & Chandon, que, mais tarde, emprestaria seu nome a um dos melhores *champagnes* do mundo.

O *champagne* foi introduzido em Versalhes no final do século XVII, mas tornou-se popular na França durante a *Régence*, ou o período da "Regência", posterior à morte de Luís XIV em 1715. Luís reinara por tantos anos que seus filhos e netos o precederam na morte; assim, a coroa foi passada ao seu bisneto, Luís XV, que tinha, na época, 5 anos de idade. Um sobrinho do velho rei, o Duque de Orléans, atuou como regente do país em nome do menino até 1723. A Regência foi uma época mais "calma", durante a qual o povo francês – e, especialmente, a nobreza – sentiu-se libertado da sufocante autocracia que havia suportado sob o domínio do Rei-Sol. A corte retornou a Paris, com o regente tendo-se estabelecido confortavelmente no *Palais Royal* [Palácio Real]; e os famosos *salons* parisienses tornaram-se lugares populares de reuniões para discussões políticas e culturais. As classes mais abastadas se regozijavam com celebrações extravagantes, e o borbulhante *champagne* parecia adequar-se perfeitamente ao espírito da época. Sua popularidade perdurou do reinado de Luís XV – durante o qual sua amante, a Madame de Pompadour, fez a famosa declaração de que "o *champagne* é o único vinho que torna uma mulher mais bonita depois de o beber" – até hoje em dia.

A Regência é também o período em que o Iluminismo – conhecido na França como *le siècle des Lumières*, ou "o século das Luzes" – tem seu início comumente creditado, durante o qual o pensamento revolucionário de filósofos e cientistas tomou vulto a ponto de constituir-se em um movimento abrangente que defendia a liberdade, a tolerância religiosa e o progresso humano por meio da razão. As raízes do moderno liberalismo foram fincadas ali, no século XVIII, tendo Paris como o epicentro de uma rebelião intelectual contra os dogmas políticos e religiosos do período. Montesquieu desenvolveu a noção de separação entre a Igreja e o Estado; e Jean-Jacques Rousseau lançou sua visão de um "contrato social", no qual a legitimidade de um governante derivaria não de Deus, mas do consenso do povo que ele viesse a governar. Voltaire, um dos maiores escritores desse – ou de qualquer outro – período da História francesa, infundiu suas obras filosóficas e literárias com a moderna crença essencial na tolerância religiosa e no progresso humano e defendeu apaixonadamente a abolição da tortura e de outras formas bárbaras de punição então em voga.

Voltaire também foi um dedicado entusiasta do *champagne*. Em 1736, ele escreveu:

> *Um vinho cuja espuma aprisionada*
> *Da garrafa, com força vigorosa,*
> *Como um trovão faz a rolha voar;*
> *Ela é projetada, nós rimos; ela golpeia o teto.*
> *A borbulhante espuma desse vinho fresco*
> *É a imagem do nosso brilhantismo francês.*[3]

Infelizmente para os produtores de *champagne*, sua porção de terra natal, no nordeste da França, situava-se bem em meio a uma das melhores rotas para a invasão do país. Contudo, uma das mais famosas inovadoras do *champagne* encontrou uma forma de tirar vantagem disso. Barbe-Nicole Ponsardin casara-se com François Clicquot, proprietário de uma pequena empresa produtora de *champagne*, em 1798. Após a morte precoce de seu marido em

Pintura de Jean-François de Troy, *Le Déjeuner d'Huîtres* [O Almoço de Ostras], 1735. Na extrema-esquerda da cena, uma garrafa de *champagne* acaba de ser aberta, e vários convivas admiram o voo ascendente da rolha – na que é uma das primeiras representações gráficas do "vinho do diabo" em ação. Do acervo do *Musée Condé*, Chantilly.

1805, ela assumiu o controle dos negócios da família, renomeando seu produto como *Veuve Clicquot Ponsardin* (sendo que *veuve* significa "viúva", em francês). Ela introduziu uma série de técnicas para a produção do *champagne*, cuja aplicação fez resultar em um vinho excepcional, considerado por alguns como o primeiro *champagne* verdadeiramente moderno.

Contudo, o desastre pairava sobre a região, com a derrota de Napoleão em Moscou e sua lenta retirada de volta à França, perseguido por uma coalizão de exércitos russos, prussianos e austríacos, que adentraram Champagne em 1814. A maioria dos outros produtores da região enterrou seus estoques e seus bens e fugiu; mas a viúva Clicquot decidiu adotar uma abordagem diferente do problema, oferecendo gratuitamente seus vinhos às tropas de ocupação, antes que começassem a pilhagem. Ela apostou que os russos, em particular, desenvolveriam uma afinidade com sua marca, declarando famosamente: "Hoje, eles bebem. Amanhã, eles pagarão!". E, acertadamente, bancou uma gigantesca "aposta" quando, no ano seguinte, despachou vários milhares de garrafas de *champagne* para a Rússia, e essas foram recebidas por uma aristocracia que já clamava por elas. O czar, em pessoa, ao provar sua melhor safra, declarou que não mais beberia qualquer outra coisa; e a obsessão russa pela *Veuve Clicquot* duraria tanto quanto os próprios czares.

No século XIX, um jovem químico francês chamado Jean-Baptiste François descobriu como calcular com precisão a quantidade de açúcar a ser adicionada ao *champagne*, facilitando o controle de sua fermentação e limitando os prejuízos acarretados pelas garrafas que explodiam. O grande Louis Pasteur, em seus estudos sobre a cerveja e o vinho, descobriu como funcionava de fato o processo de fermentação. Assim, finalmente, os apóstolos da ciência conseguiram subjugar o vinho do diabo, tornando sua produção mais segura e previsível.

Mas eles não puderam, infelizmente, proteger o *champagne* das ações devastadoras da natureza e da humanidade. No final do século XIX, os vinhedos da região foram quase totalmente arrasados pela filoxera, uma praga microscópica, inadvertidamente importada da América do Norte. Após uma longa luta pela reconstrução dos vinhedos, irrompeu a Primeira Guerra Mundial, e a linha de frente das batalhas corria diretamente pela região de Champagne. Mulheres e crianças esforçaram-se ao máximo para cultivar as uvas enquanto ataques de artilharia e ofensivas terrestres sucediam-se ao redor. No final, cerca de 40% dos vinhedos da região foram destruídos por completo. Com o fim da guerra, sobreveio o duplo golpe desferido pela Revolução Bolchevique, na Rússia, e pela Lei-Seca, nos Estados Unidos, que destruiu dois dos maiores mercados do vinho. Contudo, os produtores de *champagne* prevaleceram, reconstruindo seus vinhedos e concentrando suas atenções em novos mercados – sobretudo no mercado britânico, que preferia uma versão mais seca do vinho e, assim, fez alterar permanentemente o estilo de todo o *champagne* produzido. Em 1936, uma AOC foi concedida, o que significava que nenhum vinho produzido fora da região pudesse ser chamado de *champagne* (uma regra que os franceses têm tentado fazer com que os produtores estrangeiros respeitem, desde então).

Ao longo dos anos, muitas figuras notáveis têm declarado seu amor pelo *champagne*. Há alguma controvérsia quanto a ter sido Napoleão ou Churchill o primeiro a dizer que "Na vitória, você merece *champagne*; na derrota, você precisa dele". Não há dúvida, porém, quanto ao fato de ambos terem adorado o vinho, e milhões de outras pessoas pelo mundo todo. Hoje em dia, mais de 300 milhões de garrafas de *champagne* são produzidas anualmente, para satisfazer a sede do mundo por extravagância.[4] Talvez seja esse o sublime produto francês: apaixonadamente cultivado, elaboradamente cuidado, conferindo uma diáfana *joie de vivre* [alegria de viver] e um sentimento de fuga libertadora dos fardos da vida cotidiana. Graças aos obstinados esforços de vinicultores e cientistas, o *champagne* pôde de fato escapar às garras do diabo e alojar-se firmemente no panteão da gastronomia francesa.

30

Uma Abordagem Iluminista da Alimentação

*Nada é mais insípido do que
frutas e legumes extemporâneos.*
– Jean-Jacques Rousseau[1]

Depois dos oito anos da Regência, Luís XV foi alçado ao poder em 1723, com a tenra idade de 13 anos. Ele ocuparia o trono por mais de cinquenta anos, presidindo sobre o gradual declínio do poder e da prosperidade da França. Ele tentou imitar o governo autocrático de seu bisavô, mas esse Luís não era nenhum Rei-Sol. Não era particularmente brilhante, nem impositivo, nem ambicioso. A França entrou em uma espiral descendente de desordem enquanto o rei se permitia uma vida de languidez e vício, em meio à corte alojada nos decadentes ambientes de Versalhes. O rei era um esbanjador licencioso, notório por suas muitas amantes e pela perseguição predatória de mulheres. Rumores sobre a existência de um "harém real" de jovens beldades circularam escandalosamente em torno da corte, por muitos anos.

Na primavera de 1744, Luís foi encorajado por uma de suas jovens amantes a assumir um papel mais ativo na Guerra de Sucessão Austríaca que se arrastava – outra tentativa francesa (dessa vez, aliada com a Prússia) de prejudicar seus oponentes Habsburgos. Enquanto se preparava para a invasão da Holanda Austríaca, Luís caiu adoentado por alguns meses, na cidade de

Metz, sofrendo de algum tipo não identificado de febre. Esse pode ter sido o único momento em que Luís XV foi realmente popular entre seus súditos, quando o povo francês orou fervorosamente por sua recuperação. Milhares de velas foram acesas em Nôtre-Dame por Luís, *"le Bien Aimé"* [o Bem-Amado]. Luís jurou que, caso sobrevivesse, faria construir uma nova igreja, dedicada a Santa Geneviève (ou Santa Genoveva), a padroeira de Paris. Ele recuperou-se e ordenou que o templo fosse erigido no cume de uma colina, com vista para o Sena, no *Quartier Latin* [Distrito ou Bairro Latino] de Paris. À época em que a construção da igreja fabulosamente ornamentada foi terminada, em 1790, a Revolução Francesa já havia feito arrefecer o entusiasmo pelos projetos religiosos. A edificação, em vez da destinação original, foi dedicada ao majestoso *Panthéon*, um mausoléu secular, consagrado aos mais exaltados cidadãos da República.

Entre os sepultados no Panteão está Jean-Jacques Rousseau, um gigante do Iluminismo, cuja filosofia política radical influenciou enormemente os revolucionários norte-americanos e franceses do século XVIII. Relativamente menos atenções foram dedicadas às suas ideias não ortodoxas sobre a alimentação e a dieta humanas, que também representaram a mais perfeita exemplificação do desafio abrangente aos dogmas e à autoridade que caracterizavam a França do século XVIII.

Rousseau acreditava que o homem primordialmente nascera livre, em um "estado de natureza", mas que, ao longo do tempo, se corrompera e fora escravizado pelas convenções sociais que surgiram com o progresso da civilização, sobretudo com o surgimento da noção de propriedade privada. Uma manifestação dessa "perda" da inocência seria o consumo de carne, uma prática antinatural que simbolizava o abandono pelo homem da harmonia com a natureza por um mundo de crueldade e competição. Ele escreveu: "Todos os selvagens são cruéis, e não é sua moral que faz com que sejam assim. Essa crueldade advém de sua alimentação. Eles vão para a guerra como se fossem a uma caçada e tratam aos homens como aos ursos [...] Os grandes vilões embrutecem a si mesmos, até tornarem-se assassinos, ao beberem sangue".[2]

Ao contrário da maioria das pessoas daquela época, que viam a sempre crescente diversidade e suntuosidade da comida como um sinal de progresso da civilização, Rousseau reprovava os pratos complicados e luxuosos. Eles transformariam o ato de comer de uma prática necessária à sobrevivência em uma manifestação de prestígio e forneceriam ainda mais provas do progressivo afastamento do homem da natureza. Rousseau sentia-se particularmente chocado com os "novos legumes" tão laboriosamente produzidos em Versalhes: "Exige esforço – e não paladar – perturbar a ordem da natureza, para distorcê-la até que involuntariamente produza os frutos que dá com relutância, e com sua profanação".[3]

Sem dúvida, se comer carne, alimentos extravagantes e vegetais produzidos de maneira antinatural afastaria a humanidade do benevolente estado de natureza, a harmonia poderia ser encorajada ao evitar-se tais alimentos e adotar-se uma dieta simples de pão, ovos, laticínios, frutas e legumes convencionais – que era exatamente o que Rousseau defendia. Ele apreciava em particular os omeletes, e, ao que tudo indica, considerava a si mesmo um especialista em seu preparo.

Rousseau apreciava o vinho, mas não seu consumo excessivo. Curiosamente, embora ele visse a embriaguez como um defeito, não a considerava pior do que muitos outros vícios: um beberrão honesto seria muito mais valioso do que uma pessoa sóbria e hipócrita. Ele escreveu: "Em terra de maus caracteres, intrigas, traições e adultérios, teme-se o estado de [ébria] indiscrição, quando alguém pode abrir seu coração sem preocupar-se ao fazer isso. Em toda parte, as pessoas que mais abominam a embriaguez são aquelas que têm o maior interesse em evitá-la".[4] Ele descreveu três categorias de vinho. O *vin du cru*, ou *vin du pays* [vinho da [própria] lavra, ou vinho da terra], era o vinho ordinário, consumido pela gente comum, adepta do consumo da boa comida, isenta de pretensões. Esse seria o melhor vinho, é claro, por ser o mais natural e autêntico. *Vins fins* seriam os vinhos finos, de luxo, das elites; e o *vin frelaté* seria o vinho adulterado, comercializado por estalajadeiros inescrupulosos.[5]

Enquanto a de Rousseau talvez fosse uma voz extremada, sua dedicação à autenticidade sobre o artificialismo foi compartilhada por uma quantidade de outros pensadores da época.[6] A famosa *Encyclopédie*, editada por Denis Diderot e Jean Le Rond d'Alembert, por exemplo, revelou seu preconceito à autenticidade no verbete *"Cuisine"*, assinalando que existiriam "cerca de cem diferentes maneiras de desfigurar os alimentos que a natureza nos dá, os quais são, dessa forma, destituídos de suas boas qualidades e transformam-se, se é possível dizer assim, em agradáveis venenos, que destroem a temperança e encurtam vidas".[7] Gradativamente, mais e mais pessoas identificaram as virtudes da simplicidade e da tradição. O tipo de culinária rústica, longamente desprezado pelos "criadores de tendências", passou a ser visto como saudável e virtuoso, contribuindo para um estilo de vida mais "ético". A moderação na dieta foi, cada vez mais, considerada vital para a boa saúde física, também à medida que avançava a compreensão científica da anatomia humana. Alimentos frescos, preparados de maneiras simples, passaram a ter um grande apelo, após tantos anos de pratos elaborados e "pesados". Novos livros de culinária surgiram, para auxiliar as classes burguesas a adaptarem as receitas aristocráticas aos seus próprios recursos.

Até mesmo Luís XV, que não poderia ser considerado um pensador progressista, favoreceu um estilo de alimentação mais "caseiro" e natural do que seu predecessor. Ele gostava de fazer suas refeições a uma mesa redonda, numa pequena *salle à manger* ou em um aposento dedicado a servir como sala de jantar, um conceito que acabava de tornar-se popular entre a aristocracia. Às vezes, ele mesmo preparava suas refeições, e muitos de seus cortesãos eram refinados gastrônomos. As mais notórias amantes de Luís XV, a Madame de Pompadour e a Madame du Barry, agradavam ao rei com seus alimentos preferidos, tendo criado ou inspirado uma quantidade de pratos (os *filets de sole à la Pompadour*, por exemplo, são filés de linguado temperados com as adoradas trufas da Madame; e o *crème de chou-fleur à la du Barry* é uma sopa cremosa de couve-flor, de tonalidade e consistência tão claras e delicadas quanto as da pele da dama que lhe emprestou o nome).

Luís passava cada vez menos tempo em Versalhes, preferindo a amistosa convivência de que desfrutava nos ambientes de Paris. Mas isso não limitava a exorbitância de seus gastos, e os débitos reais elevaram-se a alturas inconcebíveis. Os gostos luxuosos da Madame du Barry também custavam à coroa vários milhões de *livres* (talvez por isso ela terminaria seus dias na guilhotina, em 1793, durante o Reinado do Terror). Luís ainda teve de enfrentar sérios reveses diplomáticos e militares, ao fazer com que a França embarcasse em uma desastrosa aliança com a Áustria e ao perder os domínios franceses no Canadá e na Índia para os ingleses, como consequência da Guerra dos Sete Anos. Até o final de seu reinado, o poderio francês havia-se "evaporado" consideravelmente, e a insatisfação popular com a monarquia era evidente em toda parte: nas assembleias provinciais, entre os filósofos, escritores e artistas e nos *cafés* de Paris. Em seus últimos anos, o rei não mais ousava aparecer em público.

Luís XV morreu em decorrência da varíola, em 1774. Apenas três velas foram acesas em Nôtre-Dame em memória do anteriormente "bem-amado", em um sinal claro de quanto sua popularidade havia decaído.[8] Tão grande era a hostilidade popular para com a monarquia que somente um rei verdadeiramente esplêndido poderia tê-la resgatado de seu funesto destino. Em vez disso, um neto de Luís assumiria a coroa como o rei Luís XVI, o último monarca do *ancien régime* [antigo regime].

31

Revolução nos *Cafés*

O dia catorze de julho marca o feriado nacional da França. Nos países de língua inglesa e em outros, o feriado é geralmente chamado de "Dia da Bastilha", em comemoração à queda da Bastilha, uma fortaleza medieval utilizada como prisão, em Paris, ocorrida no dia 14 de julho de 1789, data comumente considerada como a do evento inaugural da Revolução Francesa. Contudo, não é assim que a maioria do povo francês se refere a essa data, e algumas pessoas chegam mesmo a achar um pouco ofensivo que alguém faça isso. Tecnicamente, o feriado foi criado para comemorar a *Fête de la Fédération* [Celebração da Federação], uma celebração nacional que aconteceu em 14 de julho de 1790, pela instauração de uma monarquia constitucional na França – um feito histórico muito mais louvável do que a tomada de uma prisão. Os próprios franceses costumam referir-se à data como *la fête nationale* [a celebração nacional], ou simplesmente como *le quatorze juillet* [o catorze de julho].

Enquanto quase todos os estabelecimentos comerciais do país fecham suas portas o dia inteiro, muitos *cafés* de Paris permanecem abertos – o que parece muito apropriado, visto que os *cafés* desempenharam um papel importante na nutrição das ideias e dos ideólogos da Revolução Francesa. Às vezes, um *café* faz uma aparição dramática na narrativa revolucionária ao testemunhar, por exemplo, Camille Desmoulins, um dos mais destacados agitadores da Revolução, saltar sobre uma mesa no *Café du Foy* para incitar a insurreição dos parisienses dois dias antes da queda da Bastilha. Mas, de modo geral, sua influência foi mais sutil, e, ao longo do século XVIII, os *cafés* adquiriram gradualmente uma função social que ia muito além de servir café, vinho e petiscos.

Tal como vimos em um capítulo anterior, a introdução do café nas elites parisienses deveu-se a um embaixador otomano. Mas foi um empreendedor armênio, chamado Pascal, quem primeiro supriu à gente comum de Paris com a nova bebida, vendendo café em suas barracas de limonada e estabelecendo, temporariamente, uma cafeteria turca na feira anual de Saint-Germain. Em 1672, ele decidiu abrir uma versão permanente do negócio nas proximidades da Pont Neuf, à qual ele chamou *café* (termo que, em francês, designa tanto o estabelecimento quanto a bebida nele servida). O *café* atraiu somente uma parca clientela, constituída por gente que vivera no Oriente ou para lá viajara e já desenvolvera um gosto pela bebida. Consequentemente, ele faliu, fechou a cafeteria e mudou-se para Londres, onde o café era mais popular.

Mas sua iniciativa não foi desconsiderada e, alguns anos mais tarde, outro imigrante empreendedor, chamado François Procope, vindo da Sicília, tentou uma abordagem diferente. Depois de ter trabalhado em uma das barracas de limonada de Pascal, ele decidiu abrir uma cafeteria com seu próprio nome na localização mais propícia de Saint-Germain-des-Prés, em 1686. Pouco tempo depois, a *Comédie-Française*, a célebre companhia teatral, mudou-se para o lado oposto da rua, proporcionando ao *Café Procope* uma grande clientela teatral e literária que consolidou sua reputação e sua lucratividade. Muitos anos depois, o *café* foi transformado num restaurante, que continua sendo um destino turístico muito popular ainda hoje em dia (embora, talvez, um tanto superestimado).

Os *cafés* floresceram durante o Iluminismo, proporcionando um espaço de convivência para escritores, artistas e intelectuais de todos os ramos de atividade, para que trocassem ideias e desfrutassem do vibrante espírito da época em Paris. Voltaire alimentava sua impressionante dependência de cafeína no *Café Procope*, tendo sido famoso por beber diariamente várias dúzias de xícaras de café misturado com chocolate. Benjamin Franklin também foi um cliente regular durante sua "investida de charme", enquanto tentava conquistar o apoio francês para a causa revolucionária norte-americana. Jean-Jacques Rousseau e Denis Diderot duelavam diante de um tabuleiro de xadrez no *Café*

Maugis, embora Diderot costumasse trabalhar em sua *Encyclopédie* no *Café de la Régence* (a *Encyclopédie* terminaria por captar magistralmente a agitação da atmosfera dos *cafés* ao descrevê-los como "fábricas de ideias, quer sejam boas ou más"). Por volta dos anos 1780, havia centenas de *cafés* em Paris. Alguns dos mais populares, tais como o *Café du Foy* e o *Café de la Régence*, encravavam-se nas arcadas do *Palais Royal*, um antro de jogatina, prostituição e agitação política. Originalmente estabelecidos como meras cafeterias, os *cafés* começaram a servir vinho e porções de comida também, tal como fazem até hoje.

Os homens que conduziriam a França à Revolução eram grandes clientes dos *cafés*. Maximilien Robespierre preferia o *Café de la Régence*, sempre que não estivesse devorando laranjas no *Café Procope*; enquanto Georges Jacques Danton gostava tanto de frequentar o *Café Parnasse* que acabou se apaixonando e casando-se com a filha do proprietário, Antoinette-Gabrielle Charpentier. Os *cafés* proporcionavam um espaço para o debate político e a agitação, para o compartilhamento das últimas notícias e de rumores e para a maquinação de complôs e alianças. Sua importância só fez crescer, à medida que o clamor político tornava-se mais fervoroso.

Em 1789, a crise financeira e a escassez de alimentos haviam gerado níveis sem precedentes de raiva e ressentimento em meio ao povo francês, em particular entre os habitantes dos tradicionalmente ingovernáveis arrabaldes de Paris. O rei Luís XVI, então, decidiu convocar – pela primeira vez desde 1614 – uma Assembleia Geral dos Estados, uma reunião dos representantes dos tradicionais três Estados (o clero, a nobreza e a população comum). Ele esperava que isso lhe permitisse pôr em prática uma série de medidas visando a estabilização das finanças do país, mas os membros do Terceiro Estado, em especial, criaram expectativas superotimistas quanto às reformas potenciais, esperando serem suas reivindicações por fim atendidas. Tal como em eras anteriores, a imensa maioria da população francesa era constituída por membros do Terceiro Estado; mas, agora, a burguesia era o motor financeiro da França, e seus integrantes ressentiam-se, cada vez mais, de sua falta de poder político e social.[1] A população francesa era uma das mais pesada e desigualmente taxadas da Europa. O clero e a nobreza ainda eram isentos da maior parte das taxas, enquanto o Terceiro Estado tinha de suportar uma aparentemente infinita variedade delas: não apenas as taxações pessoais sobrecarregavam cada família, mas a taxação do sal, os dízimos para a Igreja, taxas alfandegárias e pagamentos únicos destinados a sanar o enorme débito nacional. Os coletores de impostos muitas vezes eram corruptos, e todo o sistema era ridiculamente ineficiente. O descontentamento popular "cozinhava", chegando cada vez mais próximo do ponto de ebulição.

Alimentado pelas ideias dos pensadores do Iluminismo, os membros do Terceiro Estado que compareceram à Assembleia Geral dos Estados estavam determinados a conquistar uma mudança fundamental. A situação foi muito bem resumida por Emmanuel-Joseph Sieyès, um clérigo e influente ativista político: "O que é o Terceiro Estado? Tudo. O que ele representou, até agora, na esfera política? Nada. O que ele quer? Tornar-se alguma coisa".[2] Em junho de 1789, os representantes do Terceiro Estado declararam-se a si mesmos como a Assembleia Nacional, a verdadeira voz da nação, e juraram escrever uma nova constituição que contemplasse os assuntos de interesse público da França.

O rei Luís por fim reconheceu a criação da Assembleia, mas, também, posicionou vários milhares de soldados ao redor de Paris, fazendo elevar as tensões na capital. O catalisador da revolta foi a destituição, por ordem do rei, do popular ministro das finanças, em 11 de julho, o que pareceu prenunciar uma cisão na Assembleia e levou furiosos parisienses às ruas. O discurso raivoso de Desmoulins no *Café du Foy*, em 12 de julho, contribuiu para transformar a inquietação que vinha sendo "cozinhada" em uma série de autênticos tumultos, e barricadas foram erguidas. Quando as multidões tomaram conta de Paris, fizeram arder os alvos primários da fúria popular: as *barrières*, ou postos de pedágio, que cercavam toda a cidade e impunham o pagamento de taxas sobre toda a comida e o vinho que entrasse na capital.[3] Milícias rebeldes também se apossaram de milhares de armas de fogo guardadas no Hôtel des Invalides, e isso talvez tenha servido como a verdadeira motivação para a tomada da Bastilha, que era não apenas um símbolo do despotismo real, como, também, um depósito para o armazenamento de pólvora. A prisão foi tomada e seu governador, executado, tendo sua cabeça, espetada na ponta de uma estaca, sido exibida pelas ruas. Os cidadãos preparavam-se para massacrar a realeza, mas, diante de tamanha agitação, o rei ordenou a retirada de suas tropas. O Marquês de Lafayette, o herói da Revolução Americana que, agora, apoiava a causa revolucionária francesa, assumiu o comando de uma nova

"Milícia Burguesa", logo renomeada como "Guarda Nacional", que se responsabilizou pela manutenção da lei e da ordem em Paris, dissociada dos guardas reais. (Lafayette, mais tarde, presentearia a George Washington com a chave original da Bastilha, que permanece em exposição em Mount Vernon, a residência-sede da fazenda de propriedade da família de Washington, no Estado norte-americano da Virgínia, hoje transformada em um museu.)

Camille Desmoulins incita a multidão à Revolução no *Café du Foy*, em 12 de julho de 1789, proferindo seu legendário apelo, *"Aux armes, citoyens!"* [Às armas, cidadãos!; atualmente, um verso da letra do hino nacional]. Uma estátua que representava Desmoulins saltando de sobre sua cadeira no *café* foi erigida no local, por ocasião do centenário da Revolução; mas dali foi removida e fundida pelo regime de Vichy em 1942. Do Arquivo Digital da Revolução Francesa, uma colaboração entre as Bibliotecas da Universidade Stanford e a *Bibliothèque Nationale de France*. Gravura sem autoria atribuída; *Camillus Desmoulins predigt Aufruhr in dem Palais Royal: den 12 Jul. 1789* [Camille Desmoulins prega a Revolução no Palácio Real] produzida na Alemanha, entre 1794 e 1820.

Nós tendemos a pensar na Revolução Francesa como um acontecimento único, mas, na verdade, tratou-se de uma série de levantes políticos que se estenderam ao longo de muitos anos. Em sua fase inicial, venceram os que defendiam a transformação da França em uma monarquia constitucional, enquanto as vozes mais radicais que clamavam por uma república foram forçadas a esperar por mais alguns anos. Em agosto de 1789, a Assembleia Nacional aboliu formalmente os direitos e as estruturas feudais, que eram vistos como as bases fundamentais das desigualdades sociais, e proclamou a Declaração dos Direitos do Homem e do Cidadão, uma impressionante manifestação dos ideais liberais do Iluminismo.

Os *cafés* continuaram a abrigar as intrigas políticas pelos anos seguintes, mesmo quando alguns de seus mais ardorosos e fieis clientes foram levados à guilhotina: Desmoulins e Danton foram condenados à morte em abril de 1794 por Robespierre, que os seguiu em seu destino alguns meses depois. O político francês Narcisse-Achille de Salvandy notou que, ainda que os *cafés* tivessem se tornado mais moderados na era pós-revolucionária, "ninguém pode governar contra os *cafés*. A Revolução somente aconteceu porque eram favoráveis a ela; e Napoleão reinou porque eram favoráveis à glória". Não é de admirar que ele os tenha definido como "uma das ramificações do poder legislativo nas nações livres".[4]

A Revolução também provocou uma mudança na "maré" dos restaurantes da capital. Com a queda da Bastilha e o péssimo ânimo do público que circulava ao seu redor, muitos nobres ricos decidiram (é provável que muito acertadamente) que a emigração poderia ser um curso de ação seguro. Enquanto fugiam dali, deixaram para trás todos os serviçais domésticos, incluindo seus *chefs*, dentre os quais muitos eram cozinheiros tão talentosos quanto engenhosos. Uma quantidade desses *chefs* desempregados decidiu abrir seus próprios restaurantes, nos quais qualquer pessoa poderia jantar em grande estilo, desde que tivesse recursos suficientes.

Restaurantes já existiam antes da Revolução, mas ainda eram uma invenção relativamente recente e sofriam muito com a concorrência das diversas guildas alimentícias, que existiam desde a Idade Média. Cada tipo de comércio de alimentos era filiado à sua própria guilda; e cada guilda tinha seus privilégios. Não era possível, por exemplo, ir a um único fornecedor para obter diferentes tipos de carne. Os *traiteurs* serviam pratos de carne cozida e guisados, enquanto os *rôtisseurs* comercializavam carne assada, e os *charcutiers* vendiam somente produtos de carne suína defumada, tais como presuntos, *rillettes* (pequenos pedaços fritos de carne picada, semelhantes ao nosso torresmo) e linguiças (para comprar carne *in natura* era preciso procurar por um açougue ou uma avícola). Proprietários de bares e comerciantes de vinhos podiam vender bebidas, mas não tinham permissão para comercializar quaisquer tipos de alimento. Antes da Revolução, os restaurantes – termo derivado do verbo francês *restaurer*, ou "restaurar" – eram limitados a comercializar *bouillons*, caldos "restauradores", que, tecnicamente, seriam distintos dos cozidos de carne, que somente podiam ser servidos pelos *traiteurs*. Mas, à medida que a culinária francesa se desenvolvia, as regras medievais que impunham rígidas separações entre os diversos tipos de comida tornavam-se cada vez mais difíceis de serem obedecidas. Já na década anterior à Revolução, os restaurantes ignoravam as limitações impostas pelas guildas e ofereciam cardápios completos, com pratos elaborados. Em vez das mesas comuns disponibilizadas pelos *traiteurs*[*] e pelas tabernas, eles ofereciam pequenas mesas privativas, às quais os indivíduos ou pequenos grupos eram servidos por elegantes serviçais.

Os restaurantes ainda eram limitados em número até 1791, quando a Assembleia votou pela abolição das guildas e de seus privilégios comerciais. Agora, os restaurantes podiam vender qualquer coisa legitimamente, o que levou à uma rápida expansão em quantidade e qualidade. Isso significou um grande avanço para o cenário gastronômico da capital, embora nem todo mundo tenha apreciado, de imediato, o novo conceito de "restaurante". Um escritor contemporâneo, Louis-Sébastien Mercier, queixava-se da noção de um cardápio com preços fixos que se recebia ao entrar em um desses estabelecimentos. Diferentemente do que fazia um mais honesto *traiteur*, que exibia a comida e dizia o preço, os restaurantes cobravam valores mais elevados sem mostrar qualquer prato que tivessem a oferecer. Quando os pratos chegavam

---

[*] Em francês, *traiteur* é um proprietário de estalagem ou "casa de pasto", nas quais, além da comida, também eram oferecidas acomodações para que as pessoas pudessem hospedar-se. O termo ainda é empregado com esse sentido na Itália, onde uma *trattoria* é um tipo de estabelecimento de natureza diferente da de um *ristorante*. (N.T.)

à mesa, as porções servidas eram sempre muito pequenas, como se fossem apenas "amostras de futuras refeições ainda por vir".[5]

Pelo lado positivo, o crescimento dos restaurantes proporcionou que as especialidades locais de várias regiões fossem descobertas pelos parisienses. O *Les Frères Provençaux*, cujos *chefs* eram originários de Marselha, oferecia uma culinária com fortes influências provençais, e a ele é creditada a popularização dos tomates em Paris (embora outra lenda afirme que os tomates chegaram a Paris com *"La Marseillaise"*, o hino nacional, quando tropas pró-revolucionárias provenientes de Marselha marcharam pela cidade, em 1792).

Os restaurantes rapidamente tornaram-se um marco distintivo de Paris e muito contribuíram para definir sua identidade. Menos politizados do que os *cafés*, serviam a todos os segmentos da sociedade: ricos e pobres, trabalhadores braçais e estudantes, advogados e artistas, todos podiam encontrar um restaurante que se adaptasse às suas necessidades e possibilidades. Em 1801, pouco depois de os restaurantes terem "invadido" Paris, Joseph Berchoux cunhou o termo *gastronomie*. Escritores como Grimod de la Reynière e Brillat-Savarin – que aconselhavam não *como* se deveria cozinhar, mas *quais* alimentos deveriam ser degustados – tornaram-se populares. A culinária do *ancien régime*, tal como muitos elementos do governo da realeza, fora deslegitimada pela Revolução, o que criou espaço para que os mais refinados *chefs* e *restaurateurs* da nação conduzissem a clássica culinária francesa para novas direções.

A maioria dos restaurantes e *cafés* do período pré-revolucionário já desapareceu de Paris. Contudo, se você visitar um *café* em qualquer lugar da França em um dia 14 de julho, é provável que venha a ter a sensação do que os fez tão adorados e influentes há muitos anos. O sentimento de camaradagem, de bom humor e de fruição dos prazeres da vida que tanto infundiu os *cafés* desde seus primórdios sobreviveu, intacto; e eles são lugares tão bons quanto quaisquer outros para celebrar o nascimento da França moderna.

32

Pain d'Égalité
(O Pão da Igualdade)

> *Paris elevou-se, mais uma vez, como a maré enchente;*
> *ela flui em direção às Tulherias, por Pão e uma Constituição.*
> – Thomas Carlyle[1]

A rainha Maria Antonieta, a notória esposa de Luís XVI, é muito lembrada por uma frase que jamais disse. Segundo a lenda, quando Maria Antonieta foi informada de que as pessoas na França não tinham mais pão para comer, replicou: "Que comam bolos!". Na versão francesa dessa história, ela lhes recomenda que comam *brioches*, um tipo de pão de massa leve, doce e muito amanteigada. Na verdade, não há nenhuma evidência de que ela tenha dito qualquer coisa sequer parecida com isso; mas a expressão tornou-se uma citação fácil para exemplificar a aparente indiferença e a grosseria dos monarcas franceses.

Reis e imperadores há muito compreenderam o perigo de ignorar a necessidade pública do pão de cada dia. O imperador romano Augusto tornou-se famoso por subornar as massas para que se aquietassem com a oferta gratuita de grãos e acesso a espetáculos sangrentos – mais tarde cinicamente citados como "pão e circo". A própria monarquia francesa já havia tentado, anteriormente, controlar o suprimento de grãos por meio de regulações de estoque e restrições comerciais. Portanto, a ideia de que a rainha não compreendesse a importância do pão ou não se preocupasse com isso era um bom motivo para o assassinato de um personagem histórico.

Para tanto, muito contribui o fato de que Maria Antonieta fosse profundamente impopular, apenas para começar. Ela casou-se com o ainda futuro Luís XVI em 1770, aos 14 anos de idade, e era descrita como uma jovem encantadora, mas frívola. Sua união com Luís iniciou-se de maneira infeliz, e foram necessários oito anos antes que seu primeiro filho nascesse. Ela era austríaca, numa época em que a França apenas recentemente havia-se aliado com seu país, um inimigo histórico. Sua ostensiva preferência por roupas luxuosas, joias finíssimas, mobiliário e pratos caríssimos num período no qual a França já se afundava em dívidas, devido a uma governança débil e guerras ruinosas, fizeram dela um alvo perfeito para o rancor popular.

Maria Antonieta era conhecida por ter um "fraco" por doces, chegando, ela mesma, a preparar bolos e produtos de confeitaria. Uma das suas especialidades era um suavemente adorável merengue, ou "suspiro". Também gostava muito de legumes frescos e fez construir para si mesma um pequenino vilarejo camponês idealizado dentro das terras de Versalhes. Aquele era um lugar no qual ela podia "brincar" de ser uma pastorinha e experimentar a "vida rústica"; mas também era uma fazenda produtiva, que supria as cozinhas do palácio.

Seu vilarejo rústico não a tornava mais querida entre as massas, que viam o empreendimento como mais um desperdício de dinheiro da monarquia, que não se importava com seus verdadeiros problemas. O ressentimento mal contido intensificou-se em 1788-1789, quando o preço do pão subiu, devido ao mau tempo e às minguadas safras. O pão era o alimento mais barato com que as pessoas podiam encher seus estômagos. Para as classes mais pobres, o pão (ou uma espécie de mingau, feito com a mesma farinha) era responsável por até 95% da ingestão diária de calorias; e cada pessoa podia chegar a comer entre meio e um quilo e meio de pão de grãos integrais por dia.[2] Mais da metade do orçamento doméstico era gasto com isso. Assim, quando o preço do pão dobrou, a situação tornou-se desesperadora para grande parte da população, servindo como combustível para o motor da Revolução.

Maria Antonieta foi apontada como a maior responsável pela escassez de alimentos, enquanto o rei era visto como uma espécie de bufão – decente, mas estúpido –, dominado por sua esposa arrogante e decadente. Então, quando Paris sofreu com uma completa escassez de pão, em outubro de 1789 – três meses depois da queda da Bastilha –, uma multidão, talvez integrada por 10 mil mulheres, caminhou de Paris até Versalhes, determinada a obter pão para suas famílias e a trazer o rei de volta à capital. Longe da "bolha" de Versalhes e forçado a defrontar-se com a pobreza e a fome em Paris, esperava-se que Luís se compadecesse de seus súditos e lhes assegurasse de que haveria disponibilidade de pão. Os integrantes da marcha chegaram a Versalhes ainda pacificamente, e o rei prometeu abastecer-lhes de grãos; mas, da noite para o dia, a multidão tornou-se violenta e terminou por invadir o palácio. A rainha quase perdeu a vida, escapando por pouco da multidão furiosa que atacava seus aposentos. A calma foi restabelecida quando a família real concordou em retornar a Paris, com cinquenta carroções cheios de trigo e farinha. As mulheres acompanharam a viagem da realeza por todo o caminho, gritando: "Não sentiremos mais a falta de pão: nós trazemos de volta o padeiro, a mulher do padeiro e o filho do padeiro". A família real alojou-se no *Palais des Tuileries* [Palácio das Tulherias]*, mantida como refém, à mercê da boa vontade da Assembleia dos revolucionários e da turba parisiense.

Essa situação se tornou cada vez mais "carregada", pois a Assembleia produzia decretos cada vez mais radicais. Todos os títulos e níveis hierárquicos de nobreza foram abolidos, e os *parlements* [cortes judiciais], desfeitos. A Igreja Católica na França foi subordinada ao Estado e não mais tinha permissão para coletar dízimos; mosteiros foram fechados e todas as propriedades da Igreja foram confiscadas e vendidas, para saldar o débito nacional. A "colcha de retalhos" das peculiares regiões da França foi substituída por um novo sistema constituído por 83 *départements* [departamentos], com estruturas administrativas uniformizadas, o que proporcionava a maior centralização da autoridade política. Guildas, monopólios comerciais e tarifações internas também foram abolidos, para liberalizar o comércio e expandir as oportunidades econômicas.

---

* Em francês, *tuile* significa "telha", e *tuilerie* é o lugar onde estas são fabricadas e postas para secar – uma instalação comumente chamada "olaria", em português. "Tulha" é uma espécie de celeiro ou terreno cercado, onde frutos colhidos são postos para secar. A origem do termo é incerta, mas é provável que o referido palácio seja chamado de "Tulherias" em nosso idioma mais por aproximação fonética do que por seu verdadeiro significado. (N.T.)

Milhares de mulheres escoltam a família real – "o padeiro, a mulher do padeiro e o filho do padeiro" – de volta a Paris, esperando que esta assegurasse o suprimento diário de pão. Do Arquivo Digital da Revolução Francesa, uma colaboração entre as Bibliotecas da Universidade Stanford e a *Bibliothèque Nationale de France*. Gravura sem autoria atribuída. *Époque du 6 octobre 1789, l'après dînée, à Versailles les héroïnes françaises ramènent le roi dans Paris, pour y faire sa principale résidence* [Ocasião de 6 de outubro de 1789, após o jantar, em Versalhes as heroínas francesas conduzem o rei de volta a Paris, para que faça dela o lugar de sua residência principal] – 1789.

Temerosa quanto ao que poderia vir a seguir, a família real tentou fugir de Paris, em junho de 1791. Mas a fuga foi mal empreendida, e todos foram apanhados em Varennes, localidade muito próxima do pretendido destino, em Metz. Há uma série de lendas acerca dessa fuga: uma delas relata que o rei glutão foi fatidicamente detido ao parar na cidade de Sainte-Menehould para provar a famosa especialidade local de pés de porco; enquanto outra atesta que ele teria atrasado a expedição por um pouco do queijo *Brie de Meaux*. Tais detalhes são, provavelmente, apenas "floreios"; mas é fato que a realeza percorreu a zona rural da França "a passos de tartaruga", o que tornou sua recaptura inevitável.

O rei retornou a Paris e, pouco depois de sua chegada, a Assembleia aprovou a primeira constituição francesa. Esta empossava a nova Assembleia Legislativa, com abrangentes poderes políticos, enquanto o rei permanecia sob veto. Essa conquista épica, porém, deparou-se com uma agudíssima crise econômica e uma crescente inquietação social. Camponeses, clérigos destituídos de suas posições eclesiásticas e nobres emigrados fomentaram a rebelião, ao mesmo tempo que outros monarcas europeus tornavam-se cada vez mais hostis. Afinal, o rei e os revolucionários puderam concordar quanto a alguma coisa: o melhor recurso para a França seria a guerra (o rei achava que ela seria a melhor oportunidade para restaurar a monarquia absolutista, enquanto os revolucionários acreditavam que a vitória consolidaria e ajudaria a disseminar a Revolução). Em abril de 1792, a França declarou guerra à Áustria.

A guerra transcorreu mal. Forças austríacas e prussianas ameaçaram Paris, o que apenas fez inflamar ainda mais a situação da cidade. Em agosto, uma multidão atacou o Palácio das Tulherias, e a família real fugiu para a Assembleia Legislativa em busca de proteção – mas a Assembleia cedeu à pressão popular e votou pela prisão do rei. Ela também decidiu convocar novas eleições, com sufrágio universal, para o que seria então chamado de Convenção Nacional. Em setembro, a Convenção pôs fim à monarquia constitucional e proclamou a França como uma república – e os exércitos franceses começaram a conquistar vitórias nos campos de batalha. A Revolução fora salva.

Luís e Maria Antonieta, contudo, estavam "condenados". Aprisionados na imponente fortaleza Temple, com seus dois filhos, em condições que os enfraqueceriam e tornariam doentes, apegaram-se às tênues esperanças de virem a ser resgatados por amigos fiéis ou exércitos estrangeiros. Mas, em vez disso, o rei foi levado a julgamento e mandado à guilhotina, em janeiro de 1793. Maria Antonieta o seguiria em seu destino em outubro daquele mesmo ano. O jovem filho do casal morreria na prisão em Temple dois anos depois, e somente a filha sobreviveria.

A morte do rei marcou um momento irrevogável para a Revolução. Depois do regicídio, não haveria como voltar atrás. Todos os esforços foram dirigidos à construção e à sustentação da república, que era ameaçada por exércitos estrangeiros, levantes contrarrevolucionários e inquietações sociais e econômicas. Mais de 20 mil pessoas morreram na cruel repressão conhecida como *la Terreur* [o Reinado do Terror], entre 1793 e 1794, mas o governo revolucionário também compreendeu a necessidade de prover seus cidadãos, tanto para conter a oposição quanto para reformar a sociedade, de acordo com os ideais republicanos. O próprio Robespierre escreveu, em 1793: "Quando, então, o povo será educado?

Quando tiver pão suficiente para se alimentar [...]".[3] O controle dos preços foi instituído para uma gama de gêneros alimentícios básicos, incluindo o pão.

Outro decreto determinava: "Porque a riqueza e a pobreza devem desaparecer no novo regime igualitário, não mais deverão ser preparados um tipo de pão com farinha refinada para os ricos e um pão de farelo para os pobres. Todos os padeiros, sob pena de prisão, deverão produzir apenas um bom tipo de pão, o pão da igualdade".[4] Esse *pain d'égalité* era um pão muito massudo e insípido, feito com três quartos de farinha de trigo e um quarto de farinha de centeio; isso representou um grande desapontamento para o populacho, o qual esperava que a igualdade social significaria ter o aristocrático pão branco para todos. A verdadeira motivação desse decreto foi uma severa escassez de grãos, ocorrida quando o controle de preços levou os fazendeiros franceses a produzirem menos grãos e a guerra contra os ingleses impedia as importações do gênero; mas essa constituiu-se de uma bela peça de retórica revolucionária. Foram políticas como essa que fizeram de Robespierre uma figura histórica tão controvertida: a encarnação do mal, em estado puro, para os conservadores, e, talvez, um mal necessário para alguns liberais; mas, de todo modo, uma figura admirável para certos marxistas.

O pão é ainda um alimento essencial e emblemático para os franceses, mas é muito menos consumido do que na era revolucionária. Hoje em dia, o cidadão francês médio consome cerca de 120 gramas de pão diariamente – o que é entre quatro e dez vezes menos do que durante o século XVIII.[5] Isso não significa que o pão tenha se tornado menos popular – afinal, praticamente todos os franceses comem pão –, mas é um sinal de que os hábitos alimentares evoluem e se diversificam. Contudo, a importância do pão pode ser notada em incontáveis cidades pequenas da França, onde os últimos estabelecimentos comerciais independentes que ainda sobrevivem são panificadoras. Mesmo cidadezinhas que não contam sequer com agências postais ou supermercados ainda conseguem manter ao menos uma padaria em funcionamento.

Em resumo, há um motivo para que os franceses acreditem em uma "santíssima trindade" à mesa, que inclui não apenas o vinho e o queijo, mas, também, o pão.[6] Tivessem as cabeças coroadas da França reconhecido essa verdade simples, a História francesa e, por extensão, a da democracia liberal poderia ter sido, realmente, muito diferente.

33

O Propagandista da Batata

A Revolução Francesa não apenas depôs um regime odiado: ela também destituiu toda uma ordem social, estabelecida ao longo de mil anos, cuja destruição deixou um imenso vácuo. Impulsionada por uma mescla de igualitarismo, nacionalismo e inovação científica, a nova classe dominante francesa embarcou em uma radical remodelagem da sociedade. Já conhecemos algumas de suas medidas mais "dramáticas": a declaração da igualdade entre todos os homens, a subordinação da Igreja ao Estado e o estabelecimento de uma república. Essas reformas de longo alcance foram alicerçadas por alguns arranjos sociais improvisados em muitos aspectos da vida cotidiana – todos implementados com a intenção de reforçar a consolidação do projeto revolucionário então em curso.

Por exemplo, a propensão dos radicais para as mudanças extremas levou não apenas à introdução do primeiro sistema de medição métrico-decimal, mas, também, à adoção de um novo calendário, que foi seguido por cerca de doze anos. Um novo ano, então, tinha início no equinócio de outono, e os doze meses receberam novos nomes, tais como *Vendémiaire* (derivado do termo *vendange*, que designa a colheita da safra de uvas; chamado "vendemiário", em português, o primeiro mês do "calendário republicano" transcorria entre os dias 22 de setembro e 21 de outubro) e *Fructidor* (derivado do latim *fructus*, "fruto" ou "fruta"; último mês do ano "republicano" e o terceiro mês do verão, no Hemisfério Norte, correspondente ao período entre 18 de agosto e 17 de setembro do calendário gregoriano). Cada um dos meses tinha três "semanas" de dez dias, sendo cada dia reconfigurado para compreender um período de dez "horas". Anteriormente, cada dia do ano celebrava a memória de um santo católico diferente, mas isso foi adaptado para uma forma mais apropriada de "culto": agora, cada dia celebrava um elemento distinto da cultura agropastoril francesa, quer fossem frutas e legumes, colheitas ou animais de criação e até mesmo diferentes tipos de solo e implementos agrícolas.

Nesse novo calendário, o 11 Vendemiário (anteriormente conhecido como 2 de outubro) celebraria a humilde *pomme de terre*,* ou "batata". Para a França atual, a batata é, certamente, um "fruto da terra" digno de ser celebrado: rica em vitaminas e antioxidantes, fácil de ser cultivada e quase infinitamente adaptável, quer seja frita, cozida, amassada, gratinada, salteada ou assada (e ainda produz flores muito bonitas). A batata é o vegetal mais consumido na França, utilizada no preparo de uma infindável variedade de gratinados, sopas, purês, cozidos e panquecas. Mas, ainda que possa parecer chocante, esse amor pelas batatas é surpreendentemente recente, tendo emergido apenas nessa cataclísmica era revolucionária – e, sobretudo, como resultado dos incansáveis esforços propagandísticos de um homem, chamado Antoine-Augustin Parmentier.

O lar ancestral da batata é a Cordilheira dos Andes, onde atualmente se situam o Peru e a Bolívia. Variedades silvestres haviam sido "domesticadas" mais de sete mil anos antes de serem "descobertas" pelos conquistadores espanhóis durante a destruição da civilização Inca, promovida por eles no século XVI. Os espanhóis apresentaram a batata à Europa; mas, ao contrário do que ocorreu com outras transplantações mais bem-sucedidas, a batata enfrentou uma considerável resistência à sua aceitação. Pareciam perigosas para serem comidas: quando ainda verdes, eram venenosas; e pertenciam à mesma família de plantas tóxicas, como a mortífera beladona. O povo chegou mesmo a acreditar que as batatas causassem a lepra (doença cutânea infecciosa crônica, atualmente conhecida como hanseníase). As batatas não eram mencionadas na Bíblia, o que lhes conferia um ar suspeito; e ainda tinham um sabor muito insosso. Assim, as batatas foram usadas principalmente como

---

* Em francês, *pomme de terre* significa, literalmente, "fruto da terra". (N.T.)

alimento para o gado – o que consolidou sua posição como alimento impróprio para o consumo humano.

Contudo, por volta do século XVIII, o consumo de batatas aumentou muito em outras partes da Europa, tais como a Itália, a Inglaterra e os Países Baixos. Frederico, o Grande, da Prússia, emitiu quinze decretos reais promovendo o cultivo da batata como meio de combater a fome, tendo sido responsável pela crescente popularidade do tubérculo entre os alemães. Por isso, ele é, às vezes, referido como *der Kartoffelkönig* (o Rei-Batata), e, ainda hoje em dia, pessoas costumam deixar batatas sobre seu túmulo, em Potsdam.

Foi graças aos prussianos que o nosso herói, *Monsieur* Parmentier, tornou-se fascinado por esse humilde tubérculo. Parmentier servira ao exército francês como farmacêutico durante a Guerra dos Sete Anos (entre 1756 e 1763), tendo sido capturado pelos prussianos. Durante seu longo cativeiro, ele comeu batata pela primeira vez. Para sua surpresa, sua nova dieta não fez com que contraísse lepra e, na verdade, manteve-o em boa forma. Voltou para casa imbuído de uma missão: a de convencer os franceses a comerem batatas – o que demandou uma longa e árdua campanha.

Parmentier obteve algum sucesso inicialmente, em 1772, quando a Academia de Besançon lhe concedeu o primeiro prêmio em uma competição de "estudos sobre substâncias alimentícias que possam mitigar as calamidades da fome". A própria existência de tal competição indica a severidade da escassez de alimentos naquela época. Para Parmentier, a insistência sobre a batata não era apenas um empreendimento científico, mas uma questão moral, que visava solucionar o persistente problema da fome e da desnutrição. Em seu ensaio apresentado em Besançon, ele escreveu:

> Sem retirarmos a gratidão que devemos aos Aristóteles, aos Descartes e aos Newtons, cujos gênios lançaram luzes sobre o universo, não teria sido mais desejável que cada um deles, em vez de flanar pelas mais elevadas alturas, descendesse para considerar as necessidades primárias dos homens, seus semelhantes? Que importa aos homens comuns o curso que seguem as estrelas em suas trajetórias, se durante o tempo de suas próprias vidas eles definham devido à fome?"[1]

Contudo, as batatas ainda demoraram para alcançar popularidade. Muita gente se concentrava em utilizá-las para fazer pão – um objetivo lógico numa época em que a população era dependente em grande parte desse alimento. Mas, na verdade, era muito difícil fazer pão usando apenas farinha de batata, à qual falta o glúten; e o produto final não tinha um sabor muito bom. Foi apenas aos poucos que as pessoas descobriram que era melhor misturar a farinha de batata às de outros grãos tradicionais. Voltaire tornou-se um entusiástico apoiador da ideia, exaltando as virtudes do pão feito com uma mistura de farinhas, metade de batata e metade de trigo.

Mas Parmentier perseverou e decidiu que a melhor maneira de fazer com que a população geral adotasse as batatas seria promovê-las, primeiramente, junto às classes mais abastadas e aristocráticas. Ao longo de toda a História, alimentos que fossem considerados raros, caros ou populares entre as elites tornavam-se, inexoravelmente, apreciados pelas massas também; assim, essa foi a tática astutamente empregada pelo nosso "propagandista da batata". Aconselhado por Benjamin Franklin – um dos primeiros "convertidos" –, ele organizou um elegante jantar com batatas para os parisienses mais proeminentes, no qual cada um dos pratos consistia em batatas preparadas de diferentes maneiras.

Mas o maior "golpe" de *marketing* de Parmentier seria conquistar o apoio da família real. Em 1785, ele aproximou-se do rei Luís XVI e de Maria Antonieta durante um banquete. Ele trazia consigo um maço de flores de batata e, de algum modo, conseguiu convencer o rei a usar uma delas em sua lapela, enquanto a rainha colocava outra em sua peruca. Assim, a flor logo tornou-se o mais novo acessório "da moda", e o rei foi informado do potencial nutricional da batata. Ele cedeu a Parmentier um pedaço de terra nas proximidades de Paris para que cultivasse batatas e, segundo uma lenda, disse-lhe: "A França um dia agradecerá a você por ter descoberto o pão dos pobres". (Infelizmente para o rei, esse dia não chegou em tempo hábil para poupar sua própria cabeça.) Parmentier explorou com esperteza a concessão real, posicionando guardas ao redor de seu campo de batatas para afastar intrusos, levando os habitantes locais a acreditarem que o que se cultivava ali deveria ser extremamente valioso, elevando, assim, a reputação da batata.

Contudo, à época da Revolução, a batata fizera apenas pequenos avanços no gosto popular. Parmentier não foi favorecido pelo novo regime e teve de deixar Paris por algum tempo. Mas o momento da batata havia chegado, pois as lideranças revolucionárias logo compreenderam que a escassez de alimentos que as havia conduzido ao poder poderia, com a mesma facilidade, destituí-las dele. Uma população mal alimentada seria mais propensa a criticar e resistir às suas reformas radicais, passando a apoiar os monarquistas e contrarrevolucionários que ameaçavam a ainda frágil república.

Em dezembro de 1793, o governo revolucionário distribuiu 10 mil cópias dos textos de Parmentier sobre o cultivo e o consumo de batatas. Tal como se revelou, a batata era o alimento revolucionário ideal: tratava-se de uma nova cultura, em uma época de inovações e transformações sem precedentes. Sua produção era barata e, por isso, democrática; igualmente acessível para ricos e pobres. Por serem mais pesadas e maiores do que grãos de cereais, era mais difícil para as batatas de serem sorrateiramente estocadas por traiçoeiros especuladores que provocassem a elevação de seu preço.[2] E sua característica humildade era um bem-vindo antídoto aos luxos imorais da culinária do *ancien régime*.

A causa da batata também foi impulsionada pela publicação de um livro de receitas intitulado *La Cuisinière Républicaine* [A Cozinheira Republicana], em 1794. Esse foi o primeiro livro de culinária francês atribuído a uma mulher, Madame Mérigot, e consiste-se unicamente de receitas para o preparo de batatas. Estas eram muito simples: por exemplo, as *pommes des terres au champignons* eram uma mistura de batatas, cogumelos, chalotas e cebolinha em um caldo avinagrado. O livro também apresentava uma receita muito simples de salada de batatas: "Quando as batatas estiverem cozidas, corte-as em fatias e as tempere com azeite, vinagre, ervas, sal e pimenta. Em vez de azeite, você pode utilizar manteiga ou creme; e essa salada pode ser consumida quente ou fria".[3] Simples, barato e nutritivo: um alimento adequado aos novos homens e mulheres da revolução.

À medida que o povo aprendia mais maneiras deliciosas de comer batatas e a escassez continuava a encorajar a substituição de alimentos, elas se tornavam cada vez mais populares, sobretudo em Paris. Os magníficos terrenos das Tulherias e dos Jardins de Luxemburgo foram utilizados para o cultivo de batatas; e as sacadas da capital eram pontilhadas com vasos contendo batatas plantadas. Poucos anos depois, à medida que o ardor revolucionário arrefeceu, o entusiasmo governamental pela promoção das batatas também diminuiu; mas seus benefícios práticos já haviam se tornado evidentes, e o cultivo, aos poucos, cresceu por todo o país. Em 1803, a França já produzia um milhão e meio de toneladas de batatas ao ano; pela metade do século, essa cifra se elevaria para mais de 10 milhões de toneladas. A missão de Parmentier fora cumprida: a batata, por fim, encontrara um lugar permanente na culinária francesa.

Parmentier contava-se entre os primeiros recebedores da nova condecoração de Napoleão, a *Légion d'Honeur*, e foi indicado como diretor do serviço nacional de saúde. Ao morrer, em 1813, ele foi sepultado no famoso cemitério Père Lachaise, em Paris, e seu túmulo foi cercado por batatas plantadas. Em 1904, a Estação Parmentier foi inaugurada, na Linha 3 do Metrô de Paris, e continua sendo um tributo maravilhosamente efusivo ao grande homem. Uma detalhada história da batata percorre a parede lateral da plataforma da estação, e uma grande estátua de Parmentier, dando uma batata a um camponês ajoelhado, capta o espírito popular de seu legado. Seu nome também vive em uma quantidade de receitas de batatas; mais notavelmente no *hachis Parmentier*, um cozido de batatas amassadas e carne bovina picada.

Hoje em dia, a França produz mais de 5 milhões de toneladas de batatas a cada ano, e o cidadão francês médio consome, anualmente, mais de 50 quilos de batatas, *in natura* ou processadas.[4] O país que uma vez considerou as batatas apropriadas somente para a alimentação de porcos, hoje ostenta uma deliciosa gama de variedades cultivadas, tais como a saborosa *Belle de Fontenay*, um novo tipo de batata, tornado popular desde o final do século XIX; a *Ratte*, uma batata de formato comprido e um sabor ligeiramente semelhante ao de castanhas; e a *Bleue d'Auvergne*, de coloração púrpura-escura, que combina muito bem com o queijo de mesmo nome.

Sem dúvida, uma das maneiras mais populares de consumir batatas, em todo o mundo, hoje em dia, é na forma de batatas fritas, conhecidas como *French fries*, em inglês norte-americano; mas não é totalmente claro que os franceses possam reivindicar o crédito pela sua invenção. Os belgas são particularmente orgulhosos de suas *frites*, as quais afirmam consumir assim desde o século XVII, quando habitantes de pequenas cidades do interior fritavam

A Estação Parmentier do metrô de Paris exibe uma estátua do nobre Parmentier dando uma batata a um camponês faminto. © Lillian Hueber, 2016.

batatas em vez de peixes, sempre que os rios congelavam durante os meses do inverno. Segundo uma narrativa, soldados norte-americanos seriam os responsáveis pelas batatas fritas serem chamadas de *"French"* em vez de *"Belgian fries"*: durante a Primeira Guerra Mundial, os recrutas americanos teriam conhecido as *frites* no sul da Bélgica, onde é falado o idioma francês, e assim as levaram de volta para casa, nos Estados Unidos, onde são conhecidas como *"French fries"*.

Segundo uma versão alternativa da lenda, os franceses teriam começado a comer *frites* nos anos 1780, e, pelo visto, uma versão primitiva das batatas fritas "à francesa" – as *pommes de terre frites à cru en petites tranches* (pequenas fatias de batata crua, fritas em óleo fervente) – foi levada aos Estados Unidos por ninguém menos que Thomas Jefferson, que servira como embaixador norte-americano na França. Assim, elas teriam se tornado conhecidas como *"French-fried potatoes"*, embora não tenham se tornado populares nos Estados Unidos senão no século XX, quando passaram a ser chamadas, simplesmente, de *"french fries"*. A despeito de qual narrativa seja a mais exata, o McDonald's e outros impérios da *fast-food* norte-americana contribuíram para tornar as fritas em um prato mundialmente favorito.

Hoje em dia, os franceses comem batatas fritas como acompanhamento de muitos pratos – o clássico *steak-frites*, ou nosso indefectível "filé com fritas", logo vem à mente –, mas não são tão obcecados por elas quanto os belgas, que vêm tentando torná-las um patrimônio cultural junto à UNESCO. Quando os congressistas norte-americanos lançaram uma "ofensiva" para renomear as *french fries* como *"freedom fries"* [fritas da liberdade], depois de a França ter se recusado a apoiar a invasão do Iraque, em 2003, os franceses limitaram-se a dar de ombros e indicar que as *frites* seriam belgas, de todo modo. (O *sang-froid* – "presença de espírito", ou, literalmente, "sangue-frio" – deles foi mais duramente posto à prova diante de relatos de garrafas de *Dom Pérignon* sendo despejadas em latrinas, como forma de protesto, o que pareceu algo muito mais sacrílego.)

Mas os franceses permanecem profundamente enamorados pelas batatas, de modo geral. Na verdade, quando um habitante da França está se sentindo em grande forma, ele pode dizer: *"J'ai la patate!"* ["Eu tenho – ou 'estou com' – a batata!]. Não está muito claro de onde proviria essa expressão, mas ela é, por certo, mais uma indicação de quão positivamente o povo francês se sente, hoje em dia, com relação a um alimento que uma vez demonizaram.

34

A Provocação da Pirâmide

A pequena cidade de Valençay, às margens do Vale do Loire, é muito conhecida na França, a despeito de suas proporções diminutas (historicamente, abrigando cerca de 3 mil habitantes). Isso se deve, em parte, aos seus deliciosos vinhos e ao queijo, produtos que ostentam seu nome: na verdade, Valençay é a única localidade da França a ter obtido um AOC tanto por seu vinho quanto por seu queijo. Durante o verão francês, poucas coisas são mais sublimes do que compartilhar uma garrafa do adstringente *Sauvignon Blanc Valençay*, acompanhado pelo distintivo queijo de cabra de Valençay, que tem o formato de uma pirâmide com o topo cortado e envolta por uma crosta salgada de cinzas de carvão.

Existe uma lenda bem conhecida que explica como o queijo Valençay veio a ter seu formato incomum, de uma pirâmide à qual falta o topo, que tem a ver com outra notável característica de Valençay e de seu elegante *château*, datado dos dias da Renascença, que atrai milhares de visitantes a cada ano. Entre as atrações mais populares do *château* estão as extensas cozinhas, nas quais os mais refinados *chefs* da França, em algumas oportunidades, protagonizaram requintados feitos gastronômicos. Hoje em dia, o *château* rende tributo aos talentos deles promovendo mensalmente jantares *gourmet*, à base dos deliciosos produtos do Vale do Loire.

O Château de Valençay foi construído no século XVI, mas seu ocupante mais famoso não se tornou seu proprietário senão em 1803. Charles Maurice

A bela forma do queijo Valençay contribuiu para a divulgação de uma lenda reveladora sobre a notável dupla formada por Napoleão e Talleyrand. © Pipa100 (Dreamstime Photos).

de Talleyrand-Périgord, conhecido familiarmente pela História como Talleyrand, adquiriu o *château* e suas terras correspondentes com uma pequena ajuda financeira de Napoleão Bonaparte, a quem ele, então, servia como ministro do exterior. Teria sido, supostamente, graças à aquisição do *château* por ele que o queijo de cabra local ganhou seu famoso formato – devido a um incidente que revela muito não somente do temperamento ardoroso de Napoleão mas, também, sobre o hábil diplomata que orquestrou os assuntos franceses e europeus tão astutamente durante um dos mais tempestuosos períodos da era moderna.

As habilidades diplomáticas de Talleyrand se evidenciam pelos seus registros de apoio, consecutivamente, à monarquia, à Revolução, ao Diretório que substituiu o vacilante governo revolucionário em 1795 e ao golpe de Estado que terminaria por alçar Napoleão ao poder. Ele possuía um dom soberbo para apoiar uma determinada ordem política até o momento que essa se tornasse insuportável, para, então, encontrar uma posição adequada no novo regime que viesse a emergir. (Certa vez, ele justificou seu oportunismo com uma tirada cínica: "Traição é uma questão de datas".) Nascido em uma família aristocrática, ainda que empobrecida, ele amealhou uma grande fortuna por meio de astutos acordos comerciais, o que lhe proporcionou uma vida de luxos, que, embora indulgente, era também estratégica. Enquanto serviu como embaixador francês e, depois, como ministro do exterior, Talleyrand lançou mão do que havia de melhor na cultura e na gastronomia francesas para obter vantagens sobre seus rivais, adular potenciais aliados e tramar engenhosos tratos que aparentemente beneficiariam a todas as partes. Ele foi um praticante inigualável do que hoje em dia chamamos de *soft power* (uma maneira "suave" de exercer ou usar o poder), aproveitando-se explicitamente da reputação da culinária francesa – consensualmente vista como a mais refinada da Europa, ao menos desde meados do século XVII – para atingir objetivos de vital interesse nacional.[1] Ele é famoso por ter dito ao rei, antes de partir para as negociações no Congresso de Viena, que reformularia toda a política europeia: "Majestade, eu preciso mais de molheiras do que de instruções".

Talleyrand manteve um longo e complexo relacionamento com Napoleão, que se elevara ao poder ao longo dos anos 1790, quando o projeto revolucionário começava a degringolar. Napoleão também havia nascido em uma família nobre, mas relativamente pobre, na Córsega, em 1769. Tal como muitos jovens nobres franceses empobrecidos, ele embarcou na carreira militar e começou a ganhar fama nos primeiros anos da Revolução. Em 1793, ele retomou a importante cidade portuária de Toulon do controle de uma força contrarrevolucionária de monarquistas apoiada pela marinha britânica; e, dois anos depois, desbaratou uma tentativa de levante monarquista em Paris. Recebeu o comando do exército francês na Itália e lá obteve uma série de vitórias improváveis, exibindo um estilo inovador e ousado de fazer guerra, que terminaria levando-o a conquistar grande parte da Europa. Isso fez dele um herói popular – e um personagem essencial para o governo revolucionário, pois a pilhagem que amealhou na Itália era fundamental para evitar a bancarrota nacional.

O regime revolucionário se encontrava em situação realmente desesperadora, ameaçado pela calamidade financeira, por guerras com seus rivais europeus e por rebeliões internas. Em 1795, a Convenção Nacional foi substituída pelo Diretório, um grupo formado por cinco homens, indicados por duas assembleias eleitas. Mas o Diretório não se saiu melhor, sendo constantemente assediado tanto por facções monarquistas quanto radicais. Preocupados com a crescente popularidade de Napoleão, os Diretores o persuadiram a aceitar um novo desafio: conquistar o Egito Otomano. A França estava em guerra com a Inglaterra, mas sua marinha era demasiado fraca para suportar um confronto direto com os britânicos. A invasão do Egito pela França pretendia minar-lhes, indiretamente, o poderio ao interromper sua rota mais rápida para a Índia, que, então, estava caindo sob domínio britânico. Isso poderia, ainda, render aos franceses uma plataforma para que desafiassem a predominância do Império Britânico no sul da Ásia.

Napoleão, já se vendo como um novo Alexandre, o Grande, navegou para o Oriente em 1798, com mais de 30 mil homens. A princípio, ele obteve uma série de sucessos. Ele conseguiu contornar a marinha britânica no Mediterrâneo e render a ilha de Malta e, em seguida, tomar o porto egípcio de Alexandria. Depois de marchar por duas semanas pelo deserto, ele derrotou o temível exército mameluco à sombra das pirâmides, no Cairo, tendo os modernos armamentos e táticas do exército francês sobrepujado os mais ferozes soldados do mundo otomano. Napoleão sonhara com a conquista de um vasto império oriental, tendo, mais tarde, escrito que vira a si mesmo "marchando Ásia adentro, cavalgando um elefante, tendo um turbante sobre a minha cabeça e, em minhas mãos, um novo Corão, que eu mesmo teria composto para adequá-lo às minhas necessidades".[2] Mas essas visões megalomaníacas seriam esmagadas pelo almirante Horatio Nelson, da Inglaterra, que por fim conseguira apanhar desprevenida a frota francesa na costa do Egito, pondo a pique praticamente todas as suas naus. Napoleão fora encurralado, sem meios de voltar para casa ou ter como reabastecer-se. Ainda agarrando-se a esperanças de conquistas, ele liderou uma fatídica expedição à Síria, mas seu exército foi assolado pelas doenças e abatido pelo moral baixo.

No final, Napoleão abandonaria seus soldados no Egito e retornaria à França, então ameaçada pelas guerras com a Inglaterra, a Rússia e a Áustria (seu exército no Egito acabaria se rendendo aos ingleses, em 1801). Ele e seus aliados políticos fomentaram um golpe, substituindo o malfadado Diretório por um Consulado, composto por três líderes. Napoleão seria o "primeiro cônsul" e, para todos os efeitos, agora, o ditador da França. Talleyrand apoiou o golpe e tornou-se seu ministro do exterior.

Este *cartum* contemporâneo retrata a vitória do Almirante Nelson na Batalha do Nilo. Cada crocodilo representa um navio francês capturado, afundado ou que conseguiu escapar. Do Arquivo Digital da Revolução Francesa, uma colaboração entre as Bibliotecas da Universidade Stanford e a *Bibliothèque Nationale de France*. Desenho de James Gillray (1798). *Extirpation of the Plagues of Egypt; Destruction of Revolutionary Crocodiles; or, The British Hero Cleansing Ye Mouth of Ye Nile* [Extirpação das Pragas do Egito; Destruição dos Crocodilos Revolucionários; ou o Herói Britânico Limpando a Boca do Nilo].

Napoleão ganhara o apelido de "o Ogro Corso", graças aos seus monstruosos talentos para a conquista e os resultantes banhos de sangue nos anos seguintes. Ele revolucionou as táticas de guerra europeias, que, ao longo de todo o século anterior, vinham sendo conduzidas de maneira muito limitada, obtendo os correspondentes resultados vagos. As táticas e o manejo dos armamentos nos anos 1700 requeriam a ação de soldados bem treinados; por isso, os exércitos europeus tendiam a ser muito pequenos e caros de manter, sendo enviados para as batalhas somente quando fossem absolutamente necessários. Eles dependiam de gigantescas linhas de suprimentos, o que lhes restringia a mobilidade. Os generais tendiam a superar seus adversários pela inteligência, em vez de aniquilá-los nos campos de batalha; e os estadistas concentravam-se em obter vitórias no campo diplomático. Alguns viam essas limitações à guerra como um indicativo de um grau mais elevado de civilização.

A Revolução Francesa fez mudar tudo para o exército francês. Com a nação sob ataques desferidos de dentro e de fora, um pequeno exército de soldados profissionais era inadequado. O Estado havia dotado os cidadãos franceses de novos direitos políticos e, agora, exigia deles novas obrigações: o próprio povo francês deveria defender sua nação e a Revolução, quer fosse combatendo ou contribuindo economicamente para o esforço de guerra. Em 1793, o *levée en masse* foi decretado pelo regime revolucionário: o alistamento militar forçado de centenas de milhares de homens jovens. Sua falta de treinamento implicava que as táticas de guerra convencionais teriam de ser abandonadas e que não haveria um suprimento de alimento suficiente para todos, obrigando-os a alimentar-se do que a terra lhes pudesse proporcionar. Isso, contudo, fez com que o exército ganhasse maior mobilidade e permitiu aos inovadores oficiais franceses que experimentassem novas táticas e melhorassem sua artilharia. Quando Napoleão chegou ao poder, pôde contar com um exército enorme e altamente ágil, para lançar contra as forças europeias ainda condicionadas à velha maneira de fazer as coisas; e essa disparidade contou decisivamente para as sensacionais vitórias obtidas na primeira metade de seu reinado. Uma nova era de guerras ofensivas – ou "guerra total" – fora iniciada na Europa.[3]

Contudo, "Ogro" também era um apelido muito adequado aos hábitos alimentares de Napoleão: ele costumava devorar suas refeições em minutos, mal prestando atenção ao que comia. Quando em campanha, não perdia tempo ao sentar-se para comer: em vez disso, fazia as refeições ainda em seu cavalo. Entre as mais numerosas vítimas de seu "reinado" contavam-se os frangos, um de seus alimentos preferidos. Seus cozinheiros grelhavam um novo frango a cada meia hora, quer fosse dia ou noite, para que ele tivesse sempre uma refeição recém-preparada a qualquer momento que decidisse comer. Não é de surpreender que um dos pratos mais famosos relacionados ao seu nome seja o *poulet Marengo*, feito com os ingredientes que seu *chef* pôde encontrar após a vitória de Napoleão sobre os austríacos em Marengo, na Itália, em 1800. Segundo a lenda, o prato original levava camarões-d'água-doce, ovos e conhaque adicionados ao costumeiro frango grelhado; mas, hoje em dia, o *poulet Marengo* é feito apenas de carne de frango salteada com tomates, alho, salsa e vinho branco. (Os deliciosos raviólis *napoleon* nada têm a ver com o diminuto corso; seu nome deriva de uma infausta mutilação do termo *napolitain*, que revela ser esse prato de massa originário de Nápoles.)

Talleyrand, é claro, mais do que compensou as falhas de seu patrono no reino gastronômico. Sua mesa era conhecida por ser, sempre, uma das melhores de toda a Europa, e ele empregou grandes *chefs*, tais como o legendário Antonin Carême. O próprio Talleyrand não costumava comer muito, mas podia falar sobre comida e vinhos por horas a fio, como se esses fossem os assuntos mais importantes do mundo. Tendo encantado seus convivas com suas maneiras geniais e uma refeição suntuosa, Talleyrand poderia, então, discutir assuntos de Estado em meio à mais agradável atmosfera de sociabilidade.

Depois de ter adquirido o *château* em Valençay, Talleyrand naturalmente começou a servir o delicioso queijo de cabra local nos jantares e banquetes que oferecia. Segundo uma lenda, àquela época o queijo ainda tinha a forma de uma pirâmide regular, com lados triangulares e um topo pontiagudo. Certo dia, alguém, inadvertidamente, serviu o queijo a Napoleão, em pessoa, que teve um acesso de fúria ao ver nisso uma alusão ao fracasso de sua campanha no Egito. Levantando-se da mesa impulsivamente, ele teria desembainhado sua espada e cortado o topo do queijo piramidal de um só golpe. Assim, para evitar futuras ofensas ao todo-poderoso líder da França, o *Valençay* passou a ser produzido com a forma de uma pirâmide sem o topo, desde aquele dia.

Uma versão alternativa da lenda explica que teria sido o próprio Talleyrand a ordenar que o queijo piramidal fosse cortado, antes que Napoleão sequer pudesse vê-lo, antecipando quão provocador poderia parecer seu formato ao governante de "pavio curto". Realmente, ao considerar quão hábil Talleyrand teve de ser para sobreviver a um dos períodos políticos mais cruéis, essa história parece ser muito mais crível.

Talleyrand é geralmente visto tentando – sendo, em geral, malsucedido – moderar a tendência de Napoleão para os excessos. Isso tornou-se ainda mais difícil após 1804, quando Napoleão coroou-se como imperador da França, abolindo efetivamente a Primeira República e pondo fim à era revolucionária. Napoleão continuou a refazer a sociedade francesa: ele emitiu cerca de 80 mil decretos durante seu reinado, reformando quase todos os aspectos da administração do Estado e da vida cotidiana. O "Código Napoleônico", o código civil instituído em 1804, foi largamente imitado, e seus ecos ainda vigoram como o núcleo dos códigos legais da França atual. Napoleão reconstruiu um Estado francês forte e centralizado e, então, tentou exportar a Revolução para toda a Europa, por meio de seus enormes exércitos. Ele esteve, mais ou menos intensamente, em guerra constante, até ser, por fim, derrotado e exilado, em 1815. Como veremos, essa era de destruição sem paralelo também promoveu uma mudança revolucionária na dieta humana – e proporcionou a Talleyrand uma última oportunidade de salvar a nação francesa à mesa de jantar.

35

O Homem que Aboliu as Estações do Ano

N apoleão é famoso não apenas por suas lendárias explorações militares e políticas, mas, também, por muitos dos seus profundos e provocativos aforismos. Um dos mais conhecidos ditos atribuídos a Napoleão provavelmente seja *Une armée marche à son estomac* [Um exército marcha com seu estômago]. Tal como se revelou, ele pode jamais ter proferido tal frase, e há quem a atribua a Frederico, o Grande. Mas Napoleão compreendeu perfeitamente que um exército bem alimentado e abundantemente suprido era essencial para a vitória; e, como passasse a maior parte de seu tempo tentando conquistar a Europa, ele priorizou, de modo acertado, a busca por novos meios de alimentar sua enorme *Grande Armée*. No auge, ele teve mais de meio milhão de homens sob seu comando. Seus exércitos foram forçados a suprir-se de suas próprias fontes de alimentação enquanto em campanha, o que costumava resultar em campos devastados e soldados mal alimentados. Em 1795, o Diretório ofereceu um prêmio de 12 mil francos a quem conseguisse descobrir melhores maneiras de conservar alimentos; mas enquanto os exércitos de Napoleão atravessaram as extensões da Europa, o prêmio permaneceu inconquistado.

No entanto, a recompensa avivou o interesse de um francês que já pesquisava um novo processo que viria a revolucionar a produção e a distribuição de gêneros alimentícios. Seu nome era Nicolas Appert, e sua descoberta de um novo meio de conservação de alimentos alterou de modo irrevogável uma presunção culinária central que atravessara todas as eras: a de que se deveria contar, sobretudo, com alimentos produzidos localmente e nas estações do ano em que estivessem disponíveis. Uma nação que apenas um século antes ficara maravilhada com a produção de vegetais temporões nos jardins de Versalhes, agora podia desfrutar da possibilidade de consumir vegetais frescos a qualquer tempo, mesmo anos depois da colheita destes e em lugares muito distantes de seu cultivo original. Isso representou uma mudança radical na dieta humana e um passo crucial para a gradativa industrialização da produção de alimentos.

Appert nasceu em 1749, em Châlons-sur-Marne. Seu pai era proprietário de uma estalagem, onde o jovem Nicolas aprendeu a cozinhar e como engarrafar *champagne*. Já adulto, ele trabalhou como *chef* particular de uma família nobre na Alemanha, antes de mudar-se para Paris, em 1784, e tornar-se confeiteiro. Ele abriu uma loja na Rue des Lombards, uma rua descrita como *le chef-lieu sucré de l'univers* [a capital doce do universo], por Grimod de la Reynière, o famoso crítico gastronômico do período. Os confeiteiros não somente vendiam doces, mas, também, empregavam alguns dos relativamente limitados métodos de conservação de alimentos conhecidos à época. Appert se aperfeiçoara na preparação de xaropes e geleias, bem como na conservação de cerejas e outras frutas em álcool.

Appert tornou-se obcecado pela ampliação das opções de conservação de alimentos. Todos os métodos tradicionais – a defumação e a adição de sal, açúcar ou álcool – eram muito dispendiosos e alteravam o sabor dos alimentos, além de não serem sempre totalmente efetivos. Em seus experimentos iniciais, ele usou garrafas de *champagne* (que eram mais resistentes do que as garrafas comuns, para conter a força explosiva do "vinho do diabo"). O método que ele desenvolveu era bastante simples: bastava acondicionar o alimento na garrafa, vedá-la hermeticamente e fervê-la em banho-maria (em uma dupla fervura) por um determinado período (em geral, várias horas). *Et voilà*, no interior da garrafa, o alimento poderia ser conservado por anos. Appert não compreendera, à época, por que esse processo funcionava. Foi somente graças às descobertas seguintes de Louis Pasteur sobre a atividade microbiana que agora sabemos que esta "appertização"* essencialmente

---

* Deixando o trocadilho de lado, o processo é atualmente conhecido como "pasteurização". (N.T.)

esterilizava os alimentos ao matar os microrganismos responsáveis por sua decomposição. Não obstante, graças à sua invenção revolucionária, Appert hoje em dia é reconhecido como o "pai" dos alimentos enlatados.

Appert aplicou, primeiramente, seu método de esterilização às ervilhas. O prazer que os cortesãos do Rei-Sol sentiam ao comer ervilhas temporãs não podia comparar-se ao assombro dos convidados de Appert, aos quais foram servidas ervilhas em dezembro. Tal como reportou, mais tarde, o *Courrier de l'Europe*, "*Monsieur* Appert descobriu a arte de fixar as estações do ano: em sua casa, a primavera, o verão e o outono vicejam em garrafas, semelhantes àquelas delicadas plantas que um jardineiro protege das intempéries de cada estação sob redomas de vidro."[1]

Appert passou a conservar alimentos em larga escala em 1802, quando inaugurou uma pequena fábrica em Massy, um subúrbio parisiense. Plantou uma horta de frutas e legumes ao lado da fábrica, para que pudesse engarrafar sua produção tão logo fosse colhida, oferecendo, assim, os produtos o mais frescos e saudáveis possível. Logo seus alimentos engarrafados já eram muito apreciados pela elite parisiense e pelos novos *gourmands* mais proeminentes.

Um dos principais problemas de Appert era o de serem as garrafas muito caras. Isso tornava seus produtos exclusivos e, portanto, muito desejáveis; mas, tal como outros inovadores do período, Appert pretendia que suas invenções pudessem beneficiar a humanidade de maneira mais abrangente. Ele achava que seus alimentos engarrafados beneficiariam em particular aos marinheiros, que àquela época ainda eram afligidos pelo escorbuto e outras decorrências mortais da má nutrição em suas longas viagens. Na era pré-revolucionária, um dentre cada doze marinheiros morria ao ano devido a essas doenças.

Em 1803, a marinha francesa requisitou algumas garrafas a Appert, para que pudesse testá-las. Os relatórios resultantes foram muito positivos: um deles afirmava que, depois de três meses no mar, "os feijões e as ervilhas, ambos preparados com ou sem carne, retinham todo o frescor e o sabor dessas leguminosas recém-colhidas". Mas, infelizmente para as ambições de Appert, em outubro de 1805, o almirante britânico Horatio Nelson mais uma vez frustrou as grandes maquinações de Napoleão, dizimando a armada francesa na legendária Batalha de Trafalgar. Não haveria uma invasão francesa à Inglaterra, nem uma grande frota naval francesa a dominar os mares. As esperanças de Appert de encher garrafas com vegetais ricos em vitaminas para a marinha naufragaram. Mas ele continuou a lutar para manter seu negócio à tona.

Em 1810, o governo, afinal, decidiu oferecer a Appert a soma de 12 mil francos – o equivalente a doze anos de salário de um trabalhador médio – se, em vez de patentear sua invenção, ele escrevesse um livro que explicasse seus métodos de conservação. Appert aceitou a oferta e publicou *Le livre de tous les ménages, ou L'art de conserver pendant plusieurs années, toutes les substances animales et végétales*. O livro destinava-se a ser utilizado em todas as casas (*tous les ménages*) e alinhava-se aos objetivos de Appert de vir ao auxílio das pessoas comuns. Como homem de negócios, ele foi um completo fracasso; mas Appert pretendia que o mundo se beneficiasse de sua invenção. O livro foi um sucesso instantâneo na França, tendo sido, mais tarde, traduzido para vários outros idiomas europeus.

O método de conservação de Appert era mais do que apenas uma maneira de proporcionar acesso a alimentos frescos pelo ano inteiro. Idealmente, ele poderia erradicar, de uma vez por todas, a escassez de alimentos, pois estes poderiam ser preparados e armazenados antecipando-se a eventuais reveses em sua produção. Grandes instituições – não somente a marinha e o exército, mas, também, organizações humanitárias como hospitais – poderiam atender melhor às suas demandas por alimentos. Ele anteviu o surgimento de novos negócios e indústrias alimentares, habilitando países a importarem e exportarem todos os tipos de especialidades locais. Por um ângulo mais abrangente, suas visões, de fato, vieram a realizar-se. Ainda que a escassez de alimentos seja um problema persistente, hoje em dia ela ocorre mais por causas políticas e falhas logísticas do que por problemas tecnológicos.

Appert nunca conseguiu solucionar seu problema com o engarrafamento; e, na verdade, coube aos arqui-inimigos da França, os ingleses, a descoberta de uma solução. Em 1810, uma nova patente britânica foi concedida à descoberta de uma adaptação do método de Appert de vedação e esterilização de recipientes pela fervura, utilizando latas metálicas em vez de garrafas de vidro. A partir de 1813, a marinha britânica passou a abastecer seus navios com alimentos enlatados. Appert não pôde, de imediato, emular esse desenvolvimento, tendo sua fábrica sido totalmente destruída por tropas de ocupação em 1814. No final, a *Grande Armée* jamais pôde beneficiar-se de sua maravilhosa invenção. À época em que Appert recuperou-se e começou a produzir, ele mesmo, alimentos enlatados, as Guerras Napoleônicas já haviam terminado. A Inglaterra assumiu a liderança na manufatura de latas metálicas, tanto que, quando o exército e a marinha da França por fim decidiram-se pelo emprego extensivo de alimentos em conserva durante a Guerra da Crimeia (1853-1856), a maioria das latas teve de ser adquirida de fabricantes britânicos.

Appert nunca conseguiu ser verdadeiramente bem-sucedido em seus negócios e, em 1836, aposentou-se. Ele morreu pobre e foi enterrado numa sepultura coletiva, em 1841 – o que dificilmente seria um destino justo para alguém que beneficiou de maneira tão grande a humanidade. Hoje em dia, Appert mal é conhecido fora da França, e mesmo em seu país natal seu nome não é muito lembrado. Ele é relegado a um nível de anonimato impressionante para alguém que expandiu tão radicalmente as limitações da dieta humana.

36

O Quinto *Crêpe*

Tal como acontece com muitos feriados cristãos, a celebração francesa de *la Chandeleur*, ou "a Candelária",* tem suas origens nas tradições pagãs – neste caso, nos ritos romanos de fertilidade, que eram celebrados quando os rigores do inverno começavam a arrefecer e os agricultores começavam a preparar os campos para serem semeados. Os ritos pagãos foram abolidos no século V, sendo substituídos por cerimônias cristãs celebradas à luz de velas nas igrejas, em comemoração a algum evento religioso importante à época, cujas origens a maioria do povo francês não seria capaz de explicar hoje em dia. Apesar da duradoura identificação da França com o catolicismo, somente 10% de sua população frequenta regularmente a igreja.

Mas a Candelária, celebrada no segundo dia de fevereiro, continua sendo um feriado popular, em parte porque sua data coincide com a da comemoração anual de um dos alimentos favoritos da França: o *crêpe*. Por centenas de anos, o povo tem celebrado a Candelária com esse tipo de panqueca finíssima e deliciosa, à qual foram associadas várias superstições relativas à prática de virá-la lançando-a ao ar durante seu cozimento. Por exemplo, os agricultores há muito tempo acreditam que se um *crêpe* for virado sem que se quebre ou caia ao chão, no dia da Candelária, esse será um sinal inequívoco do sucesso da próxima

---

* Festividade religiosa da Purificação da Virgem Maria, durante a qual os participantes desfilam em procissão portando velas – ou "candeias" – acesas, sendo, por isso, também conhecida como "Festa das Candeias", "da Candelária" ou "da Purificação". (N.T.)

colheita. Hoje em dia, todo mundo sabe que se virar seus *crêpes* de maneira adequada, usando apenas uma das mãos enquanto segura uma moeda na outra, você terá boa sorte e sucesso pelo ano inteiro. Caso contrário, bem, não espere que a vida vá tratar você muito bem até a próxima Candelária.

Acreditava-se que Napoleão fosse, tal como a maioria dos corsos, muito supersticioso. Ele pensava que sua primeira esposa, Josephine, lhe trazia boa sorte e tentava evitar empreender quaisquer aventuras ou travar batalhas às sextas-feiras e nos dias 13 de cada mês. Os dias 14 de junho e 2 de dezembro, por outro lado, seriam datas afortunadas, nas quais ele vencera as batalhas de Marengo e Austerlitz, respectivamente. Também acreditava ser guiado por uma "estrela da sorte", que lhe aparecia em todos os grandes momentos de sua vida.

Em 1812, havia todos os motivos para que Napoleão se sentisse pomposo. Seus espantosos sucessos militares e a habilidosa instauração de membros de sua família nos tronos europeus haviam dado ao Primeiro Império francês o controle da maior parte da Europa Ocidental e Central. Marchas triunfais em sua homenagem foram encenadas nas ruas de Viena e de Berlim, após assombrosas vitórias sobre os austríacos e os prussianos. Os Habsburgos haviam preferido dissolver o Sacro Império Romano a permitir que ele lhe tomasse a coroa, pondo fim a uma linhagem milenar. A Rússia, grande potência imperial do outro lado da Europa, havia sido contida por meio de uma aliança muito restritiva com a França, desde que fora derrotada por Napoleão na Batalha de Friedland, em 1807.

Mas, para sermos exatos, ainda havia desafios. A Inglaterra, com sua poderosa marinha de guerra e seu império colonial, protegida pelo Canal da Mancha, era um inimigo constante e exasperante. A Áustria e a Prússia, humilhadas por acordos pós-guerra, estavam ansiosas para reconquistar os territórios e o *status* perdidos. Os exércitos europeus adaptavam-se ao estilo único de Napoleão de conduzir os assuntos militares e suas táticas de guerra. Rebeliões emergiram em várias partes do Império, mais notavelmente na Espanha, onde forças militares irregulares se mostraram tão desafiadoras que deram nome ao que chamamos, ainda hoje, de "grupos guerrilheiros, ou de guerrilha" (palavra derivada do termo espanhol *guerrilla*, ou "pequena guerra"). Em 1812, um exército inglês expulsou as forças francesas da Espanha. Os parentes e conselheiros de Napoleão mostravam-se cada vez mais desobedientes ou ardilosos; até mesmo Talleyrand foi demovido de seu cargo, depois de ter, aparentemente, colaborado com o embaixador austríaco em Paris, um brilhante jovem diplomata chamado Klemens von Metternich. O governo de Napoleão na França tornou-se progressivamente tirânico, com censura, detenções arbitrárias e decretos pessoais que corrompiam os ideais republicanos pelos quais a França, supostamente, havia lutado.

Foi nesse ponto que Napoleão cometeu o maior erro de sua vida: decidiu partir para a guerra com a Rússia. A aliança franco-russa "azedara" em 1811, quando o czar Alexandre I renegou seu compromisso de participar do bloqueio continental à Inglaterra, que vinha provando-se nocivo para a economia russa. Napoleão enviou sua *Grande Armée* à Polônia e reuniu um dos maiores exércitos já formados, com mais de 600 mil soldados recrutados por todo o Império Francês. Seu plano inicial não era de todo imprudente: ele acreditava contar com tamanha superioridade numérica que lhe permitiria sobrepujar os russos em uma única e decisiva batalha, e a vitória seria sua. Então, a aliança franco-russa poderia ser restaurada e suas atenções tornariam a voltar-se para a persistente confrontação com a Inglaterra.

Porém, devido às suas tendências supersticiosas, Napoleão deve ter se sentido um tanto incomodado com o que aconteceu na Candelária, enquanto preparava sua campanha. Segundo uma lenda, Napoleão celebrara a Candelária virando seus próprios *crêpes*. Ao virar um *crêpe* disse: "Se eu virar este, vencerei minha primeira batalha!". E o primeiro *crêpe* foi virado com sucesso.

Ao virar o segundo *crêpe*, ele disse, novamente: "Se eu virar este, vencerei minha segunda batalha!". E, mais uma vez, o *crêpe* foi virado intacto.

Assim sucedeu com o terceiro e o quarto *crêpes*, e tudo parecia correr bem.

Então, veio o quinto *crêpe*... que caiu sobre as cinzas do braseiro.

Apesar desse presságio sinistro, Napoleão deu prosseguimento à sua *campagne de Russie*, em junho de 1812, marchando sob o irritante calor do verão pelas planícies do leste europeu. Mas os russos não se deixaram envolver pela sua "jogada"; evitando entrar em confronto direto com um exército tão numeroso, retiraram-se, rumando cada vez mais para o leste, deixando para trás terras e aldeias arrasadas pelo fogo. Esse foi o pior cenário possível para os franceses. Quanto mais avançavam em perseguição aos russos, mais faziam diminuir seus suprimentos, e o imenso exército não podia obter seu sustento das terras calcinadas. À medida que as semanas de calor abrasador continuavam, mais e mais homens caíam vitimados por doenças ou simplesmente desertavam. Antes que uma única batalha fosse travada, Napoleão já havia perdido mais de 150 mil homens.

Os russos, por fim, se entrincheiraram no início de setembro, quando os franceses já se aproximavam de Moscou. Na famosa Batalha de Borodino, ocorrida no dia 7 de setembro, mais de 25 mil homens morreram, ao longo de quinze horas de total carnificina. Mais tarde, Napoleão escreveria: "Dentre as cinquenta batalhas que travei, a mais terrível foi esta, diante de Moscou". Nenhum dos lados obteve uma vitória, mas, ao final da batalha, os russos recuaram. Aparentemente, Moscou havia caído em favor de Napoleão.

Contudo, as esperanças de Napoleão foram frustradas. Ao fazer sua entrada triunfal em Moscou, descobriu que toda a população da cidade havia sido evacuada com seus suprimentos de comida. Nenhum russo permanecera para negociar a paz, e seu exército nada tinha para comer. Para piorar as coisas, depois da meia-noite, chamas começaram a arder pela cidade, o que logo levou a uma conflagração que duraria três dias ininterruptos e consumiria dois terços das edificações urbanas. (Enquanto as causas do incêndio jamais virão a ser conhecidas com absoluta certeza, muitos historiadores concordam que foram os próprios russos que atearam fogo à sua capital, em uma desesperada tentativa de colocar em prática a tática de "terra arrasada".[1]) Quando Napoleão viu a cidade ardendo em chamas e deu-se conta de que seu exército estaria isolado, em pleno inverno, sem suprimentos e condições de abrigo adequadas, no coração da Rússia, teria gritado para seus oficiais: "É o quinto *crêpe!*".

O czar Alexandre recusou-se a se render, e a *Grande Armée* foi forçada a abandonar Moscou no dia 18 de outubro, começando a empreender a retirada para o oeste. Poucas semanas depois, a neve do inverno russo começou a cair. A miséria sofrida pelas tropas francesas que batiam em retirada era quase inimaginável: estavam famintas, congelando, e foram impiedosamente atacadas pelos Cossacos enquanto se arrastavam centenas de quilômetros a pé. Os franceses ainda chamam essa derrota esmagadora de "Berenzina", em referência à travessia e à batalha do rio Berezina durante a retirada. Da poderosa força que partira para a Rússia, apenas cerca de 40 mil soldados retornaram à França.

Quer tenha sido vitimado pela má sorte representada pelo quinto *crêpe*, quer não, a campanha da Rússia foi o começo do fim para Napoleão. Todas as potências europeias se uniam contra ele, e sua aura de invencibilidade não mais existia. "Minha estrela estava se apagando", recordou Napoleão, mais tarde. "Sinto que as rédeas escapam às minhas mãos, e não há nada que eu possa fazer para evitar isso." Ao longo de 1813, ele combateu ferozmente os exércitos unidos da Europa, tendo vencido, ainda, algumas batalhas cruciais, mas perdendo cada vez mais territórios. No início de 1814, a própria França foi invadida. Napoleão lutou com bravura, mas seu exército era drasticamente superado em números; e, em março, foi a vez dos seus inimigos marcharem triunfalmente pelas ruas de Paris. Napoleão abdicou do trono e aceitou seu exílio em Elba, uma ilha idílica em meio às cristalinas águas azuis do Mar Tirreno, na costa da Toscana.

Contudo, as aventuras de Napoleão ainda não haviam terminado. Como veremos, ele resolveu desafiar a "maldição" da Candelária uma última vez, e, mais uma vez, caberia a Talleyrand a salvação do destino da nação francesa.

37

O Rei dos Queijos

Muitos norte-americanos conhecem e adoram o *Brie* mas esse clássico queijo francês quase tornou-se *passé*, por que as pessoas buscam, cada vez mais, por outros queijos, mais incomuns e intrigantes. Porém, a maioria dos norte-americanos não sabe que o *Brie* comercializado nos Estados Unidos é apenas uma discreta imitação do queijo verdadeiro, graças às estritas leis de importação que exigem a pasteurização e à infausta dominação do mercado por uma versão industrializada do *Brie*. Ao contrário de muitos outros queijos franceses, o velho e bom *Brie* não é protegido por uma AOC, e, hoje em dia, quase todo *Brie* é produzido em fábricas, muito distantes de sua região de origem. O *Brie* vendido nos Estados Unidos, quer seja de marcas norte-americanas ou francesas, tende a ser cremoso e amanteigado: agradável, mas inexpressivo. Assim, pode ser um verdadeiro choque experimentar uma das únicas duas variedades protegidas por uma AOC, o *Brie de Meaux* ou o *Brie de Melun*, que escorrem para o prato quando sua branca camada externa é partida, tomando de assalto os sentidos com seus pungentes aromas e sabores. Infelizmente, esses *Bries* autênticos são tão ameaçadores para as autoridades americanas que é preciso viajar para fora do país para prová-los.

Por séculos, os franceses têm se referido ao *Brie* como "o rei dos queijos", em parte por ele ser tradicionalmente produzido na região de Brie, entre os vales dos rios Sena e Marne, não muito distante de Paris. Carlos Magno, ao que tudo indica, gostava tanto do *Brie* que pediu para que remessas fossem enviadas, duas vezes por ano, ao seu palácio em Aachen. Diz-se que Henrique IV, aquele incorrigível mulherengo, esqueceu de uma visita que faria à sua amante quando sua esposa lhe trouxe um *Brie*. Tal como vimos, Luís XVI teria perdido sua oportunidade de fuga para a liberdade quando se demorou demais no meio do caminho, saindo de Paris, para degustar o *Brie de Meaux*. A popularidade do *Brie* não se limitava à realeza: como declarou um deputado na Assembleia, durante a Revolução: "O queijo *Brie*, adorado por ricos e pobres, já pregava a igualdade muito antes de que a achássemos possível". Mas ele manteve uma espécie de reputação "real" ao longo das eras, até muito depois de a própria monarquia haver desaparecido.

Houve um tempo, contudo, em que o *Brie* não foi conhecido apenas como o "queijo dos reis", mas como "o rei dos queijos" – isso graças ao hábil e astuto Talleyrand e seus desesperados esforços para restaurar a honra francesa após a dramática queda de Napoleão.

Com Napoleão exilado em Elba, restou aos vitoriosos Aliados – Inglaterra, Rússia, Áustria e Prússia – restabelecerem a estabilidade da Europa. As conquistas de Napoleão haviam dilacerado a velha ordem política, e a "colcha de retalhos" dos principados teve de ser reconstituída e dividida entre as maiores potências. Uma década e meia de guerras também alterou o poderio dos Estados principais. Um novo equilíbrio de poder teria de ser acordado e consolidado entre as grandes potências, caso estas pretendessem que a paz fosse sustentada. Os monarcas europeus também tiveram de ser muito incisivos para fazer com que o "gênio" revolucionário voltasse para dentro de sua "garrafa", prevenindo a ascensão de quaisquer ímpetos republicanos em suas próprias nações. Assim, os vitoriosos reuniram-se em Viena, em setembro de 1814, para o que se tornou conhecido como o Congresso de Viena, no qual foram precisos vários meses de acirradas discussões para reconstituir a ordem política europeia.

Talleyrand, tendo caído junto com Napoleão, contribuiu para negociar a restauração da monarquia francesa, não devido a quaisquer afinidades monarquistas, mas porque via nisso a única opção viável para a França derrotada. O único herdeiro Bourbon apto a assumir o trono, desde a morte do pequeno príncipe na prisão de Temple, era o irmão de Luís XVI, que foi alçado ao trono como rei Luís XVIII. Foi ele quem enviou Talleyrand a Viena, para que representasse a França nas negociações, embora esperasse poder exercer pouca influência devido à absoluta derrota do país. No entanto, Talleyrand fez um trabalho notável ao explorar as rivalidades entre os vencedores, tanto quanto seus desejos de eliminarem definitivamente a difusão da Revolução, com uma restauração monárquica bem-sucedida. Suas manobras diplomáticas contribuíram para a preservação do *status* da França como uma grande potência e da maior parte de sua integridade territorial. Na versão final do Tratado de Paz, a França foi forçada a restituir apenas as terras que conquistara após 1791, embora isso não a isentasse de pagar uma vultosa indenização de 700 milhões de francos aos vitoriosos.

Os termos originais do Tratado de Paz eram ainda mais generosos para com a França, mas, naturalmente, Napoleão desconsiderou o tratado, em uma última tentativa de aferrar-se à glória. À medida que passavam os meses de seu retiro forçado em Elba, o antigo senhor da Europa sentia-se cada vez mais entediado e inquieto. Quando relatos chegaram a ele sobre o descontentamento e a agitação sob o comando do rei reinstaurado, Napoleão viu uma oportunidade para fugir de seu deprimente exílio. Em março de 1815, ele aportou, com uma pequena força de mil homens, na costa meridional da França, em uma última campanha conhecida como a dos Cem Dias. O exército francês ainda não havia sido purgado de leais bonapartistas, que, agora, reuniam-se ao seu general, que rumava para Paris. Quando as forças armadas da capital também desertaram, Luís XVIII fugiu, e Napoleão retomou o governo da França, ainda que por pouco tempo. Mas, em junho, forças britânicas e prussianas levariam Napoleão à sua derrota final, na lendária Batalha de Waterloo.[1] Tendo aprendido sua lição, os vencedores exilaram Napoleão em uma pedregosa e desértica ilha no meio do Oceano Atlântico sul. Ali ele morreria, na Ilha de Santa Helena, em 1821.

Isso é um testemunho das imensas capacidades diplomáticas de Talleyrand, que mesmo a ultrajante agressão de Napoleão não conseguiu fazer desviar de sua campanha para salvar a França. Tal como fizera antes, ao longo de sua carreira como ministro do exterior, ele empregou todas as táticas gastronômicas possíveis para seduzir e influenciar seus companheiros europeus – uma missão mais vital e mais difícil do que jamais enfrentara, devido à débil "mão" que a França tinha para jogar. Por sorte, os participantes do Congresso eram tão apreciadores de um estilo de vida luxuoso quanto o próprio Talleyrand e, por isso, proporcionavam excelentes oportunidades para que ele prodigalizasse suas dádivas, na forma de banquetes, concertos e bailes. Na verdade, a frequente socialização era a única razão para que as conferências durassem meses, antes que se chegasse a um acordo. Nas palavras do Príncipe Charles de Ligne, um galante marechal-de-campo austríaco, *Le Congrès danse beaucoup, mais il ne marche pas* [O Congresso dança muito, mas não avança].

Talleyrand hospedou-se no Kaunitz Palace e, com o auxílio de seu *chef* preferido, Antonin Carême, ele transformou suas dependências no hotel em um "pedaço de paraíso" gastronômico. Os elegantes jantares de Talleyrand pretendiam fazer com que seus interlocutores fossem mais receptivos às suas sugestões, mas ele também os usava como uma espécie de ferramenta de espionagem culinária. Sabendo que pratos e vinhos finos costumam, com frequência, "soltar línguas", ele instruía aos seus serviçais para que ouvissem as conversas de seus convidados e, depois, as recontassem a ele, em detalhes.

Certa noite, em mais um desses festivos jantares vienenses, os diplomatas ali reunidos começaram a falar sobre seus respectivos queijos nacionais, tornando-se interessantemente mais loquazes enquanto proclamavam as virtudes do *Stilton*, do *Limburger* e do *Gruyère*. Talleyrand, sem dúvida, manteve a opinião de que nenhum outro queijo poderia comparar-se ao *Brie*, o "rei dos queijos". Então outro jantar foi organizado para que os méritos fossem julgados, e 52 tipos de queijos europeus conseguiram chegar à mesa. No final, o *Brie* foi declarado vencedor e, assim, conquistou o novo título de "rei dos queijos". (Após o jantar, um dos convivas pontificou, sobre Talleyrand e o *Brie*: "Esta é a única cabeça coroada à qual ele não será capaz de trair".)

A vitória desse pequenino queijo contribuiu para relembrar aos diplomatas reunidos das duradouras riquezas da potência vencida. Na verdade, essa foi uma lição sobre os prazeres da culinária francesa que as centenas de milhares de soldados das tropas de ocupação já haviam aprendido. Segundo Brillat-Savarin, Paris havia se tornado

> "[...] uma imensa sala de jantar. Esses intrusos comem nos restaurantes, nos *traiteurs*, nos cabarés, nas tabernas, diante de barracas de rua e até mesmo nas próprias ruas. Eles se empanturram com carnes, peixes,

carnes de caça, trufas, massas e especialmente com as nossas frutas. Eles bebem com avidez somente igualável ao seu apetite e sempre pedem pelos vinhos mais caros [...] Os verdadeiros franceses riem e esfregam as mãos, satisfeitos, dizendo: 'Eles estão encantados e, esta noite, nos devolverão mais dinheiro do que o tesouro entregou a eles esta manhã'".[2]

Há um mito acerca do termo *bistro*, originado nesse período. Os soldados russos gritariam para os atendentes nos restaurantes franceses "быстро, быстро" (foneticamente *"bistro, bistro"* – ou "depressa, depressa"). É verdade que um *bistro* francês seja um lugar onde é possível conseguir-se um bom prato rápido, mas a história seja talvez de veracidade duvidosa.

Assim, a era napoleônica chegou ao fim, com a França tendo caído em um período de relativa inatividade como potência, despida de sua glória, mas ainda possuidora de uma grande riqueza cultural e gastronômica. O projeto revolucionário aparentava estar morto, mas, na verdade, apenas dormia, ganhando tempo até que a monarquia francesa fadada ao fracasso deslizasse, por fim, para o esquecimento histórico.

38

Um Banquete Revolucionário

Após vinte e cinco anos de revoluções e guerras, a França, enfim, assentou-se, dedicando-se a uma longa era de reconstrução. Mais de um milhão de pessoas haviam morrido no redemoinho de violência política, e a sociedade francesa ainda permanecia dividida. A França arrastava-se atrás de outras potências, especialmente da Inglaterra, na exploração do potencial da Revolução Industrial e do comércio internacional. A economia francesa – sobretudo a economia rural – tinha de ser reconstruída. Todos esses desafios tiveram de ser enfrentados por pouco mais de trinta anos pelos reis restaurados da França, até que uma atabalhoada decisão pelo banimento dos banquetes, por fim, extinguisse a monarquia francesa de uma vez por todas. Monarquistas que haviam se acostumado a privar o povo francês de seus direitos políticos e civis revelaram-se negligentes quanto ao perigo representado por cercearem um direito ainda mais fundamental para a liberdade dos franceses: o de compartilharem uma refeição com seus amigos e vizinhos.

Havia muito tempo, os banquetes eram um assunto da maior seriedade na França – e não apenas porque fossem uma maneira agradável de comer e ser feliz. Eles desempenhavam várias funções sociais desde a era galo-romana. De modo implícito, retratavam identidade, normas de conduta e relações de poder.[1] Isso foi ainda mais verdadeiro durante a era revolucionária, quando banquetes se tornaram um meio muito útil de encorajar *la fraternité* [a fraternidade] entre pessoas de classes sociais diferentes. Por ocasião da *Fête de la*

Fédération [Celebração da Federação] em 1790, por exemplo, mais de 15 mil pessoas, de todos os três Estados, festejaram no *Parc de la Muette*, em Paris. Nos anos sequentes, banquetes menores foram organizados por comunidades locais, por toda a França, de modo que todos os cidadãos pudessem socializar-se uns com os outros a despeito da classe a que pertencessem, compartilhando sua comida e seu vinho, brindando à Revolução e entoando as novas canções revolucionárias. Robespierre fez um bom uso (político) de banquetes ao ar-livre durante o Reinado do Terror, mas nem todo mundo partilhava de seu entusiasmo. Louis-Sébastien Mercier assim explicou: "Sob a ameaça de ser um suspeito ou de declarar-se inimigo da igualdade, todos vinham comer, trazendo suas famílias, sentando-se ao lado de quem pudessem mais detestar ou desprezar".[2] Grimod de la Reynière abominava as "refeições fraternais, encenadas nas sarjetas de cada rua, nas quais o tom prevalecente, tal como papeletas em todas as edificações proclamavam, era o de uma 'fraternidade' – possivelmente do tipo da que havia entre Caim e Abel –, em um tempo em que nunca houvera menos liberdade ou igualdade na França do que quando cartazes por todas as paredes proclamavam essas virtudes".[3]

Banquetes permaneceram populares sob a monarquia restaurada e começaram a ter lugar nos novos restaurantes "da moda". Em um tempo de desenfreado sectarismo, eles continuavam a desempenhar uma função política, proporcionando a monarquistas e republicanos oportunidades para que pudessem sentar-se lado a lado e socializar com os que aderissem às suas próprias causas. Às vezes, as coisas iam longe demais – tal como aconteceu em um dia de maio de 1831, quando duzentos republicanos compareceram a um banquete no restaurante *Aux Vendanges*, em Borgonha. Durante o banquete, Évariste Galois, um brilhante jovem matemático e ativista, propôs um brinde ao rei Luís Filipe – com um copo em uma das mãos e uma faca na outra. Essa referência regicida causou um grande – e majoritariamente aprovado – tumulto, mas inquietou a alguns dos convivas, entre os quais Alexandre Dumas (que, em suas memórias, afirma ter escapado por uma das janelas do restaurante para aterrissar em um jardim e evitar ser implicado no incidente). Galois foi preso no dia seguinte, mas, depois, inocentado. Ele morreria em um duelo um ano depois, aos 20 anos de idade, assegurando, assim, seu *status* como uma das mais românticas figuras da História da Matemática.

Para compreender por que Galois e seus amigos republicanos sentiam-se tão agitados por causa do rei, é preciso, em primeiro lugar, que retornemos à maneira pela qual Luís Filipe ascendeu ao trono. O primeiro Bourbon restaurado, Luís XVIII, morrera em 1824, tendo sido sucedido por seu irmão mais jovem, Carlos X. Enquanto Luís fora um regente relativamente moderado, permitindo que algumas liberdades republicanas ocorressem, Carlos foi um ultramonarquista, que pretendeu apagar todos os traços da reforma revolucionária. À medida que se tornava cada vez mais despótico, reavivando o espectro do absolutismo do *ancien régime*, o descontentamento popular crescia. Carlos tentou melhorar sua reputação ao invadir a Argélia, dando início a uma longa e torturante história entre as duas nações. A Argélia e sua costa marítima foram rapidamente tomadas, mas foi preciso mais de quinze anos para derrotar a insurreição argelina, liderada por seu hábil comandante Abd al-Qadir, que explorava as vastas terras do interior com o apoio de seu povo.[4] Os métodos franceses de supressão foram brutais e levaram à morte centenas de milhares de argelinos ao longo de duas décadas.

Por essa época, Carlos morrera havia muito tempo. Em julho de 1830, seu governo suspendera a liberdade de imprensa, dissolvera a Assembleia Legislativa e restringira ainda mais o número de habitantes que tinham direito ao voto. Isso desencadeou um motim popular, que ficou conhecido como a "Revolução de Julho", tendo terminado somente quando Carlos abdicou e seu primo, Luís Filipe, reclamou o direito ao trono.

Luís Filipe representava, em essência, um comprometimento entre reformistas e monarquistas: a monarquia estaria preservada, mas o novo rei seria mais tolerante ao garantir as liberdades políticas e ao reinstaurar uma monarquia constitucional. Luís Filipe era filho de Philippe Égalité (ou Filipe Igualdade, como era conhecido), Duque de Orléans, que fora um herói revolucionário (tendo, inclusive, votado pela execução de seu primo, Luís XVI), antes de ter sido, ele mesmo, mandado para a guilhotina. Luís Filipe também havia apoiado a Revolução, mas foi forçado a fugir da França depois de ter-se associado a um esquema contrarrevolucionário (um dos motivos-chave para a prisão e execução de seu pai). Durante o exílio, Luís Filipe viajou e ganhou seu sustento atuando como professor por toda a Europa e chegou a mudar-se e viver por quatro anos nos Estados Unidos. Em 1796, vivia e lecionava no segundo andar de um edifício em Boston, que, mais tarde, viria a abrigar o *Union Oyster House*, o restaurante mais antigo ainda em atividade nos Estados Unidos (fundado em 1826). Retornou à França somente após a queda de Napoleão e, enquanto recuperava a fortuna de sua família, continuava a viver uma "simples" vida burguesa. Isso fez dele um homem muito popular, e no início de seu reinado foi apelidado como o "Rei Cidadão".

Durante o reinado de Luís Filipe, a França abraçou os grandes progressos na produção industrial e nos transportes que estavam transformando o comércio e a sociedade da Europa. A industrialização francesa nos setores têxtil, metalúrgico e bancário desenvolveu-se, o transporte ferroviário foi introduzido e mais estradas e canais foram abertos. A liberdade de imprensa foi concedida e jornais floresceram – um grande benefício para a contínua oposição republicana ao rei, que, de vez em quando, tinha de lidar com revoltas em pequena escala (tal como o levante ocorrido em Paris em 1832, imortalizado por Victor Hugo em seu romance *Os Miseráveis*). À medida que transcorria a década de 1840, os republicanos eram reforçados "na ponta esquerda" pelo nascente movimento socialista, que encontrou grande inspiração na turbulenta cena parisiense. Foi em Paris que Engels conheceu Marx, em 1844, no antigo *Café de la Régence*, no *Palais Royal*. Durante os dois anos que viveu em Paris, Marx desenvolveu grande parte de sua teoria da luta de classes, então muito evidente no panorama político francês. Três anos após ter deixado Paris, ele e Engels publicaram *O Manifesto Comunista* – que faria elevar uma tremenda onda de revoluções por toda a Europa.

Pela metade da década de 1840, o "Rei Cidadão" já não era mais tão popular. Na imprensa de oposição ele era caricaturado com um rosto em formato de pera (*poire*), que é como os franceses se referem a alguém muito ingênuo, ou simplório. Ele não era realista o bastante para os monarquistas, nem teria uma mentalidade reformista para os republicanos. A burguesia irritava-se por sua continuada falta de poder político e por causa da corrupção que assolava o regime. A classe operária e os pobres sofriam devido às deploráveis condições de vida e de trabalho. Para tornar as coisas ainda piores, as minguadas safras de cereais de 1845-1846 levaram a motins populares por pão, e a crise econômica de 1847 deixou centenas de milhares de desempregados.

Charles Philipon, gerente-geral do jornal satírico *La Caricature*, e Honoré Daumier criaram esta imagem do rosto do rei transformando-se em uma pera (*poire*). Sua publicação causou um verdadeiro furor, mas Philipon conseguiu evitar ser preso. Ele desencadearia outro furor com seu desenho da proposta para um monumento intitulado *Expia-poire*: uma gigantesca pera assentada sobre um pedestal a ser fixado na Place de la Concorde. O título é uma brincadeira com a palavra francesa *expiatoire* [expiatório], e o lugar pretendido para sua colocação era uma clara referência à execução do rei Luís XVI. Philipon rebateu as acusações de que publicara uma incitação ao regicídio, argumentando que a brincadeira seria, no máximo, uma incitação a que se fizesse *marmelade* (uma compota de peras). Caricatura por Charles Philipon e Honoré Daumier, constante da obra de Arsène Alexandre, *L'art du rire et de la caricature* [A Arte do Riso e da Caricatura], Paris: Libraires Imprimeries Réunies, 1892, p. 169. Cortesia da Bibliothèque Numérique de Lyon.

Manifestações populares cada vez mais violentas eram pontuadas por gritos de "trabalho e pão!".

Esse era o contexto que serviria para "alimentar" a "Campanha dos Banquetes", que teve início em 9 de julho de 1847, quando mais de mil pessoas compareceram ao *Banquet du Château-Rouge*, em Paris. Àquela época, reuniões que contassem com mais de vinte pessoas requeriam uma aprovação das autoridades – que jamais era concedida para reuniões políticas que criticassem o regime. Mas um banquete não era uma reunião. Como seria possível que as autoridades impedissem um grupo de amigos de compartilhar uma deliciosa refeição? Assim, esses banquetes tornaram-se a maneira mais eficiente para que os críticos do regime pudessem legalmente se encontrar e sustentar sua causa. Contudo, comparecer a um deles era bastante caro; por isso, as classes pobres da sociedade eram excluídas, em um tempo no qual as mulheres ainda não eram bem-vindas à esfera política. Em seus primeiros estágios, a Campanha dos Banquetes foi apenas um veículo para a burguesia do sexo masculino.

Uma série de setenta banquetes foi organizada em 1847-1848, por toda a França, aos quais mais de 20 mil pessoas compareceram.[5] Os organizadores dos banquetes originalmente concentravam-se na reforma do sistema eleitoral, visto ser o direito ao voto restrito aos proprietários de terras e aos cidadãos muito ricos. Nem todo mundo desejava o sufrágio universal – uma ideia muito radical. Algumas pessoas apenas desejavam que os direitos (ou privilégios) eleitorais fossem expandidos, somente entre os membros das próprias classes a que pertencessem. Porém, à medida que os banquetes prosseguiam, tornavam-se cada vez mais radicalmente populistas quanto aos seus objetivos e à admissão de seus participantes. Essa disparidade tornou-se evidente nos brindes que eram erguidos: os brindes dos reformistas moderados podiam incluir vivas "à Revolução de 1830", "à soberania nacional" ou "à reforma parlamentar e eleitoral"; enquanto os radicais brindavam "à soberania do povo", "aos trabalhadores" ou "ao progresso da classe operária".[6]

Havia um certo risco na Campanha dos Banquetes, tal como notou Alexis de Tocqueville, enquanto servia como deputado parlamentar por Valognes, na Normandia. Em *Memórias*, seu vívido relato em primeira mão dos acontecimentos de 1848, ele explica: "Eu me recusei a tomar parte no caso dos banquetes. Eu tinha tanto motivos sérios quanto triviais para abster-me". Os motivos triviais, que ele mesmo admitiu serem "maus motivos", eram "a irritação e a aversão despertadas em mim pelo caráter e as táticas dos líderes dessa iniciativa".[7] Mais seriamente, ele argumentou que, na medida em que os participantes dos banquetes apelavam cada vez mais às massas, eles mesmos arriscavam-se a alienar a classe média, que, então, poderia renovar seu apoio ao regime. Também havia a possibilidade de uma agitação populista fugir ao controle, chegando a extremos imprevisíveis. Segundo o relato de Tocqueville, mesmo os organizadores dos banquetes preocupavam-se quanto a essa última possibilidade; e, na verdade, seus temores se concretizariam.[8]

Depois de mais de seis meses de banquetes, o último da Campanha foi marcado para o dia 22 de fevereiro de 1848, em Paris. A data não fora escolhida por acaso: coincidia com o dia do aniversário de George Washington, uma figura política reverenciada pelos republicanos na França. Porém, o regime decidira que as coisas haviam chegado ao limite e, de modo intransigente, proibiu esse banquete em particular. A imprensa convocou demonstrações públicas, e barricadas foram erguidas nas ruas parisienses. Luís Filipe manteve-se irredutível, dizendo: "Os parisienses sabem o que estão fazendo; eles não irão trocar o trono por um banquete".[9] No entanto, dois dias depois, quando a violência e a rebelião já se haviam generalizado, Luís Filipe fez o que achou ser o melhor para o país e abdicou. Ele foi o último rei da França.

Essa nova Revolução Francesa, em 1848, contribuiu para impulsionar o que se tornaria conhecido como a Primavera das Nações, quando revoltas republicanas irromperam por toda a Europa. Na maioria dos países, uma combinação entre reformas e repressão conteve as revoltas, o que provou ser uma falsa "primavera" para os que ansiavam pela democracia ou pelo socialismo. A monarquia na Europa prevaleceu.

Na França, no entanto, um governo provisório declarou o estabelecimento da Segunda República. A princípio, as coisas pareciam promissoras: o sufrágio universal foi instituído, a escravidão e a pena capital foram abolidas, e as liberdades de imprensa, assembleia e religião foram garantidas. Os socialistas conquistaram a concessão de "direitos trabalhistas", embora a insatisfação com as iniciativas do governo para a assistência aos desempregados viesse a provocar outra pequena rebelião em junho. A Segunda República seria governada por um presidente eleito pelo voto popular, que permaneceria no poder por um único mandato de quatro anos.

Os banquetes políticos continuaram ao longo desses dias instáveis, mas tornaram-se mais inclusivos. Eles eram organizados para serem mais baratos, de modo que as classes mais baixas pudessem participar (embora as pessoas reclamassem que isso apenas havia tornado a comida decepcionante). Mulheres passaram a ser aceitas em alguns desses banquetes, geralmente nos organizados por socialistas. Mas, mesmo em meio aos esquerdistas, nem todos mostravam-se felizes por compartilharem seus espaços políticos privilegiados com mulheres. Assim, algumas socialistas começaram a organizar seus próprios banquetes. Isso representou uma ameaça ainda maior aos tradicionalistas, que dirigiram sua propaganda maliciosamente crítica contra essas mulheres "depravadas", rotulando-as como *les femmes saucialistes* (o que, não obstante, é um sagaz jogo de palavras).*

Contudo, a era desses banquetes revolucionários estava chegando ao fim. Em dezembro, a primeira eleição presidencial foi vencida por Luís Napoleão Bonaparte, um dos sobrinhos do falecido imperador, representando uma vitória das forças conservadoras. No decorrer dos quatro anos seguintes, as conquistas iniciais de 1848 seriam revertidas, e o autoritarismo governamental restaurado. Por fim, em 1852, Luís Napoleão coroou-se a si mesmo como Imperador Napoleão III, marcando o início do Segundo Império. Por quase vinte anos, ele presidiria um vasto projeto de modernização e políticas irresponsáveis. Não obstante, a oposição republicana e socialista perdurou, e, tal como veremos, seria apenas uma questão de tempo para que o Segundo Império seguisse o Primeiro em sua obsolescência.

---

* *Sauce*, em francês, significa "molho"; mas o trocadilho *saucialiste* (que, se traduzido para o português, produziria um termo como "molhista") soa quase exatamente como o adjetivo *socialiste*. (N.T.)

39

O Fim do Comboio das Ostras

*Eu adoro ostras: [comê-las]
é como beijar o mar nos lábios.*
– Léon-Paul Fargue

A Costa Esmeralda, assim chamada pela fascinante tonalidade azul-esverdeada das águas que banham o norte da Bretanha, é uma das mais belas extensões dentre os mais de 3.200 quilômetros do litoral francês. Desde a extrema beleza de Cap Fréhel até a esplêndida cidade murada de Saint-Malo, das praias de areias brancas de Val André à majestosa imponência do Mont-Saint-Michel, a costa da Bretanha proporciona uma inebriante mistura entre belezas naturais e encantos históricos. Os *gourmands* adorarão a incrível variedade de mexilhões, lagostins e vieiras encontradas por toda a região, bem como as tradicionais especialidades bretãs como as *galettes* (uma espécie de panqueca de massa folhada), o bolo *kouign-amann* e a borbulhante sidra de maçã. E, para os apreciadores de moluscos, uma cidadezinha na Costa Esmeralda é um destino infalível: Cancale, a capital das ostras da Bretanha. Todos os anos, milhares de visitantes afluem para esse pitoresco vilarejo costeiro para provarem uma das espécies de ostras mais refinadas do mundo. Para obtê-las, eles podem escolher entre vários restaurantes à beira do cais, mas talvez a opção mais romântica seja selecionar pessoalmente uma bandeja de ostras – vendidas a preços incrivelmente baixos

Ostras Frescas do mercado de Cancale, Bretanha. Fotografia dos autores, 2017.

– em um pequeno mercado de frutos do mar aninhado aos pés do píer da cidade. Poucos refinamentos gastronômicos podem ser mais agradavelmente satisfatórios do que se sentar em uma mureta à beira-mar, num dia se sol, saboreando ostras frescas quase do tamanho de sua mão, apanhadas diretamente de uma vastidão de viveiros de ostras no fundo do oceano, logo abaixo dos seus pés.

Os seres humanos têm apanhado e comido ostras desde os tempos pré-históricos; e os gauleses já eram abençoados com quilômetros de viveiros naturais de ostras ao longo de suas costas quando os romanos, grandes amantes de moluscos bivalves, chegaram. Eles se deliciaram com as safras de ostras dos arredores de Marselha e do Médoc, levando a bordo de suas naus hordas de espécimes da Gália ao retornar à Itália. As invasões bárbaras puseram fim ao tráfego de ostras, e estas tornaram-se, mais uma vez, uma mera fonte de alimento disponível para os habitantes locais. Na verdade, por um longo período da História, as ostras consistiram de um alimento básico do povo pobre dos litorais, em vez de uma luxuosa iguaria consumida pelas elites distantes. Não foi senão até o período da Renascença que as ostras voltaram a surgir sobre as mesas nobres, como ingredientes de uma quantidade de receitas constantes dos primeiros compêndios culinários. E foi somente nos séculos XVIII e XIX – graças a uma série de inovações nos meios de transporte e de transformações industriais – que elas puderam ser apreciadas a quaisquer distâncias imagináveis da linha costeira.

Uma folheada em antigos livros de culinária revela que, até o século XVII, as ostras eram consumidas principalmente cozidas, pois cruas eram vistas como insalubres e indigestas. Porém, especialistas – tanto da área gastronômica quanto da médica – começaram a aconselhar a ingestão de ostras cruas, pois cozinhá-las apenas destruiria seus saudáveis e salgados sucos naturais, tornando, assim, sua digestão mais difícil. Ostras cruas também passaram a ser conhecidas como um afrodisíaco, o que, muito contribuiu para o seu poder de atração. O famoso sedutor Giacomo Casanova era, sem dúvida, um dedicado apreciador das ostras, as quais ele consumia apenas com *champagne*; e Luís XIV podia comer dúzias de ostras numa única sentada. Quando *Le Cuisinier François* foi publicado, em 1651, pratos com ostras cozidas ainda eram a norma, mas à época em que Ménon publicou seu *La Cuisinière Bourgeoise*, em 1746, ostras já eram geralmente consumidas cruas.[1]

A preferência por ostras cruas não era um problema para quem vivesse à beira-mar, mas para os residentes de Paris ou do Vale do Loire isso representava, sim, um grande problema. Para que as ostras sejam consumidas cruas, elas devem ser frescas; e, naqueles dias, os meios de transporte não eram, nem de perto, tão velozes quanto são hoje. O lugar mais próximo para obter-se peixes de água salgada ou ostras era a costa da Normandia – a mais de 190 quilômetros de distância. Toda a safra de frutos do mar era, em geral, seca e salgada para que pudesse viajar país adentro.

Isso mudou com o surgimento do *chasse-marrée*, no início da Idade Moderna.[2] Os *chasse-marrées* eram comboios de pequenas carroças que transportavam peixes frescos e ostras conservados em gelo, desde a costa do Canal até Paris e Versalhes. As carroças costumavam fazer paradas a cada 30 quilômetros, aproximadamente, para um breve descanso de 10 minutos, a fim de que os cavalos fossem trocados e seus condutores pudessem aproveitar das estrategicamente localizadas lojas de gelo. Dessa maneira, Paris podia ser alcançada entre 24 e 36 horas.[3] Vendedores de ostras logo passaram a rondar as ruas da capital, carregados com pesados cestos de palha, alardeando seus produtos e vendendo-os a preços relativamente baixos.

Os *chasse-marrées* também foram uma bênção para os nobres residentes de Versalhes e de outros *châteaux* que hospedassem o Rei-Sol por ocasião de uma das suas visitas reais. Porém, talvez a mais famosa aparição das ostras no folclore culinário seja, na verdade, devida à trágica história de uma entrega que atrasou. Em 1671, François Vatel, o *maître d'hôtel* no Château de Chantilly, foi incumbido da imensa responsabilidade de organizar um grande banquete para Luís XIV numa sexta-feira. Isso exigia uma enorme quantidade de peixes frescos de um *chasse-marrée*. Quando esse falhou em chegar à hora esperada, Vatel sentiu-se desolado, acreditando que nada teria para servir ao imperioso rei; e, por isso, tirou sua própria vida. Infelizmente, naquele mesmo momento, o *chasse-marrée* chegou, cheio de peixes e ostras, e, assim, o banquete prosseguiu como planejado.

A regra que determina que não se deve comer ostras durante os meses que não tenham a letra *r* (ou seja, entre maio e agosto, período coincidente com os dias de primavera e verão no hemisfério norte) é parcialmente devida aos *chasse-marrées* e à popularidade das ostras durante o reinado de Luís XV. Elas haviam se tornado uma iguaria tão amplamente favorita que não era incomum que alguém comesse várias dúzias delas apenas como um *apéritif*, como forma de "abrir o apetite" para a refeição principal. O consumo desenfreado começou a ameaçar o suprimento de ostras, então Luís XV, sabiamente, decretou que durante o período de reprodução, no verão, elas não deveriam ser comidas. Uma vez que esses são, também, os meses mais quentes do ano, nem mesmo os *chasse-marrées* podiam evitar a deterioração de suas cargas.

Tanto Luís XIV quanto Luís XV destinaram consideráveis recursos para a construção do melhor sistema de estradas nacional, desde os tempos romanos, com mais e mais estradas reais serpenteando desde Paris até as províncias. Então, era mais fácil do que nunca para as pessoas – e as ostras – viajarem por toda a França. Porém, dentro de cem anos, os *chasse-marrées* se tornariam obsoletos, vitimados pela tremenda onda de transformações tecnológicas e sociais que acompanharia a Revolução Industrial. À medida que a indústria e o comércio franceses se desenvolviam, a necessidade por meios de transporte mais velozes tornava-se premente. Em 1827 a primeira estrada de ferro da França entrou em funcionamento, no trajeto entre Saint-Étienne e Andrézieux, conectando, assim, as minas de carvão de Saint-Étienne ao rio Loire. Ainda se tratava de uma linha muito primitiva, com apenas 21 quilômetros de extensão e trens com vagões puxados por cavalos (nos declives, bastava deixar que a gravidade agisse). Poucos anos depois, a primeira linha de trens de passageiros da Europa Continental entrou em operação, percorrendo todo o caminho entre Saint-Étienne e Lyon.

As ferrovias francesas desenvolveram-se muito mais lentamente do que as de países como a Inglaterra e a Alemanha: em 1842, apenas 568 quilômetros de trilhos haviam sido assentados. Isso, em parte, deveu-se à demora de seu desenvolvimento industrial, bem como à feroz oposição das companhias transportadoras existentes, que navegavam pela extensa rede de canais, rios e águas costeiras. Toda uma infraestrutura de comércio e lucro encontrava-se atrelada ao transporte aquático, e esses grupos não queriam ver seus barcos e navios "afundados" em uma substituição pelo transporte sobre trilhos. Também havia uma oposição sociocultural, na medida em que os habitantes de toda a França rural se sentiam horrorizados pela ideia de a serenidade de suas pastagens e florestas ser rasgada pelos motores de ferro do progresso. A Câmara de Comércio de Rouen, por exemplo, objetou quanto à construção da estrada de ferro Paris-Rouen em 1832, argumentando que esta causaria uma ruptura nos tradicionais estilos de vida e prejudicaria o comércio e as redes de transporte das quais a cidade dependia.

Todavia, em 1842, o governo aprovou planos para uma rede nacional de estradas de ferro, com cinco grandes linhas conectando Paris às mais importantes cidades regionais. As empresas privadas que construíram as estradas de ferro também erigiram as monumentais estações ferroviárias de Paris, tais como a *Gare de l'Est* e a *Gare du Nord*, que estão em funcionamento até hoje. Locomotivas a vapor, importadas da Inglaterra, foram introduzidas no sistema, deslocando-se à então vertiginosa velocidade de 120 quilômetros por hora. Os piores temores dos operadores de transportes navais tornaram-se realidade, enquanto seu tráfego de cargas declinava drasticamente.

O desenvolvimento das ferrovias não se deu suavemente. As linhas ferroviárias privadas não se conectavam umas às outras, senão em Paris, o que

Uma das grandes estações ferroviárias de Paris, a *Gare du Nord* [Estação do Norte] foi construída pela companhia ferroviária *Chemins de Fer du Nord* e iniciou suas operações em 1864. Hoje em dia, sendo utilizada por mais de 200 milhões de passageiros a cada ano, ela é a estação ferroviária mais movimentada da Europa. Da Divisão de Arte, Gravuras e Fotografias de Miriam e Ira D. Wallach, da Biblioteca Pública de Nova York. *"Gare du Nord."* New York Public Library Digital Collections.

gerava grande ineficácia. As deficiências da rede ferroviária revelaram-se durante a guerra contra a Prússia, em 1870, enquanto o sistema ferroviário alemão desempenhou um papel fundamental para a rápida mobilização prussiana e sua consequente vitória. Porém, em 1914 a França já possuía a rede ferroviária mais desenvolvida do mundo, estendendo-se por mais de 59.500 quilômetros de trilhos.

O desenvolvimento da rede ferroviária exerceu um enorme impacto sobre o comércio de todos os tipos de alimento na França. Queijos da Normandia, como o *Camembert*, por exemplo, foram apresentados a Paris, enquanto frutas e legumes produzidos no ensolarado sul da França puderam abastecer mercados de localidades muito distantes. Os produtos dos vinhedos sulistas do Languedoc agora podiam chegar a novos mercados das cidades do norte e foram progressivamente semeados com variedades de uvas inferiores, que produziam vinhos baratos e leves (chamados *petit rouge*) para as classes trabalhadoras. Pelo final do século, o Languedoc havia-se tornado a mais produtiva região vinícola da França, responsável por 44% da produção nacional.[4] Essa nova disponibilidade de vinhos baratos do sul levou os vinhedos do norte, tais como os das cercanias de Chablis, ao declínio. A invenção dos vagões refrigerados tornou possível o transporte de carnes e peixes frescos a distâncias incríveis. Culinárias regionais tornaram-se melhor conhecidas à medida que uma crescente onda de turistas explorava as províncias. Ao mesmo tempo, a miríade de antigas hospedarias, que pontilhavam as beiras de estradas rurais da França, começava a desaparecer enquanto os viajantes, cada vez mais, davam preferência aos trens em detrimento das carruagens.

E, é claro, as ferrovias exerceram imenso impacto sobre o comércio de ostras na França. Agora, era possível aos habitantes de Paris e da França Central obter ostras em menos de um dia – ainda que elas fossem provenientes não apenas da Normandia, mas, também, de outros renomados locais produtores na Bretanha, na Baía de Arcachon ou no Mediterrâneo. Em Charente-Maritime, ao sul de La Rochelle, uma linha ferroviária foi inaugurada em 1876, com o propósito explícito de transportar ostras. O trem era chamado *train des mouettes* [trem das gaivotas], por motivos óbvios; e, ainda que tenha encerrado suas atividades, ele foi reativado na década de 1980 como um trem turístico – o mais antigo trem a vapor da França ainda em operação.

As estradas de ferro também foram responsáveis por uma das grandes transformações turísticas do século XIX: a ascensão dos *resorts* à beira-mar. As extensas linhas costeiras da França, desde muito tempo, atraíram visitantes nobres e endinheirados, mas tais refúgios praianos não eram acessíveis às classes média e operária – até que as ferrovias tornaram possível chegar à costa mais rapidamente e a custo muito mais baixo. À medida que as estradas de ferro serpenteavam pela Riviera Francesa ou pelas praias do Atlântico, turistas afluíam por elas vindos de todas as partes da França – na verdade, de toda a Europa –, para usufruírem dos sublimes benefícios da vida costeira. Essa prática, com frequência, incluía o consumo das ostras frescas locais, disponíveis em quase todas as cidades costeiras francesas. Assim, ostras frescas tornaram-se mais populares por toda a Europa, e a França consolidou sua reputação como uma suprema provedora delas, um *status* do qual o país goza até hoje.

Mesmo com a expansão da moderna indústria de "fazendas de criação" de ostras, que floresceu durante os séculos XIX e XX, as ostras mantiveram intactas algumas profundas lealdades "provincianas". Tal como ocorre com vários outros produtos sobre os quais já discutimos, ostras também têm seus próprios distintos *terroirs* (ou, como alguns piadistas engraçadinhos gostam de referir-se a eles, seus *merroirs*),* que lhes garante seus sabores únicos, particulares de cada localidade. Ostras da Normandia seriam mais delicadas do que as de Vendée; enquanto as ostras de Arcachon seriam um tanto mais salgadas do que as da Bretanha. Para incrementar o efeito de cada *terroir*, uma boa ideia é acompanhar as ostras com algum vinho branco seco da região respectiva – um *Sauvignon Blanc* de Bordeaux ou um *Sancerre* do Vale do Loire –, embora, obviamente, o *champagne* continue sendo o par perfeito para quaisquer espécies de ostras. Há quem jure que a cerveja *Guinness Stout* combina perfeitamente com ostras; mas devemos confessar que ainda não ousamos testar tal combinação.

A indústria francesa de produção de ostras sofreu com muitas tragédias, ao longo dos anos, e permanece extremamente vulnerável a eventuais desastres ambientais. A variedade originalmente nativa *pied de cheval* (literalmente, "pata de cavalo"), uma ostra achatada, foi praticamente extinta, devido à predação e a doenças que afetam à espécie, e responde apenas por uma pequena porcentagem das ostras cultivadas a cada ano. A ostra conhecida como "portuguesa" substituiu aos poucos a ostra achatada ao longo de toda a costa francesa; mas, na verdade, uma doença apocalíptica assolou essa variedade, na década de 1970, tendo praticamente eliminado a indústria francesa de ostras. Felizmente, a ostra do Pacífico (às vezes referida como "ostra japonesa") foi introduzida com sucesso nos criadouros franceses, e todos os apreciadores de ostras do mundo puderam respirar aliviados. Contudo, desde 2008, as ostras francesas têm, mais uma vez, sofrido com doenças e os efeitos da poluição – sofrimento esse, talvez, exacerbado pelas mudanças climáticas –; o que fez sua produção cair quase pela metade. Os produtores de ostras na França não sabem o que é tranquilidade.

---

* *Terroir*, em francês, significa, literalmente, "torrão natal"; mas o termo remete, de maneira evidente, à terra, ou, *la terre*. *Merroir* refere-se, alusivamente, ao mar, ou, *la mer* (que, em francês, também é um substantivo feminino, tal qual "a terra"). (N.T.)

A França continua sendo o principal produtor de ostras na Europa, bem como seu principal consumidor: mais de 90% das ostras francesas são consumidas no mercado interno. Cerca de metade da safra anual é consumida apenas no período do Natal, já que as ostras são um deleite tradicional de Natal, muitas vezes servido como um aperitivo para a festa de véspera de Natal. Elas ainda são geralmente servidas cruas, com talvez um pouco de limão ou um *vinaigrette* suave feito de vinho tinto e chalotas. De todas as bênçãos gastronômicas da França, poucas rivalizam com as excepcionais colheitas de ostras.

40

Revelação em Uma Garrafa

*Uma garrafa de vinho contém mais filosofia
do que todos os livros do mundo.*
– Louis Pasteur

A região de Jura, na França, descortina-se sobre uma cadeia de montanhas na fronteira com a Suíça, não muito distante dos imponentes Alpes. A geologia única das Montanhas Jura atraíram cientistas do século XIX que visavam desenvolver uma cronologia da História da Terra; e, em 1829, o geólogo francês Alexandre Brongniart teve a honra de batizar o segundo período da era mesozoica – o período jurássico – em homenagem às montanhas onde fizera suas descobertas. A despeito de sua grande beleza e das possibilidades que oferece aos caçadores de fósseis, Jura é uma das mais tranquilas e menos visitadas regiões da França – o que facilita a pacífica fruição das florestas que cobrem suas encostas e de seus celestinos lagos montanheses, seus vilarejos milenares e sua sublime gastronomia local. O *Comté*, o queijo mais popular da França, é produzido ali. Uma das principais atrações turísticas da região é um *bunker*, existente sob a antiga fortaleza militar de Saint Antoine – hoje mais conhecida como "a catedral do *Comté*", onde centenas de milhares de gigantescos queijos redondos adquirem aos poucos seu distintivo sabor terroso. O *Poulet de Bresse* é o único frango a ser protegido por uma AOC, refletindo sua reputação como o mais delicioso produto avícola do mundo. Seu paladar suculento é atribuído a uma combinação de *terroir* e de zelosas práticas de criação ao ar livre, cujo objetivo é manter as aves tão felizes quanto seja possível, durante suas breves vidas.

Contudo, é possível que a descoberta gastronômica mais intrigante associada a Jura seja relativa aos seus vinhos maravilhosamente incomuns, que têm cativado os bebedores franceses há séculos.[1] A encantadora cidade de Arbois, por exemplo, proporciona uma agradável introdução à gama de vinhos AOC da região (que inclui um delicioso *chardonnay* amadeirado, com notas de carvalho) e o único *vin jaune* [vinho amarelo], um vinho de coloração intensamente dourada, produzido exclusivamente em Jura. O *vin jaune* é envelhecido por seis anos, três dos quais em barris de carvalho; e seus múltiplos sabores são tão complexos e incomparáveis que lhe garantiram um *status* quase mítico.

Mas Arbois fez uma contribuição ainda maior para a humanidade. Ali transcorreu a infância de Louis Pasteur, e os vinhos locais permitiram que ele revolucionasse o conhecimento que hoje possuímos sobre várias doenças e processos degenerativos. Sua história é mais um lembrete de que o mundo moderno, que tantas vezes subestimamos, é, na verdade, bastante recente.

Antes de Pasteur, os efeitos da abrangente ação microbiana eram experienciados sem serem de fato compreendidos. Já vimos, por exemplo, quantas pragas devastadoras foram atribuídas a uma infinidade de causas fantasiosas e como os processos da fermentação e da decomposição dos alimentos já foram manipulados sem que houvesse uma verdadeira e exata compreensão de seu funcionamento. A Revolução Científica produziu numerosas teorias novas, mas a ideia básica de que organismos microbianos específicos causam doenças e decomposição pareceu fantasiosa para a maior parte da História Científica até então conhecida. Na verdade, até mesmo Pasteur, em meados do século XIX, teve de confrontar-se com uma furiosa oposição de médicos e biólogos devotos de teorias alternativas longamente sustentadas, tais como a da "geração espontânea" (uma noção falsa, que Pasteur abandonou de uma vez por todas). Felizmente, seus incansáveis experimentos provaram-se efetivos, e suas inovações científicas viriam, com o passar do tempo, a salvar incontáveis milhões de vidas.

O papel desempenhado pela comida e pelo vinho na evolução humana, segundo as pesquisas de Pasteur, tornou-se evidente desde então. Feito decano da Faculdade de Ciências da Universidade de Lille, em 1854, ele desenvolveu um programa acadêmico que encorajava os estudantes a aplicarem os resultados das suas pesquisas científicas às realidades da produção de alimentos e de álcool – das mais importantes indústrias nessa florescente cidade do norte. Em sua primeira palestra proferida em Lille, ele pontificou: "Mas, pergunto-vos, em quem encontrareis, dentre vossos familiares, um jovem, cuja curiosidade e cujo interesse não seriam imediatamente despertados quando vós puserdes as mãos sobre uma batata com a qual não puderes produzir açúcar, com a qual não puderes produzir álcool, e, com esse álcool, o éter e o vinagre?".[2]

O próprio Pasteur foi desafiado a demonstrar na prática o que propunha em teoria, quando se aproximou de *Monsieur* Bigo, um produtor de álcool de beterraba. Alguns dos seus enormes barris estavam, naquele momento, produzindo suco de beterraba azedo, em vez de álcool, e ele pediu a Pasteur para que investigasse. Assim teve início a reveladora pesquisa de Pasteur sobre o processo de fermentação. Seu microscópio revelou a presença de micróbios que matavam o fungo que, normalmente, produziria a fermentação, e, em vez disso, geravam o ácido láctico. Ele não fora capaz de conceber um método de exterminar esses micróbios, mas pôde aconselhar Bigo a limpar de maneira adequada os tubos e vasilhames uma vez usados, para evitar a reintrodução de microrganismos nocivos. No ano seguinte, ele publicou dois estudos sobre a fermentação, inaugurando, assim, o campo de estudos da microbiologia.

Em 1860, Pasteur publicou seu emblemático estudo sobre a fermentação. Seus experimentos demonstraram como, precisamente, um fungo interage com microbactérias para causar a fermentação, convertendo açúcar em álcool, enquanto diferentes microrganismos são responsáveis pela contaminação que produziria vinhos amargosos, em vez de vinagre. Ao desenvolver métodos que limitavam os efeitos desses micróbios nocivos, afinal, tornou-se cientificamente possível o ajuste do processo de fermentação e o controle desses micróbios danosos para que se melhorasse a qualidade – e não apenas a quantidade – das bebidas alcoólicas. A produção de álcool havia sido, desde muito tempo, considerada como uma arte, não como uma ciência. Mas o empirismo de Pasteur fez com que esse se tornasse um assunto a ser repensado.[3]

Como resultado desses estudos, Pasteur foi convidado, pelo governo francês, a investigar mais amplamente o problema relacionado aos vinhos nacionais – então o segundo maior produto agrícola (depois dos cereais) e um dos mais importantes produtos de exportação. A vinicultura havia-se expandido exponencialmente desde a Revolução Francesa, que havia extinguido muitas taxações e formas de controle sobre a produção de vinhos – permitindo, também, que muitos vinicultores inexperientes se aproveitassem disso. As oportunidades de transportes geradas pelas estradas de ferro encorajaram a superprodução de variedades populares, e novos métodos industriais foram empregados para aumentar a velocidade e a quantidade da produção. Tudo isso levou a uma maior incidência de doenças e contaminação, a ponto de fazer com que a reputação dos vinhos franceses sofresse internacionalmente. O imperador Napoleão III, então, pediu a Pasteur que investigasse as causas.

Pasteur, como é natural, regressou à sua cidade natal de Arbois, onde crescera em meio aos vinhedos e havia muito apreciara as virtudes dos vinhos locais. Ao longo de três verões, fez experimentos com os vinhos de Jura e desenvolveu ainda mais suas teorias acerca das ações microbianas. Os viticultores da região acorriam à casa dele trazendo suas garrafas de vinho azedo, em busca do aconselhamento do "doutor dos vinhos" e proporcionando-lhe constantemente um novo suprimento de vinhos problemáticos para que investigasse. Contrariando a crença vigente, Pasteur demonstrou que a acidificação do vinho não era acidental, nem inevitável, mas, sim, resultado de contaminação externa por micróbios. Então, ele recomendou que se limitasse a exposição a agentes contaminantes ao longo de todas as etapas da produção do vinho. Mas, mais importante, ele desenvolveu o processo chamado "pasteurização", que, naqueles casos, consistia no aquecimento moderado de garrafas de vinhos "jovens" mergulhando-as, depois de fechadas, em água a temperaturas entre 48 e 60 ºC, suficientes para matar os micróbios nocivos. (Esse não era um processo idêntico à "appertização", que envolvia o aquecimento dos vasilhames ainda vazios, por muito mais tempo e a temperaturas mais elevadas.) Hoje em dia, a pasteurização é empregada em uma vasta gama de produtos, mais notadamente leite e derivados. Não é possível calcular quantas vidas puderam ser poupadas por esse engenhoso método de prevenir a contaminação alimentar.

Os experimentos de Pasteur e seus aconselhamentos são creditados por salvar a indústria de vinhos francesa – um feito que ele repetiria na década de 1870, ao empregar técnicas similares para a melhoria da qualidade das cervejas do país. Para o sucesso do empreendimento, muito contribuiu o ardente patriotismo de Pasteur, recentemente inflamado pela humilhante derrota da França na Guerra Franco-Prussiana (1870-1871). Pasteur tornou-se virulentamente contrário aos prussianos, recusando-se a viajar à Alemanha ou a permitir que seus trabalhos fossem publicados em alemão. Ele até mesmo recusou-se a beber cervejas alemãs, então algumas das mais populares da Europa e um dos principais produtos de exportação da Alemanha. A França sempre fora mais conhecida por seus vinhos do que pelas cervejas, exceto em algumas regiões como Alsácia e Lorena, que fora perdida para a Prússia durante a guerra. Assim, Pasteur encarou como uma questão de honra nacional a elevação da indústria cervejeira francesa – tanto para empreender um ato de desforra contra os prussianos, quanto para demonstrar como a ciência poderia contribuir para que a França sobrepujasse seus rivais. Na verdade, ele dedicaria vários anos ao desenvolvimento do que chamava de "a cerveja da vingança", um produto que poderia igualar-se, em termos de sabor e longevidade, às *lagers* alemãs. Ele disseminou suas novas técnicas de produção por toda a Europa (com exceção da Alemanha, é claro), e essas foram amplamente adotadas fazendo melhorar muito a oferta de cerveja por todo o continente. Contudo, apesar de seus melhores esforços para manter os resultados de suas pesquisas longe das mãos dos inimigos, os fabricantes alemães de cerveja também passaram a seguir suas recomendações, e a Alemanha permaneceu como uma das maiores nações produtoras de cerveja do mundo, por muitos anos. Em certa medida, a França obteria sua vingança contra a Alemanha em anos futuros; mas nunca no reino da cerveja.

Pasteur conseguiu salvar até mesmo um ramo da indústria francesa sobre o qual ele nada conhecia: a lucrativa e prestigiosa indústria da seda, no sul da França. Quando os criadores de bichos-da-seda de toda a Europa se desesperaram devido a uma praga desconhecida que acometia suas criações, Pasteur dedicou vários anos à investigação do motivo de aflições. Ele, por fim, descobriu vários micróbios diferentes responsáveis pela crise e inventou novas técnicas que limitaram o acesso desses microrganismos aos ovos saudáveis de bichos-da-seda.

Sua experiência com os bichos-da-seda elevou Pasteur a um campo de conhecimento pelo qual ele é lembrado com gratidão, pois ele começou a aplicar suas teorias microbianas ao estudo de doenças infecciosas. Àquela época, a ideia de que doenças pudessem surgir de organismos invisíveis, transmitidos pelo contato humano, parecia absurda; mas Pasteur, obstinadamente, dedicou-se a provar os princípios de sua "teoria dos germes", a despeito da hostilidade da classe médica. Ele foi, aliás, um dos primeiros propagadores da higiene em ambientes médicos, argumentando que os profissionais de saúde estariam, na verdade, infectando pessoas saudáveis por não terem o hábito de lavarem as mãos entre o atendimento a um paciente e outro (argumento que só fez agravar seu antagonismo com a classe médica). Ele inventou vacinas veterinárias, tal como a que previne o carbúnculo, e desenvolveu um tratamento eficaz para tratar a hidrofobia (antigamente mais conhecida como "raiva"), uma doença horrível, que, em termos práticos, até então significava uma sentença de morte a quem fosse acometido por ela. Esse trabalho contribuiu para demonstrar a noção ainda mais radical de que microrganismos específicos seriam responsáveis por diferentes doenças. As pesquisas de Pasteur seriam decisivas para o lançamento do campo da imunologia – o que por certo o teria agradado muito, visto ter ele perdido duas filhas devido à febre tifoide (hoje em dia, uma doença evitável por meio de vacinação). Foi graças a Pasteur e outros pioneiros da teoria dos germes que toda a medicina embarcou em uma era de descobertas e inovações radicais, tendo salvado um número incontável de vidas. No total, a soma de suas descobertas científicas ainda permanece sem paralelo, por isso não é de admirar que Arbois continue a celebrar seu legado, tendo transformado em museu a casa na qual Pasteur passou a infância, promovendo excursões turísticas guiadas e contando com uma quantidade de monumentos reverenciais.

Ironicamente, hoje em dia a pasteurização não é um processo tão popular na França quanto em outras partes do mundo. Como vimos, muitos queijos franceses não são pasteurizados – enfrentando, por esse motivo, problemas para terem sua entrada permitida nos Estados Unidos. (É provável que o próprio Pasteur que, não surpreendentemente, tornou-se um misófobo, tivesse concordado com a FDA norte-americana quanto a esse aspecto.) Os vinhos franceses, um dos primeiros produtos a serem pasteurizados, em grande parte não mais o são, pois os viticultores convenceram-se de que o processo, de fato, alterava o sabor de seus produtos. Por outro lado, embora seja possível adquirir-se leite pasteurizado comum em toda a França, muita gente também compra leite UHT,* que é um produto submetido a temperaturas ainda muito mais elevadas, em um processo de "ultrapasteurização". O leite UHT pode permanecer por meses sem refrigeração, no armário da sua cozinha, mas também é verdade que ele tenha um sabor ligeiramente "cozido", com o qual pode ser difícil acostumar-se.

O *Comté* é um queijo não pasteurizado, mas felizmente pode ser comercializado nos Estados Unidos, pois passa por um processo de maturação superior a sessenta dias (legalmente, para que cumpra os requisitos de sua AOC, ele deve envelhecer ao menos por quatro meses). E, cada vez mais, é possível aos americanos desfrutarem do queijo favorito da França com outros produtos que partilham de seu *terroir*: os vinhos de Jura, por exemplo. A intensidade dessa combinação entre queijo e vinho talvez seja um tanto incongruente com a calma beleza de Jura, mas ela simboliza muito bem as ferozes obsessões de seu filho favorito – outra lendária conquista francesa.

---

* Sigla para a expressão inglesa *ultra heat treated*, ou *ultra-high temperature*, aplicada a produtos ou gêneros submetidos a tratamento ultracalorífico. (N.T.)

41

A Maldição da Fada Verde

Paris e outras grandes cidades da França costumam atrair um grande número de pessoas fascinadas pela política e pela cultura francesas. Porém, dentro da própria França há um apego visceral ao que é conhecido como *la France profonde*, ou seja, localidades no interior do país ainda rurais e bucólicas. Essa é uma expressão que traduz a crença amplamente disseminada de que os elementos mais essenciais da nação francesa só podem ser encontrados em seus rincões interioranos, onde o tempo parece passar mais lentamente e as tradições permanecem vivas. Tal como todos os mitos nacionais, a noção de *la France profonde* contém verdade e imaginação. No entanto, é o motivo pelo qual presidentes franceses perambulam pela gigantesca feira agrícola de Paris, a cada ano, elogiando vacas e tentando parecer íntimos de fazendeiros céticos; e é isso o que tanto atrai a atenção da mídia para o declínio das cidades pequenas e seus negócios agrícolas.

Contudo, essa afinidade por *la France profonde* tem muito mais a ver com o apego simultâneo aos alimentos e bebidas que emergem de seus recônditos. Talvez as melhores expressões dessa afeição dupla sejam as numerosas rotas gastronômicas que cruzam o interior francês, celebrando produtos locais específicos. Já nos deparamos com a *Route du Chabichou* [Rota do *Chabichou*], caminhos que percorrem as terras de produtores de queijo de cabra em Poitou-Charentes. A cada verão, cavaleiros e caminhantes recriam a *Route du Sel* [Rota do Sal], ou as históricas rotas criadas pelo comércio do sal pela região do Languedoc. E, na fronteira franco-suíça, há uma trilha montanhosa conhecida como *Route de l'Absinthe* [Rota do Absinto], que se estende por quase 50 quilômetros de deslumbrantes paisagens pastoris, ao longo da qual há muitas oportunidades para provar o absinto, a notória especialidade local conhecida como *La Fée Verte* [A Fada Verde].

A "Rota do Absinto" começa no pitoresco vilarejo montanhês de Pontarlier, localidade onde foi fundada a primeira destilaria de absinto francesa, em 1805, por um cidadão suíço chamado Henri-Louis Pernod. Ele e seu sogro adaptaram seu licor de ervas destilado, com seu distinto sabor de anis, a partir de uma poção medicinal patenteada por um médico francês chamado Pierre Ordinaire, que fugira para a Suíça durante a Revolução Francesa. A destilaria de Pernod foi bem-sucedida: o comércio do absinto, aos poucos, tornou-se a alma da pequenina Pontarlier. No auge do negócio, um século depois, já havia 25 destilarias de absinto em torno da cidade, produzindo diariamente quase 30 mil litros da bebida.[1]

Entre os primeiros apreciadores do absinto estavam os membros do exército francês, uma vez que Pontarlier abrigava, àquela época, um campo de treinamento militar que, a cada verão, trazia milhares de soldados de artilharia para a cidade. Durante a extensa conquista da Argélia, provisões de absinto eram distribuídas aos soldados para que, com ele, purificassem sua água potável, supostamente prevenindo-se contra a malária e outras febres. Aquela era uma política popular e aparentemente efetiva, e o absinto tornou-se um gênero imprescindível a todas as conquistas coloniais, pela África e pelo Sudeste Asiático.

Os soldados continuaram a apreciar o absinto ao voltarem para casa e tornaram a bebida muito popular em meio à burguesia, durante a "era de ouro" do Segundo Império. O absinto era o aperitivo perfeito, tradicionalmente consumido antes do jantar (pois beber absinto durante a noite toda teria sido algo terrivelmente *gauche* – "deselegante" ou "grosseiro" – na maior parte da sociedade). A bebida tornou-se tão popular em Paris que o momento de fruição do aperitivo, entre 17 h e 19 h, ficou conhecido como "a hora verde". A adição de água à bebida fazia-a parecer muito refrescante e leve, e o ritual para servir o absinto (despejando-o lentamente em um copo através de um torrão de açúcar colocado sobre uma pequena colher específica para essa finalidade) tornava-o atraente para as massas que buscavam por novas sensações.

Contudo, o absinto foi ganhando uma reputação mais "boêmia" à medida que o século transcorria. Escritores e pintores da *Belle Époque* – entre eles Vincent Van Gogh, Paul-Marie Verlaine, Baudelaire, Arthur Rimbaud e Toulouse-Lautrec – acreditavam que a Fada Verde lhes despertava a centelha do espírito criativo. (Nem todos os escritores, é claro, sucumbiram aos encantos do absinto: Marcel Proust, por exemplo, sabidamente precisava apenas de uma *madeleine* para liberar toda uma existência de lembranças em *No Caminho de Swann*, o primeiro volume de seu épico *Em Busca do Tempo Perdido*.) Pablo Picasso, Edgar Degas e Édouard Manet pintaram bebedores de absinto, com graus variáveis de aprovação. O absinto também se popularizou entre as classes operárias durante a década de 1870, em parte porque leis mais complacentes permitiram a proliferação de versões mais baratas e inferiores.

Mas o absinto tornou-se cada vez mais popular a despeito de sua reputação (ou, talvez, devido a ela) de provocar alucinações, euforia, convulsões e despertar tendências violentas. Curiosamente, recentes estudos farmacológicos demonstraram que a artemísia, supostamente a fonte dos efeitos alucinógenos do absinto, não pode ter sido a verdadeira responsável: é muito mais provável que a intoxicação extrema associada ao absinto fosse resultante de seu absurdamente elevado teor alcoólico (cerca de 70%) ou de sua toxicidade provocada por métodos desleixados de destilação. Não obstante, o apelo do absinto também foi reforçado quando o vinho – a bebida inebriante mais comum entre os franceses – sofreu uma crise apocalíptica devido a uma "importação" americana acidental e infeliz.

A filoxera é um inseto tão diminuto quanto terrível que ataca as raízes das videiras, fazendo-as inchar. As raízes infectadas são rejeitadas pelas videiras, a seiva da planta deixa de circular e, dentro de três anos, todo um vinhedo morre. A filoxera era nativa dos Estados Unidos, mas à época das longas e lentas viagens marítimas a praga pôde manter-se em quarentena em seu continente de origem. Os navios a vapor do século XIX, porém, permitiram a travessia do Atlântico em questão de dez dias, em vez de várias semanas, e, assim, a filoxera de algum modo conseguiu "apanhar uma carona" para a

França, também já riscada por ferrovias que possibilitavam viagens em velocidades cada vez maiores. A primeira vítima da filoxera foi um vinhedo nas proximidades de Arles, em 1863. Bordeaux foi infectada em 1866, sendo logo seguida por Cognac, Borgonha e o restante da França. A produção de vinhos na França despencou de 84,5 milhões de hectolitros anuais em 1875 para 23,4 milhões de hectolitros em 1889 – uma calamidade monumental.[2] Champagne foi a última grande região vinícola a ser afetada, ao final do século.

A perda da indústria de vinhos francesa era devastadora, e todos os esforços foram feitos para encontrar um fim para a crise. Infelizmente, a eliminação da praga por fumigação era muito dispendiosa e trabalhosa para a maioria dos produtores. Uma alternativa foi proposta por cientistas franceses ao concluírem que, se aquele era um problema americano, deveria haver, também, uma solução americana. As vinhas dos Estados Unidos haviam-se adaptado à filoxera e eram imunes à sua ação; assim, a resposta óbvia seria transplantar vinhas americanas resistentes para os vinhedos europeus. Como se pode imaginar, a ideia de introduzir vinhas americanas na indústria vinícola francesa levou alguns produtores a ataques de apoplexia, e o governo da França não aprovou o plano por quase nove anos. Por fim, após muitas tentativas e erros, um experimento foi bem-sucedido e os vinhedos franceses lentamente puderam começar a recuperar-se.

Todavia, ao retomarem a atividade, os produtores tradicionais de vinhos franceses encontraram um mercado muito mudado. Durante a crise da filoxera, a população francesa aprendera a beber vinhos importados, "batizados" com água ou mesmo um falso vinho feito de uvas-passas. (Foi somente como resultado da crise da filoxera que a França, enfim, promulgou uma definição legal para o produto "vinho", em 1889.) Os vinhedos da Argélia, que já produziam vinho muito antes da conquista francesa, expandiram-se seis vezes durante as últimas duas décadas do século XIX, e a viticultura tornou-se um setor cada vez mais importante da economia colonial. Algumas pessoas haviam simplesmente deixado de tomar vinho, passando a consumir outras bebidas, tais como o absinto.

Então, os produtores de vinho franceses fizeram uma aliança espúria com o movimento pela abstinência. Tal como nos Estados Unidos, o movimento pela abstinência francês culpava o consumo excessivo de álcool pelos mais perniciosos males da sociedade moderna. Os franceses já haviam se tornado os maiores consumidores de álcool do mundo, com um cidadão médio ingerindo mais de 160 litros de vinho por ano, na década de 1860.[3] O álcool era, cada vez mais, responsabilizado por toda uma gama de problemas sociais: doenças físicas e mentais, criminalidade, radicalismo político... O "alcoolismo", um termo que sequer viria a ser cunhado até 1849, passou a ser visto como um problema nacional, em vez de individual. O crescimento do alcoolismo era, então – tal como é, muitas vezes, ainda hoje – acusado por grande parte da pobreza, da miséria urbana e pelos questionáveis padrões morais das classes sociais mais baixas. Acreditava-se que as condições que impulsionaram os movimentos trabalhistas radicais também causassem o alcoolismo; e, assim, os dois fenômenos se tornaram intimamente relacionados nas mentes daqueles que abominavam ambos. (Em contrapartida, os socialistas franceses argumentavam que o alcoolismo era incentivado pela burguesia para manter a classe operária sob seu jugo e, assim sendo, se trataria apenas de mais uma das mazelas sociais que desapareceriam ao término da gloriosa revolução dos trabalhadores.) Mas, na verdade, a elevação no consumo de álcool se devia, mais provavelmente, à crescente prosperidade da França, diante da qual mais pessoas dispunham de mais recursos financeiros para consumir álcool, bem como às inovações científicas na produção de álcool, que levou a novas opções mais acessíveis de bebidas alcoólicas.

O francês médio ainda consumia muito mais vinho do que quaisquer outros tipos de bebidas alcoólicas, e os ativistas franceses pela abstinência agiam de maneira única em todo o mundo ao incentivarem a abstinência, tolerando – e mesmo advogando – o consumo de vinho. Esse conteria uma espécie de "álcool natural", tal como o da cerveja e da sidra, e seu consumo moderado seria aceitável. Na verdade, havia muito tempo que se acreditava possuir o vinho algumas virtudes medicinais, especialmente relativas à digestão. As bebidas industriais, "álcoois industriais", portanto, passaram a ser vistas como desencadeadoras primárias do alcoolismo; e, dentre elas, o absinto era considerado particularmente nocivo, causador de loucura, perversidade, criminalidade e morte.

Assim, enquanto o ativismo francês pela abstinência voltasse seu olhar contra as bebidas industriais, ele seria apoiado pela indústria vinícola. Na verdade, a *Ligue Nationale Contre l'Alcoolisme* [Liga Nacional de Combate ao

Alcoolismo], que promoveu uma intensa campanha pelo banimento do absinto, tinha como um de seus cofundadores um produtor de vinhos, chamado Émile Cheysson. Durante os grandes protestos de 1907, quando centenas de milhares de pessoas percorreram todo o Languedoc protestando contra a importação de vinhos argelinos baratos, uma das "palavras de ordem" mais repetidas era "Todos pelo vinho e contra o absinto". A ressonância emocional do hábito de beber vinho na França foi bem representada em uma afirmação feita pelo escritor conservador Léon Daudet: "Eu sou pelo vinho e contra o absinto; assim como sou pela tradição e contra a Revolução".[4] Essa aliança tática entre os ativistas pela abstinência e os vinicultores foi ostensivamente fomentada por razões sociais e humanitárias, mas deve-se admitir que os produtores de vinho também se beneficiariam, em termos materiais, com a eliminação de bebidas rivais.

Em agosto de 1914, com a eclosão da Primeira Guerra Mundial, o governo francês proibiu a venda e, mais tarde, a produção do absinto, como partes de uma campanha contra certas práticas sociais consideradas capazes de minar a força militar e o moral do país. (A França não esteve sozinha ao promover campanhas desse tipo: naquele mesmo ano, a Rússia tomaria a chocante decisão de proibir a produção de vodca.) Outras bebidas alcoólicas industriais seriam banidas na sequência, mas, em contrapartida, cada soldado francês nas trincheiras recebia uma quantidade diária de vinho.

Diferentemente do que aconteceu nos Estados Unidos, a proibição total do álcool na França jamais foi seriamente considerada, embora esforços para a redução do alcoolismo tenham prosseguido. Ainda na década de 1950, o alcoolismo era uma das principais causas de morte na França, mas a criação de um sistema nacional de saúde, a melhor compreensão dos métodos de tratamento e a determinação do governo em reduzir os custos sociais e econômicos do alcoolismo conduziram, por fim, a uma mudança dramática nos hábitos de consumo de álcool. Entre 1960 e 2010, o consumo médio anual caiu pela metade, embora ainda permaneça elevado se comparado ao dos Estados Unidos e de outros países da Europa Ocidental, sendo uma fonte contínua de preocupações para as autoridades de saúde pública da França.

Ainda nos primeiros dias da proibição do absinto, as destilarias de Pontarlier tiveram sucesso ao substituir sua produção pela de *pastis*, uma bebida

Este dramático cartaz foi aparentemente distribuído aos bares de toda a França logo após o banimento do absinto. Ele retrata o presidente francês, Raymond Poincaré, em pose de vitória sobre a mortalmente ferida "Fada Verde", enquanto transcorre uma batalha da Primeira Guerra Mundial ao fundo. *Le fin de la Fée Verte* © David Nathan-Maister, 2017. Cortesia do Musée Virtuel de l'Absinthe.

"alternativa", também com sabor de anis, mas que não inclui a artemísia em sua composição, a suposta "culpada" pela malevolência do absinto. Em 2010, porém, o governo francês revogou a proibição do absinto, e Pontarlier, alegremente, pôde abraçar a "Fada Verde" mais uma vez.

Enquanto isso, os produtores de vinho franceses continuam sendo uma poderosa e combativa força, especialmente nas regiões onde constituem o setor econômico dominante. Mais de um século depois dos protestos pelo vinho de 1907, o Languedoc continua a "ferver" de frustração pelas políticas governamentais relativas ao vinho e por seus produtores rivais. Hoje em dia, seu principal adversário é a produção de vinhos a granel, tanto francesa quanto espanhola, que "inundam" as prateleiras dos supermercados com variedades baratas, na "ponta final" do mercado de vinhos que sempre foi uma posição tradicionalmente ocupada pelos pequenos produtores do Languedoc. A maioria dos protestos não é violenta, mas o grupo militante *Comité Régional d'Action Viticole* [CRAV, ou Comissão Regional de Ação Viticultora] assumiu a responsabilidade por numerosos incidentes de incêndios criminosos e sabotagem desde a década de 1970, bem como algumas iniciativas políticas como esvaziarem caminhões-tanque espanhóis, cheios com milhares de litros de vinho, derramando seu conteúdo pela estrada tão logo os veículos cruzassem a fronteira francesa. O contra-ataque do governo francês foi alegar que a indústria do Languedoc deve evoluir de acordo com as novas tendências industriais e ser mais inovadora: o povo francês, hoje em dia, bebe menos vinho, de melhor qualidade, e há muitos produtores não europeus com que competir. Tais argumentos, porém, não surtem efeito numa região cujos índices de desemprego chegam a 20% de sua população, e ao que ela assiste é um investimento governamental insuficiente.

Trata-se de um sinal distintivo da importância vital da indústria do álcool para a França – não apenas do ponto de vista econômico, mas, também, social e emocional – e do modo como a questão do que as pessoas devem beber ou não foi tão cansativa e furiosamente politizada ao longo da era moderna. Essa é uma dinâmica que não dá mostras de que irá desaparecer tão cedo, considerando que os efeitos combinados da globalização, das mudanças climáticas e da evolução dos hábitos de consumo de bebidas obrigarão os interesses econômicos mais poderosos da França a adaptarem-se ou perecerem. As consequências de tal fracasso para a França rural seriam, então, verdadeiramente *profondes* ("profundas").

42

Gastronomia em Tempos de Guerra

Um dos piores Natais na História de Paris ocorreu em 25 de dezembro de 1870, o 99º dia de um cerco brutal ao qual o exército prussiano submetera a cidade. A França havia, estupidamente, se lançado em uma guerra contra seus vizinhos alemães e, agora, a capital pagava o preço. A maioria dos residentes estava morrendo de fome, o imperador Napoleão III fora aprisionado pelos prussianos e o Segundo Império caíra. Mais uma vez, a nação francesa fora humilhada no teatro de guerra europeu.

Contudo, existe uma curiosa constante ao longo da História das guerras, que é o fato de que, mesmo nas situações mais calamitosas, os estratos mais abastados das sociedades em geral conseguiram levar vidas muito mais encantadoras do que as grandes massas famintas. Assim, no dia de Natal de 1870, alguns dos cidadãos mais ricos de Paris sentaram-se para desfrutar de um banquete hoje lendário por sua inovação bizarra. O aclamado *chef* Alexandre Étienne Choron adquiriu um grande número de ex-habitantes do, então fechado, zoológico de Paris e os preparou para que fossem servidos como pratos exóticos de um dos cardápios mais famosos da História da culinária francesa – um cardápio que teria horrorizado os mesmos convivas meses antes, mas, agora, parecia inacreditavelmente decadente.

A ceia natalina em Voisin, no restaurante de Choron, na Rue Saint-Honoré, iniciava-se com uma cabeça de burro recheada – um deselegante sucessor do costumeiro prato de cabeças suínas dos banquetes de antes da guerra. O prato de sopa incluía, entre outras opções, um *consommé* de elefante. Este era seguido por um cozido de canguru, costeletas de urso ao molho de pimenta e camelo assado *à l'anglaise* (uma referência jocosa ao que os franceses viam como a falta de sofisticação da culinária inglesa). Entre os pratos principais incluíam-se *le chat flanqué de rats* [gato flanqueado por ratos] e *cuissot de loup, sauce chevreuil* [pernil de lobo ao molho de cervo] – irônica inversão da ordem natural das coisas. Uma terrina de antílope e trufas evocava uma era de luxo que estava rapidamente desaparecendo. O banquete terminava de maneira relativamente normal, com porções de queijo *Gruyère*, e era acompanhado por alguns dos melhores vinhos ainda disponíveis em estoque (um *Mouton Rothschild* 1846, um *Romanée-Conti* 1858 e um *Grand Porto* 1827). A engenhosidade e o absurdo desse macabro cardápio imediatamente consolidou seu *status* de lenda na gastronomia francesa.

O banquete também serve como ilustração do desastre e da louca excentricidade que foi a breve Guerra Franco-Prussiana, que destruiu o Segundo Império e lançou as sementes de uma futura conflagração global. Em essência, a França foi levada a declarar guerra à Prússia pelo ardiloso chanceler Otto von Bismarck. Ele sonhara em unificar os diferentes reinos alemães em um só poderoso Estado alemão, dominado pela Prússia. De modo acertado, ele previu que investidas da França levariam as recalcitrantes províncias alemãs do sul a colaborar com seu projeto de unificação e, assim, engendrou para que uma disputa diplomática pela sucessão ao trono da Espanha soasse como uma declaração de guerra por parte da França. Além de tudo, isso seria um sinal claro de que o equilíbrio de poderes na Europa acordado em Viena, em 1815, começava a deteriorar-se. A Prússia era uma potência emergente, já tendo sobrepujado a Áustria na Guerra das Sete Semanas, em 1866, e agora voltava suas baterias para o poderio militar da França, a *Grande Dame* [Ilustre Senhora] da Europa.

O Segundo Império de Napoleão III fora uma era de prosperidade e transformações para a França, um triunfo para os interesses burgueses e a entusiasmada modernização. Mas, em 1870, a popularidade do imperador havia declinado, devido a uma crise econômica e a continuada oposição dos republicanos e socialistas. O limitado programa de reformas liberais dos anos 1860 constituía-se de uma mera fachada para um regime essencialmente autoritário,

Os animais do zoológico de Paris foram sacrificados durante o cerco, tal como explica a legenda desta dramática ilustração: "Por muitos meses, nenhum alimento chegou a Paris, sitiada pelos prussianos. Para sustentar os 2 milhões de almas que se encontravam na capital, logo cães, gatos e mesmo ratos foram sacrificados! Por fim, a administração rendeu-se à situação, entregando alguns animais do *Jardin des Plantes* [Jardim Botânico] para o consumo. O elefante, devido ao seu tamanho, foi um dos primeiros a ser sacrificado e servido como alimento aos mais famintos". Elie Haguenthal, Pont-à-Mousson, "1870-La Guerre-1871 Siége de Paris. Abattage de l'Elephant" [Sítio de Paris – o Abate do Elefante] (1871). © Musée de l'Image – Ville d'Épinal / cliché H. Rouyer [Museu da Imagem da Cidade de Épinal – Gravura de H. Rouyer].

e muitos aspectos da modernização – incluindo o radical redesenho de toda Paris, encabeçado por Georges-Eugène Haussmann* – beneficiavam apenas os ricos provedores do capitalismo burguês, às custas das classes pobres e trabalhadoras. Tal como tão frequentemente ocorrera no passado, o cheiro da rebelião podia ser sentido pelas ruas de Paris. Na verdade, uma das principais

---

* Georges-Eugène Haussmann (1809-1891), advogado, funcionário público, político e administrador parisiense, conhecido como Barão Haussmann ou "o artista demolidor", foi prefeito do antigo departamento do Sena (que incluía os atuais departamentos de Paris, Hauts-de-Seine, Seine-Saint-Denis e Val-de-Marne) entre 1853 e 1870, período durante o qual foi responsável pela reforma urbana de Paris, determinada por Napoleão III, e associou definitivamente seu nome à História do urbanismo mundial. (N.T.)

motivações para os *grands boulevards* [grandes *boulevards*] de Haussmann era a de substituir as estreitas e tortuosas ruelas do centro de Paris, nas quais barricadas podiam ser fácil e rapidamente erguidas e guarnecidas por pequenos grupos revolucionários urbanos, por grandes e largas avenidas, mais propícias para o controle pelas forças armadas imperiais.

Napoleão III acreditava que uma vitória rápida sobre a Prússia restauraria sua popularidade e poderia "blindar" seu regime contra os que o desafiavam politicamente. Ele falhou ao avaliar as vantagens militares da Prússia, bem como a força superior de suas tropas, a habilidade natural e a autonomia para tomar iniciativas de seus oficiais e sua impressionante capacidade de mobilização. A bem planejada rede ferroviária alemã trouxe 380 mil soldados e uma montanha de equipamentos e suprimentos à linha de frente em menos de três semanas, enquanto as forças francesas lutavam para organizar e equipar seus homens.

Muito previsivelmente, o exército prussiano venceu várias batalhas, planejadas com antecedência, em agosto, antes de desferir seu "golpe de misericórdia" na Batalha de Sedan, no dia 1º de setembro. O imperador, em pessoa, que estivera comandando suas tropas, rendeu-se aos prussianos, com 100 mil de seus soldados. O restante do exército francês foi encurralado em Metz, onde terminaria por render-se em outubro. Para todos os efeitos, a essa altura a guerra já estava terminada, mas a capital francesa ainda estava para ser tomada. No dia 19 de setembro, teve início o cerco prussiano a Paris.

Com o imperador capturado, um governo provisório foi instaurado em Paris e proclamou uma nova Terceira República. Uma de suas considerações preliminares foi a de como manter vivos os 2 milhões de civis e 200 mil homens da Guarda Nacional durante o que se supunha seria um período relativamente curto de estado de sítio.[1] Infelizmente, este durou mais do que o esperado: os negociadores franceses não concordaram com a exigência prussiana de que lhes fossem entregues a Alsácia e a Lorena, e tentativas para que se formassem exércitos provinciais franceses e para a suspensão do estado de sítio fracassaram.

Suprimentos haviam chegado antes que o cerco se fechasse por completo. Os parques de Paris, incluindo o Bois de Boulogne e o Jardin du Luxembourg, abrigavam dezenas de milhares de ovelhas, vacas e porcos. Enormes quantidades de arroz, batatas, milho, farinha, queijos, vinhos e outros gêneros alimentícios eram mantidos armazenados. Já em outubro, porém, os açougueiros começaram a vender carne de cavalos, burros e mulas. O racionamento de carne foi instituído, regulando, a princípio, a venda de 100 gramas por dia para cada adulto, mas essa quantidade logo decresceu para 50 e, em seguida, para 33 gramas por dia. Peixes ainda podiam ser pescados no Sena, mas eram em geral destinados aos restaurantes mais caros. Pessoas mais ousadas tentavam colher os legumes e frutas que pudessem em terrenos perigosamente próximos das linhas inimigas. Os famosos *cafés* e *boulevards* de Paris estavam imersos em completa escuridão e silêncio por volta das dez horas da noite.

Fatidicamente, um jornalista declarou: "nós terminaremos tendo de apelar para toda a arca de Noé"; e ele não poderia ter estado mais certo. Em novembro, açougueiros passaram a vender gatos e cães. As barracas dos açougueiros em Les Halles indicavam que nelas se vendiam buldogues, *terriers* ou cães bassê. A carne de um rato era, supostamente, tenra e deliciosa e, portanto, muito mais valorizada do que a carne de cão, que era considerada muito dura.[2] Uma vez que custavam muito caro, os vegetais eram vendidos pela metade ou em quartos, em vez de às unidades. "Quanto custa meia cenoura?" tornou-se uma frase assustadoramente comum de ser entreouvida em lugares de comércio. As pessoas esperavam por horas, sob o frio congelante, na tentativa de obter alguma carne ou outro tipo de alimento decente. As tabernas municipais proporcionavam apenas as provisões mais miseráveis.

Naturalmente, nem todo mundo suportava o mesmo grau de sofrimento. As classes mais abastadas ainda conseguiam obter comida suficiente, e os restaurantes mais finos continuavam abertos – ainda que com suas provisões muito restritas. Auguste Blanqui, um dos mais proeminentes revolucionários socialistas, dividia a sociedade parisiense em duas classes, "os gordos e os magros", notando que "os gordos zelam pelo seu bem preferido, suas barrigas [...] eles refestelam-se às suas mesas, bebendo, rindo, comendo, cada um deles com um queixo triplo e um abdômen que lhes rebate sobre os joelhos".[3] Assim, não é surpreendente que quando o zoológico de Paris foi forçado a fechar as portas, pelo final de dezembro, seus animais mais caros e exóticos tenham sido consumidos pelos cidadãos mais ricos da capital.

O preço dos alimentos elevou-se a cifras estratosféricas durante o sítio, ainda que o trabalhador francês médio continuasse a receber somente alguns poucos francos por dia. Em um notável diário, Edmond Pascal assim descreve a piora da situação no dia 22 de dezembro:

> Os ricos [...] ainda encontram maneiras de viver e manter seus hábitos de boa mesa, pois podem pagar 30 francos por um frango, 35 francos por um coelho, 70 francos por um ganso, 25 francos por uma libra* de manteiga e 18 francos por uma libra de queijo *Gruyère*; mas minha mãe não consegue comprar um alho-poró para fazer sopa, porque isso custaria a ela 1,25 franco [...] Nos últimos dias, tudo quanto possa ser comido aumentou 50% sobre os preços já excessivos que vinham sendo cobrados. Darei um pequeno exemplo ao dizer que um pardal – um simples pardal! – é vendido por 2 francos.[4]

Em 1º de janeiro de 1871, Pascal relatou: "Nossa situação em relação à alimentação torna-se cada vez mais crítica: uma couve-flor custa 7 francos; um repolho, 8 francos; e a manteiga agora custa 40 francos por libra. E, ontem, eu vi um corvo ser adquirido pelo preço de 2,50 francos".[5] O pão estava cada vez mais escuro, à medida que substâncias desconhecidas eram adicionadas aos grãos que eram moídos para fazer a farinha. Tratava-se de uma situação intolerável, e o povo de Paris progressivamente tornava-se desnutrido e doente. A mortalidade infantil disparou.

A gota-d'água fez transbordar o copo quando as forças prussianas começaram a bombardear a capital no início de janeiro. Depois de algumas semanas sob bombardeio, praticamente sem qualquer tipo de alimento restante na cidade, Paris rendeu-se, e a guerra chegou ao fim. A vitória prussiana tornou realidade o sonho de Bismarck, com a proclamação do Império Alemão, no dia 18 de janeiro de 1871, no Salão dos Espelhos, em Versalhes. A Alemanha era, então,

---

* Uma libra equivale a 453,6 gramas, pelo sistema de medição de peso conhecido como *avoirdupois*, sendo, por sua vez, equivalente a 16 onças (ou 7 mil grãos). Segundo outro sistema de aferição de peso, chamado *troy*, uma libra equivale a 12 onças (ou 5.760 grãos), ou 373,24 gramas. Contudo, o sistema *troy* é, praticamente, empregado apenas para a pesagem de metais preciosos. (N.T.)

a potência ascendente no continente. O Acordo de Paz transferiu a Alsácia e parte da Lorena da França para a Alemanha – uma perda desastrosa, com uma quantidade de consequências atreladas, inclusive no reino gastronômico.

Por exemplo, enquanto a Alsácia, havia muito tempo, fora a região mais germânica da França, a rude imposição de um regime prussiano e o afluxo de mais de 100 mil colonos alemães fez com que um dentre cada oito residentes se mudasse para outras províncias francesas. Esse êxodo contribuiu para que a *brasserie*, uma espécie de restaurante alsaciano em que cerveja e chucrute eram servidos, se popularizasse por toda a França. As *brasseries* eram mais informais e costumavam ficar abertas por mais horas do que os restaurantes tipicamente franceses e, durante algum tempo, elas tornaram mais comum o hábito de beber cerveja em regiões antes fiéis ao consumo de vinho. Com o passar de décadas, a associação delas com a cervejaria foi-se desgastando, até que perdessem por completo seu "sabor" marcadamente alsaciano. Porém, um traço de seu espírito original ainda pode ser visto, graças ao renascimento da produção de cervejas artesanais na França, que, gradual e lentamente, vem despertando maior interesse nos bebedores franceses.

A Alsácia é uma região ideal para o cultivo de vinhedos, com as Montanhas Vosges criando um microclima frio e seco muito bom para a produção de vinhos brancos. À época da guerra com a Prússia, a Alsácia já produzia alguns excepcionais vinhos *Riesling* e *Gewürztraminer*, muitas vezes considerados de qualidade superior aos seus equivalentes alemães. Porém, depois da anexação, a região foi forçada a produzir, em grandes quantidades, variedades inferiores para o mercado doméstico, removendo, assim, um competidor-chave para os vinhos alemães no mercado internacional. Uma catástrofe de dimensões ainda maiores surgiu com a chegada da filoxera à Alsácia, em 1890, e a indústria vinícola não recuperaria seu antigo *status* senão após muitas décadas.

Contudo, talvez mais importante tenha sido a humilhação por causa da perda de Alsácia e Lorena, sentida profundamente por toda a França, ter deixado uma cicatriz emocional, que foi preservada por sucessivos governos franceses. Os livros escolares franceses passaram a enfatizar a herança galo-romana da nação, em detrimento de suas raízes franco-germânicas.[6] A França, de fato, jamais aceitou a anexação alemã, ainda que os residentes das províncias, pouco a pouco, pudessem resignar-se aos seus destinos políticos.

Mais de quatro décadas depois, o resoluto desejo francês de reclamar a Alsácia e a Lorena se tornaria parte de uma dinâmica crítica nas causas e no curso da Primeira Guerra Mundial.

Quanto a Paris, a suspensão do cerco trouxe consigo os muito necessários suprimentos de comida à capital. Mas a estabilidade permaneceu vacilante, enquanto ativistas de esquerda das classes trabalhadoras contestavam as numerosas políticas do governo conservador do pós-guerra e temiam que planos para restaurar a monarquia já estivessem, mais uma vez, em andamento. Quando o governo tentou desarmar as unidades da Guarda Nacional Parisiense, em março de 1871, a cidade insurgiu-se. Uma coalização diversa de republicanos radicais e socialistas estabeleceu a famosa Comuna de Paris, um governo revolucionário municipal que, durante suas dez semanas de existência, tentou implementar um programa esquerdista, com algum sucesso. Karl Marx considerou esse como o primeiro grande levante proletário e escreveu um panfleto intitulado *A Guerra Civil na França*, com o objetivo de examinar minuciosamente suas lições para a causa socialista. Vladimir Lenin também escreveu extensamente sobre as lições da Comuna, que se tornou um raio de esperança para os esquerdistas de toda a Europa, por décadas.

O governo francês, é claro, não podia permitir que a Comuna continuasse a existir, e Paris, novamente, foi, pouco a pouco, sendo sitiada – dessa vez, por forças governamentais francesas. Em 21 de maio, elas adentraram a capital e, no decorrer da semana seguinte, empurraram os *Communards* [comunardos], os defensores da Comuna, cada vez mais para o interior da cidade. O último bastião de resistência instalou-se no cemitério Père Lachaise, e os derradeiros resistentes foram fuzilados contra o *Mur des Fédérés* [Paredão dos Federalistas], desde então um lugar de peregrinação esquerdista. Cerca de 15 mil *Communards* foram mortos durante os combates ou executados durante a assim chamada Semana Sangrenta.[7]

A queda da Comuna foi um golpe desnorteante para a esquerda francesa, mas pode ter servido para salvar a Terceira República e para evitar uma restauração monárquica. Ao esfacelar a Comuna, o governo republicano posicionou-se firmemente no lado da lei e da ordem, assim reassegurando as intenções moderadas tanto dos conservadores quanto dos monarquistas. Ao longo das duas décadas seguintes, a República lentamente tornou-se mais estável e institucionalizada, com uma gama de liberdades políticas restauradas. A imprensa livre pôde retornar, sindicatos trabalhistas puderam ser formados, e o sistema educacional do Estado foi secularizado. Mas agudas dissensões políticas e a oposição continuaram a existir, tanto entre esquerdistas, sequiosos por reformas mais radicais, quanto em meio a um crescente movimento nacionalista e autoritário de direita. Extremistas do novo movimento anarquista promoveram a união entre sua visão utópica e a recente invenção da dinamite, desencadeando uma terrível campanha de atentados a bombas e assassinatos. A França se encontrava às vésperas de viver uma de suas eras mais fabulosamente prósperas, mas sob o *glamour* da *Belle Époque* jaziam profundas divisões sociais e o rumor da aproximação de uma nova guerra.

43

O Patrimônio do Amendoim

A manteiga de amendoim pode ser comumente encontrada nas prateleiras dos grandes supermercados franceses, mas, em geral, somente um tipo é oferecido, de uma marca desconhecida de qualquer norte-americano (ainda que uma grande bandeira tremulante dos Estados Unidos ilustre seu rótulo). Um frasco pequeno pode custar até 4 euros – um preço alto para os moradores saudosos de casa. Os franceses, na verdade, jamais chegaram a adotar a manteiga de amendoim; o que é uma pena, considerando-se quão deliciosos são as geleias e os pães que produzem e que combinam tão bem com a manteiga de amendoim. As vendas de manteiga de amendoim mal chegam aos 30 milhões de dólares anuais, na França, enquanto geram mais de 300 milhões de dólares nos Estados Unidos, a cada ano.[1]

Mas, curiosamente, os franceses consomem mais óleo de amendoim do que qualquer outro país na Europa. Em parte, isso se deve ao fato de que ele é especialmente bom para frituras de imersão – um processo crucial para a produção das populares *frites* –, mas os franceses também usam o óleo de amendoim em molhos leves para saladas e *vinaigrettes* (exceto no sul da França, onde o azeite de oliva ainda reina supremo). Essa atípica afinidade com o óleo de amendoim tem profundas raízes históricas na segunda grande era de expansão colonial, quando a França visou consolidar seu *status* de grande potência com a formação de um império global.

Como vimos, a França participou da primeira onda imperialista europeia nos séculos XVI e XVII, embora com resultados confusos. A França jamais foi uma potência naval tal como foram a Inglaterra e a Holanda, e seus governantes sempre tenderam a se preocupar mais com assuntos continentais do que com possessões distantes. Durante o século XVIII e o início do século XIX, muitas colônias renderam-se a outras potências europeias após derrotas francesas em guerras. O Haiti foi perdido devido a uma rebelião, e a Louisiana foi vendida para os Estados Unidos. Pelo mundo inteiro, a ascendência era do Império Britânico.

Porém, uma segunda onda de construção de um império começou no século XIX, concentrando-se especialmente na África e na Ásia Oriental. A França iniciou sua conquista do norte da África ao tomar a Argélia, em 1830, e, sob o comando de Napoleão III, realizou-se um enorme esforço para a expansão do Império Francês. Novos exércitos coloniais foram formados, e a ampliação e a modernização da frota fizeram da França a segunda maior potência naval do mundo. As colônias tornaram-se, mais do que nunca, parte indissociável da tessitura dos negócios econômicos e políticos da "matriz" França (também chamada "França Metropolitana", ou *la Métropole*). Eram elas quem proporcionavam vastas quantidades de alimentos e recursos naturais, bem como soldados e trabalhadores; e um "*lobby* colonial" tornou-se, gradualmente, mais influente nas políticas domésticas francesas. Ao mesmo tempo, os interesses da França ditavam o ritmo de desenvolvimento de cada território colonial. Padrões políticos, sociais e econômicos locais, que existiam havia séculos, foram varridos para o lado, em função do que melhor servisse à França – quer isso implicasse a remoção e a substituição de líderes hostis, a imposição de novos plantios ou o redesenho de fronteiras que ignorava antigas divisões étnicas e tribais. Os custos humanos do despotismo imperial foram assustadores – e continuaram a sê-lo até para muito além da era colonial, quando as nações, então, independentes do mundo em desenvolvimento, lutavam para libertar-se dos laços de dependência tão cuidadosamente atados pelas potências coloniais.

Esse padrão de deslocamento e exploração era evidente na subjugação francesa do Senegal, um dos primeiros alvos da expansão colonial no século XIX. A França começou a estabelecer postos comerciais na costa senegalesa no início do século XVII. Ela tomou a ilha de Gorée, muito conhecida, hoje em dia, por seu monumento em memória dos horrores do tráfico transatlântico de escravos perpetrado pelos holandeses, em 1677. O comércio de escravos na África Ocidental precedeu a presença europeia, mas, tradicionalmente, ele fluía em direção ao norte, pelo escaldante deserto do Saara. Quando os europeus chegaram, em busca de grandes massas de trabalhadores para suas colônias americanas, os cativos no interior passaram a ser, cada vez mais, desviados para os postos comerciais na costa oeste da África. O Rio Senegal era uma rota-chave para esse tráfego, e o comércio de escravos tornou-se uma das atividades econômicas mais predominantes da região.

O comércio de escravos começou a declinar no Senegal em fins do século XVIII, tendo a França formalmente abolido a escravidão em suas colônias em 1848. Isso criou uma demanda por mercadorias e formas de comércio alternativos, ao mesmo tempo que a França se interessava em ampliar seu domínio territorial na África Ocidental (como sempre, competindo com os ingleses). Ao longo de algumas décadas seguintes, a França gradualmente expandiu sua presença a partir da costa senegalesa. Os governadores franceses fizeram construir uma série de fortalezas ao longo do curso do Rio Senegal, abrindo estradas e ferrovias que avançavam, cada vez mais, continente adentro, de modo a poderem exercer um controle direto sobre as atividades econômicas no interior, em vez de depender dos comerciantes locais. Reinos que haviam existido naquela área por centenas de anos foram subjugados pela força bruta, quando não podiam ser cooptados. Um grande porto novo foi construído em Dakar, que viria a tornar-se uma das mais importantes cidades da costa africana e a capital da África Ocidental Francesa.

Sem dúvida, o poderio militar francês e a violenta coerção foram fatores decisivos para a expansão do controle sobre o Senegal, mas os interesses comerciais franceses também desempenharam um papel importante: ao contribuírem para estabelecer a França como potência econômica hegemônica na região, ao mesmo tempo eles reforçaram seu controle político. Talvez isso seja mais bem ilustrado pela história do principal produto agrícola do Senegal: o amendoim.

Amendoins são, na verdade, legumes, que crescem abaixo do nível do solo, junto às raízes da planta. Nativos da América do Sul, os amendoins foram introduzidos na África Ocidental por comerciantes portugueses, ainda nos anos 1500. Por serem muito semelhantes aos grãos bambara, já cultivados na região àquela época, mas mais nutritivos e fáceis de cultivar, foram muito bem aceitos e vastamente semeados. Eles se tornaram um ingrediente básico da culinária da África Ocidental, muitas vezes amassados até formarem uma pasta usada no preparo de sopas, cozidos e molhos. Contudo, eles jamais despertaram muito interesse nos comerciantes europeus, pois eram cultivados em terras remotas no interior e vistos, basicamente, como uma fonte de alimentação local.

Tudo isso mudou, graças ao longo alcance das inovações produzidas pela Revolução Industrial, no século XIX, quando o óleo de amendoim se tornou um produto com demanda muito aquecida. A crescente mecanização da Europa requeria grandes quantidades de lubrificantes e óleos industriais, e os avanços da química revelaram novos usos para os óleos tropicais em sabões, ceras e outros produtos. A lendária indústria de sabão de Marselha, por exemplo, preferia usar óleo de amendoim porque este não alterava a cor do produto. O óleo de amendoim também passou a ser usado, cada vez mais, nas cozinhas francesas, substituindo o azeite de oliva na preparação de molhos e dando um novo sabor às frituras.

A princípio, o comércio do amendoim era controlado por negociantes senegaleses locais, que usavam as rotas comerciais existentes, que se estendiam até o interior. A França encorajou a exportação de amendoins descascados, ao manter baixa a taxação sobre eles; assim, o processamento dos grãos até a forma de óleo acontecia, principalmente, nas cidades portuárias da França Metropolitana.[2] Essa prática de restringir a produção de uma *commodity* nas colônias somente até o estado cru, enquanto o processamento que lhes aumentaria muito o valor era reservado à matriz, era comum. Usinas de óleo locais no Senegal só passaram a exportar pequenas quantidades de óleo de amendoim pelo final dos anos 1920.

Enquanto o interesse francês pelo amendoim aumentava, plantadores senegaleses passaram a plantá-lo quase exclusivamente, em detrimento de outras culturas. A criação de gigantescas plantações de amendoim foi ativamente encorajada e financiada pelos interesses coloniais franceses, e, aos poucos, o amendoim tornou-se a safra economicamente viável dominante no Senegal. À medida que o controle francês se expandiu pelo interior, comerciantes de Bordeaux e

Marselha foram, pouco a pouco, apossando-se do comércio de amendoim. Em essência, os interesses comerciais franceses conduziram a economia agrícola senegalesa na direção mais favorável para eles mesmos e, então, rapinaram a maior parte dos benefícios do monopólio do comércio de seu produto mais importante.

A hegemonia econômica francesa no Senegal contribuiu para robustecer as asserções imperialistas da França diante do seu maior rival na região, a Grã-Bretanha (que, aliás, preferia empregar o óleo de palma produzido em suas próprias colônias na África Ocidental). A competição europeia pelas colônias africanas cresceu em intensidade ao longo de todo o século XIX, enquanto a industrialização e a rivalidade entre as grandes potências alimentavam uma insaciável ganância por recursos e expansão territorial. Avanços nos transportes, nas comunicações e na medicina tropical tornaram regiões, anteriormente inacessíveis, no interior do continente, abertas à intrusão europeia. Pela maior parte do século, o que é às vezes chamado de "imperialismo informal" prevaleceu, pelo qual as potências europeias exerceram seu domínio econômico e militar sobre vários territórios africanos, mas seu governo direto limitava-se às áreas costeiras e seus centros comerciais. Porém, a Conferência de Berlim de 1884-1885 – uma tentativa de regular a rivalidade europeia na África – estabeleceu o novo princípio de "ocupação efetiva", que transformou o continente de maneira drástica. Ao ditar as regras para a divisão da África, foi determinado que os Estados poderiam fazer reivindicações específicas a quaisquer territórios somente se os administrassem diretamente. Enquanto interpretações à regra possam variar, ela é vista como a causa primordial para a "Disputa pela África", a rápida colonização de todo o continente. Em 1914, todos os territórios africanos já haviam sido reclamados, com exceção da Libéria, da Etiópia e partes da atual Somália. A maior parte do norte e do oeste do continente coube ao Império Francês, então o segundo maior do mundo.

Os franceses estabeleceram uma administração colonial por toda a África Ocidental que presumia serem os africanos súditos, não cidadãos. A única exceção era o Senegal, onde os residentes das quatro comunas costeiras eram submetidos a um grau mais elevado de estímulo à adaptação e lhes eram concedidos os mesmos direitos políticos de que gozavam os cidadãos franceses. Ainda que tivessem sido feitos alguns esforços para a melhoria da saúde pública e das oportunidades educacionais para as populações locais, jamais houve dúvidas de que esses incentivos coloniais se devessem, principalmente, à satisfação dos interesses políticos e econômicos da França. Assim, o Senegal continuou a desempenhar seu papel de provedor de amendoins para a França, em vez de desenvolver uma economia mais diversificada e robusta, que beneficiaria seu próprio povo.

Essa situação foi mais ou menos sustentável enquanto o Senegal foi apenas uma parte da África Ocidental Francesa, mas gerou enormes problemas quando o Senegal conquistou sua independência, em 1960. Então, o país era um dos maiores produtores de amendoim do mundo, mas, em termos econômicos, era quase dependente dessa monocultura. O amendoim não alcançava preços muito elevados no mercado mundial, e sua demanda flutuava de maneira significativa, especialmente diante do crescimento da popularidade de outros óleos. Então, o Senegal tinha de importar os alimentos necessários ao seu próprio desenvolvimento, enquanto via o amendoim ser posto de lado. Essa é uma história familiar para muitos Estados africanos, que lutaram para escapar aos laços coloniais de dependência e exploração.

Hoje em dia, o Senegal continua tentando diversificar sua economia, ainda que tenha encontrado novos mercados para seu amendoim na China e na Índia. Mas é uma luta inglória: mais de um terço das terras cultiváveis do país ainda são dedicadas ao plantio do amendoim, que permanece sendo o produto mais rentável do Senegal. A França continuou a exercer uma enorme influência sobre o Senegal por muitos anos após sua independência e ainda é um dos parceiros comerciais mais importantes do país. Por isso, a afinidade francesa com o óleo de amendoim não seja de estranhar. Trata-se de outro exemplo do modo como a conquista e a colonização transformaram a culinária francesa e o panorama econômico e de quão duradouros os hábitos do imperialismo provaram ser.

44

"Gastronômades" na Estrada do Sol

A estrada mais celebrada dos Estados Unidos é, sem dúvida, a Rota 66, imortalizada em canções e filmes há mais de setenta anos. A equivalente francesa é a legendária Route Nationale 7, apreciada desde há mais tempo. Os romanos construíram as primeiras estradas conectando Paris ao Mediterrâneo, e estas foram periodicamente desenvolvidas no decorrer dos séculos por governantes modernizadores, tais como Luís XI, Luís XIV e Napoleão. Em 1871, a moderna Route Nationale 7 foi estabelecida sobre esses antigos trajetos. Tornou-se a principal rota entre Paris e Lyon para a Costa Azul, atravessando algumas das mais belas regiões da França, antes de chegar à deslumbrante costa do Mediterrâneo. A estrada adquiriu uma importância ainda maior no século XX, quando o desenvolvimento do turismo de massa e a invenção do automóvel trouxeram multidões sem precedentes a *la Route du Soleil* [a Estrada do Sol]. A afeição dos franceses pela estrada fica evidente na clássica canção de Charles Trenet *"Nationale 7"*, que evoca os prazeres estivais e termina com a alegre proclamação "Nós somos felizes, Nationale 7".

Mas, para dizer a verdade, a Nationale 7 nem sempre inspirou felicidade aos viajantes. Ela foi famosa por seus engarrafamentos de trânsito e acidentes, sobretudo durante os períodos mais movimentados dos feriados. Mas mesmo isso tornava-se mais tolerável pelas delícias gastronômicas encontradas ao longo de seu percurso, e, de fato, a Nationale 7 desempenhou um papel crucial para o surgimento da figura do "gastronômade",* ou o "turista gastronômico", um tipo muito moderno de viajante que, não surpreendentemente, floresceu em meio à abundância da zona rural francesa.

Barracas de fazendeiros, *traiteurs* e restaurantes salpicavam a França rural ao longo dos 965 quilômetros da Nationale 7, oferecendo deliciosas provisões para os viajantes cansados. *Patisseries* atiçavam o apetite dos viajantes famintos com suas delícias locais, tais como os doces e brancos *nougats* de Montélimar ou os *calissons* (doces de amêndoas) de Aix-en-Provence. Os melões de Cavaillon, de tão suculentos, eram vendidos, à beira da estrada, por vários quilômetros. (Em um episódio famoso, Alexandre Dumas prometeu doar, pessoalmente, um exemplar de cada uma de suas obras publicadas à biblioteca de Cavaillon em troca de um suprimento vitalício de melões.) Quando a estrada se curva em direção a Nice, os clássicos sabores da Provença podem ser encontrados em uma fatia de *pissaladière*, uma torta de cebolas, azeitonas pretas e anchovas, intensamente aromática. Menton, a última cidade francesa a ser agraciada pela passagem da Nationale 7, antes que ela continue Itália adentro, foi a maior produtora de limões da Europa, graças a um esplêndido microclima marinho.[1]

Os amantes do vinho podiam visitar alguns dos mais celebrados vinhedos da França, enquanto a estrada percorria o Alto Vale do Loire, margeando o Rio Ródano abaixo e cruzando o sul da Provença. Onde há vinho, há queijo, e muitos bons queijos eram produzidos nas imediações da Nationale 7. No Loire, um pequenino e fortíssimo queijo de cabra chamado *Crottin de Chavignol* era muito popular, apesar de *crottin* significar "cocô" (com o que, aliás, a aparência do queijo se assemelhava). Mais para o sul, um dos mais suaves queijos "azulados" surgia: o *Fourme de Montbrison* (que ainda hoje continua sendo uma excelente escolha para gratinados e pratos com vegetais). Em Lyon, teria sido uma pena não experimentar o cremoso *Saint-Marcellin* ou o

---

* *Gastronomad*, no original. Em inglês, a expressão compreende um duplo trocadilho: entre as palavras *gastronomy* ("gastronomia") e *mad* ("louco"), ou entre *gastronomy* e *nomad* ("nômade"). Esta última acepção compreende a noção de quem se desloca geograficamente de maneira intencional com alguma finalidade específica – para comer, neste caso. Mas chamamos atenção para a primeira devido à maneira como tais pessoas fazem isso, e os consideráveis sacrifícios envolvidos. (N.T.)

creme de queijo temperado com ervas chamado *cervelle de canut*, literalmente "cérebro de tecelão de seda". Lyon tem ocupado, há muito tempo, uma posição de liderança na produção de seda, um dos mais importantes artigos de luxo da França, mas, antigamente, os trabalhadores que operavam os teares industriais de seda recebiam salários irrisórios e eram submetidos a péssimas condições de trabalho.[2] O almoço costumeiro desses operários consistia-se de uma humilde mistura de queijo cremoso, ervas e chalotas – o que viria a se tornar a base das refeições típicas locais.

A introdução do automóvel ampliou sensivelmente a clientela para a degustação dessas iguarias locais. Os franceses estavam entre os pioneiros da tecnologia automotiva e, na verdade, consideram o cidadão francês Édouard Delamare-Deboutteville como o inventor do primeiro automóvel, em 1884 (um clamor controverso, visto os enormes problemas enfrentados por ele para a produção e o funcionamento de seus veículos). Pelo final dos anos 1890, Armand Peugeot e os irmãos Renault construíram e venderam seus primeiros carros, e a França logo se tornou a maior fabricante de automóveis do mundo, produzindo quase a metade do total global. Às vésperas da Primeira Guerra Mundial, 100 mil carros já cruzavam as estradas da França – número que seria elevado para 2 milhões à época da Segunda Guerra Mundial.[3]

O automóvel abriu todos os tipos de oportunidade para novas indústrias, e, talvez, ninguém se tenha agarrado a essa chance com mais sucesso do que os irmãos Michelin, Ándre e Édouard. Eles possuíam uma fábrica de borracha em Clermont-Ferrand que já produzia e vendia pneus para bicicletas e rapidamente desenvolveram um pneu para os primeiros automóveis, ainda nos anos 1890. A empresa deles chegaria a ser uma das líderes mundiais na produção de pneus e câmaras de ar.

Os irmãos Michelin se deram conta de que, se pudessem contribuir para a expansão da demanda popular por automóveis e pelo turismo, venderiam mais pneus. Então, publicaram o primeiro Guia Michelin a tempo da ocasião da Feira Mundial de Paris, em 1900, na qual distribuíram, gratuitamente, 35 mil cópias de seu guia aos motoristas. Este elencava lugares por toda a França onde seria possível hospedar-se por uma noite, encontrar alguma coisa para comer, reabastecer o automóvel – e, é claro, onde encontrar uma oficina em que se pudesse trocar os pneus. Foi somente muito mais tarde, em 1926, que o guia passou a atribuir "estrelas" aos melhores restaurantes, terminando por estabelecer um código segundo o qual um restaurante com duas estrelas faria "valer um desvio de rota", enquanto um agraciado com três estrelas poderia "valer uma viagem proposital". Isso contribuiu de maneira significativa para o crescimento de restaurantes de alta reputação fora de Paris e entre os que se encontravam ao longo da Nationale 7, tornaram-se famosos *La Pyramide*, em Vienne; *La Maison Troisgros*, em Roanne; *Maison Pic*, em Valence; e *La Mère Brazier*, em Lyon. Por muito tempo, encontrar um restaurante "três estrelas" que não fosse localizado em Paris ou nas imediações da Nationale 7 era uma exceção. *Restaurateurs* passaram a aguardar ansiosamente pelas sucessivas edições do Guia Michelin, com um misto de temor e esperança – tal como o fazem, ainda hoje.

Seguindo-se ao bem-sucedido lançamento do Guia Michelin para a França, guias similares passaram a ser editados pelos países vizinhos na Europa, bem como na Argélia e na Tunísia. A publicação foi suspensa durante a Primeira Guerra Mundial, mas não antes do lançamento de uma nova edição dedicada à região oeste da Alemanha, no início de 1915. Àquela época, ainda se esperava que a França estivesse a ponto de irromper pela Alemanha adentro, então, com genuíno otimismo empreendedor, os Michelin decidiram produzir um guia atualizado da região (na verdade, sem quaisquer garantias quanto às informações prestadas). Mais úteis foram os "guias de campos de batalhas" da Frente Ocidental, que os Michelin começaram a publicar em 1917, enquanto a guerra ainda estava em curso, que incluíam assombrosas fotografias das trincheiras em meio à "terra de ninguém" e imagens do tipo "antes e depois" de marcos históricos arruinados. Anos mais tarde, durante a Segunda Guerra Mundial, as tropas aliadas confiavam nos Guias Michelin durante a ocupação da França, pois seus mapas eram considerados os mais precisos.

No período entreguerras, a Michelin patrocinou uma quantidade de publicações que visavam encorajar os motoristas franceses a explorar a zona rural, usando a culinária regional como fator de atração. Um dos mais renomados colaboradores desse material foi Maurice-Edmond Sailland, que escrevia sob o pseudônimo de Curnonsky. Seguindo a tradição dos *bons-vivants*, como Brillat-Savarin e Grimod de la Reynière, Curnonsky escreveu copiosamente sobre a gastronomia francesa, de maneira bem-humorada, mas não menos

> A LA MÉMOIRE
> DES OUVRIERS ET EMPLOYÉS DES USINES MICHELIN
> MORTS GLORIEUSEMENT POUR LA PATRIE

La deuxième bataille de la Marne

MICHELIN & Cie — ÉDITEURS — CLERMONT-FERRAND

Copyright by Michelin & Cie 1919

Tous droits de traduction, d'adaptation ou de reproduction totale ou partielle réservés pour tous pays.

Um guia de campo de batalha Michelin, de 1919: "A Segunda Batalha do Marne". Este é dedicado aos trabalhadores da Michelin que "morreram gloriosamente pela terra natal". Michelin, *La deuxième bataille de la Marne* (1919). Cortesia da Bibliothèque Nationale de France.

zelosa. Além de assinar breves artigos para a Michelin, ele escreveu dúzias de livros celebrando a diversidade das culinárias regionais da França (incluindo – em coautoria com Marcel Rouff – *Le Tour de France Gastronomique* [*Tour de France* Gastronômico], uma série de 24 volumes sobre as maravilhas culinárias e a história da gastronomia do país). De modo obsessivo, ele explorou as tradições e especialidades locais, não se limitando à *haute cuisine* dos restaurantes mais distintos da nação, e argumentou apaixonadamente por sua preservação quando a produção de alimentos industrializados expandiu sua abrangência universal.

Diferentemente dos primeiros escritores gastronômicos, Curnonsky pôde explorar *la France profonde* viajando de automóvel (ele mesmo não dirigia, mas afortunadamente possuía muitos amigos que se sentiam felizes por servirem como seus *chauffeurs*). Ele reconheceu o impacto transformador do automóvel, tendo escrito que este "permitia aos franceses que descobrissem a culinária de cada província e criassem uma espécie à qual eu chamei de 'gastro-nômades'".[4] Hoje em dia, achamos corriqueiro o fato de muitos gastrônomos entusiastas viajarem por todo o globo em busca de pratos exóticos e seus sabores particulares, mas o conceito de "gastronômade" ainda era uma grande novidade no princípio do século XX. Curnonsky foi uma das vozes mais influentes na promoção dessa abordagem, ao escrever que "na França, o turismo e a gastronomia [...] são inseparáveis. Devido à incomparável diversidade de suas paisagens, seus lugares pitorescos e suas 32 culinárias [...] a França será sempre o paraíso do turismo gastronômico".[5]

Permanece como um duradouro paradoxo na França que, enquanto o poder econômico, político e cultural concentre-se maciçamente em Paris, a maioria dos gastrônomos concorda que o verdadeiro coração da gastronomia francesa não está localizado na capital, mas, sim, nas várias regiões. Por exemplo, embora seja comum que estrangeiros louvem entusiasticamente os tesouros culinários de Paris, é mais provável que o cidadão francês médio considere Lyon como a "capital culinária" da França (Curnonsky chegou, mesmo, a chamá-la de "capital mundial da gastronomia"). Muitos dos melhores e mais conhecidos pratos franceses são, na verdade, especialidades regionais, incluindo o *cassoulet*, a *bouillabaisse*, o *coq au vin* e o *foie gras*, para não mencionar as centenas de queijos e vinhos vinculados aos seus respectivos e específicos *terroirs*. As culinárias da Provença, da Borgonha, da Normandia e, de fato, praticamente de cada região francesa são "baús de tesouros" de deliciosos e intrigantes pratos, e a popularidade de que gozam hoje em dia deve muito às dedicadas andanças dos primeiros "gastronômades".

Os últimos "dias de glória" da Route Nationale 7 transcorreram, sem dúvida, entre as décadas de 1950 e 1960, quando os cidadãos franceses conquistaram o direito a férias pagas mais longas e os carros tornaram-se mais acessíveis ao mercado interno. Mas, tristemente, a Nationale 7 sofreu um destino semelhante ao da Rota 66, quando a construção de autoestradas mais "velozes", desde a década de 1970, retirou-lhe grande parte do tráfego. Muitos trechos foram degradados ao *status* de rodovias locais e "rebatizados" com novos números, tornando difícil seguir sua rota original, em todo seu esplendor. Não obstante, quem optar por seus lentos encantos continuará a ser recompensado, uma vez que muitos restaurantes, mercados e cidadezinhas que fizeram famosa e amada a Nationale 7 ainda estão lá. A *route du soleil* pode ter sido parcialmente ofuscada pela impaciência da modernidade, mas a deleitável fruição da zona rural francesa continua a resplandecer, com sua própria e intensa luminosidade.

45

Um Amigo nos Momentos Difíceis

A Primeira Guerra Mundial nunca foi esquecida na França, onde transcorreu grande parte do conflito e mais de 1,3 milhão de soldados franceses perderam suas vidas. Ela foi a primeira guerra do século XX com matança massiva, e a introdução de metralhadoras, da moderna artilharia, dos tanques de guerra e, mais tarde, do poderio aéreo levou a um número de baixas muito maior do que jamais se vira. Na verdade, a Frente Ocidental gerou uma carnificina em níveis tão sem precedentes que observadores contemporâneos acreditaram ser aquele conflito "a guerra para pôr fim a todas as guerras", e uma quantidade de lúgubres monumentos refletem as horrendas batalhas que ali foram travadas. Talvez o mais emblemático deles seja, para os franceses, o que marca o lugar onde ocorreu a Batalha de Verdun, que, mais do que qualquer outro evento, representa tanto o heroísmo quanto a futilidade que a guerra compreende, quando vista da moderna perspectiva francesa. Mais de 800 mil soldados franceses e alemães foram mortos, feridos ou simplesmente desapareceram ao logo de mais de trezentos dias de combates ininterruptos em Verdun. Uma das mais longas e mortíferas batalhas de toda a História humana. Esses horrores são captados, de modo comovente, e eternizados em uma série de museus e monumentos ao redor do antigo campo de batalha.

A lembrança dessa guerra terrível não se limita aos grandes monumentos, mas, também, perdura nos corações de praticamente todas as cidades ou vilas francesas, não importando quão pequenas sejam. Ao viajar pelos campos da zona rural francesa é impossível deixar de notar as pungentes esculturas que adornam as praças centrais de cada localidade, geralmente sobre placas com gravações dos nomes de rapazes locais que jamais retornaram das trincheiras, e, mesmo nos menores vilarejos, as listas de nomes podem ser surpreendentemente longas. Mais de 8 milhões de homens, ou 20% de toda a população da França, à época, foram mobilizados durante a guerra; e, desses, 70% foram mortos, mutilados, feridos ou dados como mortos por nunca terem sido encontrados. Por isso, não é de surpreender que a guerra tenha tocado a todas as comunidades da França, mesmo as mais distantes das linhas de frente.

O envolvimento quase por completo das comunidades francesas na guerra trouxe algumas consequências inesperadas para a gastronomia do país. Mais notavelmente, foi graças aos soldados franceses da Frente Ocidental e, depois, ao povo francês que, então, o mundo inteiro veio a conhecer e amar um dos queijos franceses sublimes: o intenso, embora reconfortante, *Camembert*. Ele era apenas mais um dentre a quantidade de queijos regionais da Normandia

Monumento aos mortos desconhecidos na Primeira Guerra Mundial, na cidade de Cancale, na Bretanha. Monumentos semelhantes podem ser encontrados em quase todas as cidades e todos os vilarejos da França, que perdeu mais de 1,3 milhão de homens na guerra. Fotografia dos autores, 2017.

antes de 1914, embora já tivesse um número expressivo de "seguidores" em Paris também. Mas foi durante os anos da guerra que o *Camembert* se tornou um tesouro nacional, um dos poucos pontos luminosos em meio a uma era, de modo geral, sombria.

Ninguém previra tal predominância do sofrimento quando a guerra começou, no verão de 1914, depois que o assassinato do Arquiduque Francisco Fernando da Áustria desencadeou uma crise diplomática entre as grandes potências da Europa, que evoluiu para uma guerra generalizada. Esse foi um conflito que teve uma longa preparação, considerando que a grande rivalidade entre os poderes nos Bálcãs, uma "corrida armamentista" nas forças navais e uma competição imperial gradualmente minaram o equilíbrio entre os poderes na Europa. As tensões e as desconfianças haviam crescido a ponto de o assassinato de um único nobre vir a servir como catalisador para uma guerra continental. A França entrou na guerra devido à sua aliança com a Rússia e a Grã-Bretanha, formando a Tríplice Entente (uma aliança militar entre o Reino Unido, a França e o Império Russo), que se contrapunha à Alemanha, à Áustria-Hungria e ao Império Otomano (as Potências Centrais). Outros países, incluindo os Estados Unidos e a Itália, viriam, mais tarde, a se unir à Entente, tornando-se mais conhecidos, conjuntamente, como as Potências Aliadas.

Por toda a Europa, políticos e populações, igualmente, acreditavam que a guerra seria curta e decisiva. Na França, os ânimos tendiam mais para a resignação do que para o entusiasmo, ainda que a possibilidade de reaver a Alsácia e a Lorena contribuísse para tornar a mobilização geral um tanto mais "agradável". Seria de esperar que os socialistas e comunistas, ao menos, se opusessem à guerra, relutando em lutar contra seus companheiros operários alemães em nome do capitalismo burguês da França. Mas mesmo em meio à esquerda, uma derrota para a Alemanha militarista parecia um destino pior do que uma aliança temporária com o capitalismo, e a oposição foi muito limitada. Uma das poucas exceções foi representada pela figura de Jean Jaurès, um líder socialista que tentou, de modo desesperado, persuadir os políticos da loucura dessa guerra. Seus esforços foram em vão, e ele acabou assassinado, no *Café du Croissant*, em Paris, por um nacionalista francês.

Enquanto a França se tornava rapidamente mais nacionalista e antigermânica, a comida encontrou uma maneira fácil de expressar esses novos ânimos. Bares, *brasseries* e outros estabelecimentos que guardassem sequer a mínima associação com a Alemanha foram atacados por multidões ensandecidas (e qualquer coisa que lembrasse a linha *Brasserie de Munich* teria grandes problemas). Alsacianos que haviam se realocado na França mas ainda falavam com algum sotaque alemão eram vistos com suspeitas. Léon Daudet e a nacionalista *Action Française* acusaram uma gama de estabelecimentos do ramo da alimentação de supostas conexões com a Alemanha e de atuarem como uma espécie de "quinta coluna" dentro da França. Depois da invasão alemã da Bélgica, o *café viennois* (café com creme batido e chocolate, típico [ou "à moda"] de Viena) foi rebatizado como *café liégeois*, ou seja, "natural da cidade de Liège, na Bélgica. O nome "pegou" e, ainda hoje, o termo *liégeois* é geralmente empregado para pedir essa bebida.¹

Os alemães marcharam pela neutra Bélgica com relativa rapidez e, então, invadiram a França, em fins de agosto de 1914. Inicialmente, essa manobra pareceu ter sido bem-sucedida, fazendo com que se aproximassem de Paris, mas uma contraofensiva francesa os repeliu. Em dezembro de 1914, as linhas da Frente Ocidental estavam mais ou menos estabilizadas, serpenteando pelas zonas rurais do nordeste da França. Ao longo dos quatro anos seguintes, os Aliados e a Alemanha lançariam ofensivas que matariam centenas de milhares de homens, ainda que fracassassem em mudar de maneira significativa as linhas de batalha. A guerra, gradualmente, estendeu-se para além dos confins da Europa: para o Atlântico, onde os confrontos com submarinos acabariam trazendo os Estados Unidos para a guerra; para o Oriente Médio, onde a Revolta Árabe contribuiu para a queda final do Império Otomano; e para a África, onde as potências coloniais, além de lutarem entre si, tinham de conter rebeliões locais. Na Frente Oriental, a Revolução Russa, em 1917, levou o país a retirar-se da guerra e ao consequente estabelecimento da União Soviética.

Esses acontecimentos importantíssimos reformulariam a ordem mundial, mas, para o soldado francês de infantaria (ou *poilu**), a guerra ocorreu dentro

---

* Poilu, literalmente, significa "peludo". Há uma versão que explica esse epíteto afirmando que os soldados entrincheirados não teriam tempo para barbearem-se ou cortar os cabelos, mas, simultaneamente, o termo ganhou o significado de "valente", "bravo", "indômito" e, por conseguinte, "peludo", como os animais selvagens. (N.T.)

de uma esfera de ação muito limitada, nas trincheiras e nas posições (pouco) avançadas da Frente Ocidental. Muito já foi e ainda tem sido escrito, ao longo dos anos, sobre os horrores da vida nas trincheiras, e, embora seja verdade que os soldados passassem muito menos tempo dentro delas do que é comumente presumido, suas características apavorantes continuam a ressoar na imaginação popular. Havia muitas maneiras de morrer: se permanecesse em sua trincheira, o soldado poderia ser explodido pelo fogo da artilharia inimiga; se sua unidade fosse ordenada a atacar, ele poderia receber um tiro depois de dar apenas alguns passos pela "terra de ninguém". As armas químicas também fizeram sua estreia terrível aqui, tendo a mais comum dentre elas recebido o nome de "gás de mostarda" devido ao seu cheiro. Doenças tais como a tuberculose e a pneumonia assolavam os que sobrevivessem aos perigos das batalhas.

Esses perigos já seriam temíveis o bastante para serem suportados de estômago cheio, mas esse nem sempre era o caso dos *poilus*. Fiéis ao estereótipo, suas provisões consistiam-se em pão, vinho e queijo. As porções de vinho foram progressivamente aumentadas à medida que a guerra prosseguia, de uma garrafa a cada três dias em 1914, para quase uma garrafa diária em 1916. Muito raramente, eles podiam receber um tipo mais forte de bebida alcoólica, feita de cereais, conhecida como *gnôle*, mas ela não era, realmente, muito apreciada, pois os homens logo aprenderam a associá-la a uma nova ofensiva a ser desencadeada no dia seguinte à sua distribuição. Refeições mais substanciosas, que incluíssem carne, batatas e feijão, às vezes eram proporcionadas, embora raramente estivessem quentes no momento em que chegavam às trincheiras. A carne era, por vezes, enlatada e de qualidade tão duvidosa que foi apelidada de "carne de macaco".[2] A produção de alimentos na França decaíra em um terço durante a guerra, com tantos homens jovens nas linhas de frente, e a população civil também teve de submeter-se a períodos de escassez e racionamento. Não obstante, às vezes os soldados recebiam pacotes de alimentos de suas famílias, vindos de toda a França, e os compartilhavam com seus companheiros de trincheira, que os saudavam por isso. Assim, alimentos típicos da Bretanha, de Savoia, da Normandia, da Provença e de muitas outras regiões encontraram novos apreciadores, quando soldados abriam seus pequenos tesouros gastronômicos no lúgubre *front*.

Mas foi a inclusão de queijo nessas provisões diárias que terminaria por produzir um dos mais duradouros impactos na gastronomia francesa. No início da guerra, o exército francês comprara enormes suprimentos de *Gruyère* e, mais tarde, de *Cantal* – duros queijos montanheses, com uma longa "vida de prateleira", que podiam ser transportados e consumidos com facilidade. Mas esses queijos logo se depararam com novos rivais, à medida que outros produtores deram-se conta das vultosas quantidades de dinheiro e do *marketing* que poderia ser feito com a inclusão de seus próprios queijos nas provisões, passando a fazer *lobbies* para conseguir contratos com o exército. Entre os mais persuasivos, estavam os produtores da Normandia, fabricantes do *Camembert*.

Segundo uma lenda, foi Marie Harel quem "inventou" o *Camembert*, em 1791, seguindo o aconselhamento de um padre que fugira dos expurgos anticlericais da Revolução Francesa e estaria escondendo-se em sua fazenda. O padre seria proveniente da região onde o *Brie* é produzido e teria sugerido a Marie para que fizesse seu *Livarot*, um tradicional queijo redondo da Normandia, empregando técnicas similares. Infelizmente, registros de um queijo chamado *Camembert* antedatam o próprio nascimento de Marie, por isso, na melhor das hipóteses, ela teria somente aperfeiçoado um produto existente. Mas é verdade que ela tenha passado seus métodos aos seus filhos, que fundaram uma das maiores empresas produtoras de *Camembert* da Normandia.

Com a eclosão da Primeira Guerra Mundial, os produtores de *Camembert* passaram a ostentar um caloroso patriotismo e a adornar as distintas caixas de madeira em que embalavam seu produto com bandeiras francesas, o tradicional galo francês e outras imagens representando a França vitoriosa. Mas os produtores não se satisfizeram apenas com as iniciativas de propaganda e estavam determinados a obter um contrato com o exército para ter o *Camembert* nas provisões dos soldados. Após alguns anos de *lobbying* e de oferecer o queijo a preços muito competitivos, eles, por fim, tiveram sucesso, e o *Camembert* tornou-se o queijo consumido diariamente pelos soldados franceses, a maioria dos quais jamais o provara antes. Em 1918, o exército já requisitava um milhão de *Camemberts* a cada mês, quantidade que os produtores tiveram de esforçar-se muito para fornecer.[3]

Para os *poilus*, seus nacos diários de *Camembert* viriam a representar muito mais do que meramente comida. Seu sabor forte e terroso era uma lembrança da França rural, à qual muitos chamavam de lar. Pierre Boisard, autor de uma popular história do *Camembert*, sugeriu que o imaculadamente branco e redondo *Camembert*, combinado com o vermelho profundo do vinho diário, lembrava aos soldados católicos, de maneira ineludível, a Eucaristia e o vinho ofertados em uma missa, "um equivalente patriótico do rito católico da comunhão".[4] Sua textura cremosa e reconfortante foi associada aos momentos de calma, quando os alimentos podiam ser consumidos. Georges Clemenceau, o primeiro-ministro francês ao final da guerra, segundo registros, teria chamado o *Camembert* de "o amigo do homem nos momentos difíceis".[5]

Os *poilus* que sobreviveram à guerra retornaram para suas regiões natais com um gosto recém-adquirido por esse forte queijo do norte. Isso deveria ter sido uma "mina de ouro" para os produtores do *Camembert* na Normandia, mas, naqueles dias anteriores à proteção da AOC, não havia nada que impedisse queijeiros de outras regiões de rotularem seus próprios produtos como *Camembert*. Logo, novos queijos *Camembert* começaram a surgir por toda a França, sendo cobiçosa e prontamente adquiridos por uma nova população apreciadora. O governo francês oficialmente declarou *Camembert* como um termo genérico, que poderia ser usado por qualquer pessoa em todo o mundo. Mas somente o *Camembert* da Normandia, um queijo não pasteurizado, feito com leite cru das vacas da Normandia, receberia uma AOC, em 1983.

Assim, tal como a França acabaria vencendo a guerra, mas perdendo a paz, os produtores do *Camembert* conquistariam os corações da nação francesa, mas perderiam a oportunidade de serem os únicos vencedores financeiros dessa situação. Pode ter servido como uma forma de consolação para os descendentes de Marie Harel que ela continuasse a receber a adulação de uma clientela agradecida ao redor do mundo inteiro, tal como ficou evidenciado pela chegada à cidade de Camembert de um médico norte-americano, chamado Joseph Knirim, em 1926. Ele estava convencido de que o *Camembert* fora responsável pela cura do desarranjo digestivo de que sofria – uma ideia com a qual os queijeiros da Normandia teriam concordado (as virtudes dos queijos não pasteurizados e repletos de bactérias vivas são apregoadas quase como um "evangelho" na Normandia). Ele se sentia tão grato que patrocinou a confecção e a colocação de uma estátua de Madame Harel na vizinha Vimoutiers, que foi alegremente aceita pelos residentes. Em uma época em que a proveniência do *Camembert* havia se tornado tão difundida, seria útil ter uma pequena lembrança de suas origens.

Infelizmente, durante a Segunda Guerra Mundial, Vimoutiers foi pesadamente bombardeada pelos Aliados, tendo sido a estátua decapitada. Depois da guerra, o presidente da Borden, uma das maiores empresas produtoras de queijos dos Estados Unidos, ofereceu-se para substituir a estátua, e os funcionários da companhia levantaram 2 mil dólares para isso. Mais uma vez, os habitantes de Vimoutiers alegremente aceitaram o donativo e o que parecia ser a iminência de um final feliz para uma triste história. Porém, quando chegou o momento de desvelar a estátua, os residentes de Vimoutiers irromperam em fúria diante do proposto letreiro a ser anexado à obra:

ESTA ESTÁTUA FOI UM PRESENTE DA FÁBRICA DE CAMEMBERT BORDEN, DE OHIO.

Sacre bleu! Seriam os criadores do *Camembert* obrigados a aceitar que americanos não apenas produzissem *Camembert* em escala industrial, mas que alardeassem esse fato em seu próprio local de nascimento? Para piorar a situação, os Estados Unidos haviam recentemente banido a importação do queijo *Camembert* de leite cru da Normandia. Então, houve uma grande comoção, mas as coisas foram amenizadas e a nova estátua foi erigida sem o letreiro ofensivo. No lugar dele, um novo letreiro anunciava:

ESTA ESTÁTUA É OFERECIDA POR 400 HOMENS E MULHERES QUE FAZEM QUEIJOS EM VAN WERT, OHIO, EUA.

Uma réplica da estátua de Marie Harel também foi erigida em Van Wert.

A Primeira Guerra Mundial exerceu enorme influência sobre quase todos os aspectos da sociedade francesa, muitos deles mais notáveis e importantes para a elevação de um queijo da Normandia. Mas é difícil não superestimar quão amado o *Camembert* é entre o povo francês ou a extensão pela qual ele veio a simbolizar toda a gastronomia francesa em um período tão curto de tempo.

46

Um Motim e uma Vaca Sorridente

As terríveis condições nas trincheiras da Frente Ocidental eram exacerbadas pelo fator mais enervante de todos: a lenta passagem do tempo, sem quase nada para mostrar diante do imenso sofrimento humano que se perpetuava. A Primeira Guerra Mundial foi uma guerra de atrito: uma situação em que os dois lados oponentes instalaram-se em posições defensivas em fins de 1914, tornando quase impossíveis as batalhas decisivas e deixando como única opção viável cansar o inimigo até que a este não restasse outra alternativa senão se render. Longos períodos de inatividade eram pontuados por intensos bombardeios de artilharia e ofensivas otimistas contra linhas bem fortificadas, ambas as coisas resultando em inacreditáveis índices de baixas. Pelo início de 1917, mais de 1 milhão de soldados franceses haviam sido mortos, sem qualquer benefício perceptível.

O moral do exército francês decrescera vertiginosamente quando da chegada da primavera de 1917. Outra ofensiva fracassada em abril parecia haver roubado as últimas reservas de força dos *poilus*. Notícias de que os Estados Unidos entrariam na guerra foram bem recebidas, mas os espíritos tornaram a deprimir-se quando ficou evidente que as tropas americanas ainda demorariam muitos meses para entrar nas trincheiras. A plateia para as argumentações dos socialistas e pacifistas contra a guerra aumentava cada vez mais, sobretudo depois que a Revolução Russa, em março de 1917,* impulsionou as forças antiguerra naquele país. Os soldados franceses estavam cansados, doentes e frustrados, e seu continuado sofrimento no *front* parecia carecer de qualquer propósito.

Assim, na primeira semana de maio, um motim foi iniciado. As unidades de infantaria francesas simplesmente passaram a recusar-se a cumprir ordens, quer fosse para que lutassem ou que se dirigissem para o *front*. Milhares desertaram. Em algumas localidades, protestos violentos ocorreram. Estima-se que mais de 40% das unidades nas linhas de frente tenham experienciado algum grau de amotinamento e insubordinação. Ainda mais chocante foi o fato de os alemães não terem percebido que o exército francês se encontrava em tamanha desordem, nem tirado vantagem disso (na verdade, notícias sobre esses acontecimentos não seriam reveladas nem mesmo na própria França senão até a década de 1960).[1] Em meados de junho, porém, as autoridades já haviam suprimido os motins, com prisões em massa e cortes marciais. Alguns milhares de homens foram sentenciados à morte ou a trabalhos forçados, mas somente poucas dúzias de penas foram de fato executadas. Os comandantes do exército não pretendiam inflamar a situação além do estritamente necessário.

Na verdade, o novo comandante geral, Philippe Pétain, instituiu uma gama de políticas para melhorar o moral e salvar o exército francês da desintegração total. A primeira e mais importante delas foi a decisão de postergar quaisquer ofensivas suicidas em larga escala até que os americanos chegassem e que os novos e revolucionários tanques de guerra, que estavam sendo construídos pela Renault, estivessem prontos para o campo de batalha. Ele lidou de maneira firme com os casos de insubordinação e deserção, mas, também, passou a conceder aos soldados períodos de licença mais longos, longe do *front*. Ele ouviu as queixas dos soldados quanto às condições nas linhas de frente e encorajou os oficiais para que encontrassem novas maneiras de

---

* Embora mais conhecida como a "Revolução de Outubro", a Revolução Russa iniciou-se efetivamente em fevereiro de 1917, quando protestos de rua se transformaram em motins e a cidade de São Petersburgo caiu nas mãos dos insurgentes. Entre março e abril daquele ano, o czar Nicolau II abdicou, um governo provisório foi instaurado e Lenin voltou do exílio para instituir uma base de ação em São Petersburgo. Em outubro, os bolcheviques – antiga facção do partido social-democrata russo, liderada por Lenin – tomaram a cidade e Lenin foi, finalmente, alçado ao poder. (N.T.)

manter elevados os espíritos dos *poilus*. Como resultado disso, o mundo terminaria assistindo à pacífica invasão da "vaca sorridente" francesa.

Entre os mobilizados para a guerra em agosto de 1914, estava um jovem queijeiro de Jura, chamado Léon Bel. Seu pai havia encontrado uma *cave d'affinage*, uma espécie de "central" para maturação de queijos, e Léon o auxiliava, supervisionando o envelhecimento de grandes rodas de *Comté*, *Gruyère* e *Emmental*. Tal como a maioria dos soldados, ele esperava voltar para casa, e para seus negócios, dentro de poucos meses, mas, em 1917, ainda se encontrava na Frente Ocidental. Ele fora designado para a RVF (*Ravitaillement en Viande Fraîche* – ou Abastecimento de Carne Fresca), a grande unidade de intendência, responsável pelo abastecimento de carne fresca para o *front*.

La Wachkyrie, o emblema da RVF B.70 criado por Benjamin Rabier durante a Primeira Guerra Mundial. Cortesia da sociedade *Les Amis de Benjamin Rabier* [Amigos de Benjamin Rabier], Valençay, França. © Espólio de Benjamin Rabier.

Como parte do programa para a elevação do moral, foi decidido que cada unidade deveria ter seu próprio emblema, algo que encorajasse o bom ânimo e a camaradagem. Depois de uma breve competição, a seção RVF B.70 de Bel escolheu um desenho de Benjamin Rabier, que havia sido um ilustrador antes da guerra. Seu emblema retratava uma vaca sorridente sobre a inscrição *"La Wachkyrie"*, um exemplo característico de jogo de palavras em francês. Foneticamente, *La Wachkyrie* soa quase como *la vache qui rit*, ou "a vaca que ri"; mas, também, remete a *La Walkyrie* [A Valquíria], em uma alusão à famosa ópera de Richard Wagner, tão adorada na Alemanha. Os alemães, na verdade, usavam a imagem de valquírias voadoras – as temíveis mulheres guerreiras da mitologia nórdica – em sua propaganda de guerra. Assim, *La Wachkyrie* era, em essência, uma sarcástica provocação aos alemães.

Graças a essa e a outras iniciativas, o moral do exército francês foi, gradualmente, restaurado, no início de 1918. Então, os americanos, por fim, tinham chegado e os russos haviam abandonado a guerra. O colapso da Frente Oriental permitiu à Alemanha o lançamento de uma nova ofensiva no Oeste, em março – que, a princípio, pareceu bem-sucedida, mas não pôde ser sustentada. Os Aliados lançaram uma contraofensiva que, pouco a pouco, chegou a penetrar o território alemão. No outono, a ameaça de uma invasão e o esgotamento provocado pela força de atrito fizeram da derrota uma certeza para a Alemanha. O bem-sucedido bloqueio naval dos Aliados levou a fome para o interior alemão, e uma revolução começou a germinar entre os marinheiros e trabalhadores. Nos derradeiros dias da guerra, a monarquia alemã foi deposta, e uma república (mais tarde chamada República de Weimar) foi estabelecida. O novo governo assumiu a responsabilidade – antes atribuída às forças de direita – pela rendição da Alemanha em novembro de 1918, gerando, assim, o mito infame da "punhalada nas costas", que contribuiria para o sucesso político dos nazistas na década seguinte.

O armistício de novembro permitiu a gradual desmobilização do exército francês, e Bel retornou para o negócio de queijos de sua família em 1919. Então, ele descobriu que queijeiros suíços haviam inventado um novo tipo de queijo processado, que poderia ser mantido por longos períodos acondicionado em latas, e decidiu modernizar sua própria empresa com um produto similarmente novo. Usando aparas de queijo que sobravam em sua *cave d'affinage*, ele inventou, em 1921, um queijo processado cremoso e, pela primeira vez, embalou-o em papel de alumínio, em porções individuais de formato triangular. O produto resultante podia ser levado facilmente a qualquer lugar e podia conservava-se por longo tempo.

Quando chegou o momento de lançar no mercado e comercializar seu novo queijo, Bel lembrou-se da alegre *Wachkyrie* das trincheiras e batizou seu produto como *La Vache qui Rit*, tal como ele, ainda hoje, é conhecido na França. Na década de 1930, ele começou a exportá-lo para outros países sob a marca *Laughing Cow*, que é a forma como pode ser encontrado nas prateleiras dos supermercados norte-americanos. Ele procurou e encontrou Benjamin Rabier e pediu-lhe para que adaptasse o emblema original para o rótulo de seu novo queijo.[2] Rabier produziu uma cópia quase idêntica ao antigo desenho, mas acrescentou um par de brincos muito atraentes à vaquinha, por sugestão da esposa de Bel. Tempos depois, Rabier foi indagado sobre como havia conseguido captar (tão bem) em um desenho algo tão pouco natural quanto uma vaca sorridente. Ele respondeu:

> Meu trabalho é mais difícil do que as pessoas imaginam. Como fazer uma vaca rir!? Passei muitas noites em claro tentando conseguir isso. Pedi uma vaca e seu bezerro emprestados a um amigo fazendeiro. Eu comecei com o bezerro, pensando que ele fosse mais receptivo, pois era mais jovem, mas o que deu resultado foi exatamente o contrário. Foi a mãe dele que riu primeiro, de tão contente que ficou ao me ver brincando com o filhote dela.[3]

A alegre vaquinha estava destinada a ser um sucesso mundial. Hoje em dia, o queijo é vendido em 136 países, à razão de 10 milhões de unidades individuais por dia. O produto juntou-se à seleta companhia das marcas globais que, aparentemente, estão disponíveis e onipresentes no mundo inteiro, proporcionando aos viajantes um pedacinho de familiaridade quando se encontrem em terras estrangeiras. O Grupo Bel é, hoje em dia, a terceira maior companhia produtora de queijos do planeta.

Na França, não se pode dizer que os queijos processados sejam particularmente respeitados, mas porque *La Vache qui Rit* é uma opção popular de *goûter* (uma espécie de "lanchinho da tarde" para crianças), muitos adultos franceses ainda o associam a felizes memórias da infância. Todo mundo, às vezes, precisa de uma pausa em meio ao consumo da rica e complexa alimentação da idade adulta, ou de culinárias com as quais se esteja pouco familiarizado encontradas durante viagens; e, para isso, um pedaço de *Laughing Cow* é um ótimo recurso. É irônico que um alimento com uma apresentação tão agradável tenha surgido dos horrores da guerra, mas, tal como vimos quanto ao *Camembert*, essa não é uma ocorrência incomum. E, infelizmente para França, os anos seguintes ainda ofereceriam renovadas oportunidades para que inovações de tempos de guerra pudessem surgir.

47

"Pão, Paz e Liberdade": A Baguete Socialista

Não é possível superestimar a importância de uma boa *boulangerie* para um francês nato. Isso se tornou evidente durante a nossa mudança de Londres (que não é, exatamente, famosa por suas padarias) para Nantes, quando Stéphane decidiu que não faria qualquer sentido procurarmos por apartamentos que distassem mais do que 10 minutos de caminhada de uma *boulangerie*. "Qual é o sentido de nos mudarmos de volta para a França se não pudermos conseguir uma *baguette* fresquinha em nossa própria vizinhança?", indagou ele, de maneira muito razoável. Para nossa sorte, encontramos um apartamento a um quarteirão de distância de uma das melhores *boulangeries* da cidade. De manhã, bem cedo, ou à hora do almoço, a fila para comprar pão fresco ou simples sanduíches dobra a esquina. Aprendemos a chegar por lá somente nas horas de menor movimento, quando as senhoras detrás do balcão dispõem de tempo para brincar com o nosso bebê e dar-lhe um *chouquette*, um bolinho de massa fofa, coberto de açúcar cristalizado.

Nossa *boulangerie* produz excelentes *baguettes*, o que é muito bom, pois adquirimos o hábito francês de comprar uma delas diariamente. Por isso, de maneira compreensível, ficamos desapontados quando, poucos meses depois da nossa chegada, certo dia fomos à *boulangerie* e soubemos que ela permaneceria fechada por três semanas. Não tinha havido uma falência, nem um incêndio no forno ou um desastre de qualquer tipo. Aquela era, simplesmente, a ocasião anual em que os funcionários entram em férias – um imprevisto intrigante no encadeamento dos eventos cotidianos, para quem não está acostumado com a sacralidade que as férias de verão têm para os franceses.

As leis trabalhistas francesas que garantem a limitação das horas na jornada de trabalho e amplos direitos a férias remuneradas já adquiriram um *status* quase mítico em outros países, gerando o estereótipo de que o trabalhador francês é alguém que quase não trabalha. Na verdade, isso é um grande exagero. Hoje em dia, é muito mais difícil conseguir um contrato de trabalho que garanta essas generosas políticas quanto ao afastamento, e as empresas podem contornar as regulamentações trabalhistas oferecendo-se para pagar horas extras. A maioria dos empregados em regime de período integral trabalha cerca de quarenta horas por semana, e os índices de produtividade franceses permanecem relativamente elevados, em comparação com os de outras economias desenvolvidas. Assim, acreditamos que já passou da hora de "aposentar" o estereótipo do trabalhador francês "indolente".

Dito isso, é verdade que, quando comparados aos trabalhadores dos Estados Unidos, os franceses desfrutam de um equilíbrio muito melhor entre o tempo que dedicam às suas vidas pessoais e profissionais, devido às limitações legalmente impostas para a quantidade de horas de trabalho. Um provérbio francês argumenta: *Si de beaucoup travailler on devenait riche, les ânes auraient le bât doré* [Se trabalhar muito duro tornasse alguém rico, os burros viveriam cobertos de ouro], e é bem conhecida a crença francesa de que trabalhar muitas horas seguidas é danoso para a saúde e a felicidade. Contudo, o que talvez seja menos conhecido é que as mesmas leis trabalhistas que tanto contribuíram para a sensível melhoria das condições de vida do trabalhador francês também foram responsáveis pela relativamente recente popularidade da *baguette* – além de ajudar a explicar por que tantos franceses têm de "se virar" sem poder contar com suas *boulangeries* locais a cada verão.

Já vimos a íntima relação que o povo francês mantém com seu pão diário, e, hoje em dia, o tipo de pão mais associado ao francês é, certamente, a *baguette* (que, em francês, significa "bengala" ou "bastão" e que já aportuguesamos para a forma "baguete"*). A clássica *baguette ordinaire* deve conter, por

---

* No Brasil, o pão branco, feito com farinha de trigo, é conhecido como "pão francês", e embora seja, atualmente, mais largamente consumido na forma de pequenos pães individuais, até poucos anos atrás quase todas as padarias comercializavam as "bengalas" (também chamadas "filões")

lei, apenas quatro ingredientes: farinha, fermento, água e sal. Muita gente prefere a mais rústica *baguette tradition* ou a *baguette campagne*, que se distinguem por suas extremidades pontiagudas. Uma baguete, a rigor, não permanece fresca por mais de um dia, o que explica o hábito que os franceses têm de fazer expedições diárias a uma *boulangerie* ou, se tiverem sorte, receberem suas baguetes entregues diretamente em casa. (No interior, é o próprio padeiro quem faz as entregas, enquanto nas cidades grandes um sem número de novos serviços de entrega de alimentos tem surgido em anos recentes.) É costumeiro servir-se algumas fatias delas como acompanhamento dos almoços e jantares, e não somente besuntadas com manteiga e/ou queijo. Um naco de baguete é o implemento ideal para *saucer* seu prato ao terminar de comer – em outras palavras, "limpar" quaisquer deliciosos resquícios de molho ou tempero (nota: isso jamais deve ser feito em circunstâncias formais, a menos que você deseje parecer um bárbaro).

A baguete é uma parte tão rotineira da vida na França que é um tanto chocante descobrir que sua popularidade data tão somente da década de 1920. Antes disso, uma variedade de pães compridos e finos já existia, mas seu consumo não era tão popular, e eles não eram chamados baguetes. No século XIX, o forno a vapor chegou à França, aparentemente trazido por August Zang, o inventor do *croissant*. Esse forno permitia que, ao ser assado, o pão ficasse com uma casca crocante no exterior e um miolo macio no interior, o que acabou sendo a maneira típica de produzir baguetes. O trigo também se tornou mais barato e mais rapidamente disponível no século XIX, graças a uma série de inovações agrícolas e novos mercados para importações; assim, os cidadãos comuns finalmente puderam partilhar do nobre pão branco com regularidade.

Ter um emprego em uma panificadora sempre significou enfrentar um trabalho duro e fisicamente exigente, com horários de expedientes longos e irregulares. Os padeiros franceses tinham de começar a trabalhar no meio da noite para que tivessem pão fresco para vender na hora de abrir seus estabelecimentos ao público. Muitos proprietários de panificadoras não tinham

---

de pão, maiores e feitas para serem partilhadas. Em Salvador, na Bahia, e em Porto Alegre, no Rio Grande do Sul, o pãozinho francês individual é chamado "cacetinho", talvez para evidenciar o contraste de tamanho se comparados às "bengalas". (N.T.)

remorso em obrigar seus funcionários a trabalhar sete dias por semana, mesmo os aprendizes, que muitas vezes não tinham mais do que 12 ou 13 anos de idade. Os padeiros eram chamados de "mineradores brancos", porque tinham em comum as mesmas chocantes horas e condições de trabalho que os mineradores de carvão, mas terminavam o dia cobertos de farinha branca em vez do negro pó de carvão.

Durante os dias da Comuna de Paris, em 1871, o governo radical da cidade criou uma lei que proibia aos funcionários de padarias trabalhar antes das cinco horas da manhã. Essa lei em particular desapareceu com a Comuna, mas, no início do século XX, sindicatos da classe fizeram ativas campanhas para o banimento do trabalho noturno. Uma lei, por fim, foi aprovada em 1919, tornando ilegal o trabalho das pessoas nas padarias entre as dez horas da noite e as cinco horas da manhã – ainda que ela não fosse universalmente obedecida. Mas, em geral, acredita-se que tenha sido essa lei a responsável pela ascensão da baguete, que pode ser produzida mais rapidamente do que outros tipos de pães, permitindo, assim, que os padeiros pudessem adequar-se à nova lei e ainda assim oferecer pão fresco todas as manhãs.

Na verdade, é provável que outros fatores tenham contribuído para a súbita popularidade da baguete, mas não é de surpreender que a maioria do povo francês acredite nessa história, uma vez que os anos do período entreguerras sejam associados a uma quantidade de reformas progressistas. Esses foram anos tumultuosos para a França, que terminou vitoriosa, mas severamente debilitada ao fim da Primeira Guerra Mundial. As finanças estavam abaladas e foram ainda mais castigadas pela depressão econômica mundial da década de 1930; e a população do país encontrava-se abatida pelos mortos na guerra, pelos feridos e pelas privações. As condições eram ideais para a disseminação de ideologias autoritárias, tanto à direita quanto à esquerda, tendo a União Soviética, a Itália fascista e a Alemanha nazista surgido durante esse período. Ao longo dos anos 1920 e 1930, o controle governamental oscilou para a frente e para trás, para a direita, para o centro e para a esquerda, enquanto lideranças partidárias disputavam para enfrentar os grandes desafios com que a nação se defrontava.

Algumas das primeiras reformas sociais foram implementadas sob governos conservadores, tais como as que ocorreram entre 1928 e 1932, que estabeleceram o sistema de seguridade social para empregados (que cobria períodos de afastamento devido a doenças, por exemplo) e pagavam pensões a famílias. Mas um ímpeto ainda maior pela mudança aconteceu quando da vitória eleitoral da coalizão de esquerda chamada Frente Popular, em 1936. Sua agenda política previa o combate "contra a miséria, a guerra e o fascismo, em favor do pão, da paz e da liberdade". Essa vitória impulsionou uma onda de greves por todo o país, enquanto trabalhadores otimistas viam uma oportunidade para negociarem melhores salários e condições de trabalho. Até mesmo os famosos *cafés* e restaurantes de Paris foram afetados por greves de cozinheiros e garçons. Pode-se compreender a razão disso na obra de George Orwell *Down and Out in Paris and London* (editada no Brasil com o título "Na Pior em Paris e Londres"), na qual ele descreve a época em que trabalhou como um *plongeur* [lavador de louça] no *Hôtel X*, próximo da Place de la Concorde:

> O horário ia das sete da manhã até às duas da tarde, e das cinco até as nove – onze horas, no total, mas, na verdade, tratava-se de um dia de trabalho de catorze horas quando eu tinha de lavar a louça do salão de jantar. Para os padrões comuns de um *plongeur* de Paris, esse era um dia de trabalho excepcionalmente curto [...] Nossa cafeteria era um porão úmido, medindo seis metros por pouco mais de dois, com menos de dois e meio de altura, e de tal modo lotado com máquinas cafeteiras, cortadoras de pão e coisas do gênero que uma pessoa mal podia mover-se sem dar de encontro com alguma coisa. O recinto era iluminado por uma fraca lâmpada elétrica e quatro ou cinco bicos de gás, que exalavam um pungente hálito avermelhado. Havia um termômetro lá, e a temperatura jamais caía abaixo de 43 ºC, aproximando-se dos 54 ºC em certas horas do dia [...] A comida que nos davam era apenas tragável, mas o *patron* não era sovina quanto à bebida: ele nos permitia dois litros de vinho por dia, por cabeça, sabendo que, se um *plongeur* não ganhasse dois litros de vinho, roubaria três.[1]

A Frente Popular negociou com os sindicatos de classe, e, como resultado, um acordo elevou os salários em até 15%. Uma série de reformas reduziu a semana de trabalho para um total de quarenta horas, concedendo aos trabalhadores quinze dias de férias remuneradas a cada ano, além de assegurar-lhes o direito à greve sem retaliações. O ímpeto para tais reformas não era meramente altruístico: esperava-se que a redução das horas de trabalho fizesse aumentar o número de vagas de emprego oferecidas, por exemplo. No final das contas, as reformas não fizeram muito pela melhoria das condições econômicas, mas foram muito populares entre as classes trabalhadoras.

O experimento socialista teve vida curta, uma vez que a Frente Popular era, cada vez mais, atacada por todos os lados. Seus próprios quadros comunistas objetaram quanto à decisão de não intervir em nome da facção republicana na Guerra Civil Espanhola; os centristas sentiram-se frustrados devido à ausência de progresso econômico. Os nacionalistas de direita acusaram o governo de enfraquecer o país, e os fascistas da extrema-direita lançaram uma invectiva antissemita contra Léon Blum, o primeiro judeu a ocupar a posição de primeiro-ministro socialista da França. Em 1938, o breve "momento ao sol" da Frente Popular chegou ao fim. Um novo governo foi formado, sob o comando do ex-primeiro-ministro Édouard Daladier, líder do Partido Radical (que, apesar do nome, era, na verdade, mais um partido centrista). As quarenta horas de trabalho na semana foram rescindidas, mas as férias remuneradas permaneceram válidas, e as pensões às famílias foram aumentadas ainda mais. Contudo, esse programa de reformas sociais também seria interrompido com a eclosão da Segunda Guerra Mundial, no ano seguinte.

Tanto as férias remuneradas quanto as baguetes sobreviveram à guerra, e, por isso, hoje em dia o povo francês continua a formar filas para obter seu pão diário, exceto pelas poucas semanas, a cada ano, em que os funcionários de suas *boulangeries* saem de férias, em busca de sol. Porém, os modernos parisienses não se esqueceram das lições de 1789, e, por lei, as *boulangeries* só têm permissão para fechar durante os meses de julho e agosto e, em geral, elas são divididas em dois grupos com períodos de férias alternados, assegurando, assim, que não haja uma completa escassez de pão na capital.

Enquanto as baguetes continuam a ser a razão mais popular para visitar uma *boulangerie*, hoje em dia muitos franceses as adquirem em supermercados e em lojas de redes, que comercializam versões industrializadas, feitas com massa congelada pré-pronta. Isso tem levado a um agudo decréscimo no número de *boulangeries* independentes ainda em funcionamento na França, caindo de 37 mil nos anos de 1990 para cerca de 28 mil em 2015.[2] Existe, também, um incessante comentário sobre uma "crise da baguete", que abrange tanto queixas referentes à qualidade do produto moderno quanto preocupações relativas à diminuição no consumo de pão. As gerações mais jovens tendem a ver o pão como um item opcional em vez de imprescindível à alimentação básica, e as novas opções de *fast-food* substituíram o tradicional *jambon beurre* (um sanduíche de manteiga e presunto em uma baguete) à hora do almoço.

Porém, ainda que preocupações relativas à baguete e às *boulangeries* tenham aumentado, os produtos da panificação francesa têm-se tornado cada vez mais populares em mercados estrangeiros, especialmente na Ásia. As redes sul-coreanas de panificadoras *Paris Baguette* e *Tous les Jours*, por exemplo contam com centenas de pontos de venda pelo mundo todo, fornecendo artigos de panificação franceses com um "sotaque" asiático (tais como um *croque-monsieur* servido em um fofo pão de leite japonês). Também há um grande impulso dentro da França para treinar uma nova geração de padeiros, a fim de assegurar a sobrevivência da tradicional panificação francesa. Assim, o futuro não é completamente pessimista para a baguete. O auge de sua popularidade pode ter passado, mas ela assegurou seu lugar no coração do povo francês, e é pouco provável que esse espírito desapareça.

48

Cuscuz: a Assimilação (ou Não) do Império

Marselha tem sido o mais importante "portal" da França desde os tempos anteriores à era pré-romana. Tal como muitas outras cidades portuárias, sofre com elevados índices de criminalidade e desigualdades sociais que lhe conferem uma reputação nada lisonjeira, mas que não é de todo merecida. Seus visitantes, hoje em dia, encontrarão uma cidade plena de vitalidade, com seus museus, mercados e calçadões à beira-mar – além de uma das melhores culinárias da França. Muitas históricas cidades portuárias do mundo contam com fenomenais culinárias regionais, enraizadas nos frutos do mar locais e temperadas por suas diversas populações, e Marselha, nesse aspecto, não é diferente. Uma das suas mais antigas e mais conhecidas especialidades é a *bouillabaisse*, originalmente uma simples sopa de pescadores, feita com o que quer que tivesse restado da pesca diária, mas, hoje em dia, um prato muito mais elaborado e caro. Felizmente, há uma quase infinita variedade de frutos do mar para ser apreciada, a preços muito mais razoáveis, tal como têm feito os residentes da cidade há séculos: mexilhões cozidos no vapor, ostras frescas, cozido de polvo, sardinhas grelhadas. Os prazeres da cozinha provençal também aqui estão disponíveis para serem apreciados: a rica e pungente *aioli*, fortemente temperada com alho; molhos e tortas à base de anchovas; alcachofras *à la barigoule* (cozidas em vinho branco e azeite de oliva). Aqui há uma robusta influência italiana, o que não é de surpreender, devido aos vários séculos de migração de italianos para a cidade. Pode parecer ridículo pedir uma pizza ao visitar a França, mas quaisquer dúvidas serão dissipadas depois de devorar a crocante versão marselhesa, assada em forno a lenha, coberta por um espesso molho de tomates, anchovas e azeitonas.

Contudo, um dos pontos altos de um *tour* gastronômico por Marselha é, sem dúvida, a cozinha magrebina, que se instalou de modo permanente na cidade como resultado das migrações provenientes do norte da África, que se expandiram no período entreguerras.[1] Em seu ápice, encontra-se o cuscuz, um prato de origem berbere muito reverenciado por todo o Magreb* – tanto que, em alguns lugares, como a Argélia, se referem a ele simplesmente como *al taam* [a comida]. A história do cuscuz na França lança algumas luzes sobre o horrendo impacto do imperialismo francês, a complexa dinâmica das migrações do e para o Magreb e a contínua luta pela reconciliação das diferentes identidades culturais no seio de uma única nação francesa. A França tornou-se a maior consumidora de cuscuz na Europa, e pesquisas apontam que esse é o terceiro prato favorito do povo francês (depois do *magret de canard* e das *moules-frites***).[2] Porém, ainda persiste o debate quanto a ser isso uma evidência de um cosmopolitismo esclarecido ou uma mera "folha de parreira" para tentar encobrir um duradouro antagonismo.

Isoladamente, a palavra "cuscuz" abrange uma agradável e flexível gama de significados. Ela se refere tanto aos finos grãos que são trabalhosamente amassados e cozidos no vapor antes de serem consumidos quanto ao prato terminado, feito deles, que é servido com variações, de acordo com as diferentes regiões, estações do ano ou ocasiões específicas. Tradicionalmente, à massa de grãos são incorporados carnes temperadas e/ou um cozido de legumes, em um aparentemente infinito número de variações locais; e, em cada país, podem existir dúzias de variações do prato. Não obstante, o cuscuz conserva um apelo universal por todo o Magreb: ele é a "comida caseira" de cada

---

* O Magreb é a região do mundo árabe que compreende o norte da África, abrangendo vários países. O nome provém da palavra árabe *maghrib*, que significa "poente" e designa a região mais ocidental onde a cultura árabe, historicamente, teve (e ainda tem) alguma influência – por oposição aos países do "levante", mais ao oriente. (N.T.)

** O *magret de canard* é um prato de filé de peito de pato ao molho de vinho do porto ou de laranjas; e *moules-frites* são mexilhões, preparados com molho de tomates, ervas e alho, acompanhados de batatas fritas. (N.T.)

pessoa e sua família, consumido em celebrações e no luto, que serve para confortar e conferir uma sensação de pertencimento. Seu papel é, com frequência, comparado ao das massas na Itália ou ao do arroz na China. Seu lugar central na culinária da diáspora, portanto, não é de surpreender.

A primeira evidência escrita sobre a presença do cuscuz na França surge por cortesia de um viajante chamado Jean-Jacques Bouchard, que afirma ter experimentado o prato no porto meridional de Toulon em 1630. Mas o verdadeiro encontro se daria no século XIX, com a conquista francesa da Argélia (1830-1847). Ao longo de toda a era colonial, as regiões costeiras da Argélia foram administradas pela França Metropolitana, com a criação dos *départements* de Alger, Oran e Constantine.[3] Isso significava que, diferentemente de outros territórios ultramarinos, a Argélia era vista como parte da própria França – o que contribui para a explicação de as futuras lutas pela independência terem sido particularmente brutais e sangrentas. Essa também é a razão pela qual as migrações entre os dois territórios tenham (e ainda têm) sido tão intensas, em ambas as direções. Os argelinos em geral partiam para a França em busca de trabalho, uma vez que as práticas coloniais haviam destruído a tessitura econômico-social que antes sustentara suas comunidades. De maneira mais incomum, muitos franceses também migraram para a Argélia, onde eles (e seus descendentes) tornaram-se conhecidos como *pieds-noirs* [pés pretos]. Embora sempre fossem uma minoria, eles ocuparam uma posição privilegiada na sociedade argelina e tornaram-se uma poderosa força política, tanto ali quanto no território francês na Europa.

A tradicional cozinha argelina contém elementos das culinárias berbere, árabe e turca, que refletem a História de ocupação e adaptação do país. Os franceses acrescentaram outra camada gastronômica, como se pode perceber pela afeição argelina pelas baguetes e pelos queijos europeus. Mas os colonizadores franceses também foram influenciados, e logo os *pieds-noirs* adotaram muitos pratos da culinária local, inclusive o cuscuz. Já no início do século XX, industriais franceses na Argélia desenvolveram um processo mecanizado para o preparo do cuscuz, para substituir os trabalhosos métodos manuais de preparação.

Tal como vimos, a colonização europeia da África acelerou-se no final do século XIX. A França confiscou a Tunísia do moribundo Império Otomano em 1881 e subjugou o Estado independente do Marrocos em 1912, estabelecendo protetorados em ambos os territórios. Os franceses embarcaram em programas de modernização e desenvolvimento econômico por todo o Magreb, como parte de uma "missão civilizatória" que, na verdade, acarretou enormes custos para os habitantes locais. A eles não eram garantidos os mesmos direitos civis e liberdades políticas de que gozavam os cidadãos franceses, embora se esperasse deles que adotassem o idioma e os valores culturais da França. As economias locais foram remodeladas em benefício da França, e as indústrias mais lucrativas eram controladas por europeus. As melhores terras foram apropriadas e dadas a colonos franceses, causando significativos deslocamentos e a ruptura da ordem social tradicional. Os magrebinos eram taxados com índices mais elevados do que os colonizadores, mesmo que as oportunidades que tivessem para obter trabalho e educação fossem cada vez mais escassas. Tudo isso fez com que várias formas cotidianas de resistência à norma colonial recrudescessem, sustentando a base de uma oposição que nela se apoiaria em décadas posteriores. Contudo, o controle francês do Magreb – na verdade, de todas as suas colônias – jamais foi absoluto, como se poderia presumir pelas cores aplicadas nos mapas do Império.

Durante a Primeira Guerra Mundial, as colônias francesas desempenharam um papel importante na sustentação dos esforços militares da França na Europa. A escassez de mão de obra no *front* e nas fábricas foi debelada com quase 300 mil homens provenientes de Argélia, de Tunísia e Marrocos. Depois da guerra, a migração de trabalhadores do Magreb continuou tornando-se um duradouro componente da economia francesa. Dezenas de milhares de homens argelinos, por exemplo, dominaram o mercado de empregos nas fábricas das cidades industriais do norte e do leste da França, ou mesmo em cidades grandes como Paris, Marselha e Lyon. Tal como ocorre com muitos trabalhadores migrantes hoje em dia, a maioria deles obtinha empregos temporários, e seus salários eram enviados para o sustento de suas famílias em suas cidades natais.

Os períodos de escassez e a devastação que a França experimentou durante e depois da guerra contribuíram para impulsionar uma renovada dedicação ao projeto imperial, particularmente pelo assim chamado "*lobby* colonial" (entre aqueles que viviam e/ou lucravam nas e com as colônias). Os entusiastas do colonialismo lutaram para convencer a classe política francesa e o grande público de que o Império era essencial para a sustentação da nação francesa e que os custos para a sua manutenção e sua defesa seriam bem justificados pelos benefícios que ele traria para a metrópole. A comida tornou-se uma parte importante dessa narrativa, na medida em que a França lutava para reparar seu setor agrícola e lidava com a escassez de alimentos. Todos os tipos de produtos coloniais, antes desconhecidos ou raramente consumidos, eram, agora, promovidos na França: *curry* e molhos fortemente temperados, frutas tropicais, arroz da Indochina e carne enlatada de Madagascar. Essas iniciativas, porém, obtiveram diferentes graus de sucesso, enquanto os consumidores franceses tendessem a rejeitar produtos muito "estranhos" ou associados em demasia aos povos colonizados "inferiores".[4] O arroz, por exemplo, era importado para servir, principalmente, como ração para animais no período entreguerras, não sendo capaz de amenizar o apego francês ao pão e às massas. Todavia, os franceses aceitaram elementos da culinária colonial que pudessem ser adaptados às suas receitas, como os molhos com *curry*, ou os que tivessem um prestigioso ar de exotismo, tais como as frutas tropicais. Pela primeira vez, o povo pôde apreciar bananas e abacaxis.

Mas o cuscuz não foi adotado pela população francesa no período entreguerras. Tratava-se de um alimento básico, ao qual faltava o senso de exotismo e raridade de outros produtos coloniais, e era temperado com ingredientes pouco atraentes para o paladar francês. Era tradicionalmente preparado por mulheres – um aspecto sem dúvida negativo, devido às sensibilidades dos escritores culinários da época, mesmo entre aqueles que exaltavam as virtudes de outros pratos estrangeiros. Mas isso não significa que o cuscuz não fizesse parte das mesas da França naqueles tempos. Imigrantes magrebinos contribuíram para o enraizamento de suas culinárias nas localidades onde se fixavam, cada vez em maior número – especialmente em Paris, onde terminaram por adquirir grande parte dos bistrôs da cidade e passaram a servir cuscuz, juntamente com outros pratos franceses tradicionais. (Hoje em dia, as *couscoussières* de Paris são vistas, de maneira geral, como as únicas fontes confiáveis do "autêntico" cuscuz.) Contudo, um tanto ironicamente, não foi senão até que as nações do Magreb conquistassem sua independência da França que o cuscuz emergiu como um prato cada vez mais preferido pelo povo francês.

Os princípios da autodeterminação nacional e do anti-imperialismo foram, progressivamente, infundindo-se no mundo colonial durante o século XX, mas

Jornal publicado em 1931, durante a Exposição Colonial Internacional em Paris: uma elaborada tentativa de destacar as contribuições do Império para a nação francesa. A Argélia foi representada por uma tradicional mesquita, com um minarete e um *bazaar*. Os Estados Unidos (a única potência colonial não europeia) também contribuíram com um pavilhão, com uma réplica de Mount Vernon. Em consonância com a deplorável prática imperial de expor pessoas vivas nos assim chamados "zoológicos humanos", um chefe sioux e sua companheira foram enviados a Paris também. *Le Journal de l'Exposition Coloniale*, nº 3 (Paris: Junho de 1931). Cortesia da Bibliothèque Nationale de France.

foi a Segunda Guerra Mundial que de fato selou o destino dos impérios europeus. A rendição da França para a Alemanha somada à devastação econômica que durou todo o período da guerra fizeram diminuir, na maior parte, a autoridade e a capacidade governamental nos territórios ultramarinos, o que conferiu nova vitalidade aos movimentos nacionalistas. O impressionante sucesso de Mao Zedong (também chamado Mao Tsé-Tung) na China proporcionou um modelo de insurreição que foi imitado por movimentos de resistência pelo mundo todo. A criação da Organização das Nações Unidas e a emergência dos Estados Unidos como superpotência global constituíram a base para uma nova ordem internacional – ordem na qual os velhos arranjos imperiais pareciam cada vez mais anacrônicos. Os custos de manutenção de um império eram assustadores, sobretudo se ocorressem revoltas de resistência. Nas duas décadas seguintes à Segunda Guerra Mundial, a maioria das colônias de todo o mundo conquistaram sua independência, quer pela força das armas ou por acordos negociados. A era da imposição direta de regras coloniais chegara ao fim, sendo substituída por novas formas de coerção e influência (em geral referidas como "neoimperialismo" por seus críticos).

Na Indochina, a França experimentou uma das mais humilhantes derrotas sofridas pelas antigas potências imperiais, quando os engenhosos comandantes insurgentes vietnamitas Ho Chi Minh e Vo Nguyen Giap lançaram uma bem-sucedida guerra de guerrilha contra as forças francesas que tentavam reconstruir seu império asiático. Em 1954, depois da estarrecedora perda de Dien Bien Phu, os franceses basicamente admitiram a derrota e passaram o problema do Vietnã para os norte-americanos (que, no final das contas, não obtiveram resultados muito melhores). Em meados da década de 1960, quase todas as colônias francesas na África haviam conquistado sua independência, inclusive o Marrocos e a Tunísia, desde 1956.

A Argélia foi um caso especial, contudo, devido ao seu grau de integração à França Metropolitana. Os franceses podiam aceitar a perda de uma colônia ultramarina, mas a secessão de *départements* franceses era uma coisa diferente. Quando o FLN, *Front de Libération Nationale* ou [Frente de Libertação Nacional], lançou uma insurreição armada em 1954, o governo francês determinou-se a sufocar a rebelião e preservar o *status quo*. Por oito anos, a Argélia sofreu com uma guerra brutal, durante os quais centenas de milhares de argelinos morreram. As forças de segurança francesas raptaram e torturaram milhares de pessoas e cercaram cidades e vilarejos inteiros, transformando-os em campos de detenção, na tentativa de "quebrar a espinha" da insurreição. Em vez disso, a rudeza desses métodos levou a população argelina a apoiar a insurreição e deslegitimou a guerra aos olhos do público francês. Ainda que a FLN tenha se envolvido em atentados a bomba nas cidades e em massacres, seu objetivo principal de conquistar a independência ganhou maior legitimidade no âmbito doméstico e no estrangeiro.

Em 1958, uma coalizão de frustrados oficiais do exército e *pieds-noirs* perpetrou um golpe militar na Argélia, agravando a crise política que levaria à queda do governo francês e ao fim da Quarta República.[5] Charles de Gaulle, o herói da libertação francesa na Segunda Guerra Mundial, assumiu a presidência da França e teve início a era da Quinta República. De Gaulle já compreendera que a independência da Argélia seria inevitável e, consequentemente, arranjou as negociações e um referendo pela autorregulamentação. Os argelinos votaram favoravelmente à independência, que foi por fim concedida em 1962.

Duas ondas migratórias, de grande escala, no período posterior à Segunda Guerra Mundial ajudam a explicar o *status* das comunidades magrebinas – e sua culinária – na França, hoje. A migração de trabalhadores da Argélia, de Marrocos e da Tunísia foi reiniciada após o fim da guerra, e, à época em que esses países conquistaram a independência, centenas de milhares de seus cidadãos já viviam e trabalhavam na França. Muitos deles ainda tinham apenas empregos temporários e, com frequência, retornavam para o convívio de suas famílias; mas isso tornou-se menos viável uma vez que seus países, agora, estavam formalmente separados da França. Cada vez mais, famílias inteiras transferiam-se para a França, para ali se fixarem de modo permanente. Isso expandiu e entrincheirou a culinária magrebina, em especial o cuscuz, que, por tradição, era preparado por mulheres.[6] As famílias ajustaram-se às suas vidas radicalmente diferentes na França, e suas tradições culinárias tornaram-se um importante meio de sustentar a comunidade e a identidade.

Mas havia outra onda migratória que também contribuiria para a recém-adquirida popularidade do cuscuz. Com a independência da Argélia, cerca de 1 milhão de *pieds-noirs* retornaram à França.[7] Eles foram repatriados pelos portos meridionais franceses, incluindo Marselha, e muitos optaram por continuar a viver nessa região. Eles permaneceram como uma comunidade distinta dentro da França, devido à mútua hostilidade para com a população metropolitana, que os culpava pela longa, sangrenta e impopular guerra travada (por sua vez, os *pieds-noirs* sentiam-se revoltados por haverem sido "abandonados" pela nação francesa). Esse antagonismo sustentou a separação da identidade dos *pieds-noirs*, que, a despeito de ostensivamente voltarem ao seu próprio país, aferravam-se a práticas culturais – e, em especial, à comida – de seus lares perdidos. Seu apego a alimentos básicos como o cuscuz também fez expandir a popularidade dele em regiões nas quais os *pieds-noirs* se estabeleceram.

Os *pieds-noirs* continuaram sendo uma força política e social dentro da França por décadas e ainda o são até hoje. Emmanuel Macron recebeu uma dura lição quanto à sua influência, durante a campanha presidencial de 2017, quando foi forçado a pedir desculpas a uma plateia de *pieds-noirs* em Toulon, depois de ter caracterizado a colonização francesa da Argélia como um "crime contra a humanidade". Seus comentários foram condenados por Marine Le Pen, a candidata de extrema-direita da Frente Nacional (FN), que tradicionalmente dá-se muito bem nas regiões meridionais da França, com suas substanciais populações de *pieds-noirs*. Jean-Marie Le Pen, pai de Marine e fundador da FN, foi um paraquedista durante a guerra da Argélia, e explicitamente cortejou o assim chamado "voto cuscuz" durante toda a sua carreira política.[8]

Industriais franceses também foram repatriados da Argélia incluindo os que dirigiam fábricas de cuscuz, muitos dos quais estabeleceram-se ao redor de Marselha onde fundaram uma nova indústria de cuscuz. Com o passar do tempo, uma parcela maior da população francesa cedeu ao apelo dessa versão moderna do cuscuz, que é notavelmente diferente do tradicional estilo magrebino. O cuscuz industrializado é adquirido em uma embalagem e pode ser desidratado, enlatado ou congelado, além disso fica pronto em questão de minutos. Em vez de uma refeição comunal, preparada com amor, ele é, agora, uma prática forma de comida reconfortante, à qual pode ser acrescentada carne e legumes tradicionais franceses. Essa versão "assimilada" é, hoje em dia, muito popular na França, mas ninguém – quer seja magrebino ou francês – a vê, de fato, como um cuscuz autêntico.

É essa falta de autenticidade que impõe cautela quando se lê muito sobre a atual popularidade do cuscuz na França. Não se trata tanto de abraçar uma culinária estrangeira e o povo que a originou, quanto de uma apropriação seletiva de uma culinária ainda considerada inferior à francesa e de uma aproximação de uma população de tantas maneiras ainda mantida a distância. Tensões raciais e culturais são muito disseminadas em meio à sociedade francesa. Quando se trata de multiculturalismo, os franceses geralmente aderem à noção de *laïcité* (que pode ser traduzido, de maneira um tanto imperfeita, como "secularismo" ou "laicismo") e a uma estrita separação entre as identidades públicas e privadas. Em essência, as pessoas são livres para permitirem-se desfrutar de suas tradições culturais e religiosas em suas casas, na esfera privada; mas a esfera pública e o próprio Estado devem constituir-se de territórios "neutros", um lugar onde predominem os valores republicanos franceses. Há muito promovida pela esquerda, a *laïcité* é, hoje em dia, cada vez mais usada pela direita como um baluarte contra a expressão das crenças e práticas islâmicas que percebam como ameaçadoras. Há quem argumente que a *laïcité* não se refira mais a um secularismo neutro, mas que tenha sido apropriada para promover os valores franceses brancos e cristãos. Essa dinâmica tem sido vista em acirrados debates sobre o banimento do *niqab* na França e, particularmente, no reino da comida, com as controvérsias quanto à presença da carne *halal* e da carne suína nos cardápios das escolas. A FN também deblaterou sobre a proliferação das lojas de *kebab* nas áreas centrais das cidades.

O cuscuz não tem sido incluído nas linhas de frente dessa retórica. Embora ele seja inequivocamente associado com a diáspora magrebina, não é de fato associado às práticas islâmicas, nem como um elemento alheio aos valores franceses, e, por isso, ele parece ser menos polarizador.[9] Também parece pouco provável que a FN venha a atacar o cuscuz, sendo ele um prato preferido pelos seus apoiadores *pieds-noirs*.

Contudo, a história do cuscuz na França demonstra que ele sempre esteve associado às grandes correntes políticas e sociais. Hoje em dia, não é exatamente previsível o que o futuro reserva para as comunidades magrebinas na França, dada a relativa popularidade dos sentimentos direitistas, as políticas antiterroristas polêmicas e os severos desafios econômicos. Até este ponto, nossos capítulos têm revelado a repetida absorção de diversas culturas pela nação francesa ao longo da História, mas também demonstraram que isso nunca se dá de forma simples e uniforme – e, na verdade, algumas identidades regionais e culturais se mantiveram notavelmente resilientes no decorrer dos séculos. Assim, é provável que a culinária magrebina continue a ser reveladora de importantes visões referentes à evolução da identidade e do intercâmbio cultural na França.

49

Os Vegetais Esquecidos

Certos vegetais têm ensaiado uma espécie de "volta" às mesas francesas, os assim chamados *légumes oubliés*, ou "legumes esquecidos". Nos mercados de alimentos, nas *fruiteries* e em restaurantes "da moda", a incessante busca por novos sabores tem revivido a atenção dedicada a vegetais não popularmente consumidos por décadas – incluindo a alcachofra de Jerusalém, que na França é chamada de *topinambour*. Na verdade, ela é proveniente da América do Norte, e não de Jerusalém, e seu nome é uma alteração do italiano *girasole*, ou "girassol", família à qual a planta pertence. A raiz comestível da planta não é uma alcachofra, mas, sim, um tubérculo, como a batata, embora tenha um ligeiro sabor de alcachofra, o que pode explicar seu nome.

Há não muito tempo, todavia, esse vegetal decididamente *não* foi esquecido na França. Durante a Segunda Guerra Mundial, a maioria do povo francês teve de aprender a viver sob um governo nazista – e com a *topinambour*.

Os horrores da Primeira Guerra Mundial, afinal de contas, não puderam evitar a recorrência de outra guerra, ainda mais terrível. Ao longo de todo o período entreguerras os franceses preocuparam-se com a possibilidade de que, um dia, a Alemanha recomeçasse as hostilidades, e isso pareceu ainda mais provável com a ascensão de Adolf Hitler e sua escalada de agressões: a retomada da produção de armamentos, a remilitarização da Renânia (uma região próxima do rio Reno) e a anexação da Áustria. Os preparativos da

França para uma nova guerra em potencial foram limitadas pela debilidade econômica e pelas políticas domésticas, com governos esquerdistas preferindo um exército de convocados por curtos períodos em vez de um exército profissional maior, que potencialmente pudesse apoiar um golpe reacionário.[1] Pelo final da década de 1930, a doutrina militar francesa era amplamente defensiva, baseada em uma elaborada série de fortificações conhecida como a Linha Maginot, na qual presumivelmente o exército francês poderia conter uma invasão alemã por um longo tempo. As forças alemãs, então, poderiam desgastar-se em um ataque infrutífero, dando à França e aos seus aliados a chance de lançar uma contraofensiva e repelir a invasão.

Em 1938, Hitler moveu-se para anexar os Sudetos, a região fortemente germanizada da vizinha Tchecoslováquia, país com que a França mantinha uma aliança desde 1924. O primeiro-ministro francês Édouard Daladier e o primeiro-ministro britânico Neville Chamberlain encontraram-se com Hitler e Benito Mussolini em Munique, para negociar a crise. Daladier não alimentava ilusões quanto às verdadeiras intenções de Hitler, argumentando, de modo presciente, que, se fosse permitido a Hitler o desmembramento da Tchecoslováquia, não haveria limites para sua conquista de todo o continente. Mas não havia na França um "apetite" para a guerra, e Chamberlain forçou ao país para que se comprometesse, ao que Daladier, por fim, acedeu. Ele voltou à França desesperançado, mas foi saudado com vivas e aplausos por evitar um novo conflito. *"Ah les cons, si ils savaient!"*, teria supostamente comentado ele com um assistente. "Ah os tolos, se ao menos eles soubessem!" Seus temores se realizaram quando Hitler anexou toda a Tchecoslováquia à Alemanha, assinou um pacto de não agressão com a União Soviética e preparou-se para a guerra total e aberta.

O início da Segunda Guerra Mundial na Europa é convencionalmente datado de 1º de setembro de 1939, com a invasão alemã à Polônia. Tanto a França quanto a Grã-Bretanha, então, declararam guerra à Alemanha, mas seguiram-se oito meses de uma "guerra falsa" durante os quais a França pouco pôde fazer além de esperar pela invasão alemã inevitável. Esta chegou em maio de 1940, com uma espantosamente eficiente *blitzkrieg* [guerra relâmpago], uma ofensiva que empregou tanques, poderio aéreo e inovadoras táticas de guerra para atravessar os Países Baixos e ultrapassar a seção mais vulnerável da Linha Maginot. A Força Expedicionária Britânica foi evacuada da França em uma grande operação de resgate em Dunquerque. O exército francês foi incapaz de evitar que os alemães marchassem por Paris no dia 14 de junho, em uma humilhante derrota militar que deixaria cicatrizes duradouras na alma francesa. Dois milhões de soldados franceses foram feitos prisioneiros de guerra, e milhões de civis franceses fugiram para o sul do país, à frente dos exércitos alemães.

De Londres, o general Charles de Gaulle instou o povo francês para que resistisse aos invasores, mas em Bordeaux o governo francês, esvaziado às pressas, decidiu buscar um armistício com os alemães. Sob os termos do acordo, a França permanecia formalmente um país independente, mas seria dividida em duas partes: a metade setentrional e toda a costa francesa do Atlântico estavam sob ocupação alemã, enquanto a metade meridional vivia sob as leis de um novo governo encabeçado pelo marechal Philippe Pétain, o herói da Primeira Guerra Mundial. Pétain instaurara seu quartel-general na cidade-balneário de Vichy, que emprestou seu nome ao regime de extrema-direita que substituiu a Terceira República. Partidos políticos e a imprensa livre foram banidos; judeus e comunistas foram cada vez mais perseguidos. Em 1942, a colaboração francesa para o Holocausto ganhou maior intensidade, quando tanto franceses quanto judeus estrangeiros foram aprisionados e mantidos em campos de concentração franceses, tais como Drancy, antes de serem deportados para o leste. As condições pioraram ainda mais pelo final de 1942, quando a Alemanha ocupou toda a França. Mais de 75 mil judeus foram deportados da França, número em que se incluíam mais de 11 mil crianças. A maioria dessas pessoas morreu em Auschwitz, e acredita-se que apenas cerca de 2.500 deportados sobreviveram.[2] O último trem de deportação deixou a França em agosto de 1944, com os Aliados prestes a liberar Paris – uma indicação do fanático comprometimento nazista com o Holocausto, mesmo às custas das iniciativas militares alemãs.

A Alemanha instituiu um severo sistema de exploração durante seu governo, usando os consideráveis recursos da França para alimentar a gigantesca campanha na Frente Oriental e sua contínua ocupação da Europa e para atender às necessidades dos cidadãos na própria Alemanha. Os nazistas lembravam-se das lições aprendidas durante a Primeira Guerra Mundial, quando

Esta placa memorial na Praça Temple, em Paris, testemunha que 11 mil crianças foram deportadas para Auschwitz pelo regime nazista, em colaboração com o governo de Vichy. Entre elas havia 500 crianças do 3º *arrondissement* (distrito em que se divide um departamento). Os nomes listados na placa são os das 87 crianças que foram deportadas antes que sequer tivessem idade suficiente para frequentar uma escola. © Lillian Hueber, 2016.

uma população faminta apoiou a derrubada da monarquia e a rendição alemã, por isso seus esforços para manter a população do país bem alimentada e feliz foram organizados em grande parte para evitar outra "punhalada nas costas", como se referiam a isso. Mais de 3,5 milhões de franceses foram deportados para a Alemanha para executar trabalhos braçais, num esquema chamado STO, *Service du Travail Obligatoire* [Serviço de Trabalho Obrigatório]. Isso levou a uma queda significativa na produção de alimentos e outros bens na França, ao mesmo tempo que se esperava que o país contribuísse materialmente para a máquina de guerra nazista. A excessiva requisição de alimentos, combinada com a queda na produção e nas importações significava que havia cada vez menos comida para a população local, embora isso pudesse variar, de modo considerável, de acordo com as diversas regiões.[3] Cidadãos mais abastados davam-se um pouco melhor, mas mesmo os mais bem relacionados lutavam para manter uma dieta como a dos tempos de paz. Um artigo publicado depois da guerra pela revista *Life* falava do estado da gastronomia francesa e notava que Curnonsky, o "Príncipe dos Gastrônomos", baixara de seus robustos 125,6 quilos para 82,1 devido às privações da guerra.[4]

Para controlar a situação, o governo emitiu cupons de racionamento. Uma pessoa adulta que vivesse apenas com esses cupons de racionamento consumiria entre 1.000 e 1.300 calorias por dia, muito abaixo da média necessária de 2.400 calorias diárias.[5] À medida que a guerra prosseguia, as provisões tornavam-se menores – sobretudo às vésperas do Dia D, em 1944, quando os alemães quiseram assegurar-se de que teriam comida suficiente para alimentar seu exército durante as longas batalhas que enfrentariam.

E como se o racionamento não fosse ruim o bastante, o mero fato de possuir os cupons não era uma garantia de que se poderia de fato obter comida. Especialmente nas cidades, as lojas podiam permanecer vazias por muito tempo devido à falta de suprimentos. Um gigantesco mercado negro (*marché noir*) se desenvolveu, quando fazendeiros e comerciantes tentavam comercializar tão pouco quanto pudessem no mercado oficial, no qual os preços eram mantidos enganosamente baixos. Alguns vendiam seus produtos a preços extorsivos e enriqueceram à custa de suas justificativas sociais. Outros mantinham preços razoáveis, com o objetivo primário de reservar comida para o faminto povo francês em vez de para os alemães (esse câmbio informal costumava chamar-se "mercado cinzento", ou *marché gris*). Em uma intrigante reversão da dinâmica costumeira, os moradores das cidades encontravam-se, então, em situação pior do que os habitantes das zonas rurais. Muitos sobreviveram somente graças a pacotes de comida que lhes eram enviados por parentes que viviam no campo ou fazendo viagens (geralmente em bicicletas) às zonas rurais para comprar ou trocar produtos das fazendas.[6]

Essa situação difícil foi descrita em um notável remanescente daqueles dias, um pequeno livro intitulado *Instructions for British Servicemen in France 1944*, produzido pelo ministério do exterior para os soldados participantes da invasão dos Aliados.

> Lembrem-se de que a França continental tem sido ocupada diretamente. Em consequência disso, o país foi espoliado de tudo pelos alemães.

Quase todos os civis franceses (incluindo as crianças francesas) estão desnutridos, e muitos têm morrido de exaustão e de fome, pois os alemães consumiram todo o alimento. Os alemães também beberam todo o vinho ou o destilaram para que fosse usado como combustível. Vocês já experimentaram algum tipo de racionamento em casa e vivenciaram alguma escassez temporária de várias coisas com as quais estavam acostumados. Mas vocês jamais conheceram – tal como os franceses, graças aos alemães – uma escassez tão duradoura dos artigos mais comuns. Comida, bebida, roupas, tabaco – tudo tem sido racionado, e ter um cupom não significa obter mesmo a porção mais mínima. Mulheres têm formado filas diariamente, para adquirir legumes e vegetais, desde as quatro horas da manhã até que o mercado feche, às 8h30 – e vão-se embora sem levar nada, porque os alemães roubam os caminhões antes que cheguem aos seus destinos. O pão tem sido frequentemente impossível de obter e, também, quase sempre, impossível de comer.[7]

O único aspecto positivo do racionamento (se é que se pode aplicar o termo *positivo* àqueles tempos sombrios) era que as pessoas não podiam fumar ou beber tanto, uma vez que o tabaco e o vinho eram racionados. Assim, o número de mortes por doenças provocadas pelo fumo e o álcool decresceu durante os anos de guerra.

Mesmo com uma vibrante economia no mercado ilegal (quem disse que os franceses não têm uma palavra para designar empreendedorismo?), a comida permanecia escassa. As pessoas passaram a comer pombos e corvos em vez de galinhas, e algumas comiam gatos. Elas faziam maionese sem ovos, se é que algo assim seja imaginável. As pessoas se esforçavam para encontrar substitutos para o que estivesse faltando; e como o idioma francês contém em si mesmo um certo senso de humor ácido, uma palavra alemã para esse fenômeno parecia apropriada, e esses produtos substitutos foram chamados *ersatz*. Aquela foi uma situação particularmente traumática para uma nação cuja gastronomia era um elemento de identidade tão importante, um marco da civilização que eles julgavam possuir.

Foi então que a *topinambour* teve seu momento de glória gastronômica. Ela jamais havia realmente conquistado o gosto da população depois de ser trazida da América no século XVII e era considerada como um alimento das classes mais pobres.[8] Mas, então, aquele vegetal não era requisitado pelos alemães e não era racionado (ao contrário das batatas, que eram meticulosamente confiscadas pelas forças de ocupação). E por tratar-se de um vegetal que cresce em solos pobres e requer poucos cuidados, em dado momento as pessoas estavam cultivando as alcachofras de Jerusalém por todos os lugares e comendo grandes quantidades delas. Trata-se de um vegetal capaz de produzir grande saciedade, e suas folhas secas também podem ser usadas como um tabaco *ersatz* (embora não seja um *ersatz* muito bom). Infelizmente, como a *topinambour* não é muito fácil de preparar ou de digerir, ela não serviu como um substituto muito agradável.

Outros alimentos outrora desprezados também passaram a ser mais consumidos, como a rutabaga. Previamente usada apenas para alimentar animais, agora era cultivada no *Jardin du Luxembourg* [Jardim de Luxemburgo], em Paris, e por toda zona rural. Os alemães não tinham nenhuma inclinação para requisitar rutabagas, talvez porque os fizessem lembrar de sua experiência de fome em tempos de guerra, a *Steckrübenwinter* [inverno da rutabaga] de 1916-1917.

Ainda que a França não tivesse sido tão cruelmente ocupada como outros países, aquela se tratava de uma era miserável e, depois da guerra, todos os alimentos rústicos que haviam sustentado a população foram deixados de lado. Tal como disse uma senhora idosa a Stéphane quando ele trabalhava em uma *fruiterie* em Nantes que passou a vender *topinambour*: "Sinceramente, *topinambour*!? Nós comíamos isso o tempo todo durante a guerra. Hoje não consigo comer sequer um bocado, nem que você me pague para fazer isso". Na verdade, elas não eram dadas de graça: de fato, eram quatro vezes mais caras do que as batatas, devido ao seu recentemente adquirido *status* de comida "da moda". Elas continuam sendo um substituto para as batatas – cozidas e amassadas com bastante manteiga e sal, ou boiando em sopas, no inverno – mas seu distinto sabor de alcachofra permanece provocando repulsa em alguns comensais. Só o tempo dirá se a *topinambour* será relegada ao esquecimento mais uma vez.

50

Canon Kir Junta-se à Resistência

A Segunda Guerra Mundial permanece sendo o conflito mais letal da História moderna, com quase 60 milhões de pessoas tendo perecido ao longo de múltiplas linhas de frente. O que permanece tão inquietante sobre a guerra não é apenas o enorme número de baixas, mas a maneira pela qual a moderna tecnologia e a indústria foram tão cruelmente empregadas para aperfeiçoar a máquina de matar. O poderio aéreo introduziu uma "terceira dimensão" à guerra e logo enviou combatentes para correrem a toda velocidade e de maneira descontrolada o caminho para a guerra total, com cidades inteiras sendo incineradas em bombardeios noturnos. Tanques e veículos blindados deram aos exércitos uma nova mobilidade e letalidade, e pelo final da guerra dois colossais exércitos de milhões de homens se confrontavam por toda a extensão do leste europeu. Cientistas dedicaram suas atenções para o desenvolvimento da mais eficiente câmara de gás e à invenção da bomba atômica. Contra forças tão poderosas e superioridade tecnológica, o povo comum frequentemente encontrava-se incapaz de resistir.

Mesmo assim, movimentos de resistência surgiram em todos os países afetados pela guerra, com um amplo espectro de dimensões e efetividade. Na Dinamarca, toda a população cooperou em segredo para a evacuação dos judeus do país antes que os alemães pudessem deportá-los. Na Polônia, o exército local travou uma batalha ferrenha, ainda que ineficaz, para libertar Varsóvia em 1944. Por toda a Europa, diplomatas simpáticos e oficiais de governos arriscaram suas vidas para providenciar documentos e rotas de fuga para populações em risco. A resistência aos nazistas era extremamente perigosa: não apenas os próprios membros da resistência, mas os civis locais eram, com frequência, mortos em retaliação. Em um dos incidentes mais rememorados da guerra praticamente toda a população do vilarejo francês de Oradour-sur-Glane – mais de seiscentos homens, mulheres e crianças – foi massacrada por uma unidade da Waffen-SS, depois de relatórios sobre atividades dos *partisans* naquela localidade.

Dentre todos os movimentos de resistência europeus, talvez nenhum outro tenha sido tão romantizado – ou tenha motivado tantas controvérsias – quanto a resistência francesa. É difícil saber exatamente quão grande ou disseminada a resistência francesa de fato foi, e seu impacto é, com frequência, superestimado. Uma grande parcela da população francesa colaborou abertamente com a nova ordem, quer de dentro do governo de Vichy ou nas notórias unidades paramilitares da Milícia. É provável que a maioria da população não adotasse posições de colaboração nem de resistência, mas sim o que os franceses chamam de *attentisme*, uma posição de "esperar e ver o que acontece". Essa passividade popular beneficiou os regimes nazista e de Vichy a princípio, mas fez mudar a vantagem para os grupos de resistência à medida que estes se tornaram mais fortes nos estágios finais da guerra. O Partido Comunista Francês (*Parti Communiste Français*, ou PCF) ampliou suas atividades clandestinas após a invasão alemã à União Soviética em 1941, e, depois que o esquema de trabalhos forçados foi imposto pelo *Service du Travail Obligatoire* em 1943, milhares de homens escaparam à deportação juntando-se a grupos rurais de resistência. O livreto *Instruções para Soldados Britânicos a Serviço na França, 1944*, afirmava: "Não precisamos duvidar da boa vontade da vasta maioria do povo da França [...] A pequena e espantosamente corajosa minoria que conduziu a resistência ativa dentro da Terra Materna tem por trás de si uma proporção crescente (ultimamente superior a 95%) do povo francês que resistiu passivamente aos alemães e seus fantoches de Vichy".[1]

A complexidade da decisão quanto a resistir e as várias formas que a resistência pôde assumir podem ser vistas ao contemplar-se alguns locais específicos na França – como Dijon, a capital da Borgonha. Tal como acontece, a história da resistência de Dijon contribui para explicar a popularidade do *vin blanc cassis*, um aperitivo clássico melhor conhecido como *Kir*, nome de um popular herói da resistência.

Dijon é muitas vezes descrita como o portal para a famosa região vinícola da Borgonha, mas talvez ela seja mais conhecida pelo mundo todo pela mostarda temperada que leva seu nome. A mostarda é feita com as sementes da planta de mostarda, que tem sido cultivada na Europa desde a Antiguidade, fazendo da mostarda um condimento relativamente barato e, por isso, muito popular por séculos. Em meados do século XIV a primeira indústria de produção de mostarda em grande escala cresceu ao redor de Dijon, onde a empresa de Grey Poupon foi estabelecida no século XIX pelo inventor do moinho de mostarda movido a vapor. Hoje em dia, a Grey Poupon é uma empresa norte-americana, e suas mostardas não podem ser encontradas na França. Mas não faltam outras opções, pois a mostarda é, de longe, o mais popular e barato condimento francês, emprestando seus sabores a toda espécie de coberturas e molhos, como o acompanhamento preferido para linguiças, hambúrgueres e outros pratos de carnes. A mostarda de Dijon é do estilo mais comum, mas também vale a pena experimentar a *moutarde à l'ancienne*, uma variedade mais granulosa. Curiosamente, Dijon não conta com uma AOC para a mostarda que leva seu nome.

Outra especialidade local é o cassis, ou a groselha-negra, uma espécie de fruta muito ácida e vermelho-escura que é praticamente desconhecida nos Estados Unidos porque foi banida do país em 1900 depois que se descobriu que seus arbustos espalhavam um fungo mortífero para pinheiros. A maioria dos norte-americanos apenas conhecerá esse pequenino fruto por meio do *crème de cassis*, um licor negro de cassis inventado em Dijon em meados do século XIX. Cerca de meio século mais tarde, os *cafés* locais começaram a servir um coquetel de *crème de cassis* e vinho branco seco (idealmente, o *aligoté* de Borgonha). A bebida foi chamada de *blanc-cass*, e seu sabor refrescantemente seco e doce fez dela um esplêndido aperitivo.

Dijon tem uma longa história de prosperidade, servindo como a sede dos poderosos duques da Borgonha antes que a região fosse incorporada à França, e conheceu um renovado sucesso com a expansão das ferrovias e autoestradas que a cruzam. A cidade foi ocupada pelo exército alemão poucos dias depois da queda de Paris, em junho de 1940, e ficou dentro dos limites da ocupação da região norte do país, criada após o armistício. O prefeito da cidade fugiu, e um grupo de cidadãos proeminentes assumiu as responsabilidades do município, tais como assegurar a distribuição de alimentos e a continuidade do funcionamento de hospitais e escolas.

Um desses notáveis moradores locais era Félix Kir, um sacerdote católico que andava pela casa dos 60 anos de idade. Como padre de uma paróquia conservadora, ele não era totalmente contra o novo regime de Philippe Pétain e seu lema de *Travail, Famille, Patrie* [Trabalho, Família, Pátria], que substituiu o lema republicano *Liberté, Égalité, Fraternité* [Liberdade, Igualdade, Fraternidade] durante os anos da guerra. Kir também concordava ideologicamente com o ferrenho anticomunismo do regime francês, mas ele não podia compreender nem perdoar a submissa colaboração de Pétain com os invasores alemães e, desde o início da ocupação, Canon Kir adotou uma postura diferente. Uma quantidade de lendas detalha suas supostas conversas com as autoridades alemãs. Segundo uma delas, quando os soldados alemães chegaram e pediram a Kir para que se rendesse em nome da cidade, ele respondeu: "Não, senhor, porque a rendição não é francesa". Quando oficiais nazistas vieram à prefeitura e exigiram cem toneladas de feno, Kir protestou dizendo que eles se encontravam no edifício da prefeitura, não em uma fazenda. Eles seriam bem-vindos para atirarem nele e transformá-lo em *saucisson* [salsichão], mas não haveria feno disponível. E, quando os nazistas requisitaram todos os melhores vinhos da Borgonha, ele fingiu não se importar e declarou que o *blanc-cass* era a "bebida oficial" de Dijon, de todo modo.

A resistência de Kir aos alemães foi além da retórica. Quando um campo de prisioneiros de guerra foi aberto em Longvic, próximo de Dijon, ele usou sua posição oficial como um líder da cidade *de facto* para arranjar visitas pessoais. Ele contrabandeou rações adicionais para o interior do campo e seu automóvel tinha, regularmente, mais passageiros na saída do que na entrada. Dijon não distava muito da linha demarcatória da França não ocupada, e Kir providenciou permissões para viagens a prisioneiros foragidos que lhes permitiam cruzar o território livre da ocupação. Segundo as lendas, ele e outros membros da resistência local ajudaram a mais de 5 mil prisioneiros a fugir do campo.

O termo "resistência francesa" abrange um amplo espectro de grupos e atividades. Havia pessoas como Kir, que usavam de seus deveres oficiais para auxiliar outros a escaparem da França ou defendiam os habitantes locais contra o impacto total da ocupação. Ativistas imprimiam clandestinamente jornais e folhetos denunciando a ocupação. Grupos mais organizados surgiram por todo o interior, tornando-se conhecidos como *maquis* ou *maquisards* [espectros ou duendes]. Eles sabotaram fábricas e linhas férreas, impedindo, em grande parte, a produção e o embarque de suprimentos militares e alimentos para os alemães, e ajudaram pilotos Aliados abatidos a fugirem da França. Eles supriram informações de inteligência críticas para as forças Aliadas e receberam cargas lançadas de paraquedas com suprimentos e orientações. Os grupos de *maquis* eram, com frequência, organizados segundo a ideologia ou a identidade, por isso havia distintos grupos de resistência comunistas, uma rede de resistência judaica e grupos locais que também visavam autonomias regionais. A cooperação entre eles aumentou com o passar do tempo, de modo que, pelo final de 1942, o *Comité Français de Libération Nationale* [Comitê Francês de Libertação Nacional], sob o comando do General Charles de Gaulle servia como uma "organização guarda-chuva" para todos os grupos de resistência da França. Sua efetividade melhorou muito e, por volta de 1944, já compreendia por volta de 100 mil pessoas. Eles desempenharam um papel fundamental na preparação para a invasão dos Aliados no Dia D e no atraso da resposta alemã.

A Borgonha foi um local-chave para a resistência, pois se localizava em ambos os lados da linha demarcatória e apresentava grandes extensões de terreno inacessíveis, tais como a Floresta Morvan, um excelente esconderijo para os *maquis*. Os alemães estavam, sem dúvida, determinados a esmagar as atividades da resistência e, em Dijon, passaram a suspeitar de Canon Kir. Consequentemente, ele foi preso e sentenciado à morte. Mas um oficial alemão de alta patente relutava em executar um sacerdote popular e um oficial administrativo municipal, e, após vários meses de prisão, Kir foi libertado com a condição de que se abstivesse do cumprimento de quaisquer deveres oficiais daquela data em diante. Ele continuou a desempenhar de maneira secreta suas atividades na resistência até 1944, quando foi alvejado de tiros por um par de colaboracionistas franceses e quase preso pela Gestapo. Então, ele decidiu fugir e foi esconder-se a cerca de 100 quilômetros de Dijon.

Pouco depois da invasão Aliada da Normandia, em junho de 1944, foi determinado que um novo *front* teria de ser aberto, e a Operação Dragão foi iniciada naquele mês de agosto. Nessa invasão menos conhecida, forças norte-americanas, britânicas e francesas desembarcaram na costa do Mediterrâneo, ao longo da Costa Azul, e perseguiram um enfraquecido exército alemão em direção ao norte, até o Vale do Ródano. A ofensiva foi ajudada em grande parte por grupos locais da resistência, que causaram sérios danos às linhas alemãs de comunicações e transportes atrapalhando, assim, suas defesas. Os alemães tentaram manter o território conquistado em Dijon, mas foram empurrados de volta às montanhas Vosges, onde um novo *front* estabilizou-se. Todo o sul da França fora liberado em pouco mais de quatro semanas. Soldados Aliados desembarcados no Sul encontraram-se com aqueles que atacavam na Normandia, e planos foram feitos visando um impulso final para adentrar a Alemanha nazista.

Enquanto os soldados Aliados prosseguiam em direção a Dijon, Kir retornou à sua cidade, aparentemente percorrendo a pé todo o caminho de volta. Entrou em Dijon ao mesmo tempo que os soldados Aliados e foi instantaneamente reconhecido e celebrado como um dos libertadores da cidade. Graças à sua popularidade conquistada em tempos de guerra, foi eleito prefeito de Dijon, posição que manteve até sua morte em 1968, e se tornou um deputado parlamentar eleito pela cidade. Foi um entusiástico propagandista dos principais produtos da cidade, incluindo o *crème de cassis*, com o qual saudava os visitantes da prefeitura. Quando vários produtores lhe perguntaram se poderiam usar seu nome para vender o licor, ele concordou alegremente. Depois de sua morte, os produtores acabaram em um tribunal debatendo sobre quem teria o verdadeiro direito de usar seu nome, mas a essa altura o *blanc-cass* já era referido como "*Kir*", tal como ainda é por toda a França e pelo restante do mundo.

Há muitas variações do coquetel *Kir*. Talvez a mais conhecida seja o *Kir Royale*, que é feito com vinho seco espumante em vez de vinho não gaseificado, mas existem muitas variações regionais na França. O *crème de cassis* misturado com sidra é o *Kir Normand* ou *Kir Breton*; em Nantes ele é misturado com o vinho local, o *Muscadet*, e chamado *Kir Nantais*. O *crème de cassis* misturado com vinho tinto pode ser chamado tanto de *Kir Communard* ou *Kir Cardinal*, dependendo das inclinações ideológicas das pessoas.

Os *barmen* de Dijon também criaram um coquetel chamado *KK*, iniciais de *Kir Khrushchev* em honra dos esforços do padre Kir para promover a paz durante a Guerra Fria por meio de intercâmbios culturais com os soviéticos. (Não surpreendentemente, o drinque é feito com *crème de cassis*, vinho branco e vodca – uma combinação que certamente fazia adversários esquecerem suas divergências políticas.) O *premier* Nikita Khrushchev chegou mesmo a visitar Dijon durante sua excursão pela França em 1960, mas infelizmente não pôde encontrar-se com Canon Kir: a Igreja Católica convocou Kir para longe de Dijon sob algum pretexto, aparentemente preocupada com que ele pudesse adotar uma postura um tanto amistosa com relação aos soviéticos ateístas. Em suas memórias, Khrushchev ressalta sua mágoa por não ter podido conhecer o herói da resistência, mas expressa seu deleite pelas calorosas boas-vindas que recebeu do povo de Dijon.[2]

Tal como muitas histórias da resistência francesa, é difícil separar os fatos da ficção em torno da lenda de Canon Kir. Mas é notável perceber quão bem viajada sua lenda se tornou, em parte graças ao delicioso drinque que leva seu nome, e o que isso indica sobre as duradouras crenças francesas sobre sua experiência durante a guerra. Desde a Segunda Guerra Mundial os franceses têm desfrutado de um dos mais longos períodos na História sem sofrer agressões externas. Contudo, esse período extenso de paz não apagou as cicatrizes da derrota e da ocupação por muitos anos. Havia novas batalhas a serem travadas dentro da própria França.

51

França e Estados Unidos: da Libertação à Exasperação

A libertação da França teve início no dia 6 de junho de 1944, quando uma força Aliada de mais de 150 mil soldados norte-americanos, britânicos e canadenses invadiram as praias setentrionais da Normandia. A maioria do povo francês sentiu-se feliz por ver os alemães serem expulsos e grata aos soldados Aliados que chegaram no lugar deles, trazendo comida, café, cigarros e outros gêneros não apreciados havia anos. Cenas de multidões extasiadas dando boas-vindas às forças Aliadas, com efusivas saudações e abraços, estabeleceram um padrão icônico da libertação. As cidades e os vilarejos da França saborearam sua soberania restaurada, ainda que contassem os terríveis custos que a ofensiva trouxera consigo.

O Dia D permaneceu como um evento ressonante em ambos os lados do Atlântico. Todos os anos, milhões de turistas visitam os lugares do desembarque e as cidades próximas, que são pontilhadas por museus, memoriais e os assombrosamente enormes lugares onde foram sepultados os caídos em batalha. A maioria desses lugares está situado no *département* francês de Calvados, a "terra natal" de quatro dentre as cinco praias onde ocorreram os desembarques do Dia D (chamadas Omaha, Gold, Juno e Sword). À medida que as forças desembarcadas se moviam terra adentro, elas se deparavam com cidadezinhas e vilarejos da Normandia rural, e suas interações com os habitantes locais contribuíram para a produção de leituras particularmente interessantes sobre as muitas memórias de guerra do período.

Uma especialidade normanda merece uma menção especial em muitas memórias: o fortíssimo conhaque de sidra de maçã também chamado Calvados. Historicamente ele era chamado *eau-de-vie de cidre*, indicando tratar-se de um destilado da sidra de maçã local, em uma tradição que parece ter-se iniciado no século XVI. Um Calvados adequado é envelhecido por ao menos dois anos em barris de carvalho, assumindo uma tonalidade luminosamente dourada e um sabor mais suave. Os soldados norte-americanos desenvolveram um grande gosto tanto pela sidra quanto pelo Calvados, embora precisassem ter muito cuidado com esse último devido à sua potência (geralmente atingindo os 85% de álcool por volume). Rumores dão conta de que o Calvados era usado pelos soldados norte-americanos para abastecerem seus isqueiros – uma suspeita razoável, visto que em ambas as grandes guerras exércitos haviam requisitado a bebida para o uso na indústria de armamentos. Esses maus-tratos para com seu adorado conhaque levaram os produtores de Calvados a buscar por uma AOC para seu produto, a qual foi concedida em 1942, preservando assim o conhaque para seu propósito originalmente pretendido.

Infelizmente, o ânimo festivo e uma recém-encontrada bonomia não duraram muito. Ainda nas primeiras semanas da libertação, algumas forças norte-americanas receberam boas-vindas menos amigáveis, e os comandantes militares norte-americanos exasperavam-se com suas contrapartes francesas. Em 1945, as forças armadas norte-americanas publicaram um extraordinário livreto para os soldados estacionados na França, intitulado *112 Gripes About the French*. A publicação lista uma fascinante gama de queixas comuns entre os soldados – os franceses eram ingratos, arrogantes, covardes, muito cínicos, sujos, cheiravam muito a alho, e assim por diante – e proporcionava robustas refutações a cada uma delas, relembrando aos norte-americanos não apenas das extremas privações da ocupação mas, também, das contribuições históricas da França para a civilização mundial. Uma seção inteira era dedicada a desacreditar a ideia de que os aparentemente mais eficientes, limpos e corajosos alemães seriam aliados mais naturais da América – uma indicação, mesmo em data tão precoce, de que um problema estava sendo gerado para as relações pós-guerra. De modo interessante, não há quaisquer queixas quanto à culinária francesa, exceto a de que os soldados não a tinham oferecido em quantidade suficiente.[1]

Depois da rendição da Alemanha, em maio de 1945, uma nova era de provocações franco-americanas teve início, enquanto os desafios da recuperação e a emergência das políticas da Guerra Fria complicavam os relacionamentos em muitos campos. Uma das mais visíveis deu-se no reino da gastronomia, que assumiu uma importância simbólica exagerada enquanto os temperamentos políticos davam sinais de desgaste, resultando periodicamente em querelas e controvérsias.

Uma das primeiras surgiu em 1950, quando a França aparentemente poderia ter banido a Coca-Cola. Graças a uma longa história de *marketing* agressivo e seus esforços patrióticos durante a Segunda Guerra Mundial, a Coca-Cola havia-se tornado um dos mais destacados símbolos dos Estados Unidos e de tudo o que representam: capitalismo, mercados livres e ferrenho anticomunismo. A companhia não se abstinha de uma ostensiva presença política; seu presidente-executivo, James Farley, proclamou em 1950: "Chegou o tempo para que os norte-americanos desafiem as agressivas, ateístas e traiçoeiras práticas do totalitarismo comunista".[2] Essa afirmação tornou a bebida profundamente impopular entre os comunistas europeus, que uniram forças com produtores locais de bebidas preocupados com a competição enquanto a Coca-Cola começava a tentar estabelecer uma posição segura na Europa do pós-guerra.

Na França, o Partido Comunista detinha a maior bancada na Assembleia Nacional, contando com um duradouro apoio de cerca de um quarto da população. Isso fazia da França um campo de batalha decisivo na emergente Guerra Fria, enquanto os Estados Unidos e a União Soviética competiam pela lealdade das populações europeias. Os comunistas franceses deploravam a desproporcional influência dos Estados Unidos na França do pós-guerra e passaram a referir-se a essa crescente americanização como "coca-colonização", depois que os planos da Coca-Cola para estabelecer engarrafadoras na França foram revelados em 1948. Segundo esse ponto de vista, a Coca-Cola seria apenas outro sintoma dos esforços norte-americanos para subjugar a França: uma espécie de subversão cultural que estaria por trás de esquemas mais óbvios tais como o Plano Marshall e a formação da OTAN. A recém-encontrada hegemonia da América nos campos político, militar, econômico e cultural estaria cada vez mais assegurada, o que era um estado

EXÉRCITO DOS ESTADOS UNIDOS

GUIA PARA SOLDADOS EM LICENÇA

Na primavera de 1945, um médico do exército norte-americano chamado Victor Kobas chegou em Paris para assumir um posto por vários meses. Ele colecionou uma quantidade de cartões postais e fotografias durante sua estada ali, bem como esta útil brochura produzida pelo exército dos Estados Unidos, com abundantes mapas e dicas turísticas para a capital liberada. Ele passou sua coleção para seu filho, e a brochura foi redescoberta durante a produção deste livro por sua neta, Jeni Mitchell. A ilustração revela as presunções norte-americanas sobre os principais aspectos culturais a serem apreciados em Paris, ao mesmo tempo que incautamente retrata os Estados Unidos em posição dominante que tanto enfureceu a muitos franceses no período pós-guerra. Cortesia de George Kobas e Linda Grace-Kobas.

de coisas conducente de ansiedade para uma das antigas grandes potências da Europa.

Os comunistas não eram os únicos a oporem-se à Coca-Cola. Produtores franceses de vinhos, sucos e água mineral preocupavam-se com a concorrência desleal, e ativistas pela saúde pública acusaram a bebida de ser viciante, possivelmente até mesmo venenosa. Em 1950, essa coalizão de oponentes conseguiu que a Assembleia Nacional submetesse o assunto a votação. A proposta comunista de banir por completo a Coca-Cola foi derrotada, mas uma proposição mais moderada foi sugerida, para que se desse ao governo a autoridade para, eventualmente, banir "bebidas não alcoólicas feitas a partir de extratos vegetais" (em outras palavras, a Coca-Cola). Essa moção foi aprovada, mas não teve qualquer efeito real uma vez que não ordenava diretamente um banimento.

Após vários anos de disputas legais e apelos aos oficiais dos governos de ambos os lados do Atlântico, a Coca-Cola pôde, afinal, prosseguir com suas operações na França. Mas ela não foi cordial e calorosamente recebida pelo público francês, e ainda hoje a França (e a Itália) apresenta um dos mais baixos índices de consumo de Coca-Cola *per capita* da Europa, atingindo cerca de um terço do consumo nos Estados Unidos. Contudo, tal como em outros países, a bebida ainda vem a simbolizar uma espécie de busca despreocupada por um prazer juvenil. Em seu filme de 1966, *Masculino Feminino* (*Masculin Féminin*), Jean-Luc Godard caracterizou a juventude da França como "os filhos de Marx e da Coca-Cola".

A imprensa e o público norte-americanos não ficaram nada felizes com a oposição francesa à Coca-Cola, e em suas reações pode-se notar traços retóricos de futuros embates sobre o intercâmbio gastronômico. Farley trovejou: "A Coca-Cola não causou danos à saúde dos soldados norte-americanos que libertaram a França dos nazistas, de modo que deputados comunistas pudessem, hoje em dia, estar em sessão".[3] Outros clamaram aos Estados Unidos pelo banimento da importação de vinhos franceses. A crise foi resolvida antes que tais medidas drásticas viessem a vigorar, mas novas controvérsias emergem ao longo dos anos, sempre que os Estados Unidos resolvem banir produtos franceses, quer por razões de saúde pública ou meras querelas políticas.

Um dos artigos banidos com mais frequência, como já vimos, têm sido os queijos. Antes da Segunda Guerra Mundial, os Estados Unidos tinham pouquíssimas regulamentações quanto aos queijos, em sua totalidade, mas, em 1949, eles baniram a importação de queijos feitos com leite cru não pasteurizado que não tivessem sido envelhecidos por pelo menos sessenta dias. Isso abrangia todo um segmento da indústria de queijos franceses, em particular os produtores de *Camembert*, na Normandia. Mais tarde, na década de 1990, o FDA chegou perto de banir todos os queijos feitos com leite cru, mas acabou desistindo. No entanto, em 2014, os níveis aceitáveis de bactérias nos queijos à base de leite cru baixaram, banindo efetivamente alguns dos melhores queijos franceses, tais como o *Roquefort*, o *Saint-Nectaire*, o *Morbier* e o *Tomme de Savoie*. Novos regimes de inspeção viriam a suspender esse banimento, mas uma atmosfera de ressentimento e incerteza permaneceu, e os produtores de queijos franceses continuaram perplexos com os banimentos norte-americanos. Seria isso apenas e tão simplesmente uma diferença cultural, com os norte-americanos ostentando algum fastidioso ponto de vista moral sobre qualquer coisa relativa ao leite cru? Ou seriam esses banimentos, na verdade, movidos por motivações políticas e econômicas? Em qualquer dos casos, é difícil para os franceses retaliarem à altura, pois a França quase não importa quaisquer tipos de queijo norte-americano (com exceção de produtos à base de queijos processados, como o *Cheez Whiz*, para a alegria dos americanos saudosos de casa).

    Às vezes, as motivações para essa agressividade norte-americana para com os queijos franceses não são, em absoluto, misteriosas. O *Roquefort* tem sido alvo de vários aumentos tarifários nos Estados Unidos como parte de medidas explicitamente retaliatórias pelos banimentos europeus da importação de carne bovina norte-americana tratada com hormônios: um aumento tarifário de 100% em 1999 e um desastroso aumento de 300% em 2009, durante os últimos dias da administração George W. Bush, que também incluiu taxações mais elevadas às trufas francesas e ao *foie gras* (tendo sido esta última, felizmente, revertida pela administração Obama). Esse foco no *Roquefort* não deixa de ser curioso, uma vez que somente algumas poucas centenas de toneladas desse queijo sejam exportadas para os Estados Unidos – talvez representando 2% das vendas totais. Ao que parece, tal como a

Coca-Cola funcionou como um símbolo dos Estados Unidos nos anos imediatamente pós-guerra, o *Roquefort* tornou-se emblemático da França na era dos "macacos comedores de queijo que se renderam".[4]

Em 1999, o aumento na taxação sobre o *Roquefort* motivou um dos mais celebrados atos do moderno "ativismo alimentar" na França, quando um criador de ovelhas, com cujo leite ele produzia seu *Roquefort*, chamado José Bové, desmantelou uma loja do McDonald's, ainda em construção, em Millau. Bové, um ativista pela comida local havia longa data, pretendia chamar a atenção para os efeitos danosos da nova tarifação para a região do *Roquefort*, bem como para o fato de as grandes cadeias de *fast-food* usarem carne bovina tratada com hormônios em escala global. Ele afirmava que sua campanha não era, em si, antiamericana, mas parte de uma afirmação antiglobalização muito mais ampla, ao manter sua duradoura oposição à industrialização da agricultura e a destruição das tradições alimentares locais. Ele passou seis semanas preso por seu crime, mas isso o impulsionou para uma carreira política de abrangência nacional, que o fez eleger-se, por duas vezes, para o Parlamento Europeu. Ele também concorreu à presidência da França, em 2007, tendo recebido mais de 400 mil votos. Suas atividades políticas fizeram dele uma figura muito controvertida no país, mas seus pontos de vista quanto à comida não parecem particularmente extremados para muita gente.

A partir desse episódio e considerando-se o crescimento do antiamericanismo na França ao longo dos anos, os norte-americanos podem sentir-se tentados a pensar que a maioria dos franceses jamais poria os pés em uma loja do McDonald's. Certamente, essa deve ser a epítome do *malbouffe*, um terrível insulto francês aplicado à "comida ruim", ou ao que costumamos chamar de "*junk food*".[5] Porém, na verdade, o segundo mercado mais lucrativo para o McDonald's em todo o mundo é, exatamente, a França, onde a rede é carinhosamente conhecida como *McDo*. Para que esclareçamos, uma loja francesa do McDonald's está a mundos de distância de suas versões norte-americanas. Astutamente, a companhia adaptou-se aos gostos franceses, oferecendo tudo, desde *croissants* e baguetes até hambúrgueres com *Roquefort* e o *Le Croque McDo*. A carne utilizada é proveniente de gado alimentado com capim, e as galinhas não são lavadas com água clorada (outro hábito americano banido na União Europeia). Muitas das lojas franquiadas têm um *design* que aproxima sua aparência mais às dos *cafés* tradicionais do que às das típicas lanchonetes de *fast-food*. Por isso, torna-se um tanto mais compreensível que os franceses se dignem a comer em uma das lojas do McDonald's, mesmo que a popularidade delas pareça um tanto deslocada dos estereótipos comuns quanto aos hábitos e gostos franceses.

O McDonald's veio a expandir-se na França somente na década de 1970, por volta da mesma época em que a França começava a exportar para os Estados Unidos uma nova tendência situada na outra extremidade do espectro gastronômico: a *nouvelle cuisine* [nova culinária]. As raízes dessa nova abordagem culinária podem ser, em parte, reencontradas no tumultuoso ano de 1968, quando a França – tal como os Estados Unidos – experimentou sérias inquietações sociais e violentas sublevações culturais. A impopular guerra travada pelos norte-americanos no Vietnã também foi geradora de fúria e protestos entre a juventude francesa, associada a um profundo ressentimento para com o crescimento do autoritário e conservador governo de Charles de Gaulle. Os tradicionais partidos de oposição da esquerda haviam colapsado, deixando poucas alternativas para a efetiva expressão política. Em maio de 1968, estudantes que protestavam exigindo reformas radicais foram acompanhados por sindicatos de trabalhadores, e por várias semanas a França foi paralisada por greves e manifestações públicas. O soerguimento de barricadas e motins agitou o *Quartier Latin* ["bairro" ou "distrito" dito "latino"] de Paris, e a perspectiva de uma nova revolução pareceu espantosamente próxima. No final das contas, o governo adulou e convenceu os sindicatos e a classe média a abandonarem a revolta, misturando a possibilidade da convocação de novas eleições e a concessão limitada de algumas reivindicações à ameaça implícita de restaurar a ordem pela força. Os protestos arrefeceram, mas o movimento Maio de 1968 (*Mai 1968*) reteve uma enorme ressonância no seio da sociedade francesa, representando uma mudança geracional contra as abordagens do poder social estruturado quanto à política, à literatura, ao cinema, às teorias acadêmicas e a muitas outras facetas da vida cotidiana.

Esse amplo desafio ao conformismo e ao equilíbrio estático em meio aos reinos sociais e culturais também ecoou no mundo gastronômico, onde críticos culinários, como Henri Gault e Christian Millau, e *chefs* talentosos, como Paul Bocuse, Jean e Pierre Troisgros e Roger Vergé, já vinham desafiando paradigmas que vigoravam havia muito tempo. Muito semelhante à maneira como a Revolução Francesa abalou o jugo da culinária do *ancien régime*, o levante de 1968 proporcionou um desafio direto à *cuisine classique*, que havia sido aperfeiçoada e codificada por Auguste Escoffier na virada do século anterior. Seis décadas depois, *chefs* franceses ainda eram treinados à velha maneira e esperava-se deles que se conformassem aos métodos e às receitas de Escoffier, com pouco espaço para inovações e experimentações. A *nouvelle cuisine* representou uma mudança radical no estilo de cozinhar, favorecida pelas abrangentes correntes sociais de pensamento que explodiram em 1968. Seus quatro valores fundamentais – autenticidade, leveza, simplicidade e imaginação – também eram, de muitas maneiras, os mesmos dos que saíram às ruas para protestar em maio de 1968.[6]

Em um artigo publicado em 1973, Gault e Millau popularizaram o termo *nouvelle cuisine* e definiram seus "dez mandamentos", que capturavam a essência da abordagem que viria a tornar-se tão popular ao longo da década seguinte. Os sabores naturais dos alimentos deveriam ser preservados, com a utilização exclusiva de ingredientes frescos, adquiridos nos mercados locais, preparados em períodos de cozimento muito mais curtos e realçados com ervas frescas, em vez de molhos pesados e marinadas. Isso resultava em um estilo de cozinhar mais delicado e saudável, com uma nova maneira de apresentação formal. Os *chefs* tinham de ser constantemente inventivos, mas não muito complicados. Tradicionais pratos regionais e sabores estrangeiros – especialmente os originários da Ásia – podiam ser empregados na criação de outros pratos inovadores, e os modernos implementos que proporcionassem alguma economia de tempo, tais como processadores de alimentos e fornos de micro-ondas, não mais eram considerados "sacrílegos". Se algumas dessas coisas lhe soam familiares, você não está enganado: a *nouvelle cuisine*, tal como Waverley Root notou, no *The New York Times*, à época, tratava-se mais de uma restauração do que de uma revolução; uma tentativa de retornar a tradições culinárias mais naturais, que antedatavam às opulentas transformações de Escoffier na *haute cuisine* francesa.[7]

Muitos *chefs* e críticos desprezaram a *nouvelle cuisine*, mas ela tornou-se uma tendência culinária popular não apenas na França, mas, também, nos Estados Unidos, até muito adiante na década de 1980, quando sucumbiu a uma caricatura e a um estereótipo de si mesma. Sua influência, contudo, não foi completamente anulada, na medida em que seus princípios mais importantes foram absorvidos por novos estilos culinários – surgidos em ambos os lados do Atlântico –, que continuaram a enfatizar os ingredientes regionais frescos e um certo toque de leveza. Nos Estados Unidos, a *"New American Cuisine"*, que surgiu na Califórnia nos anos 1980 e 1990, recorreu em grande parte à abordagem da *nouvelle cuisine*, a ponto de ser referida como "culinária californiano-francesa". A *nouvelle cuisine* também contribuiu para inspirar a *fusion cuisine*, com tantas variedades ao redor do mundo.

Talvez pareça adequado que a década de 1970 tenha sido a época em que as tendências representadas tanto pelo McDonald's quanto pela *nouvelle cuisine* tenham cruzado o Atlântico em direções opostas. Muito é feito das diferenças fundamentais entre nossos dois países, do robusto antiamericanismo que emergiu na França graças à ascensão da hegemonia norte-americana e das correspondentes atitudes francofóbicas entre muitas partes dos Estados Unidos. O imenso abismo existente entre a *nouvelle cuisine* e uma refeição do McDonald's parece sintetizar uma intransponível divisão civilizacional. Contudo, a popularidade do McDonald's na França e as raízes francesas da moderna culinária norte-americana sugerem uma implicação diferente: uma espécie de humanidade e hábitos compartilhados, de convergência, em vez de distanciamento. Na verdade, a História das relações franco-americanas desde a Segunda Guerra Mundial sugere uma afinidade maior do que é geralmente reconhecida: um "espelhamento" de ansiedades políticas e culturais em um mundo em constante mutação. Nós nos admiramos e nos desprezamos alternadamente; nós celebramos nossa História compartilhada de revolução e democracia, enquanto competimos para melhor representar essa tradição para o mundo. Cada país é infundido por subprodutos culturais do outro, mesmo temendo uma certa "contaminação" – quer seja pelas bactérias francesas ou pelo consumismo norte-americano – que venha a poluir nosso intercâmbio gastronômico. Cada um de nós acredita ser superior ao outro, mas essa é uma arrogância modulada com respeito pelo que o outro já tenha conquistado, por mais que seja admitida entre resmungos.

A França e os Estados Unidos são, ambos, países de grandes paixões – em geral, por coisas totalmente diferentes, é verdade, mas existe suficiente fervor e apreciação compartilhados para relevar mesmo os desvãos mais obscuros de nosso relacionamento. Mesmo quando nossas administrações políticas debatem-se em meio às tragédias e incertezas que afligem o mundo de hoje, há lampejos de amizade perceptíveis no reino da gastronomia: os movimentos pela alimentação produzida artesanalmente nos Estados Unidos têm muito em comum com as tradições regionais francesas, e há uma grande apreciação de nossas respectivas culinárias fora dos rarefeitos confins de Paris e Nova York. Enquanto a comida não puder ser separada por completo de um contexto social e político mais abrangente, ela proporcionará espaço para que povos atravessem fronteiras, interajam e convirjam, para que cheguem a um entendimento mútuo, para além dos limites da propaganda crua e dos estereótipos cômodos e preguiçosos. É para essa forma de intercâmbio cultural que esperamos que nosso livro tenha contribuído, ainda que de alguma forma modesta.

52

Conclusão

Seria possível "desromantizar" um dos países mais românticos da Terra? Talvez não; contudo, esperamos que o nosso livro tenha contribuído para colocar a prova alguns dos mais duradouros mitos sobre a França e seu povo. Sim, grande parte do povo francês compra alimentos produzidos localmente, em mercados típicos de suas regiões, mas essas mesmas pessoas também lotam os monstruosos *hypermarchés* nos subúrbios (os quais, aliás, possuem longos corredores abarrotados de *junk food*, tal como em qualquer outro lugar). Os franceses podem não ter – ainda – alcançado os mesmos níveis de obesidade e problemas de saúde relacionados à alimentação dos norte-americanos, mas podem estar a caminho: mais da metade das pessoas com mais de 30 anos de idade na França está acima de seu peso ideal; e, tal como vimos, o *fast-food* e os alimentos processados já abriram uma longa estrada na dieta francesa adentro. E, é claro, embora seja possível desfrutar de esplêndidas refeições em Paris, a capital também está repleta de restaurantes simplesmente horríveis, que servem grudes requentados, "pegando carona" na reputação gastronômica construída pela cidade ao longo de séculos. Em resumo, enquanto existem vários hábitos franceses e preferências que justificam um sentimento de excepcionalidade – pois os franceses realmente dedicam mais atenção à sua culinária e aos seus hábitos alimentares do que muitos outros povos e possuem uma das mais finas tradições gastronômicas do mundo –, também é preciso reconhecer que de muitas maneiras os franceses não são tão diferentes de quaisquer outras pessoas.

Por exemplo, um dos temas recorrentes que exploramos é o substancial abismo que existe entre as dietas dos ricos e dos pobres. As elites celtas bebiam vinhos romanos em vez de *cervoise*, e os monges prósperos encontravam maneiras inovadoras de satisfazerem tanto a Deus quanto aos seus próprios estômagos. Nobres se banqueteavam com carnes assadas, enquanto os camponeses escavavam a terra em busca de legumes e outros vegetais – ao menos até que Catarina de Médici e Luís XIV elevassem os vegetais a um grau de prestígio. Temperos exóticos e açúcar eram privilégios dos ricos até época relativamente recente, e mesmo durante tempos de sítio e de guerra os cidadãos mais abastados continuaram a desfrutar de suas delícias exclusivas. As coisas são mais ou menos assim ainda hoje em dia, e não apenas na França. Muita atenção é dedicada aos maiores *chefs* e aos restaurantes mais finos, e os hábitos alimentares das classes mais altas são, às vezes presumivelmente, os definidores de toda uma culinária nacional. A comida do dia a dia das pessoas comuns não desperta tanto interesse – exceto da parte dos "formadores de opinião" que criam "tendências" culinárias ao redescobrirem pratos ou ingredientes interessantes e conferem a eles uma espécie de "nobreza" ou valor moderno.

Em suma, o que comemos pode revelar muita coisa sobre as divisões e desigualdades que fraturam nossas sociedades. Ao examinarmos os "caminhos da comida" – as práticas políticas, econômicas e sociais relacionadas à alimentação em uma região ou em um período particular –, podemos aprender muito acerca de quem detém mais poder em uma sociedade, que espécie de valores essas pessoas priorizam e como mantêm suas posições elevadas. Também podemos aprender sobre as comunidades mais desprovidas, as restrições e limitações que enfrentam para, simplesmente, tentar alimentar a si mesmas e sobreviver e sobre o que tudo isso indica acerca da sociedade mais abrangente em meio à qual elas vivem. E nós podemos ver como todas essas dinâmicas mudam ao longo do tempo, graças à evolução dos gostos ou às inovações, à incansável exploração ou à devastação dos tempos de guerras. "Diga-me o que você come, e eu lhe direi quem você é", disse Brillat-Savarin, pressagiando a criação de um consistente campo de estudos.[1]

A noção dos "caminhos da comida" também contribui para a exploração de um segundo tema que transpassa todo este livro: a tensão existente entre Paris e as províncias. Qualquer pessoa que já tenha visitado as várias regiões da França fora da capital achará difícil de acreditar que as culinárias regionais tenham sido, por tanto tempo, tão menosprezadas dentro da França e grandemente desconhecidas fora de seus limites. Alguns dos mais clássicos pratos franceses e alguns de seus vinhos mais divinos foram, em sua maioria, favoritos em sua região de origem, até uma época mais ou menos recente. A cena gastronômica parisiense continua a atrair maior atenção, em nível internacional, ainda que a maioria do povo francês fora de Paris desdenhe do provimento da capital, preferindo – muito mais – suas próprias culinárias regionais. Na verdade, se você passar algum tempo em Lyon, Marselha, La Rochelle, Nantes ou em muitas outras cidades francesas médias e grandes, provavelmente encontrará uma estonteante variedade de pratos regionais servidos com pouco alarde, mas com uma boa dose de orgulho local.

O conceito de *terroir* é central para esses pratos regionais e para a afeição que eles inspiram, e, de fato, constatamos, por meio deste livro, a devoção quase religiosa que o povo francês tem para com esse conceito: o queijo *Roquefort* só pode ser maturado em uma determinada série de cavernas; o conhaque é envelhecido em barris feitos somente com um tipo específico de madeira, nos minúsculos *domaines* vinícolas da Borgonha. O *terroir* está nas fundamentações de inúmeras variedades de mel, ostras e sal, todas absorvendo os sabores de suas terras natais, em um processo que pode ser encarado mais como alquímico do que científico, não importando quão rigoroso o sistema das AOCs tente ser.

Enquanto o conceito de *terroir* é limitado aos reinos da comida e do vinho, nossa narrativa histórica demonstra que preceitos semelhantes de "localismo" subjacentes às identidades regionais continuam a ser muito fortes na França de hoje em dia. Um bretão, por exemplo, é alguém originário da região da Bretanha, que, talvez, ainda fale um pouco do idioma bretão (uma língua celta, muito semelhante ao galês e ao gaélico) e aprecie a sonoridade exuberantemente vivaz e alegre das *chansons* folclóricas bretãs. Quase certamente, eles estarão convencidos de que a culinária bretã seja a melhor de toda a França. Essas pessoas podem sentir que sua identidade primária é a de bretões, antes de franceses – mesmo quinhentos anos depois de a Bretanha ter sido politicamente absorvida pela França. Dinâmicas similares podem ser encontradas em muitas outras partes da França: na região do País Basco e no Languedoc, e nas cidades de Marselha e Estrasburgo. Isso não significa que o nacionalismo francês seja débil – os franceses são ultrapatrióticos –, mas, sim, que as identidades e lealdades apresentam-se em camadas sobrepostas; e, em uma hipotética competição entre a localidade de cada um e Paris, a capital, com muita frequência, perderia. Nesse sentido, a preservação das culinárias regionais – e, por toda a França, a variedade de culinárias é muito, muito grande – é uma ilustração bastante útil para exemplificar o fato de que a identidade francesa não é austera, nem estática.

Esperamos que o nosso livro tenha demonstrado que a culinária francesa tampouco é comum, e não apenas devido às suas variações regionais. O benefício desta longa exploração histórica é o de revelar a enorme influência de culinárias estrangeiras sobre a gastronomia francesa. Muitos elementos que se acredita serem indiscutivelmente franceses – os vinhos e licores, os diversos produtos de confeitaria e os chocolates, os sabores da Provença etc. – não são nativos da França, mas chegaram às suas praias ao longo dos séculos e foram gradualmente absorvidos. Esse é um processo que costuma ser descrito de modo mais generoso do que merece, uma vez que, em muitos casos, essas importações do estrangeiro foram resultantes de invasões, conquistas e colonização – um processo, aliás, que ainda não está concluído, na medida em que as culinárias dos séculos XIX e XX continuam a ser lentamente assimiladas pela gastronomia francesa, com resultados ainda incertos.

Nós acreditamos que essa extensa narrativa histórica contribua para apresentar grupos de extrema-direita, tais como a Frente Nacional, como – para sermos contundentemente diretos – ainda mais ridículos do que possam parecer à primeira vista. O uso que esses grupos fazem dos alimentos e das tradições culinárias para exaltar uma cultura francesa "pura" e austera se afigura ainda mais tolo quando se considera que tudo, dos *croissants* aos vinhedos, dos tomates às batatas, do açúcar ao chocolate, é proveniente de importações. Não existe uma gastronomia francesa "pura": esta sempre aceitou ingredientes e ideias de todo o planeta, e, ao fazer isso, tornou-se uma das maiores culinárias do mundo, por séculos. Não há motivos para pensar que essa dinâmica deva ser, de qualquer modo, diferente, hoje em dia; e, por isso, deve ser dito que as verdadeiras raízes da "cruzada culinária" movida pela FN estão plantadas na mera xenofobia. Sua recente popularidade é preocupante, e devemos manter os olhos bem abertos para o sucesso obtido por suas campanhas anti-islâmicas pela alimentação, que podem servir como indicativo da maneira específica como o movimento se desenvolve.

No final das contas, talvez seja previsível que a comida possa explicar tanto sobre um país que lhe dedica tanta atenção. Enquanto a França luta para enfrentar os desafios que lhe propõe o século XXI, com sua própria identidade no cenário mundial e seus conflitos sociais no âmbito doméstico, é possível que venhamos a compreender de maneira diferente o seu povo e a sua política ao explorarmos seus hábitos gastronômicos e suas tendências. Ao fazer isso, poderemos descobrir novas maneiras pelas quais nossas sociedades tenham mais aspectos em comum do que pensávamos, o que somente poderia contribuir para o incentivo de todos os tipos de cooperação necessários para o enfrentamento adequado dos épicos desafios globais com que todos nos deparamos. E, ao longo dessa jornada, poderemos ter oportunidades para experimentar novos pratos e bebidas, a fim de desfrutarmos de algumas das mais deliciosas obras culinárias jamais criadas, talvez com uma nova apreciação pelos séculos de acontecimentos e intercâmbios – alguns, marcantemente históricos, outros, apenas triviais – que produziram os pratos e os vinhos cujas presenças honram e dignificam nossas mesas hoje em dia. *Bon appétit*.

Agradecimentos

Depois de termos escrito um livro sobre histórias de origens, é difícil deixar de notar que na maioria delas há um personagem central: uma Catarina de Médici, um Dom Pérignon, um Napoleão ou um Canon Kir – sem os quais poderíamos jamais ter ouvido falar dos nossos pratos e vinhos favoritos. O protagonista na história da nossa própria origem deve ser, sem dúvida, o nosso editor, Carl Bromley, que transformou um comentário casual sobre a ideia de um livro em um trabalho realmente publicado. Nós jamais poderemos agradecê-lo o suficiente por sua confiança otimista em nosso projeto e por seus excelentes conselhos e comentários. Este livro, literalmente, não viria a existir sem ele.

Também gostaríamos de agradecer a todo o pessoal da The New Press que trouxe o nosso manuscrito à vida – especialmente a Benjamin Woodward, Emily Albarillo e Michael O'Connor. Do mesmo modo, devemos agradecer ao nosso maravilhoso agente literário, Gary Morris, e aos seus colegas na David Black Agency. Desde o princípio, Gary foi um dos grandes entusiastas pela ideia do nosso livro, e somos gratos por seu duradouro apoio e seu encorajamento.

Reunir as ilustrações para o livro nem sempre foi uma tarefa simples, e somos muito gratos àqueles que a facilitaram para nós. Em particular, gostaríamos de agradecer a David Nathan-Maister, do *Musée Virtuel de l'Absinthe*, por nos permitir incluir o vívido pôster que celebra a derrota sobre a "Fada Verde", e a Alain Cestari, da *Les Amis de Benjamin Rabier*, por nos conceder a permissão para incluirmos a antiga ilustração de Rabier da vaca que ria. Também somos imensamente gratos pela utilização dos arquivos digitais da *Bibliothèque Nationale de France*, da *Bibliothèque Municipale de Lyon*, da New York Public Library e da Stanford University.

Não existem muitas pessoas que se disponham a ler centenas de páginas de rascunhos em troca de pagamento algum. Por isso, somos muito gratos aos nossos parentes comuns: Greg Mitchell e Barbara Bedway, Linda Grace--Kobas e George Kobas e Anna e Alain Hénaut, por terem dedicado tanto de seu tempo aos nossos esforços e por prestarem seu apoio de tantas maneiras diferentes. Greg, Barbara e Linda leram nossas primeiras tentativas e fizeram muitos comentários astutos e sugestões. Greg nos sugeriu o título do livro, enquanto Barbara nos manteve abastecidos de um contínuo suprimento de livros e artigos que se provaram extremamente úteis. Linda e George compartilharam conosco um tesouro de recordações da Segunda Guerra Mundial que havia pertencido ao avô de Jeni, Victor Kobas, que inspirou os capítulos finais do livro. A maestria de Anna na culinária francesa – vocês jamais provarão de uma *mousse* de chocolate mais extraordinária – infundiu a Stéphane um amor peculiar pela comida desde a mais tenra idade e apresentou a Jeni as exigências exatas da cozinha francesa, quando se juntou à família. Aos nossos parentes, estendemos uma cordial gratidão por nos terem ajudado a finalizar o que, uma vez, nos pareceu tarefa impossível.

Nós fomos abençoados com maravilhosos colegas em nossas respectivas áreas de atuação profissional, cuja mentoria nos capacitou a escrever com certo conhecimento sobre comida, vinhos e guerra. Stéphane gostaria de agradecer ao irrepreensível trio de *chefs* franceses na cidade de Londres que o apresentaram ao abrangente, porém incrivelmente animado, mundo da culinária profissional: Jean Deillon, Erwan Puel e Eric Langé. Agradecimentos especiais também são devidos a Zac Fingal-Rock Innes, que proporcionou a Stéphane seu primeiro verdadeiro contato com queijos, e a Ivo e Kathy Knippenberg, por terem lhe concedido generosamente o tempo necessário, longe da *fromagerie* dos Knippenberg, para que ele pudesse viajar e escrever.

Jeni gostaria de agradecer aos seus colegas do Departamento de Estudos sobre a Guerra, na King's College, em Londres, que é, certamente, um dos melhores ambientes de todo o mundo para que se possa pensar profundamente sobre a propensão da humanidade para o conflito ao longo dos séculos. Seu fundador, *Sir* Michael Howard, desde sempre encorajou os acadêmicos para que produzissem "História legível", e ela espera que este livro tenha servido como uma pequena contribuição para tanto. Em particular, ela gostaria de agradecer a David Betz, David Easter, Marcus Faulkner, Menisha Gor, Mark Hawkins-Dady, Rachel Kerr, Peter Neumann, Anne-Lucie Norton e Michael Rainsborough por sua generosa orientação, pela inspiração e pelo apoio solidário. Foi um incrível privilégio ter feito parte da comunidade dos Estudos sobre a Guerra por todos esses muitos anos.

Por fim, um agradecimento especial vai para a adorável Michaela Poppe, que não apenas leu o manuscrito inteiro como sublinhou as passagens que a fizeram rir, e para Lillian Hueber e Karine Hénaut, por sua muito querida amizade e pelas excelentes fotografias. E gostaríamos de agradecer, de modo geral, a todos os nossos amigos e familiares que nos incentivaram a seguir em frente, ao longo da escrita deste livro; àqueles que nos ajudaram a manter nossa sanidade, continuaram a nos fazer rir e nos convenceram de que esta era, afinal, uma boa ideia – especialmente a Monica e Keir Allen; Aicha Diakite, Johnny Kortlever e Sonja Vilč; Lena e Aglaya Figurkina; Louise, Tim e Florence Fuller; Adam e Renee Gibbs; John e Bronagh Heaney; Christophe e Betty Hénaut; Philippe Hénaut e Anne-Sophie Guimard; Muraguri Murungi; Kristina Stevens; Tim e Eline Sweijs; e Max Watson. Vocês jamais saberão quanto nos encorajaram e nos inspiraram ao longo dos anos, e nós quase não podemos acreditar na sorte que temos de ter em nosso convívio tantas pessoas inteligentes e agradáveis. Brindemos a todas as nossas aventuras, aonde quer que elas nos levem!

Bibliografia

Muitos livros sobre a História e a gastronomia francesas nos foram úteis ao escrevermos este livro, e eles são aqui citados. Fontes adicionais e leituras recomendadas sobre tópicos específicos são listadas no início das notas relativas a cada capítulo.*

Bloch-Dano, Évelyne. *La fabuleuse histoire des légumes*. Paris: Le Livre de Poche, 2011.

Brillat-Savarin, Jean-Anthelme. *Physiologie du goût, ou Méditations de gastronomie transcendante*. Paris: Charpentier, 1860.

Conklin, Alice, Sarah Fishman, e Robert Zaretsky. *France and Its Empire Since 1870*. Nova York: Oxford University Press, 2015.

de l'Aulnoit, Béatrix, e Philippe Alexandre. *Des fourchettes dans les étoiles: brève histoire de la gastronomie française*. Paris: Fayard, 2010.

Dumas, Alexandre. *Grand dictionnaire de cuisine*. Paris: A. Lemerre, 1873.

Favre, Joseph. *Dictionnaire universel de cuisine et d'hygiène alimentaire: modification de l'homme par l'alimentation*, Vol. 1. Paris: Librairie Imprimerie des Halles et de la Bourse du Commerce, 1889.

---

* Não temos conhecimento da existência de traduções para o português de quaisquer das obras elencadas nesta e na seção seguinte deste livro; com exceção das citações de textos clássicos, as quais optamos por retraduzir para melhor adequá-las à linguagem, ao espírito e ao propósito da presente obra. [N.T.]

Fernández-Armesto, Felipe. *Near a Thousand Tables: A History of Food*. Nova York: Free Press, 2002.

Flandrin, Jean-Louis, e Massimo Montanari, orgs. *Food: A Culinary History from Antiquity to the Present*. Nova York: Columbia University Press, 1999.

Guy, Christian. *Almanach historique de la gastronomie française*. Paris: Hachette, 1981.

Librairie Larousse. *Larousse Gastronomique*. Londres: Hamlyn, 2009.

Marty-Dufaut, Josy. *Cuisiniers et ouvrages culinaires du Moyen Âge*. Rennes: Éditions Ouest-France, 2016.

Pinkard, Susan. *A Revolution in Taste: The Rise of French Cuisine, 1650-1800*. Nova York: Cambridge University Press, 2009.

Pitte, Jean-Robert. *Gastronomie française: histoire et géographie d'une passion*. Paris: Fayard, 2005.

Rambourg, Patrick. *Histoire de la cuisine et de la gastronomie françaises: du Moyen Âge au XXe siècle*. Paris: Perrin, 2011.

Robb, Graham. *The Discovery of France*. Londres: Picador, 2007.

Robinson, Jancis, org. *The Oxford Companion to Wine*, 4ª ed. Oxford, Inglaterra: Oxford University Press, 2015.

Terrier Robert, Valérie. *Il était une fois... L'histoire de nos plats*. Lyon: Éditions Stéphane Baches, 2011.

Toussaint-Samat, Maguelonne. *A History of Food*, 2ª ed. Chichester, Inglaterra: Wiley-Blackwell, 2009.

Vitaux, Jean e Benoît France. *Dictionnaire du gastronome*. Paris: Presses Universitaires de France, 2008.

Wellman, Kathleen. *Queens and Mistresses of Renaissance France*. New Haven, CT: Yale University Press, 2013.

Notas

1. Nossos Ancestrais, os Gauleses

Brun, Jean-Pierre e Fanette Laubenheimer, orgs. *La viticulture en Gaule*. Edição Especial de *Gallia* 58, nº 1 (2001).

Laubenheimer, Fanette. "Le vin gaulois." *Revue des Études Anciennes* 91, nºs 3-4 (1989), pp. 5-22.

1. "Et de vin, divin on devient." De François Rabelais, *Les songes drolatiques de Pantagruel: nouvelle édition augmentée*. St. Julien en Genevois: Arvensa Éditions, 2015, p. 388.
2. Diodoro da Sicília, um historiador grego do século I a.C., escreveu em seu épico *Biblioteca Histórica* (livro V, Capítulo 26.3): "Os gauleses são excessivamente dependentes do uso do vinho e se locupletam com o vinho que é trazido ao país deles por mercadores, bebendo-o sem mistura, e uma vez que partilham dessa bebida sem moderação, devido ao desejo imperioso que por ela sentem, quando se embebedam recaem em um estupor ou em um estado de loucura. Consequentemente, muitos negociantes italianos, induzidos pelo amor ao dinheiro que os caracteriza, acreditam que o amor pelo vinho desses gauleses é sua própria bênção divina. Para transportar o vinho, eles o fazem pelos rios navegáveis, por meio de embarcações, e pelas terras planas utilizando-se de carroças; e por ele cobram um preço incrível: por um jarro de vinho recebem um escravo, obtendo, assim, um servo em troca da bebida".
3. Estima-se que as importações de vinho da Itália possam ter alcançado cerca de 11,8 milhões de litros por ano, embarcados para os portos de Marselha e Narbonne, de onde eram transportados para o interior da França através dos muitos rios navegáveis. Jancis Robinson, org., *The Oxford Companion to Wine*, 4ª ed. Oxford, Inglaterra: Oxford University Press, 2015, p. 151.
4. Lívio, *História de Roma*; tradução Canon Roberts. Nova York: E. P. Dutton and Co., 1912, vol. 5, Capítulo 33.
5. Rod Phillips oferece um excelente panorama dessa evolução em seu artigo "Wine and Adulteration". *In History Today* 50, nº 7 (2000), pp. 31-7.

2. A Virgem do Rim

Tallon, Alain e Catherine Vincent. *Histoire du christianisme en France*. Paris: Armand Colin, 2014.

1. Existem escassas evidências históricas dessa prática, mas em Limoges essa é a explicação convencional para o fato de o Menino Jesus figurar mordiscando um rim.

3. Bárbaros à Mesa

Heather, Peter. *Empires and Barbarians*. Londres: Macmillan, 2009.
Lebecq, Stéphane. "Vivent les Mérovingiens!" *French Historical Studies* 19, nº 3 (1996), pp. 765-77.
Scully, D. Eleanor e Terence Scully. *Early French Cookery*. Ann Arbor, MI: University of Michigan Press, 2002.
Wood, Ian. *The Merovingian Kingdoms*, pp. 450-751. Nova York: Routledge, 2014.

1. Para o uso da comida como elemento de distinção entre as civilizações clássicas e os bárbaros, ver Massimo Montanari, "Food Systems and Models of Civilization". *In Food: A Culinary History from Antiquity to the Present*, Jean-Louis Flandrin e Massimo Montanari, orgs. Nova York: Columbia University Press, 1999, pp. 69-78.
2. O Império Romano do Oriente, que, mais tarde, se tornaria conhecido como Império Bizantino, ainda sobreviveria por outros mil anos.
3. Citado em Scully e Scully, *Early French Cookery*, p. 4. De uma tradução padronizada, de autoria de Shirley Howard Weber, 1924.

4. Ode à Glutonaria

Le Jan, Régine. *Les Mérovingiens*. Paris: Presses Universitaires de France, 2015.
Moulinier, Laurence. "Un témoin supplémentaire du rayonnement de sainte Radegonde au Moyen Age? La Vita domnae Juttae (XIIe siècle)." *Bulletin de la Société des Antiquaires de l'Ouest* 15, nºˢ 3-4 (2001), pp. 181-97.
Nisard, Charles. "Des rapports d'intimité entre Fortunat, sainte Radegonde et l'abbesse Agnès." *Comptes Rendus des Séances de l'Académie des Inscriptions et Belles-Lettres* 33, nº 1 (1889), pp. 3-49.
Venâncio Fortunato. *Poems to Friends*. Traduzido por Joseph Pucci. Indianapolis: Hackett Publishing, 2010.

1. Venâncio Fortunato, *Poems to Friends*, p. 95.
2. Le Jan, *Les Mérovingiens* [Os Merovíngios].
3. Venâncio Fortunato, *Poems to Friends*, p. 101.
4. *Ibid.*, p. 98.
5. *Ibid.*, pp. 95-6.

5. Deixadas para Trás: as Cabras de Poitou

Blanc, William e Christophe Naudin. *Charles Martel et la Bataille de Poitiers: de l'histoire au mythe identitaire*. Paris: Libertalia, 2015.

Hoyland, Robert. *In God's Path: The Arab Conquests and the Creation of an Islamic Empire*. Nova York: Oxford University Press, 2017.

1. O padrão da AOC foi criado na França, nas décadas de 1920 e 1930, para identificar e regular geograficamente a definição de alimentos e vinhos, incluindo muitos dos melhores e mais populares produtos franceses. Cada AOC define o território em que cada alimento ou vinho deve ser produzido, bem como as matérias-primas e os métodos de produção. O objetivo é reduzir as fraudes e manter os padrões de qualidade. Em 2010, o sistema AOC foi renomeado como AOP (*Appellation d'Origine Protégée*; ou Denominação de Origem Protegida), mas a maioria das pessoas continua a referir-se a ele como AOC. Existe, ainda, um padrão menos restritivo para o controle de produtos regionais, conhecido como IGP (*Indication Géographique Protégée*; ou Indicação Geográfica Protegida).
2. Estatística do Ministério Francês da Alimentação, Agricultura e Pesca; Diretório Regional para a Alimentação, Agricultura e Florestas, "Poitou-Charentes: premier pôle français de production de fromage de chèvre". Julho de 2010, agreste.agriculture.gouv.fr/IMG/pdf_R5410A14.pdf.
3. Sobre esse paradoxo entre divisão e união, ver Massimo Montanari, "Food Models and Cultural Identity". *In Food: A Culinary History from Antiquity to the Present*. Jean-Louis Flandrin e Massimo Montanari, orgs. Nova York: Columbia University Press, 1999, p. 191.
4. FranceAgriMer, *La filière lait de chèvre 2008-2013: une difficile adaptation de l'offre à la demande*. Montreal: FranceAgriMer, 2014.

6. O Rei Mais Doce

Einhard e Notker the Stammerer [O Gago]. *Two Lives of Charlemagne*. Traduzido por David Ganz. Londres: Penguin, 2008.

Toussaint-Samat, Maguelonne. *A History of Food*. 2ª ed. Chichester, Inglaterra: Wiley-Blackwell, 2009. Ver especialmente o Capítulo 1, "Collecting Honey".

1. *Terroir* é um conceito essencialmente francês, sem um equivalente exato em inglês (ou em português). Trata-se de uma tentativa de captar as maneiras pelas quais o meio ambiente natural influencia as características e o sabor de um produto em particular e serve como base para o sistema francês de concessão de AOCs de delimitação geográfica. Entre os elementos-chave do *terroir* incluem-se o clima, a média de incidência de chuvas e de horas de insolação, a topografia e a geologia do solo. Não faltam céticos quanto à própria existência desse conceito, especialmente fora da Europa. Jancis Robinson, org., *The Oxford Companion to Wine*, 4ª ed. Oxford, Inglaterra: Oxford University Press, 2015, p. 737.
2. A Escola de Estudos Históricos da Universidade de Leicester oferece uma tradução útil do *Capitulare de villis*: www.le.ac.uk/hi/polyptyques/capitulare/latin2english.html.
3. Estatísticas da *Union Nationale de l'Apiculture Française*, www.unaf-apiculture.info.

7. Eles Vieram do Mar

Brownworth, Lars. *The Normans: From Raiders to Kings*. Londres: Crux Publishing, 2014.

Lafont, Olivier. "Le rôle du port de Rouen dans le commerce des drogues et des médicaments avec les Amériques." *Revue d'Histoire de la Pharmacie* 95, nº 359 (2008), pp. 305-10.

1. "*Bénédictine: de l'élixir de santé à la liqueur.*" *Ouest France*, 27 de setembro de 2013.

8. Taxação Feudal

Birlouez, Eric. *À la table des seigneurs, des moines et des paysans du Moyen Âge*. Rennes: Éditions Ouest-France, 2015.

Montanari, Massimo. "Peasants, Warriors, Priests: Images of Society and Styles of Diet." In *Food: A Culinary History from Antiquity to the Present*. Jean-Louis Flandrin e Massimo Montanari, orgs., pp. 178-85. Nova York: Columbia University Press, 1999.

1. A falta de dados precisos para a era feudal significa que divisões exatas de uma população por classes não são definitivas, mas as porcentagens usadas neste capítulo são as convencionalmente aceitas por historiadores.
2. Sobre esse papel simbólico da carne, ver Montanari, "Peasants, Warriors, Priests", p. 180. A associação de uma dieta a base de carnes com o poder reemergiria durante o auge do imperialismo francês, nos séculos XIX e XX, tal como é discutido no artigo de Deborah Neill, "Finding the 'Ideal Diet': Nutrition, Culture and Dietary Practices in France and French Equatorial Africa, c. 1890s to 1920s". *Food and Foodways* 17, nº 1 (2009), pp. 1-28.

9. De Monges e Homens

Jotischky, Andrew. *A Hermit's Cookbook: Monks, Food and Fasting in the Middle Ages*. Londres: Bloomsbury Academic, 2011.

Racinet, Philippe. *Moines et monastères en Occident au Moyen Âge*. Paris: Ellipses, 2007.

1. "Chapter 40: On the Measure of Drink", *The Rule of Saint Benedict*, http://www.osb.org/rb/text/rbemjo2.html#40 (ver Nota do Tradutor).
2. Dos relatórios anuais da APPED [Association de Promotion des Poissons des Étangs de la Dombes; ou Associação para a Promoção dos Peixes dos Tanques de Dombes], disponível em www.poissonsdedombes.fr/qsn/apped-association-de-promotion-du-poisson-des-etangs-de-dombes-8.php.
3. Catherine Jacquemard e Marie-Agnès Lucas-Avenel, "Des poissons, des mots et des signes: les signes monastiques des noms de poissons au XIe siècle". *Annales de Normandie* 62, nº 2 (2012), p. 140.
4. Michael Casey, org. e trad., *Cistercians and Cluniacs: St Bernard's Apologia to Abbot William*. Collegeville, MN: Cistercian Publications, 1970, p. 55.
5. *Ibid.*, p. 56.

10. Guerreando por Ameixas

Barber, Malcolm. *The Trial of the Templars*. Cambridge, Inglaterra: Cambridge University Press, 1978.

Barber, Malcolm e Keith Bate, orgs. e trads. *The Templars: Selected Sources*. Manchester, Inglaterra: Manchester University Press, 2002.

Nicholson, Helen. *The Knights Templar: A New History*. Gloucestershire, Inglaterra: Sutton Publishing, 2004.

1. FranceAgriMer, *Les filières des fruits et legumes, Données 2014*. Montreuil: FranceAgriMer, 2016.

2. Nirmal Dass, org. e trad., *The Deeds of the Franks and Other Jerusalem-Bound Pilgrims: The Earliest Chronicle of the First Crusades*. Lanham, MD: Rowman & Littlefield Publishers, 2011, p. 103.
3. Francesco Franceschi *et al.*, "The Diet of Templar Knights: Their Secret to Longevity?". *Digestive and Liver Disease* 46, nº 7 (2014), pp. 577-78.

11. O Vinho que se Foi

Johnson, Hugh. *The Story of Wine*. Londres: Mandarin, 1991.

Pernoud, Régine. *Aliénor d'Aquitaine*. Paris: Le Grand Livre du Mois, 1994.

Pitte, Jean-Robert. *Bordeaux/Burgundy: A Vintage Rivalry*. Berkeley: University of California Press, 2008.

Soyez, Jean-Marc. *Quand les Anglais vendangeaient l'Aquitaine: d'Aliénor à Jeanne d'Arc*. Bordeaux: Les Dossiers d'Aquitaine, 2013.

1. Jean-Anthelme Brillat-Savarin, *Physiologie du goût, ou Méditations de gastronomie transcendante*. Paris: Charpentier, 1860, p. 363. Tradução dos autores.
2. Yves Renouard, "Les conséquences de la conquete de la Guienne par le roi de France pour le commerce des vins de Gascogne". *Annales du Midi: Revue Archéologique, Historique et Philologique de la France Méridionale* 61, nº 1 (1948): 18.
3. Essa frequente citação é geralmente atribuída a Walter Map, um cortesão inglês do século XII, cuja obra *De nugis curialium* é uma rica fonte de informações sobre a vida e o cotidiano cortesãos, ainda que de confiabilidade duvidosa. Walter Map, *De nugis curialium V*, org. e trad. por M. R. James, C. N. L. Brooke e R. A. B. Mynors. Oxford, Inglaterra: Clarendon Press, 1983, p. 450.
4. Do *Diário de Samuel Pepys*, 10 de abril de 1663; disponível (em inglês) *on-line* em: www.pepysdiary.com/diary/1663/04/10/.
5. Jancis Robinson, org., *The Oxford Companion to Wine*, 4ª ed. Oxford, Inglaterra: Oxford University Press, 2015, p. 89.

12. A Heresia Vegetariana

Aué, Michele. *The Cathars*. Trad. por Alison Hebborn e Juliette Freyche. Vic-en-Bigorre: Societé MSM, 2006.

Fernand, Niel. *Albigeois et* Cathares. Paris: Presses Universitaires de France, 2010.

O'Shea, Stephen. *The Perfect Heresy: The Revolutionary Life and Death of the Medieval Cathars*. Nova York: Walker and Company, 2000.

1. Para uma análise detalhada das práticas e dos questionamentos típicos da Inquisição, ver Caterina Bruschi e Peter Biller, orgs., *Texts and the Repression of Medieval Heresy*, Suffolk, Inglaterra: Boydell and Brewer, 2003 – especialmente o Capítulo 6, escrito por Mark Pegg, "Questions About Questions: Toulouse 609 and the Great Inquisition of 1245-6" [Perguntas sobre Perguntas: os 609 de Toulouse e a Grande Inquisição de 1245-6], e o Capítulo 7, por Peter Biller, "Why No Food? Waldensian Followers in Bernard Gui's Practica inquisitionis and culpe". Este último texto demonstra que aos Waldensianos, outra seita herética, não foram feitas perguntas sobre alimentação, pois eles eram conhecidos por consumirem uma dieta normal.

13. Um Tinto Papal

Lefranc, Renée. *À la table du Pape* d'Avignon. Avignon: Éditions RMG-Palais des Papes, 2005.

Renouard, Yves. *La papauté à Avignon*. Paris: J.-P. Gisserot, 2004.

1. Na verdade, o sistema AOC foi baseado, em parte, sobre um primeiro modelo de regras para a produção de vinhos introduzido pelos produtores do *Châteauneuf-du-Pape* na década de 1920, que estabeleceu padrões para os vinhos segundo delimitações geográficas, variedades de uvas e métodos de poda das videiras.
2. No prefácio para *La Farandoulo*, um pequeno livro de um colega poeta de Avignon, Anselme Mathieu.
3. Tais arranjos extravagantes à mesa requeriam extraordinárias precauções: só era permitido aos convidados deixarem o palácio depois que o encarregado de cuidar das louças e dos talheres verificasse que todas as peças postas à disposição tivessem sido restituídas. Lefranc, *À la table du Pape d'Avignon*, p. 49.

14. O Ouro Branco de Guérande

de Person, Françoise. *Bateliers contrebandiers du sel*. Rennes: Éditions Ouest-France, 1999.

Huvet-Martinet, Micheline, "Faux-saunage et faux-sauniers dans la France de l'Ouest et du Centre à la fin de l'Ancien Régime (1764-1789). *Annales de Bretagne et des Pays de l'Ouest*, p. 85, nº 3 (1978).

Kurlansky, Mark. *Salt: A World History*. Nova York: Walker and Company, 2002.

1. Ministério Francês da Agricultura e da Alimentação, *"Le sel de Guérande"*, 15 de junho de 2016, agriculture.gouv.fr/alimentation/le-sel-de-guerande-label-rouge.
2. Maguelonne Toussaint-Samat, *A History of Food*, 2ª ed. Chichester, Inglaterra: Wiley-Blackwell, 2009, pp. 414-20.
3. Kurlansky, *Salt* [Sal], p. 231.
4. Huvet-Martinet, "Faux-saunage et faux-sauniers dans la France de l'Ouest", p. 383.

15. O Legado do Príncipe Negro

Contamine, Philippe. *La Guerre de Cent Ans*. Paris: Presses Universitaires de France, 1968.

Mullot, Henry e Joseph Poux. "Nouvelles recherches sur l'itinéraire du Prince Noir a travers les pays de l'Aude." *Annales du Midi: Revue Archéologique, Historique et Philologique de la France Méridionale* 21, nº 83 (1909), pp. 297-311.

Tuchman, Barbara. *A Distant Mirror: The Calamitous 14th Century*. Nova York: Random House, 1978.

1. Jeanne Barondeau, org., *Curnonsky et ses recettes d'autrefois*. Munique: Édition Curnonska, 2013, no capítulo intitulado "Un cassoulet mémorable". Localização 351 de 1591 no Kindle.
2. George Payne Rainsford James, *A History of the Life of Edward the Black Prince*, vol. 2. Londres: Longman, Rees, Orme, Brown, Green, & Longman, 1836, p. 18.
3. Prosper Montagné, *Le Festin occitan*. Carcassonne: Éditions d'Art Jordy, 1930.

16. O Vinagre dos Quatro Ladrões

Cantor, Norman. *In the Wake of the Plague: The Black Death and the World It Made*. Nova York: Perennial, 2002.

Carpentier, Élisabeth. "Autour de la peste noir: famines et épidémies dans l'histoire du XIVe siècle." *Annales. Économies, Sociétés, Civilisations* 17, nº 6 (1962), pp. 1062-92.

Ziegler, Philip. *The Black Death*. Nova York: John Day Company, 1969.

1. Com o passar dos anos, estima-se que o total de mortes tenha variado entre um terço e a metade da população, mas a contagem é uma tarefa complicada pela ausência de dados concretos e pelo fato de haver significativas variações regionais.
2. Ziegler, *The Black Death*, p. 64. Ziegler reconhece que a cifra possa parecer "improvavelmente elevada", mas nota que as taxas de mortalidade foram muito mais altas nas cidades portuárias, onde a praga chegou antes, do que nas terras do interior do país.
3. Para uma tradução dos relatos contemporâneos ao massacre em Estrasburgo, ver o Livro de Referência da História Judaica, da Fordham University, "The Black Death and the Jews 1348-1349 c.e.", disponível em sourcebooks.fordham.edu/jewish/1348-jews-blackdeath.asp.
4. Para uma visão fascinante sobre o *theriac* e outros remédios para a praga, ver Christiane Nockels Fabbri, "Treating Medieval Plague: The Wonderful Virtues of Theriac". *Early Science and Medicine* 12, nº 3 (2007), pp. 247-83.
5. Para uma explicação contemporânea sobre as causas da praga, incluindo os perigos "do calor e da umidade" corporais, ver "The Special Challenges of Plague (I): The Report of the Paris Medical Faculty, October 1348". *Medieval Medicine: A Reader*, Faith Wallis, org., Toronto: University of Toronto Press, 2010, pp. 414-19.
6. Jean-Anthelme Brillat-Savarin, *Physiologie du goût, ou Méditations de gastronomie transcendante*. Paris: Charpentier, 1860, pp. 344-46.

17. O Queijo dos Imperadores e dos Reis Loucos

Guenée, Bernard. *La folie de Charles VI, roi bien-aimé*. Paris: CNRS, 2016.

Marre, Eugène. *Le Roquefort*. Rodez: Carrère, 1906.

1. É interessante notar que a "ilusão vítrea" era, de certa maneira, comum naquela época, tendo afetado a muitos nobres franceses nos séculos XV e XVI. Descartes a menciona em suas *Meditações Concernentes à Primeira Filosofia* (1641), afirmando que negar sua própria existência corpórea o tornaria tão louco quanto aqueles que "imaginam possuir uma cabeça de argila, ou que não são nada além de abóboras, ou que são feitos de vidro". (Tradução dos autores). Na tradução brasileira, de J. Guinsburg e Bento Prado Júnior, lê-se: "[...] E como poderia eu negar que estas mãos e este corpo sejam meus? A não ser, talvez, que eu me compare a esses insensatos, cujo cérebro está de tal modo perturbado e ofuscado pelos negros vapores da bile que constantemente asseguram que são reis quando são muito pobres; que estão vestidos de ouro e de púrpura quando estão inteiramente nus; ou imaginam ser cântaros ou ter um corpo de vidro. Mas quê? São loucos e eu não seria menos extravagante se me guiasse por seus exemplos".

18. *La Dame de Beauté* (ou a Dama de Beleza) e o Mistério do Cogumelo

Duquesne, Robert. *Agnès Sorel: 'La Dame de Beauté.'* Paris: Michel, 1909.

Tuchman, Barbara. *A Distant Mirror: The Calamitous 14th Century*. Nova York: Random House, 1978.

Wellman, Kathleen. *Queens and Mistresses of Renaissance France*. New Haven, CT: Yale University Press, 2013.

1. Wellman, *Queens and Mistresses of Renaissance France*, p. 25.
2. A cidade de Castillon empresta seu nome ao delicioso vinho tinto *Castillon Côtes de Bordeaux*, certificado com uma AOC. No final do século XX, a cidade, voluntariamente, decidiu mudar seu nome para *Castillon-la-Bataille* (a Batalha de Castillon).
3. Àquela época, o mercúrio era muitas vezes empregado para tratar do tipo de infecção parasítica do qual Agnès, aparentemente, sofria.

19. Frutos da Renascença

MacDonald, Stewart. "Why Did the Habsburg-Valois Conflict Last So Long?" *History Review* 33 (1999).

McPhee, John. "Oranges." *New Yorker*, 7 de maio de 1966.

Saint Bris, François. "'Nel palazzo del Clu': 500 Years of History." In *Leonardo da Vinci & France: Château du Clos Lucé, Parc Leonardo da Vinci, Amboise*, catálogo da exposição, organizado por Carlo Pedretti, pp. 19-26. Disponível em www.vinci-closluce.com/file/francois-saint-bris-nel-palazzo-del-clu-gb.pdf.

Salmon, J. H. M. "Francis the First of France: Le Roi Chevalier." *History Today* 8, nº 5 (1958).

1. François Rabelais, *La vie de Gargantua et de Pantagruel*, livro I, Capítulo 17. Paris: Chez Dalibon, 1823, pp. 328-29.
2. Maguelonne Toussaint-Samat, *A History of Food*, 2ª ed. Chichester, Inglaterra: Wiley-Blackwell, 2009, p. 513.

20. Os Molhos-Mãe

Ferguson, Priscilla Parkhurst. "Writing Out of the Kitchen: Carême and the Invention of French Cuisine." *Gastronomica* 3, nº 3 (2003), pp. 40-51.

Flandrin, Jean-Louis. "Seasoning, Cooking, and Dietetics in the Late Middle Ages." In *Food: A Culinary History from Antiquity to the Present*, organizado por Jean-Louis Flandrin e Massimo Montanari, pp. 313-27. Nova York: Columbia University Press, 1999.

1. Marie-Hélène Baylac, *Dictionnaire gourmand: du canard d'Apicius à la purée de Joël Robuchon*. Paris: Omnibus, 2014.
2. Flandrin, "Seasoning, Cooking, and Dietetics in the Late Middle Ages", p. 314.
3. Jean-Louis Flandrin, "Le goût et la nécessité: sur l'usage des graisses dans les cuisines d'Europe occidentale (XIVe-XVIIIe siècle)". *Annales. Économies, Sociétés, Civilisations* 38, nº 2 (1983), pp. 376.
4. O livro de receitas de Bonnefons, *Les délices de la campagne* (1654), foi muito influente para o início da culinária moderna. Susan Pinkard, *A Revolution in Taste: The Rise of French Cuisine, 1650-1800*. Nova York: Cambridge University Press, 2009, pp. 60-3.

5. Esses fatores são mais profundamente explicados em Jean-Louis Flandrin, "From Dietetics to Gastronomy: The Liberation of the Gourmet". *In Food: A Culinary History from Antiquity to the Present*, organizado por Jean-Louis Flandrin e Massimo Montanari (Nova York: Columbia University Press, 1999), pp. 418-32; e em Pinkard, *A Revolution in Taste*, Capítulo 3.
6. Tal como muitos dos melhores *bons mots* [ditos espirituosos] de Talleyrand, este tem sido atribuído a ele sem comprovação por décadas; por isso, pode ser apócrifo.
7. Jean Vitaux, *Les petits plats de l'histoire*. Paris: Presses Universitaires de France, 2012, p. 92.

21. Conquista e Chocolate

Coe, Sophie D. e Michael D. Coe. *The True History of Chocolate*. Londres: Thames & Hudson, 2013.

Huyghe, Edith e François-Bernard Huyghe. *Les coureurs d'épices*. Paris: Éditions Payot & Rivages, 2002.

Norton, Marcy. *Sacred Gifts, Profane Pleasures: A History of Tobacco and Chocolate in the Atlantic World*. Ithaca, NY: Cornell University Press, 2008.

Patemotte, Stephanie e Pierre Labrude. "Le chocolat dans quelques ouvrages français de pharmacie et de médecine des XVIIe, XVIIIe et XIXe siècles: ses effets fastes et néfastes avérés ou supposés." *Revue d'histoire de la pharmacie* 91, nº 338 (2003), pp. 197-210.

1. Na verdade, a conquista mais notável da França, ao longo dos séculos de competição pelas especiarias na Europa, foi ter rompido o monopólio holandês, no final do século XVIII, quando o apropriadamente nomeado administrador colonial Pierre Poivret adquiriu, em segredo, plantas de cravo-da-índia, noz-moscada e canela das colônias holandesas nas Índias Ocidentais e estabeleceu novas plantações nos territórios coloniais franceses nas ilhas Maurício, Reunião e Seychelles.
2. O folclore alimentício convencional costuma afirmar que os espanhóis transformaram radicalmente o amargo chocolate mesoamericano em uma bebida doce, mas, na verdade, as populações locais já adoçavam sua bebida de cacau com mel; por isso, a adição de açúcar foi mais uma mera substituição do que uma transformação. Ver Marcy Norton, "Tasting Empire: Chocolate and the European Internalization of Mesoamerican Aesthetics". *American Historical Review* 111, nº 3 (2006), pp. 684.
3. Honoré de Balzac, *Pathologie de la vie sociale*. Paris: Éditions Bossard, 1822, p. 230. Nessa obra, Balzac argumenta que "o destino de um povo depende de seus alimentos e sua dieta", notando que a *eau-de-vie* (bebidas alcoólicas destiladas, de modo geral) destruiu os indígenas americanos, o tabaco acabou contribuindo para a decadência dos turcos e dos holandeses, e a Rússia era "uma aristocracia sustentada pelo álcool." Traduções dos autores.
4. Para uma boa noção sobre o amplo significado social desse debate sobre o chocolate, ver Beth Marie Forrest e April L. Najjaj, "Is Sipping Sin Breaking Fast? The Catholic Chocolate Controversy and the Changing World of Early Modern Spain". *Food and Foodways* 15, nºs 1-2 (2007), pp. 31-52.
5. *Syndicat du Chocolat*, "Chiffres clés 2016 des industries de la chocolaterie", 15 de março de 2017, www.syndicatduchocolat.fr/conference-de-presse-du-syndicat-du-chocolat.
6. Para um relatório aprofundado, ver Brian O'Keefe, "Inside Big Chocolate's Child Labor Problem". *Fortune*, 1º de março de 2016, fortune.com/big-chocolate-child-labor. A ONG

Slave Free Chocolate, uma coalizão de organizações que trabalha para pôr fim ao trabalho infantil nas fazendas de cacau de toda a África Ocidental, publica uma lista de empresas relacionadas ao chocolate que não empregam esse tipo de mão de obra.

22. As Contribuições Culinárias de Madame Serpente

Cloulas, Ivan. *Catherine de Médicis*. Paris: Fayard, 1979.

Wellman, Kathleen. *Queens and Mistresses of Renaissance France*. New Haven, CT: Yale University Press, 2013.

1. Tal como em muitas outras lendas acerca de comida, essa citação pode parecer boa demais para ser autêntica; no entanto, é possível que Lutero estivesse pedindo para ser livrado do "forcado de feno", uma arma formidável naqueles tempos.
2. Susan Pinkard sugere que essa mitologia em torno de Catarina possa ter-se originado no século XVIII, quando pensadores do Iluminismo tentaram desacreditar uma culinária nobre excessivamente extravagante associando-a às suas influências italianas e sua notória reputação histórica. Susan Pinkard, *A Revolution in Taste: The Rise of French Cuisine, 1650-1800*. Nova York: Cambridge University Press, 2009, p. 189.

23. Um Frango em Cada Panela

Gandilhon, René. "Henri IV et le vin." *Bibliothéque de l'École des Chartes* 145, nº 2 (1987), pp. 383-406.

Tierchant, Hélène. *Henri IV: roi de Navarre et de France*. Bordeaux: Éditions Sud Ouest, 2010.

1. Bernard Lonjon, *Colette, la passion du vin*. Paris: Éditions du Moment, 2013, p. 15.
2. Béthune, Maximilien de, Duque de Sully, *Économies royales*. Joseph Chailley, org. Paris: Guillaumin & Cie., 1820, p. 26.
3. Para um sublime relato em primeira mão do *Salon International de l'Agriculture*, ver Lauren Collins, "Come to the Fair". *New Yorker*, 4 de abril de 2016.
4. Carta de Henrique IV ao *Monsieur* de Batz, in *Recueil des lettres missives de Henri IV*. Paris: Berger de Xivrey, Imprimerie Royale, 1843), p. 122.

24. A Insurgência das Castanhas

Bruneton-Governatori, Ariane. "Alimentation et idéologie: le cas de la châtaigne." Annales. Économies, Sociétés, Civilisations. *Annales. Économies, Sociétés, Civilisations* 39, nº 6 (1984), pp. 1161-89.

Crackanthorpe, David. *The Camisard Uprising: War and Religion in the Cévennes*. Oxford, Inglaterra: Signal Books, 2016.

Jouhaud, Christian. "'Camisards! We Were Camisards!': Remembrance and the Ruining of Remembrance Through the Production of Historical Absences." *History & Memory* 21, nº 1 (2009), pp. 5-24.

Monahan, W. Gregory. "Between Two Thieves: The Protestant Nobility and the War of the *Camisards*." *French Historical Studies* 30, nº 4 (2007), pp. 537-58.

1. De "An Open Letter to the Christian Nobility of the German Nation Concerning the Reform of the Christian Estate, 1520: Proposals for Reform, Part II", seção 19. Na tradução de C. M. Jacobs de *Works of Martin Luther* [Obras de Martinho Lutero]. Filadélfia: A. J. Holman Company, 1915.
2. Centre National Interprofessionnel de l'Économie Laitière (CNIEL), *L'économie laitière en chiffres*. Paris: 2017, p. 184.
3. Não é claro se o termo *Camisard* seja derivado de suas práticas de ataques noturnos *(camisades)* ou do fato de eles combaterem "em mangas de camisa" *(camisoles)*. Os próprios combatentes rebeldes, em sua maioria jovens devotos, preferiam ser conhecidos como *les enfants de Dieu* [as crianças ou, em certo sentido, os filhos de Deus]. Crackanthorpe, *The Camisard Uprising*, pp. 99-103.
4. Bruneton-Governatori, "Alimentation et idéologie", p. 1161.
5. Jean-Baptiste Lavialle, *Le châtaignier: Étude scientifique du châtaignier*. Paris: Vigot Frères, 1906, p. 34.
6. Bruneton-Governatori, "Alimentation et idéologie". Ministério Francês da Agricultura e Alimentação, *Statistique Agricole*, dezembro de 2013, agreste.agriculture.gouv.fr/IMG/pdf/memo13_integral.pdf.
7. Robert Louis Stevenson, *Travels with a Donkey in the Cévennes*. Nova York: Scribner, 1910, p. 144. Esse é não apenas um dos primeiros trabalhos de Stevenson, publicado pela primeira vez em 1879, mas, também, um dos primeiros livros a descreverem o percurso a pé por zonas rurais como uma atividade de lazer, e não por absoluta necessidade.

25. As Amargas Raízes do Açúcar

Blackburn, Robin. "Anti-Slavery and the French Revolution." *History Today* 41, nº 11 (1991), pp. 19-25.

Mintz, Sidney W. *Sweetness and Power: The Place of Sugar in Modern History*. Nova York: Viking Penguin, 1985.

Stein, Robert Louis. *The French Sugar Business in the Eighteenth Century*. Baton Rouge: Louisiana State University Press, 1988.

Viles, Perry. "The Slaving Interest in the Atlantic Ports, 1763-1792." *French Historical Studies* 7, nº 4 (1972), pp. 529-43.

1. Viagens: O Banco de Dados do Tráfico Transatlântico de Escravos (www.slavevoyages.org/assessment/estimates); Stein, *The French Sugar Business in the Eighteenth Century*, p. 20.
2. Estudiosos e acadêmicos continuam a formular estatísticas detalhadas sobre o tráfico de escravos, com novos documentos que também continuam vindo à tona. Ver Stein, *The French Sugar Business in the Eighteenth Century*, p. 23; David Geggus, "The French Slave Trade: An Overview". *William and Mary Quarterly* 58, nº 1 (2001), pp. 119-38.
3. Stein, *The French Sugar Business in the Eighteenth Century*, p. 107.
4. Voltaire, *Candide, ou L'optimisme*. Paris: G. Boudet, 1893, p. 94. Tradução dos autores.
5. Hoje em dia, o Instituto Benjamin Delessert dá continuidade ao seu legado ao conferir prêmios para pesquisas sobre nutrição.
6. Maguelonne Toussaint-Samat, *A History of Food*, 2ª ed. Chichester, Inglaterra: Wiley-Blackwell, 2009, p. 503.

26. O Licor dos Deuses

Delamain, Robert. *Histoire du cognac*. Paris: Delamain & Boutelleau, 1935.

Jarrard, Kyle. *Cognac: The Seductive Saga of the World's Most Coveted Spirit*. Hoboken, NJ: John Wiley & Sons, 2005.

Prioton, Henri e Prosper Gervais. *La culture de la vigne dans les Charentes et la production du cognac*. Paris: Librairie J.-B. Baillière et fils, 1929.

1. A citação de Hugo pode ser apócrifa, sendo difícil a verificação da fonte original, mas é atribuída a ele ao menos desde 1896, quando foi publicada pelo jornal *L'Avenir d'Arcachon*.
2. Estatísticas sobre o consumo de uísque de *Euromonitor* (2015).
3. Brian Primack *et al.*, "Alcohol Brand Appearances in US Popular Music". *Addiction* 107, nº 3 (2012), pp. 557-66. Ironicamente, o empresário de Busta Rhymes mais tarde confessou ao *The New York Times* que "Busta, na verdade, bebe *Hennessy*". Lynette Holloway, "Hip-Hop Sales Pop: Pass the Courvoisier and Count the Cash". *The New York Times*, 2 de setembro de 2002.

27. A Controvérsia do *Croissant*

Chevallier, Jim. *August Zang and the French Croissant: How Viennoiserie Came to France*. Chez Jim Books: 2009.

Isom-Verhaaren, Christine. *Allies with the Infidel: The Ottoman and French Alliance in the Sixteenth Century*. Londres: I. B. Tauris, 2011.

1. Gilbert Pytel, "Comment reconnaître une viennoiserie industrielle d'une artisanale?". *L'Express*, 6 de outubro de 2016.
2. Laurent Binet, "'Touche pas à mon pain au chocolat!' The Theme of Food in Current French Political Discourses". *Modern & Contemporary France* 24, nº 3 (2016), pp. 247-48.

28. Guerra e Ervilhas

Cobban, Alfred, "The Art of Kingship: Louis XIV, A Reconsideration". *History Today* 4, nº 3 (1954), pp. 149-58.

De Courtois, Stephanie. *Le potager du Roi*. Versalhes: École Nationale Supérieure de Paysage ("Versalhes: Escola Nacional Superior de Paisagismo"), 2003.

1. Susan Pinkard, *A Revolution in Taste: The Rise of French Cuisine, 1650-1800*. Nova York: Cambridge University Press, 2009, p. 130.
2. *Correspondance complète de Madame duchesse d'Orléans née Princesse Palatine, mère du régent*, vol. 2. Paris: Charpentier, 1857, p. 37. Tradução dos autores.
3. Citação original dos seus *Premiers Lundis*, vol. 2. Paris: Calmann-Lévy, 1883; reproduzida da versão eletrônica, de 2016, produzida pela *Université Paris-Sorbonne* (obvil.paris-sorbonne.fr/corpus/critique/sainte-beuve_nouveaux-lundis-02/body-20).
4. Madame de Maintenon, *Lettres de Madame de Maintenon à Monsieur le Cardinal de Noailles*, vol. 4. Amsterdã: Pierre Erialed, 1757), p. 60. Tradução dos autores.

29. O Vinho do Diabo

Mervaud, Christiane. "Du nectar pour Voltaire." *Dix-huitième Siècle* 29 (1997), pp. 137-45.

Epstein, Becky Sue. *Champagne: A Global History.* Londres: Reaktion Books, 2011.

1. Jean-Louis Flandrin, "From Dietetics to Gastronomy: The Liberation of the *Gourmet*". In *Food: A Culinary History from Antiquity to the Present*, organizado por Jean-Louis Flandrin e Massimo Montanari. Nova York: Columbia University Press, 1999), pp. 418-32.
2. Jancis Robinson, org., *The Oxford Companion to Wine*, 4ª ed. Oxford, Inglaterra: Oxford University Press, 2015, p. 156, afirma que até o século XIX, quase a metade das garrafas de *champagne* produzidas a cada ano explodiam.
3. Voltaire, *Le mondain*. Paris: 1736, p. 5. Tradução dos autores.
4. Robinson, org., *The Oxford Companion to Wine*, p. 156. Dois terços das vendas de *champagne* ocorrem na França.

30. Uma Abordagem Iluminista da Alimentação

Susan Pinkard, *A Revolution in Taste: The Rise of French Cuisine, 1650-1800*. Nova York: Cambridge University Press, 2009.

Roche, Daniel. *France in the Enlightenment*, tradução de Arthur Goldhammer. Cambridge, MA: Harvard University Press, 1998. Ver especialmente o Capítulo 19.

Spary, E. C. *Eating the Enlightenment: Food and the Sciences in Paris, 1670-1760*. Chicago: University of Chicago Press, 2012.

Vasseur, Jean-Marc. *Jean-Jacques Rousseau dans son assiette: les plaisirs de la table au temps des Lumières*. Paris: La Lettre Active, 2012.

1. Jean-Jacques Rousseau, *Émile, or On Education*, tradução de Allan Bloom. Nova York: Basic Books, 1979, p. 346.
2. *Ibid.*, p. 153.
3. *Ibid.*, p. 346.
4. Citado em Michele Crogiez, "L'éloge du vin chez Rousseau: Entre franchise et salubrité". *Dix-huitième Siècle* 29 (1997), pp. 186-87. Tradução dos autores.
5. *Ibid.*, p. 187.
6. Para uma análise aprofundada da postura de Rousseau com respeito à comida e a tendências mais abrangentes de seu tempo, ver Pinkard, *A Revolution in Taste*, Capítulo 6.
7. Denis Diderot e Jean Le Rond d'Alembert, *Encyclopédie, ou Dictionnaire raisonné des sciences, des arts et des métiers*, vol. 4. Paris: 1751, p. 538. Tradução dos autores.
8. Chad Denton, *Decadence, Radicalism, and the Early Modern French Nobility: The Enlightened and Depraved*. Nova York: Rowman & Littlefield, 2016), p. 114.

31. Revolução nos *Cafés*

Lenotre, G. *La vie à Paris pendant la Révolution*. Paris: Calmann-Levy, 1949.

Lepage, Auguste. *Les cafés politiques et littéraires de Paris*. Paris: E. Dentu, 1874.

Mercier, Louis-Sébastien. *Le nouveau Paris par le cit. Mercier*, vol. 6. Paris: Fuchs, C. Pougens & C.F. Cramer, 1797.

Weinberg, Bennett Alan e Bonnie K. Bealer. *The World of Caffeine: The Science and Culture of the World's Most Popular Drug*. Londres: Routledge, 2004.

1. Um panfleto muito interessante, escrito para os soldados britânicos em serviço na França, participando da invasão dos Aliados em 1944, assim explicava a Revolução: "A Revolução Francesa não foi, é claro, uma revolução comunista, nem mesmo principalmente uma revolução dos pobres contra os ricos. Foi uma revolução das prósperas classes médias que, desde sempre, haviam liderado a França contra a aristocracia, quando ela simplesmente havia deixado de liderar o país." *Instructions for British Servicemen in France 1944*, reimpresso pela Bodleian Library, Oxford University (Cambridge, England: University Press, 2005), p. 17.
2. Do seu *Qu'est-ce-que le Tiers-État*, disponível *on-line* por meio da *Bibliothèque Nationale de France* (gallica.bnf.fr).
3. Tal como ocorre na maioria das revoluções, a espontaneidade do levante popular foi canalizada e controlada pelas elites e por revolucionários profissionais, que lutavam para reverter o *status quo*. Algumas evidências disso podem ser constatadas pelo fato de que duas das *barriéres* que não foram incendiadas durante a revolta pertenciam ao Duque de Orléans, um apoiador das forças revolucionárias. George Rudé, "The Fall of the Bastille". *History Today* 4, nº 7 (1954), p. 452.
4. *Dictionnaire de la conversation et de la lecture*, vol. 9. Paris: Belin-Mandar, 1833, pp. 427-28. Citações traduzidas pelos autores.
5. Mercier, *Le nouveau Paris*, p. 72.

32. *Pain d'Égalité* ("O Pão da Igualdade")

Campion-Vincent, Veronique e Christine Shojaei Kawan. "Marie-Antoinette et son célèbre dire." *Annales Historiques de la Révolution Française* 327 (2002), pp. 29-56.

Kaplan, Steven Laurence. *The Bakers of Paris and the Bread Question, 1700-1775*. Durham, NC: Duke University Press, 1996.

1. Thomas Carlyle, *The French Revolution: A History in Three Volumes*, vol. 3, *The Guillotine*. Londres: James Fraser, 1837, p. 420.
2. Olwen H. Hufton, *The Poor of Eighteenth-Century France, 1750-1789*. Oxford, Inglaterra: Oxford University Press, 1974), pp. 44-6.
3. Citado e traduzido *in* Adrian Velicu, *Civic Catechisms and Reason in the French Revolution*. Londres: Routledge, 2016), p. 117.
4. Decreto publicado na *Gazette Nationale, ou Le Moniteur Universel*, 26 de novembro de 1793, p. 57. Tradução dos autores.
5. Os números de 2015 são reportados pela Associação Nacional de Moleiros Franceses, citados *in* Eric de La Chesnais, "On consomme toujours moins de pain en France". *Le Figaro*, 17 de junho de 2016.
6. A ideia de que o vinho, o queijo e o pão constituam a "santíssima Trindade da mesa" é muitas vezes atribuída ao escritor humanista da Renascença François Rabelais, talvez porque soe como o tipo de coisa que ele poderia ter dito; mas essa frase específica não aparece em seus escritos. O verdadeiro criador da frase parece ter sido Michel Tournier, um celebrado romancista e filósofo do século XX.

33. O Propagandista da Batata

Andrews, George Gordon. "Making the Revolutionary Calendar." *The American Historical Review* 36, nº 3 (1931), pp. 515-32.

Kennedy, Emmet. *A Cultural History of the French Revolution*. New Haven, CT: Yale University Press, 1989.

Salaman, Redcliffe. *The History and Social Influence of the Potato*, 2ª ed. Cambridge, Inglaterra: Cambridge University Press, 1985.

Spary, E. C. *Feeding France: New Sciences of Food, 1760-1815*. Cambridge, Inglaterra: Cambridge University Press, 2014. Ver especialmente o Capítulo 5, "The Potato Republic".

1. Tradução de Steven Kaplan; citado em seu *The Stakes of Regulation: Perspectives on "Bread, Politics and Political Economy" Forty Years Later*. Nova York: Anthem Press, 2015, p. 358.
2. Spary, *Feeding France*, pp. 177-80.
3. Madame Mérigot, *La Cuisinière républicaine*. Paris: 1794, pp. 16-7.
4. *France Agroalimentaire*, "French Potatoes: As Many Qualities as Varieties", 6 de abril de 2017, www.franceagroalimentaire.com/en/thematiques/all-products/articles/french-potatoes-quality.

34. A Provocação da Pirâmide

Howard, Michael. *War in European History*. Oxford, Inglaterra: Oxford University Press, 1976.

LeMay, G. H. L. "Napoleonic Warfare". *History Today* 1, nº 8 (1951), pp. 24-32.

1. Talleyrand não foi o primeiro, nem o último, a lançar mão do "suave poder" gastronômico francês para obter alguma vantagem política. Em julho de 2017, o presidente francês Emmanuel Macron recebeu o presidente norte-americano Donald Trump com um elegante jantar no topo da Torre Eiffel, preparado pelo legendário *chef* Alain Ducasse, em uma soberba manobra talleyrandiana.
2. De uma carta para Madame de Rémusat, traduzida e citada *in* David G. Chandler, *The Campaigns of Napoleon*, vol. 1. Nova York: Simon and Schuster, 2009, p. 248.
3. Essa profunda mudança no caráter das táticas de guerra europeias é belamente retratada em um pequeno, mas envolvente livro, de autoria de um dos fundadores da moderna disciplina acadêmica de estudos da guerra, Sir Michael Howard, intitulado *War in European History*.

35. O Homem que Aboliu as Estações do Ano

Appert, Nicolas. *The Art of Preserving All Kinds of Animal and Vegetable Substances for Several Years*. Londres: Black, Parry and Kingsbury, 1812.

Capatti, Alberto. "The Taste for Canned and Preserved Food." *In Food: A Culinary History from Antiquity to the Present*, organizado por Jean-Louis Flandrin e Massimo Montanari, pp. 492-99. Nova York: Columbia University Press, 1999.

Pedrocco, Giorgio. "The Food Industry and New Preservation Techniques." *In Food: A Culinary History from Antiquity to the Present*, organizado por Jean-Louis Flandrin e Massimo Montanari, pp. 481-91. Nova York: Columbia University Press, 1999.

Picot, Olivier. *L'avenir est dans la boîte*. Paris: Calmann-Levy, 2002.

1. Do jornal *Courrier de l'Europe*, 10 de fevereiro de 1809; traduzido e citado *in* Maguelonne Toussaint-Samat, *A History of Food*, 2ª ed. Chichester, Inglaterra: Wiley-Blackwell, 2009, p. 665.

36. O Quinto *Crêpe*

Lieven, Dominic. *Russia Against Napoleon: The Battle for Europe, 1807 to 1814*. Londres: Penguin, 2016.

Zamoyski, Adam. *1812: Napoleon's Fatal March on Moscow*. Londres: HarperCollins, 2005.

1. O histórico debate sobre as causas do incêndio é bem resumido na introdução do livro de Alexander Mikaberidze, *The Burning of Moscow: Napoleon's Trial by Fire 1812*. Barnsley, Inglaterra: Pen and Sword: 2014.

37. O Rei dos Queijos

Jarrett, Mark. *The Congress of Vienna and Its Legacy: War and Great Power Diplomacy After Napoleon*. Londres: I. B. Tauris, 2013.

Vick, Brian E. *The Congress of Vienna: Power and Politics After Napoleon*. Cambridge, MA: Harvard University Press, 2014.

1. Waterloo não representou apenas o fim de Napoleão: a batalha também marcou o término de quase oito séculos de constantes e frequentes conflitos militares entre a Inglaterra e a França. Depois de 1815, os dois países jamais voltaram a combater um contra o outro (exceto por algumas operações britânicas contra a França de Vichy, durante a Segunda Guerra Mundial).
2. Jean-Anthelme Brillat-Savarin, *Physiologie du goût, ou Méditations de gastronomie transcendante*. Paris: Charpentier, 1860, p. 134. Tradução dos autores.

38. Um Banquete Revolucionário

Ihl, Olivier. "De bouche à oreille: sur les pratiques de commensalité dans la tradition républicaine du cérémonial de table." *Revue française de science politique* 48, nos 3-4 (1998).

Louis, Jerome. "Les banquets républicains sous la monarchie de juillet." *In* Christiane Demeulenaere-Douyère, org., *Tous à table! Repas et convivialité, Les banquets républicains sous la monarchie de juillet*. Rennes: 138º Congresso Nacional das Sociedades Históricas e Científicas, 2013.

de Tocqueville, Alexis. *The Recollections of Alexis de Tocqueville*. Traduzido por Alexander Teixeira de Mattos. Nova York: The Macmillan Co., 1896.

1. Isso é bem resumido por Massimo Montanari, em "Food Systems and Models of Civilization". *In Food: A Culinary History from Antiquity to the Present*, organizado por Jean-Louis Flandrin e Massimo Montanari. Nova York: Columbia University Press, 1999, pp. 69-70.
2. Louis-Sebastien Mercier, *Paris pendant la révolution, ou Le nouveau Paris* [Paris Durante a Revolução, ou a Nova Paris]. Paris: Poulet-Malassis, 1862, p. 244. Tradução dos autores.
3. Grimod de La Reynière e C. P. Coste d'Arnobat, *Almanach des gourmands, ou Calendrier nutritif... par un vieux amateur*. Paris: Chez Maradan, 1804, pp. 61-2. Tradução dos autores.
4. Em uma interessante reviravolta histórica, Abd al-Qadir tornou-se um dos únicos líderes insurgentes da História a ser homenageado pelo governo contra o qual ele resistiu por muitos anos. Depois de ter sido derrotado, ele foi residir em Damasco, onde salvou a vida de mais de mil cristãos durante uma guerra civil, em 1860. Por isso, o governo francês o condecorou com a Legião de Honra.

5. Louis, "Les banquets républicains sous la monarchie de Juillet", p. 152.
6. Ihl, "De bouche à oreille", p. 390.
7. Alexis de Tocqueville, *The Recollections of Alexis de Tocqueville*, p. 19.
8. *Ibid.*, p. 21.
9. Citado em Alfred-Auguste Cuvillier-Fleury, *Portraits politiques et révolutionnaires*. Paris: Michel Lévy Frères, 1852, p. 70. Tradução dos autores.

39. O Fim do Comboio das Ostras

Rambourg, Patrick. "Entre le cuit et le cru: la cuisine de l'huître, en France, de la fin du Moyen Âge au XXe siècle." In *Les nourritures de la mer, de la criée à l'assiette*, pp. 211-20. Caen: Centro de Pesquisas de História Quantitativa, 2007.

Robert, Sandrine. "De la Manche à Paris: les routes de la marée dans le Val-d'Oise de l'Antiquité au XVIIIe siècle." In *De l'assiette à la Mer*, catálogo da exposição, pp. 87-93. Milão: Silvana Editoriale, 2013.

Smith, Drew. *Oyster: A Gastronomic History*. Nova York: Abrams, 2015.

1. Maguelonne Toussaint-Samat, *A History of Food*, 2ª ed. Chichester, Inglaterra: Wiley-Blackwell, 2009, pp. 353-55.
2. Não está claro quando surgiu o primeiro *chasse-marrée* – possivelmente ainda no século XIV –, mas no século XVII um sistema de transporte de entregas altamente organizado e eficiente já estava em operação.
3. Robert, "De la Manche à Paris", p. 87.
4. Jancis Robinson, org., *The Oxford Companion to Wine*, 4ª ed. Oxford, Inglaterra: Oxford University Press, 2015, p. 411.

40. Revelação em Uma Garrafa

Besson, André. *Louis Pasteur: un aventurier de la science*. Mônaco: Éditions du Rocher, 2013.

Debré, Patrice. *Louis Pasteur*. Johns Hopkins University Press, 2000. Ver especialmente o Capítulo 9.

Hellman, Hal. *Great Feuds in Medicine: Ten of the Liveliest Disputes Ever*. Nova York: Wiley, 2001.

1. Deve ser dito que nem todos os bebedores franceses apreciam os vinhos de Jura; trata-se, em grande medida, de uma região vinícola à qual se ama ou se odeia.
2. Louis Pasteur, *Œuvres de Pasteur*, vol. 7, org. Louis-Pasteur Vallery-Radot. Paris: Masson et Cie., 1939, p. 130.
3. Debré, *Louis Pasteur*, pp. 227-28.

41. A Maldição da Fada Verde

Adams, Jad. *Hideous Absinthe: A History of the Devil in a Bottle*. Madison: University of Wisconsin Press, 2004.

Baker, Phil. *The Book of Absinthe: A Cultural History*. Nova York: Grove Press, 2001.

Blocker, Jack S., Ian R. Tyrell e David M. Fahey, orgs. *Alcohol and Temperance in Modern History: An International Encyclopedia*. Santa Barbara, CA: ABC-Clio, 2003.

Cargill, Kima. "The Myth of the Green Fairy: Distilling the Scientific Truth About Absinthe." *Food, Culture & Society* 11, nº 1 (2008), pp. 87-99.

Delahaye, Marie-Claude, "Grandeur et décadence de la fée verte". *Histoire, Économie et Société* 7, nº 4 (1988), pp. 475-89.

Prestwich, P. E. "French Workers and the Temperance Movement." *International Review of Social History* 25, nº 1 (1980), pp. 35-52.

1. Delahaye, "Grandeur et décadence de la fée verte", p. 479.
2. Jancis Robinson, org., *The Oxford Companion to Wine*, 4ª ed. Oxford, Inglaterra: Oxford University Press, 2015, p. 555.
3. Didier Nourrisson, *Le buveur du XIXe siècle*. Paris: L'Aventure Humaine, 1990, p. 321.
4. Citado em Delahaye, "Grandeur et décadence de la fée verte", p. 483. Tradução dos autores.

42. Gastronomia em Tempos de Guerra

Decraene, Jean-François e Bertrand Tillier. *La nourriture pendant le siège de Paris, 1870-1871*. Saint-Denis: Musée d'Art et d'Histoire Saint-Denis, 2004.

Merriman, John. *Massacre: The Life and Death of the Paris Commune of 1871*. New Haven, CT: Yale University Press, 2014.

Pascal, Edmond. *Journal d'un petit Parisien pendant le siège (1870-1871)*. Paris: A. Picard et Kaan, 1893.

Richardson, Joanna. "The Siège of Paris." *History Today* 19, nº 9 (1969), pp. 593-99.

1. Alice Conklin, Sarah Fishman e Robert Zaretsky, *France and Its Empire Since 1870*. Nova York: Oxford University Press, 2015, pp. 38-40.
2. Jean Vitaux, *Les Petits Plats de l'Histoire*. Paris: Presses Universitaires de France, 2012, pp. 34-5.
3. Decraene e Tillier, *La nourriture pendant le siège de Paris*, p. 11. Tradução dos autores.
4. Pascal. *Journal d'un petit Parisien*, p. 264. Tradução dos autores.
5. *Ibid.*, p. 283.
6. Essa evolução é bem descrita por Suzanne Citron, em *Le mythe national: L'histoire de France revisitée*. Paris: Les Éditions de l'Atelier, 2017).
7. Merriman, *Massacre*, p. 252.

43. O Patrimônio do Amendoim

Brooks, George E. "Peanuts and Colonialism: Consequences of the Commercialization of Peanuts in West Africa." *Journal of African History* 16, nº 1 (1975), pp. 29-54.

Péhaut, Yves. "The Invasion of Foreign Foods." *In Food: A Culinary History from Antiquity to the Present*, organizado por Jean-Louis Flandrin e Massimo Montanari, pp. 457-70. Nova York: Columbia University Press, 1999.

Wikte, Thomas e Dale Lightfoot. "Landscapes of the Slave Trade in Senegal and the Gambia." *Focus on Geography* 57, nº 1 (2014), pp. 14-24.

1. Projeção de Mercado, "Peanut Butter", 2017, www.statista.com/outlook/40090400/102/peanut-butter/europe#market-global.
2. Brooks, "Peanuts and Colonialism", p. 39.

44. "Gastronômades" na Estrada do Sol

Csergo, Julia. "The Emergence of Regional Cuisines." *In Food: A Culinary History from Antiquity to the Present*, organizado por Jean-Louis Flandrin e Massimo Montanari, pp. 500-15. Nova York: Columbia University Press, 1999.

Donnaint, Clémentine e Élodie Ravaux. *Nationale 7: 50 recettes sur la route mythique de Paris à Menton*. Paris: Hachette Livre, 2013.

Lottman, Herbert R. *The Michelin Men: Driving an Empire*. Nova York: I. B. Tauris, 2003.

Trubek, Amy B. *The Taste of Place: A Cultural Journey into Terroir*. Berkeley: University of California Press, 2009.

1. Hoje em dia, Menton abriga apenas alguns poucos produtores de limão: a maior parte das frutas cítricas usada no festival local – chamado *Fête du Citron* [Festa do Limão], em celebração ao final do inverno, a cada mês de fevereiro, com gigantescas esculturas feitas com limões e laranjas – é importada do Marrocos e da Espanha.
2. Os *canuts*, na verdade, protagonizaram uma das primeiras revoltas de trabalhadores – malsucedida –, em 1831 (seu lema era: *Vivre libre en travaillant ou mourir en combattant!*; ou seja, "Viver livre trabalhando, ou morrer lutando". (Literalmente, "combatendo"; empregamos o verbo "lutar" apenas para manter a rima em português.)
3. J.-A. Lesourd, "Routes et trafic automobile en France". *L'Information Géographique* 11, nº 1 (1947), pp. 23-7.
4. Curnonsky, *Souvenirs littéraires et gastronomiques*. Paris: Albin Michel, 1958, pp. 53-4. Tradução dos autores.
5. Jeanne Barondeau, org., *Cur non ... bibendum? ou Du PNEU Michelin au guide gastronomique*. Munique: Édition Curnonska, 2014, localização Kindle 808 de 3675.

45. Um Amigo nos Momentos Difíceis

Boisard, Pierre. *Camembert: A National Myth*. Traduzido por Richard Miller. Berkeley: University of California Press, 2003.

Pourcher, Yves. *Les jours de guerre: la vie des Français au jour le jour 1914-1918*. Paris: Hachette, 2008.

1. Também existe uma sobremesa chamada *café liégeois*, que inclui sorvete com sabor de café.
2. Não é inteiramente claro de onde vem a alcunha para a carne. Há quem diga que ela lembrava os soldados que haviam anteriormente servido nas colônias da carne de macaco, à qual eles tinham de recorrer para comer, às vezes. Mas fontes apontam, mais provavelmente, para o fato de o apelido ter surgido em função dos abridores de latas usados no *front*, fabricados por uma empresa chamada *Le Singe* (ou "O Macaco").
3. Boisard, *Camembert*, p. 107.
4. *Ibid.*, p. 113.
5. Esse comentário, supostamente feito pelo primeiro-ministro ao longo de um discurso aos ex-combatentes nas proximidades de Verdun, em 1919, tornou-se um verdadeiro provérbio francês, apesar da ausência de documentação que o autentique.

46. Um Motim e uma Vaca Sorridente

La vache qui rit: sa vie, ses recettes. Neuilly-sur-Seine: Éditions Michel Lafon, 2006.

Villemot, Guillaume e Vincent Vidal. *La chevauchée de la Vache qui rit*. Paris: Éditions Hoëbeke, 1991.

1. A primeira investigação completa sobre os motins só foi possível depois da abertura dos arquivos militares franceses e apareceu na obra de Guy Pedroncini, *Les Mutineries de 1917*. Paris: Presses Universitaires de France, 1967.
2. Segundo a associação Les Amis de Benjamin Rabier, Bel inicialmente usou a ilustração de Rabier sem a permissão dele e somente lhe pediu para que criasse uma logomarca quando queijeiros rivais começaram a usar a mesma imagem.
3. *La vache qui rit*, p. 43. Tradução dos autores.

47. "Pão, Paz e Liberdade": A Baguete Socialista

Bertaux-Wiame, Isabelle. "L'apprentissage en boulangerie dans les années 20 et 30: une enquête d'histoire orale." *Rapport Final*, vol. 2, *Convenção CORDES* nº 53/74 (1976).

Vigreux, Jean. *Histoire du Front Populaire: l'échappée belle*. Paris: Tallandier, 2016.

1. George Orwell, *Down and Out in Paris and London*. Londres: Penguin, 2003, pp. 62, 67.
2. Stephanie Strom, "A Baker's Crusade: Rescuing the Famed French Boulangerie". *The New York Times*, 11 de julho de 2017.

48. Cuscuz: a Assimilação (ou Não) do Império

Béji-Bécheur, Amina, Nacima Ourahhmoune e Nil Özçağlar-Toulouse. "The Polysemic Meanings of Couscous Consumption in France." *Journal of Consumer Behaviour* 13, nº 3 (2014), pp. 196-203.

Binet, Laurent. "'Touche pas à mon pain au chocolat!' The Theme of Food in Current French Political Discourses." *Modern & Contemporary France* 24, nº 3 (2016), pp. 239-52.

Buettner, Elizabeth. *Europe After Empire: Decolonization, Society, and Culture*. Cambridge, Inglaterra: Cambridge University Press, 2016.

Grange, Henri e Florence Barriol. "Le marché de la graine de couscous en Europe". *In Couscous, boulgour et polenta: transformer et consommer les céréales dans le monde*, organizado por Hélène Franconie, Monique Chastanet e François Sigaut, pp. 83-92. Paris: Éditions Karthala, 2010.

Janes, Lauren. *Colonial Food in Interwar Paris: The Taste of Empire*. Londres: Bloomsbury Academic, 2015.

1. O *Maghreb* ("oeste", em árabe) convencionalmente se refere aos países do noroeste da África: Líbia, Tunísia, Argélia, Marrocos e Mauritânia. Para os propósitos deste capítulo, os países mais relevantes são a Argélia, a Tunísia e o Marrocos, os quais a França ocupou durante o século XIX e o início do século XX.
2. TNS SOFRES, "Les plats préférés des Français", agosto de 2011, www.tns-sofres.com/sites/default/files/2011.10.21-plats.pdf.
3. O árido interior do país foi administrado pelas forças armadas francesas.
4. Esta era é descrita, com grande maestria, por Lauren Janes, em *Colonial Food in Interwar Paris*. Ela argumenta que a rejeição francesa aos produtos alimentícios coloniais era a manifestação de uma relutância muito mais disseminada à incorporação das colônias no seio da nação francesa.

5. A Terceira República acabou com a ocupação nazista da França; e a Quaı ta República foi iniciada em 1946.
6. Béji-Bécheur *et al.*, p. 197.
7. Buettner, *Europe After Empire*, p. 236.
8. *Ibid.*, p. 242.
9. Sylvie Durmelat, "Tasting Displacement: Couscous and Culinary Citizenship in Maghrebi-French Diasporic Cinema". *Food and Foodways* 23, nos 1-2 (2015), p. 108.

49. Os Vegetais Esquecidos

Drake, David. "Du rutabaga et encore du rutabaga: Daily Life in Vichy France." *Modern & Contemporary France* 15, nº 3 (2007), pp. 351-56.

Mouré, Kenneth e Paula Schwartz. "On vit mal: Food Shortages and Popular Culture in Occupied France, 1940-1944. *Food, Culture & Society* 10, nº 2 (2007), pp. 261-95.

Schwartz, Paula. "The Politics of Food and Gender in Occupied Paris." *Modern & Contemporary France* 7, nº 1 (1999), pp. 35-45.

1. Elizabeth Kier, "Culture and Military Doctrine: France Between the Wars". *International Security* 19, nº 4 (1995), pp. 65-93.
2. Estatísticas de Yad Vashem – The World Holocaust Remembrance Center.
3. Regiões com uma tradição de agricultura autossuficiente, tais como o Loire, a Normandia e a Bretanha, sofreram muito menos do que algumas regiões meridionais e os maiores centros urbanos.
4. Bernard Frizell, "Gastronomy: Good Eating Has Survived Both War and Politics as France's Finest Art". *Life*, 9 de dezembro de 1946, p. 60.
5. Information and Education Division of the US Occupation Forces, Paris, 112 Gripes About the French [Divisão de Informação e Educação das Forças de Ocupação dos Estados Unidos em Paris; 112 Queixas Triviais sobre os Franceses]. Oxford, Inglaterra: Bodleian Library, 2013, p. 73.
6. As diversas experiências dos residentes urbanos e rurais são relatadas em uma quantidade de memórias dos tempos de guerra, tais como as escritas por Colette, Simone de Beauvoir, Gertrude Stein e Alice B. Toklas.
7. *Instructions for British Servicemen in France 1944*, reeditado pela Bodleian Library, Oxford University (Cambridge, Inglaterra: University Press, 2005), p. 5.
8. Jean-Louis Flandrin, "The Early Modern Period". *In Food: A Culinary History from Antiquity to the Present*, organizado por Jean-Louis Flandrin e Massimo Montanari. Nova York: Columbia University Press, 1999), p. 358.

50. Canon Kir Junta-se à Resistência

Gildea, Robert. *Fighters in the Shadows: A New History of the French Resistance*. Cambridge, MA: Belknap Press, 2015.

Lormier, Dominique. *Histoires extraordinaires de la résistance* française. Paris: Cherche Midi, 2013.

Muron, Louis. *Le chanoine Kir*. Paris: Presses de la Renaissance, 2004.

1. *Instructions for British Servicemen in France 1944*, reeditado pela Bodleian Library, Oxford University (Cambridge, Inglaterra: University Press, 2005), p. 32.

2. Nikita Khrushchev, *Memoirs of Nikita Khrushchev*, organizado por Sergei Khrushchev, vol. 3, *Statesman, 1953-1964*. University Park: Pennsylvania State University Press, 2007, pp. 200-01.

51. França e Estados Unidos: da Libertação à Exasperação

Gordon, Bertram M. "The Decline of a Cultural Icon: France in American Perspective." *French Historical Studies* 22, nº 4 (1999), pp. 625-51.

Kuisel, Richard F. "Coca-Cola and the Cold War: The French Face Americanization, 1948-1953." *French Historical Studies* 17, nº 1 (1991), pp. 96-116.

1. *112 Gripes About the French*, publicado pela primeira vez em 1945, pela Divisão de Informação e Educação das Forças de Ocupação dos Estados Unidos, Paris; reimpresso e novamente publicado em 2013 pela Bodleian Library, University of Oxford.
2. Farley também foi, por muito tempo, um conselheiro político do presidente Franklin D. Roosevelt. J. C. Louis e Harvey Z. Yazijian, *The Cola Wars*. Nova York: Everest House, 1980, p. 76.
3. Citado por Kuisel, em "Coca-Cola and the Cold War", p. 110.
4. A expressão *"cheese-eating surrender monkey(s)"* [macacos comedores de queijo que se renderam] entrou para o léxico norte-americano de termos insultuosos dirigidos ao povo francês em 1995, graças a um episódio da série televisiva de animação *The Simpsons* (intitulado *'Round Springfield*, na versão original; "A Volta de Springfield", no Brasil. 22º episódio da sexta temporada da série).
5. Essa é, certamente, uma categoria subjetiva; mas nela costuma-se incluir coisas como jantares congelados pré-prontos, *nuggets* de frango processados, biscoitos, cereais açucarados e *fast-food*, de modo geral.
6. Hayagreeva Rao, *Market Rebels: How Activists Make or Break Radical Innovations*. Princeton, NJ: Princeton University Press, 2008), p. 86.
7. Waverley Root, "The Restoration of French Cooking". *The New York Times*, 17 de dezembro de 1972.

52. Conclusão

1. *"Dis-moi ce que tu manges, je te dirai ce que tu es"* é o quarto dentre os famosos vinte aforismos de Brillat-Savarin, listados no começo de seu livro *The Physiology of Taste*.

Índice Remissivo

14 de julho (Dia da Bastilha), 218, 225

Aachen, 46, 259
Abd al-Qadir, 265, 398
Abd al-Rahman, 39
Abondance, 63
absinto, 287-94
açafrão, 74, 99, 144
açougueiros, 23-5
Acre, 73, 77
açúcar de beterraba, 186
açúcar, 38, 43, 74, 142, 151-53, 163, 180-86, 207, 211, 249, 282, 289, 331, 374, 376
África Ocidental, 144, 154-55, 182, 201, 306-09
África, 38-9, 52 137, 144, 150, 154-55, 182, 201, 288, 306-09, 320, 339-44
Agincourt, 126
agraço, 144-45
Agricultura/agrícola, 12, 44-6, 59, 75, 123, 169-71, 236, 283, 287, 333, 342, 368
Aix-en-Provence, 311
Al-Andalus, 38-4, 152
Albi, 90-1
Alcachofra(s), 81, 162, 338
alcachofras de Jerusalém, 348, 354
alecrim, 44, 121
Alemanha/alemães, 28, 33, 44, 49, 148, 155, 190, 192, 234, 275-76, 284, 295-302, 313, 317-24, 326-28, 334, 343, 348-61, 363-64

Alexandre I (Csar), 255-56
Alexandre, o Grande, 43, 48, 53, 243
alho, 45, 59, 116, 120-21, 144-45, 166, 168, 199, 202, 246, 338, 363
alho-poró, 59, 147, 300
alimento como identidade da marca, 17-8, 26-7, 38, 57-62, 66-7, 75, 87-91, 121-22, 144-46, 166, 168, 173-74, 177, 179, 215-16, 263, 319, 340-47, 352, 363-72, 373-77. *Ver também* diferenças de classes (expressas através dos alimentos)
Alsácia (região), 28, 51, 69, 200, 284, 298, 301-02, 319
Alsácia (vinho), 18, 301
Amboise, 136-40
ameixas, 71-3, 78, 141
amendoim, 306- 309
América do Sul, 115, 152, 306
amoras, 169
Ana da Áustria, 200
Ana da Bretanha, 139
anarquista, 303
anchovas, 311, 338-39
angélica, 48, 52
Anjou, 82, 106, 132
Antimo, 30
Apício, 26-7
apicultura/apicultor, 44-7

Appellation d'Origine Contrôlée (AOC), 37, 85, 95, 127, 149, 193, 212, 240, 258, 280-81, 286, 323, 357, 363, 375, 385
Appert, Nicolas, 14, 248-52
Aquitânia, 39, 80-5, 111, 114
Árabe (Império), 37-8, 52, 74, 181
Arbois, 281-83, 285
Arcachon, 277-78
Argélia, 265, 288, 290-91, 305, 313, 340-47
Arles, 19-20, 290
Armagnac, 72
Armênia(o), 193, 219
arroz, 340,
Ásia/asiático, 28, 38, 43, 52, 119, 137, 144, 150, 181, 189, 243, 288, 305, 337, 344, 370
aspargos, 162, 203
Assembleia Geral dos Estados, 106-07, 22-21
Assembleia Legislativa, 229-30, 265
asteca(s), 151
Asterix, Obelix e Panoramix, 17
Átila, o Huno, 28
Augusto (imperador romano), 21, 226
Ausônio, 18
Áustria/austríaco e Áustria-Hungria, 13, 194-97, 201, 211, 213, 216, 227, 230, 243-45, 254-55, 259, 296, 319, 348
automóvel, 310-16
Auvergne, 80
aveia, 34, 36, 58
Avignon e o Papado de Avignon, 95-101, 123
azeite de oliva, 27, 148, 173, 304, 307, 338
azeitonas, 95, 199, 311, 339

bactéria(s), 45, 118, 128, 323, 367, 371
baguete(s), 331-37, 340, 368
Balzac, Honoré de, 108, 152
Ban des Vendanges, 55, 61-2
banquete(s), 30, 98, 202, 246, 263-64, 268-70
barril, 19, 188, 190, 206, 363, 375
basco(a), 92, 149, 153, 376
Bastilha, prisão/queda da, 218, 221-22, 228
Batalhas de
 Austerlitz, 254

Borodino, 256
Castillon, 133
Campos Cataláunicos, 28
Crécy, 112
Friedland, 254
Hattin, 77
Marengo, 245-46, 254
Marignano, 139
Poitiers (732), 37-40
Poitiers (1356), 114
rio Berezina, 256
Sedan, 298
Tolbiac, 29
Trafalgar, 187,250
Vertières, 185
Waterloo, 187, 260
batata(s), 151, 232-39, 321, 354, 376
Baudelaire, Charles, 10, 289
baunilha, 48, 152-53, 180, 183
Bayonne, 149-50, 153
Beck, Simone, 53
Bel, Léon, 327-29
Bélgica, 29, 49, 68, 238, 320
Belle Époque, 53, 289, 303
Bénédictine (licor), 48, 52-4
Berbere, 38, 339-40
beringela(s), 38, 81, 97
Berry, 106
beurre blanc, 143
Béziers, 91
Bismarck, Otto von, 296, 300
bistrôs (*bistro*), 28, 31, 262, 342
Blum, Léon, 336
Bocuse, Paul, 369
Bonnefons, Nicolas de, 146
Bordeaux (cidade), 72,79, 82-5, 96-7, 111, 113, 118, 133, 183, 188, 307
Bordeaux (vinho), 18, 23, 79, 83-5, 96, 207, 278, 290
Borgonha (região), 51, 64, 67, 126, 316, 356-59
Borgonha (vinho), 18, 23, 67, 79, 98, 206, 290, 356-58, 375
bouillabaisse, 315, 338
boulangerie, 174, 194, 197-98, 331-33, 336
Bourges, 126-27, 131, 137
Bové, José, 368
brasserie, 28, 301, 320
Bretanha, 43,102-08, 271-72, 277-78, 318, 321, 375

Breton, André, 180
Brie, 31, 229, 25-62, 322
Brillat-Savarin, Jean Anthelme, 79, 122, 225, 261, 313, 374
britânicos/ingleses, 152, 184, 212, 216, 231, 234, 243-44, 252, 254-55, 259-60, 263, 275, 304-7, 349-50, 360, 362.
   Ver também Inglaterra
Brócolis, 162

café liégeois (bebida), 320
café viennois (bebida), 320
café, 13, 152, 181-84, 189, 186-87, 218-19, 320
cafés, 13, 186-87, 217, 218-225, 299, 369
   Café de la Régence, 220, 266
   Café du Croissant, 319
   Café du Foy, 218-22
   Café Maugis, 220
   Café Parnasse, 220
   Café Procope, 220
Cahors, 97
Calais, 113, 117, 133
Califado Omíada, 37-9
calissons, 311
Calvados, 362-63
Calvin, John, 140, 159
camarões-d'água-doce, 147, 245
Camembert, 276, 318-24, 330, 367
caminhos da comida, 13, 374-75
Camisard, rebelião, 175-79
camponeses, 23, 56-62, 69, 108, 109, 123, 175, 177-79, 230, 231, 237-38, 374
Canadá/canadenses, 151, 176, 216, 362
Cancale, 271, 318
Candelária, 253-55
canela, 48, 81, 153, 391
Cantal, 322
Cap Fréhel, 271
capão(ões), 26, 170
Capeto, Hugo, 57
Capitulare de villis, 45
Carcassonne, 91, 109, 115
Cardeal Jules Mazarin, 200
Cardeal Richelieu (Armand-Jean du Plessis), 172
Carême, Marie-Antonin, 147-48, 246, 261
Caribe, 150, 154, 181-84, 189
Carlos IV, 112
Carlos IX, 158, 160, 167

Carlos Magno, 44-48, 124, 169, 258
Carlos Martel, 39-44
Carlos V (Carlos, o Sábio), 105, 114-15, 125
Carlos V (Sacro Império Romano), 141
Carlos VI (Carlos, o Louco), 115, 125-27
Carlos VII (Carlos, o Vitorioso), 131-34, 137
Carlos VIII, 138
Carlos X, 265
Carlos, o Calvo, 49-51
Carlos, o Gordo, 51
Carlos, o Mau, 105
Carlos, o Simples, 50-1
carne suína, 13, 19, 28, 30-1, 38, 59, 109, 115, 224, 347
carne, 24, 30, 59-60, 87, 128, 139, 237, 367-68
carne, como símbolo, 27, 60-1, 90, 120, 125, 174, 214
carneiro, 109, 115, 175
Carolíngia, dinastia, 44-50, 57, 64
cassis ou groselha-negra, 357
cassoulet, 109-15, 315
castanhas, 36, 176-79
Castelnaudary, 109, 110-14
Catarina de Médici, 157-64, 166, 374
Cátaros, 88-94
Cavaillon, 311
cebolas, 59, 311
celta(s), 17, 21-22, 374-75
cenoura(s), 59, 203, 299
centeio, 58, 231
cerco a Paris (1870-1871), 295-302
cerveja, 27, 59, 68, 211, 284, 291, 301
cervelle de canut, 312
cervoise, 15, 17, 19, 374
Cévennes, 175-79
chá, 181, 189
Chabichou, 37-41
Chablis, 68, 277
chalotas, 116, 145, 147, 236, 279, 312
champagne, 187, 206-12, 249, 278
champignons de Paris, 129
Chartres, 51
chasse-marrée, 273-74
Château Ausone, 18
Château Pape Clément, 96
Châteauneuf-du-Pape, 95, 97, 100
Child, Julia, 53, 156
Childerico III, 44, 51
China, 117, 192, 309, 340, 344

Chinon, 137
Chirac, Jacques, 170
chocolate, 13, 137, 149-55, 181, 197, 219, 376
chucrute (*sauerkraut*), 28-9, 301
Cîteaux, 66, 91
Cláudia (Rainha da França), 72, 141
Clemenceau, Georges, 323
Clemente V, 96
Clermont, 73
Clos de Vougeot, 67
Clotário, 33
Clóvis, 29-33
Cluny, 66
Coca-Cola, 364-68
coentro, 81
cogumelo(s), 129-31, 134, 145, 147, 236
Colbert, Jean-Baptiste, 105
Colette, 166
colonialismo e imperialismo, 14, 146, 150-55, 181-86, 201, 264-65, 288, 290, 304-09, 340-47, 376
comércio de alimentos e vinho, 15, 18-9, 38, 52-3, 74, 79, 82-5, 104-05, 117, 122-23, 127, 146, 150-55, 181-84, 189-90, 276, 285-86, 306-09, 366-67
Comité Régional d'Action Viticole, 294
Comté, 124, 280, 286, 327
Comuna de Paris, 302-03, 334
comunidades judaicas na França, 119, 152-53, 350-51, 359
comunidades muçulmanas na França, 13, 38-41, 339-47
comunista(s), 266, 318, 336, 350, 356, 359, 364, 366, 396
Conferência de Berlim de 1884-1885, 308
Congresso de Viena, 242, 259-60
conhaque, 19, 72, 134, 182, 187-93, 363
conhaque/*brandy*, 36, 64, 147, 187-93, 246, 363
Constantino (imperador romano), 24
Constantinopla, 81, 118, 135
Consulado (1799-1804), 243
Convenção Nacional, 230, 242
coq au vin, 315
Córsega, 177, 242
Cortés, Hernán, 151
Costa Azul, 310, 360
Costa do Marfim, 155
Côtes du Rhône, 95

Cotignac d'Orléans, 141
Courvoisier, 187, 192
couve-flor, 216, 300
cozinha magrebina, 338-47. *Ver também* Argélia, norte da África
cravo-da-índia, 30, 144, 391
crème de cassis, 357, 360-61
creme, 134, 144-48, 156, 236
crépe(s), 102, 253-57
Cristianismo na França, 22-5, 29, 34-6, 47, 51, 56, 58, 60, 63-70, 73-8, 88-92, 95-100, 123, 131-32, 140, 158-59, 223, 253-54, 347
croissant, 194, 197-98, 333, 368, 376
Crottin de Chavignol, 311
Cruzada(s), 52, 66, 73-8, 81, 88, 90-1, 181
Curnonsky, 110, 313-15, 352
cuscuz, 339-47

Dakar, 306
Daladier, Édouard, 336, 349
Damasco, 38, 78
Danton, Georges Jacques, 220, 223
Daudet, Léon, 292, 320
De Gaulle, Charles, 12, 345, 350, 359, 369
De Molay, Jacques, 77
De Montfort, Simon, 91
Declaração dos Direitos do Homem e do Cidadão, 223
Degas, Edgar, 289
Delessert, Benjamin, 186
Depardieu, Gérard, 17
desafios ambientais, 47, 87-8, 278
Descartes, René, 205, 234, 389
Desmoulins, Camille, 218, 221-23
Diana de Poitiers, 157, 162
Diderot, Denis, 215, 220
dieta (clássica), 30, 59, 120, 130, 146, 206
diferenças de classe expressas através dos alimentos, 13-4, 15, 58-62, 122-23, 137, 144-47, 150, 155, 162, 165-66, 168, 181, 191-92, 214-16, 227, 231, 235, 250-51, 259, 272, 276-77, 290-91, 296, 300, 352, 373-75
Dijon, 145, 356-61
dinastia capetiana, 57, 77, 85
dinastia de Bourbon, 168, 201, 259, 265
dinastia mameluca, 77
dinastia merovíngia, 29-44

Dinastia Valois/Casa de Valois, 77, 111-12, 141, 158, 166-68
Diretório (1795-1799), 241-43, 248
Dom Pérignon, 207-08, 239
Dordonha, 85-6
Ducasse, Alain, 149, 397
Dumas, Alexandre, 99, 172, 264, 311

Eduardo II (Rei da Inglaterra), 111
Eduardo III (Rei da Inglaterra), 111-12
Eduardo, o Príncipe Negro da Inglaterra, 110, 113-14
Egito, 197, 242-44, 246
Elba, 257-60
Eleanor de Aquitânia, 80-6, 188
elefante, 296-97
Elizabeth I, 167
Encyclopédie, 215, 220
enguias, 138
Époisses, 63-4
ervas, 18, 36, 48, 52, 102, 116, 120-22, 144-47, 169, 190, 236, 288, 312, 370. Ver também angélica, coentro, lavanda, alecrim
ervilhas, 202-03, 250
Escandinávia, 48, 52
escargot, 12, 199
Escoffier, Auguste, 36, 130, 134, 148, 370
escolas francesas, 16, 46, 88
escravidão e comércio/Mercado de escravos, 50, 180-85, 306
Espanha/espanhóis, 38-9, 74, 125, 141, 149-54, 166, 168, 181, 188-89, 201, 233, 254, 294, 336 espinafre, 59, 156-57, 162
Estados (Primeiro, Segundo, Terceiro), 57-62, 68, 107, 122, 220
Estados Unidos, 53, 128, 192, 238, 258, 266, 285, 289-92, 304, 305, 310, 319-20, 324, 325, 332, 344, 357, 362-72
estradas de ferro/ferrovias, 127, 266, 275-77, 283, 290, 298, 306, 357, 358
Estrasburgo, 28, 119, 376
etiqueta na alimentação, 30-1, 71, 194-95, 332
exército mamemuco, 243
extrema-direita na França, 12, 40, 171, 336, 346-47, 376

Fécamp, 48, 52-4
feijões brancos, 109, 115, 162

Fermat, Pierre de, 205
fermentação, 43, 144, 206-08, 211, 281-82
Fete de la Fédération, 218, 263-64
feudalismo/feudal, 46, 55-62, 88, 122, 205, 223
figo(s), 71, 204
Filipe II (Filipe Augusto), 62, 84-5
Filipe III (o Audaz), 112
Filipe IV (o Belo), 62, 77-8, 96, 105, 111-12
Filipe V, 112
Filipe VI, 111-13
filoxera, 211, 289-90, 301
Flandres, 111
fleur de sel, 102-03
foie gras, 26, 30, 72, 170, 315, 367
fome e escassez de alimentos, 45, 59, 123, 176, 219, 228, 234-35, 250-52, 268, 322, 328, 351-54
Fortunato (Venâncio Fortunato), 32-6, 65
Fouquet, Jean, 133
Fourme de Montbrison, 311
Francisco I, 72, 139-40, 157, 196
Francisco II, 158
francos, 28-50
frango/galinha, 130, 134, 165, 168-70, 245-46, 280, 300, 353, 368
Franklin, Benjamin, 219, 235
Frederico, o Grande, 234, 248
French fries, 237
Frente Nacional (*Front National*, FN), 40, 171, 346-47, 376
Frente Popular, 335-36
Front de Libération Nationale, 344-45
frutas(os), 38, 59, 71-2, 76, 82, 90, 102, 120, 135-38, 141, 185, 203-04, 213, 215, 232, 249, 262, 276, 342. Ver também azeitonas, figos, groselha negra, laranjas, limões, maçãs, marmelo, melões, peras, *plums*, *prunes*, tomates, uvas.

gabelous, 106-08
galangal, 144
Gália/gauleses, 15-30, 39, 44, 88, 124, 188, 272
Galois, Évariste, 264-65
galo-romano(a), 18-27, 97, 263, 301
Gana, 155
Gare du Nord, 275
garfo, 81, 163

garum, 144, 148
Gasconha, 85, 111-12, 132-33, 189
gâteau nantais, 180, 183, 186
Gault, Henri, 369-70
gengibre, 30, 74, 144
Gesta Francorum, 73
Godard, Jean-Luc, 366
Grande Cisma do Ocidente, 100
grãos do paraíso, 144
gregos (antigos), 15, 27, 30, 43, 120
Grimod de la Reyniere, Alexandre Balthazar Laurent, 225, 249, 264, 313
Grupo Carlos Martel, 40
Gruyère, 147, 261, 296, 300, 322, 327
Guadalupe, 181, 185
Guérande, 102-08
Guerra
   da Crimeia, 252
   da Sucessão Espanhola, 201
   das Sete Semanas (1866), 296
   de Sucessão Austríaca, 213
   dos Cem Anos, 78, 85, 99, 105, 110-15, 125-27, 131-34, 135, 137
   dos Sete Anos, 216, 234
   dos Três Henriques, 168
   dos Trinta Anos, 189
   Franco-Prussiana, 276, 284, 295-303
Guerras
   Napoleônicas, 185, 243-44, 248, 250-52, 253-60
   Religiosas, 158-61, 167-68, 171, 173-74, 188, 195
guilda(s), 23, 121, 223-24, 228
Guise, 167-68

Haiti (São Domingos), 182-85, 305
Hapsburgos, 195-96, 201, 213, 254
Haussmann, Georges-Eugene, 297-98
Haut-Brion, 85
Henrique II (rei da França), 52, 157
Henrique II (rei da Inglaterra), 82-4
Henrique III, 158, 163, 167-6
Henrique IV (Henrique de Navarra), 159, 165-71, 189, 259
Henrique V (rei da Inglaterra), 126-27
heresia e heregess, 88-94, 98, 140, 159, 175
hidromel, 43-4
higiene na alimentação, 45, 251, 281-82, 285
Holanda/holandeses e Países Baixos, 49, 83, 105, 150-51, 188-91, 213, 305

Hollande, François, 170-71
Holocausto, 153, 350
Hoover, Herbert, 165
hortas/jardins, 45, 59, 137, 145, 176, 199, 203-04, 250
Hugo, Victor, 188, 266
huguenotes, 158-60, 167-68, 172-75, 188, 191
hunos, 28
hypermarchés, 42, 373

identidade francesa, 12, 88, 94, 141, 171, 231, 287, 339-40, 346-47, 353, 364, 369-72
idioma francês, 18, 52, 89, 340-41, 353
Île d'Oléron, 44
Île de France, 57
Île de la Cité, 50
Iluminismo, 146, 184, 209, 214-16, 219-21, 223
Império
   Bizantino, 38, 73, 135
   Francês: Primeiro Império, 254
      Segundo Império, 270, 288, 295-96, 304-09
   Otomano, 181, 195-97, 219, 319-20, 340
   Persa, 38
   Romano, 13, 15-30, 38, 44, 64, 67, 74, 88, 97, 103, 104, 137, 144, 152, 188, 226, 253, 272, 274, 310, 374
Índia, 201, 216, 243, 309
Indochina, 342, 344
industrialização, 19, 154-55, 249, 263, 266, 273-77, 282-83, 291, 307-08, 315, 328-29, 341, 346
Inglaterra, 48, 49, 57, 78, 79, 82-6, 99, 105, 110-15, 117, 118, 122, 126, 131-33, 148, 150, 155, 159, 167, 182, 190-92, 201, 206-07, 275, 295. *Ver também* britânicos/ingleses
Inquisição/inquisitores, 88, 93-4, 98, 152
Intercâmbio Colombiano, 150
Irlanda, 151, 191, 201
Isabel (rainha da Inglaterra), 111-12
Itália, 15, 17, 19, 28, 36, 49, 52, 96, 99, 136, 138-41, 143, 151, 157, 160-64, 202, 234, 242, 245, 272, 311, 319, 334, 338, 366

Jarnac, 187
Jaurès, Jean, 319
Jefferson, Thomas, 238

Jerusalém, 73-7, 81
Joana d'Arc, 40, 131-32, 141
João II (João, o Bom), 112-13, 125
João XXII, 97-9
Júlio César, 18, 19, 124
Jura, 185, 280-81, 283, 286, 327

Khrushchev, Nikita, 361
Kir, 357-61
kouign-amann, 271

La Couvertoirade, 76
la France profonde, 170, 287, 315
La Marseillaise", 225
La Quintinie, Jean-Baptiste, 203-04
La Rochelle, 159, 172, 183, 188-89, 192, 277, 375
La vache qui rit (A Vaca que Ri), 328-29
Lafayette, Marquês de (Gilbert du Motier), 221-22
Languedoc, 89-94, 113, 118, 175-79, 276, 288, 292, 294, 376
laranjas, 137-38, 151, 220, 401
lavanda, 43, 121
Le Havre, 48, 183
Le Pen, Jean-Marie, 40, 346
Le Pen, Marine, 13, 40, 346
leite, 40, 59, 63, 67, 90, 97, 128, 153, 283-86, 323, 324, 367
Lenin, Vladimir, 302
Leonardo da Vinci, 136, 138-39
levante *Chouannerie*, 108
Levante, 38, 73-6, 145, 181-82
Lille, 282
limão(ões), 71, 145, 279, 311, 401
Limoges, 21-5, 114, 384
Limousin, 21, 24, 85, 188
linguiça/chouriço, 24, 28, 36, 109, 224, 357
Liverpool, 183
Lívio, 17
livros de culinária, 145, 273
    L'art de bien traiter, 145
    La Cuisinière bourgeoise, 145, 273
    La Cuisinière républicaine, 236
    Le Cuisinier françois, 273
    Le Ménagier de Paris, 145
    Le Viandier de Tailevent, 114-15, 145
    Mastering the Art of French Cooking, 53
Londres, 83, 122, 207, 219, 331, 350
Lorena, 284, 298, 301-02, 319

Lotário, 49
Luís VI, 80
Luís VII, 84
Luís X, 112
Luís XI, 134, 138, 310
Luís XII, 139
Luís XIII, 154, 172-73, 200
Luís XIV, 105, 130, 137, 143, 154, 173, 174, 191, 195-96, 199-04, 207, 208, 273-74, 310, 374
Luís XV, 154, 196, 208, 213-16, 274
Luís XVI, 217, 220, 226-29, 235, 259, 265, 267
Luís XVIII, 259, 260, 265
Luís, o Gago, 50
Luís, o Germânico, 49
Luís, o Pio ou Piedoso, 49
Luís-Filipe, 264-69
Lutero, Martinho, 163, 173-74
Lyon, 22, 31, 66, 91, 118, 275, 310-15, 341, 375

maçã(s), 71, 271, 363
macarons, 162
Machiavelli, Niccolo (Maquiavel), 139, 158, 196
Macron, Emmanuel, 346, 397
Madagascar, 48, 342
Madame de Maintenon, 203
Madame de Pompadour, 209, 216
Madame du Barry, 197, 216
magret de canard, 339
Maio de 1968, movimento, 369
maionese, 148, 353
Malquisinat, ou a "Rua da Culinária Ruim", 74
Manet, Édouard, 289
manteiga de amendoim, 304
manteiga/amanteigado(a), 27, 60, 145, 148, 156, 173-74, 194, 197-98, 226, 236, 300, 337, 354
Marc de Bourgogne, 64
Margarida de Navarra, 140
Maria Antonieta, 197, 226-30, 235
Maria de Anjou, 132
Maria de Médici, 172
Maria, rainha da Escócia, 158
marketing em relação aos alimentos e vinhos, 19, 53-4, 55, 70, 192, 235, 322, 327-29, 364

Maroilles, 63, 69
marrons glacés, 177
Marselha, 15, 52, 118, 225, 272, 307-08, 375
Martinica, 181
Marx, Karl, 266, 302, 366
massa(s), 138, 340, 342
Massacre do Dia de São Bartolomeu, 158-61
McDonald's, 12, 239, 368-71
Médoc, 83, 272
mel, 18, 35, 42-7, 375
melões, 138, 311
Menton, 311, 401
mercado negro, 53, 106-07, 352-53
Metz, 28, 34, 214, 229, 298
México, 13, 152
mexilhões, 271, 338
Michelin, 312-15
milho, 151, 169, 298
Millau, Christian, 368-70
Mistral, Frédéric, 98
Mitterrand, François, 170
molho
   allemande (ou "alemão"), 147
   béarnaise, 143, 148
   béchamel, 143, 144-47
   bordelaise, 147
   breton, 147
   espagnole, 147-48
   hollandaise, 143, 148
   mornay, 147
   nantua, 147
   molhos, 81, 121, 130, 134, 143-48, 304, 307, 338, 342, 357, 370
moluscos, 271-72, 273, 338 . Ver também mexilhões, ostras
monges e mosteiros, 46, 49, 52, 63-70, 176, 228, 374
   Beneditino, 52, 65-70, 207
   Cistercianos, 66-7, 78, 91
   Dominicanos, 68, 93-4
   Franciscanos, 68, 99
   Templários, 62, 75-8
   Trapistas, 68
mongóis, 28, 118
Montagné, Prosper, 115
Montélimar, 311
Montesquieu, 184, 209
Montezuma, 151
Montmartre, 55
Mont-Saint-Michel, 271

Montségur, 91-3
Morbier, 367
Marrocos, 341, 344-45
mostarda, 99, 116, 122, 145, 321, 357
movimento pela sobriedade/abstinência, 290-92
Mucha, Alphonse, 53
mulheres na França, 15, 33-5, 69, 88-9, 90, 103, 130-31, 138, 141, 228, 268, 270, 342, 345, 353
Munster, 63, 69
Muscadet, 360

nabos, 115
Nacional, Assembleia, 185, 221, 223-24, 228-30
Nantes, 11, 42, 50, 180-86, 331, 354, 360, 375
Nantes, Édito de, 168, 172, 174-76
Napoleão III, 270, 283, 295-98, 305
Napoleão, 108, 185-87, 197, 212, 223, 237, 241-47, 250, 254-62, 266, 310
Nápoles, 138, 246
Narbonne, 44, 89, 113, 383
Navarra, 159-60, 166-68
New Rochelle, 173
Nice, 311
Normandia, 18, 48, 51-3, 57, 82, 84, 126, 132-33, 173, 268, 273, 276-78, 316, 318, 321-24, 360, 362, 367
norte da África, 38, 305, 339-47, 348
Nostradamus, 120
nougat(s), 162, 311
nouvelle cuisine, 369-71
Nova York, cidade de, 173, 372
Nove Anos de Guerra, 201
noz-moscada, 48, 144, 391

Odo, 51
óleo de amendoim, 304, 307-09
Orientalismo, 196
Orléans, 126, 131, 141-42, 183
ortolan, 170
Orwell, George, 335
Ossau-Iraty, 149
ostras, 95, 170, 210, 271-79, 338, 375
ovos, 59-60, 67, 148, 156, 175, 215, 246, 353

pain au chocolat, 150, 197-98
Palais-Royal, 208, 220, 222, 266

Pantagruel, 141
pão, 12, 58-9, 82, 104, 123, 160, 215, 226-29, 231, 235, 266, 300, 321, 331-37, 342, 353
pão de gengibre, 44, 134
papas e papado, 44, 46-7, 73, 75-7, 82, 90-4, 95-101, 132, 157
papeton d'aubergines, 97
Paris, 28, 29, 50-1, 55, 57, 77, 81, 98, 105,107, 126, 129, 131-32, 137, 140, 160, 166, 168-70, 180, 183, 193, 196-97, 199, 208, 214, 216, 218-30, 235-39, 242, 249, 258-59, 260, 261, 264, 266, 268-69, 273, 274-77, 287, 288, 295-303, 310, 312-13, 319, 320, 334-37, 341-43, 350-54, 357, 365, 369, 372, 373-76
Parmentier, Antoine-Augustin, 233-38
parmesão, 138
Pascal, Blaise, 205
Pasteur, Louis, 14, 211, 249, 280-86
pasteurização/não pasteurizado, 258, 283-86, 323, 367
pastis, 292
peixe, 19, 43, 59-60, 66-7, 76, 90, 94, 97, 119, 144, 157, 163, 238, 273-77, 299
Pepino III (Pepino, o Breve), 44
Pepys, Samuel, 85
peras, 71, 203-04, 266-67
perdiz, 109, 202
Pernod, Henri-Louis, 288
perus(s), 151, 177
Peste Begra, 113, 117-23, 125
Pétain, Philippe, 326, 350, 358
petits ventres, 23
Picasso, Pablo, 289
pièce montée, 147
pieds-noirs, 240, 345-47
piment d'Espelette, 149, 151
pimenta, 30, 74, 144, 236, 296
Pirineus, 39, 80-2, 88, 92, 149, 153, 159, 166
pissaladière, 311
planaldo de Larzac, 76, 124
planalto de Dombes, 66
Plínio, o Velho, 18
Poitiers, 34, 36, 37-40, 80
política na alimentação, 11-14, 90, 155, 171, 197-98, 287, 290-94, 336, 346-47, 363-72, 375-76
Polônia, 158, 163, 255, 349, 355
Pontarlier, 288, 292-93

Portugal/portugueses, 52, 150, 152-53, 181-83, 278, 306
poule au pot, 168
poulet de Bresse, 280
poulet Marengo, 245
preservação/conservação dos alimentos e vinhos, 18, 104, 127, 190, 248-52, 283-84
presidentes franceses e eleições presidenciais, 40, 170-71, 270, 287, 293, 345-46, 369
Primeira Guerra Mundial, 29, 68, 211, 238, 292-93, 302, 312-14, 317-30, 334, 341, 348, 350
proibição, 292
Proust, Marcel, 289
Provença/provençal, 20, 43, 89, 95, 96, 97, 225, 311, 316, 321, 338, 376
provérbios relacionados com a alimentação, 12, 15, 30-31, 46, 99, 105, 148, 162, 168, 170, 239, 248, 268, 332
prunes, 72
Prússia/prussianos, 211, 213, 230, 234, 254, 259-60, 276, 284, 295-01

queijo de cabra, 37-41,240, 246, 287, 311
queijo(s), 11-12, 41, 60, 63-9, 95, 97, 104, 127, 141, 156, 170, 231, 258, 161, 286, 311, 315, 321-22, 328, 333, 340, 367-68. Ver também Abondance, *Brie*, *Camembert*, *Cantal*, *Chabichou*, *Comté*, *Crottin de Chavignol*, *Époisses*, *Fourme de Montbrison*, caprino, *Gruyère*, *Maroilles*, *Morbier*, *Munster*, *Ossau-Iraty*, Parmesão, *Roquefort*, *Saint-Marcellin*, *Saint-Nectaire*, *Tomme de Savoie*, *Valençay*
quenelle de brochet, 66
quince/marmelo, 141

Rabelais, François, 15, 137, 140, 163
Radegunda, 33-6
Ravitaillement en Viande Fraîche (RVF), 327-28
rebeliões/descontentamento camponesas, 58, 62, 106, 108, 123, 173-6
Reconquista da Espanha, 172
Reforma Protestante, 100, 123,135, 140, 145, 158-59, 163, 167-69, 172-76, 195, 205
Régence/Regência, 208, 213

região de Poitou-Charentes, 37, 45, 187-92
regime de Vichy, 40, 222, 350-54, 356-60
Reims, 29, 132, 206
Reinado do Terror, 216, 230, 264
relações franco-americanas, 14, 128, 238, 324, 362-72
Renascença Carolíngia, 46
Renascença, 15, 43, 123, 135-42, 205, 272
República Francesa
   Primeira República, 229, 232, 246
   Segunda República, 185, 269
   Terceira República, 298, 302, 350, 403
   Quarta República, 345, 403
   Quinta República, 345
resistência francesa, 40, 355-61
restaurantes, 223-24, 264, 295, 299, 301, 311, 313,
Revolução
   Científica, 146, 205-07
   de 1848, 269-70
   de Julho, 265-66
   Francesa, 52, 58, 62, 68-70, 98, 107, 176, 184, 201, 214, 218-23, 226-31, 232, 236, 241-43, 245, 246, 259, 263, 283, 288, 322, 370, 371
Ricardo (Coração de Leão), 83, 84
Rimbaud, Arthur, 289
Rio Sena, 50, 214, 258, 299
Roberto, Duque da Normandia (Rolo, o Caminhante ou o Andarilho), 51
Robespierre, Maximilien, 220, 223, 230, 264
Roma, 96, 99-101
Roquefort, 72, 124, 125, 127-28, 367-68, 375
Rouen, 50-52, 132, 173, 275
Rousseau, Jean-Jacques, 209, 213-15, 219
Route du Chabichou, 37, 287
Route Nationale 310, 316
rum, 180-83
Rússia e União soviética, 49, 187, 211, 243, 254-57, 259, 262, 292, 319-20, 326, 328, 334, 349, 361, 364, 391
rutabaga, 354

Sacro Império Romano, 47, 254
Saint-Émilion, 18
Saint-Etienne, 275
Saint-Malo, 271
Saint-Marcellin, 311
Saint-Nectaire, 367

sal/salinas, 75, 102-08, 236, 287, 333, 354, 375
salada(s), 30, 122, 145
Salah ad-Din, 76
Salon International de l'Agriculture, 170, 392
Sancerre, 278
Santa Blandina, 22
Santa Helena, 187, 260
Santo Aureliano, 23-4
santo padroeiro/santa padroeira, 22-3, 36
São Bernardo de Claraval, 66
São Lourenço, 22
São Luís (Luís IX), 62
São Marcial, 24
São Martinho de Tours, 23
Sarkozy, Nicolas, 13, 170
Sauvignon Blanc, 41, 240, 278
Savoia, 18, 321
seda, 169, 284-85, 312
Segunda Guerra Mundial II, 40, 53, 192, 312-13, 324, 336, 343-44, 345, 349-64
Senegal, 305-09
Serres, Olivier de, 130, 169, 185
Sicília, 49, 52, 74, 181, 219
sidra, 27, 59, 271, 291, 360-63
sitiar Paris (885), 51
socialismo e socialista(s), 266, 269-70, 291, 296, 299, 302, 319, 325, 335-37
Société des Amis des Noirs, 184
Sorel, Agnès, 130-34, 138
Stevenson, Robert Louis, 177-79
Suíça, 49, 140, 155, 280, 288, 328

Taillevent, 115, 145
Talleyrand-Périgord, Charles Maurice de, 147-48, 241, 243, 246-47, 255, 257, 259-61, 397
taxas/taxação/impostos, 46, 58, 61, 69, 77, 83, 105-08, 113, 128, 133, 191, 201, 220-21, 341
   taxação das abelhas (abeillage), 46
   taxação/impostos do sal (*gabelle*), 105-08, 221
   taxação religiosa (dízimo), 58, 221, 228
Tchecoslováquia, 349
temperos/especiarias, 30, 48, 52, 74, 102, 120-21, 144-46, 150-53, 163, 189, 374. *Ver também* açafrão, canela, cravo-da-índia, coentro, *galangal*, gengibre, grãos do paraíso,

noz-moscada, pimenta, *piment d'Espelette*,
Templários (Cavaleiros), 62, 75-8, 97, 105, 111
Teodorico, 30, 33
terroir, 18, 43, 83, 95, 103, 188, 278, 281, 286, 316, 375, 385
terrorismo/terrorista, 40, 294, 303
theriac, 120
Tocqueville, Alexis de, 268-69
Tolerância, Édito Real de, 176
tomates, 13, 148, 151, 225, 246, 339, 376
Tomme de Savoie, 367
Torre da Manteiga (Rouen), 173
Toulon, 242, 340, 346
Toulouse, 72, 88-9, 91, 109, 115
Toulouse-Lautrec, 289
Touraine, 23
Tours, 38-9
Toussaint-Louverture, 185
transporte fluvial, 50, 275-76
Tratado
   de Brétigny (1360), 114
   de Paris (1259), 111
   de Troyes (1420), 127
   de Verdun (843), 49
trigo, 58, 123, 151, 228, 231, 235, 333
trufas, 134, 216, 296, 367
Tunísia, 313, 340, 344-45
turismo gastronômico, 277, 310-16
Turquerie, 196

uísque, 19, 192-8
uso medicinal de alimentos e vinhos, 30, 43, 45, 52, 118, 134, 146, 154, 166, 190, 216, 288, 291, 322-23
uvas, 15, 45, 71, 97, 145, 188, 191, 208, 211

Vale do Loire, 11, 34, 39, 80, 114, 129-32, 136-37, 183, 240, 273, 278, 311
Vale/Rio do Ródano, 18, 95-100, 118, 311, 360
Valençay, 240-41, 246
Van Gogh, Vincent, 289
Varenne, François-Pierre de la, 143
Vatel, François, 274
vegetais/legumes, 59, 71, 87, 88, 94, 145, 162, 169, 177, 199, 202-04, 213, 215, 227, 233, 249-51, 276, 299, 311, 339, 346, 348, 349-54, 374

vegetariano/vegetarianismo, 87-94, 137, 215
velouté, 130, 147
Vendée, 278
veneno/envenenamento, 98, 118-1, 134, 157-58, 160, 216
Veneza/venezianos, 141-42, 163, 181
Verdun, 317
Verlaine, Paul-Marie, 289
Verne, Júlio, 180
Versalhes, 137, 196, 199-204, 208, 213-16, 227-29, 249, 273-74, 300
Veuve Clicquot, 210
Viena, 195-97, 254
Vienne, 18, 313
viennoiserie, 197
Vietnã, 344, 369
Vikings, 49-52
Vimoutiers, 324
vin jaune, 281
vinagre, 19, 116, 121-23, 144-45, 236, 282
vinaigrette, 122, 279, 304
vinhedos, 13, 18, 45, 55, 62, 67-8, 97, 188, 206-07, 211-12, 276-77, 290, 311, 376
vinho *Jurançon*, 166
vinhos, 15-20, 27, 31, 45, 55, 59, 61-2, 65-8, 75, 79, 82-5, 90, 97-100, 134, 137, 145, 147, 168, 170, 188-90, 205-08, 215, 219-20, 231, 246, 276-77, 278, 280-83, 289-94, 296, 301, 311, 315, 321, 335, 353, 366, 374-77
  experimentation, 19, 67-8, 205-11, 281-82 46-7, 153-58, 211-13.
    Ver também Bordeaux (vinho), Burgundy (vinho), *Chablis, Champagne, Château Ausone, Château Pape Clément,* Châteauneuf-du-Pape, *Côtes du Rhône, Haut-Brion, Jurançon, Muscadet, Saint-*Émilion*, Sancerre, Sauvignon Blanc, Veuve Clicquot, vin jaune,* vinhedos
Virgem do Rim, 21-5
Vitré, 106
Voltaire, 184, 209, 219, 235

Washington, George, 222, 269

Zang, August, 197, 333

Impresso por :

gráfica e editora

Tel.:11 2769-9056